중국과
세계경제
China and the Global Economy

중국과
세계경제

China and the Global Economy

피터 놀란 지음 이남주 감수 임정재 옮김

함께읽는책
COBOOK

서문

1994년부터 1999년까지 5년 동안 나는 왕샤오창(王小强) 박사와 공동으로 중국의 기업(그룹)에 대해 일련의 사례 연구를 수행했다. 중국 정부의 산업개혁 프로그램의 핵심은 산업정책을 활용하여 선진국에 기반하고 있는 세계 유수의 기업과 경쟁할 수 있는 대기업을 육성하는 것이었는데, 이른바 '국가핵심기업'이다. 이러한 중국의 산업개혁과 때를 같이 하여 선진국에서도 비즈니스 시스템에 일대 혁명이 일어나고 있었다. 따라서 우리는 애초에 가졌던 연구방향을 바꾸었다. 중국 대기업의 발전을 분석하는 동시에 선진국 대기업의 가히 혁명적이라 부를 만한 '구조조정'을 분석하기로 한 것이다. 믿을 수 없는 속도와 깊이로 전개되는 글로벌 비즈니스 혁명 때문에 대기업 차원에서 선진국을 따라잡고자 했던 중국은 상당한 어려움에 봉착하게 되었을 뿐만 아니라, 설상가상으로 일본을 비롯한 이전의 '후발 선진국'이 직면했던 것보다 훨씬 어려운 시련에 직면해 있다. 이 책에서 우리는 이러한 상황에 처한 중국의 대기업 재편과 글로벌 비즈니스 혁명 간의 상호작용을 다룬다.

나와 왕샤오창 박사는 각자, 그리고 공동으로 중국 내외에서 이 같은 연구 결과를 발표했다. 사례 연구를 전반적으로 다루고 있는 책으로는 왕샤오창 박사와 많은 의견을 나누었던 것을 정리한,《중국과 글로벌 비즈니스 혁명 (China and the Global Business Revolution)》(Palgrave, 2001)이 있는데, 이 책은 《중국과 글로벌 비즈니스 혁명》(St. Martin's Press, 2001)에 나오는 핵심 개념의 종합편이라고 할 수 있다.

우리의 공동 연구는 많은 사람의 도움을 받았다. 그리고 이번 연구는 Judge Institute of Management Studies에서 진행한 [중국의 빅 비즈니스 프로그램 (China Big Business Programme)]의 핵심으로 Liu Xingli와 Mattew Bullock에게 많은 빚을 지고 있다. 프로그램은 사례 연구를 중국과 서구의 주요한 기업 관계자와 정부 관리 간에 상호 미팅을 위한 초석으로 사용했다. 왕샤오창 박사와 내가 심도 있는 연구를 수행할 수 있도록 기꺼이 허락해준 영국의 기업들에게 특히 감사 드린다. 이번 프로그램과 프로그램의 핵심을 이루는 연구는 브리티시 에어로스페이스(현재는 BAe Systems), 롤스로이스, 쉘, BP 아모코, 리오 틴토, 바클레이스 캐피탈, SBC 와버그, 영국 외무성, 영국 통산성 등의 재정 지원으로 이루어졌음을 밝힌다.

마지막으로 이 책에 나와 있는 견해에 대해서는 모두 본인의 책임임을 분명하게 밝혀둔다.

캠브리지, 2001

피터 놀란(Peter Nolan)

3부   중국의 WTO 가입 : 선택과 전망 • 225

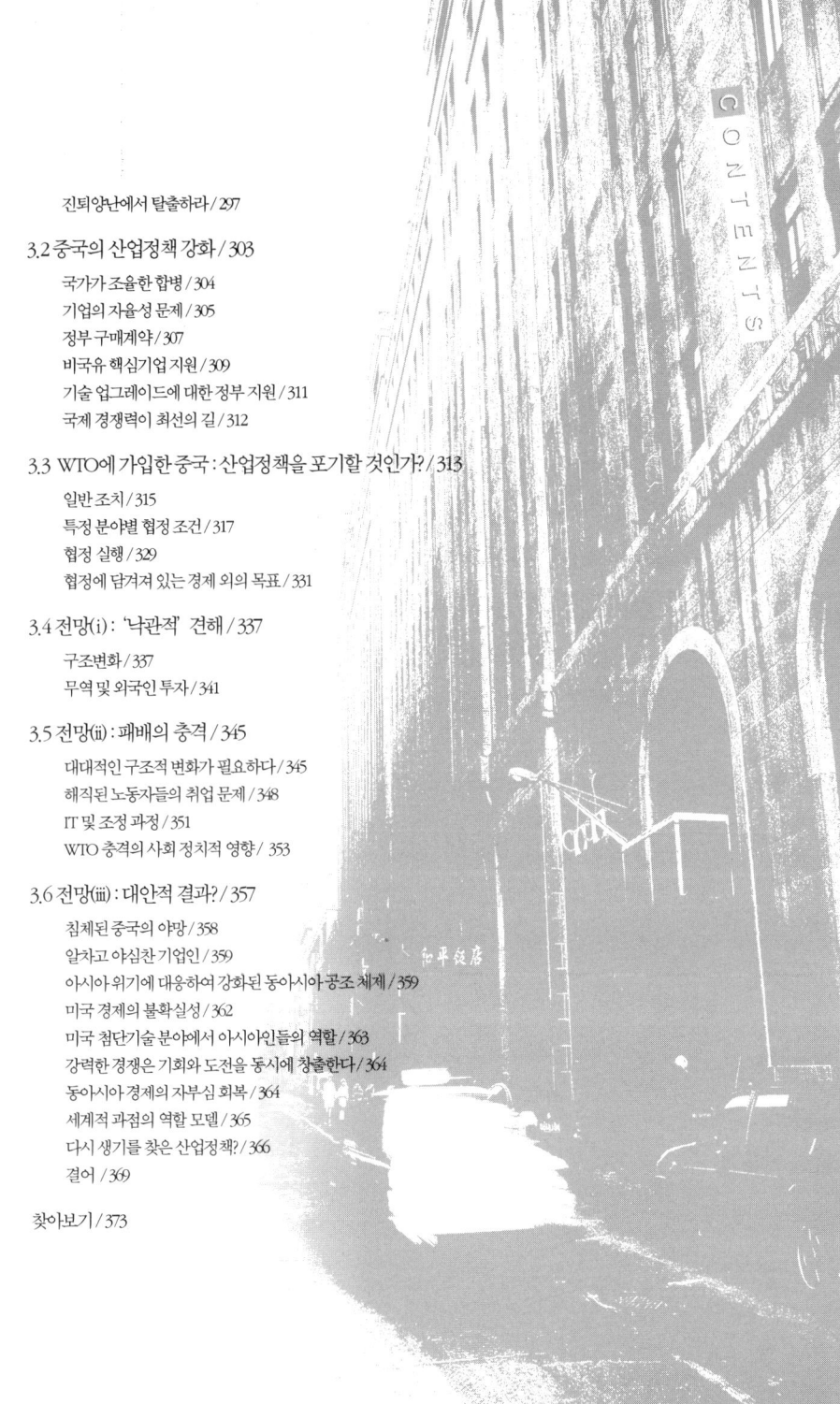

1부

중국의 야망 : 국가핵심기업 구축

들어가는 말

1970년대 말부터 1990년대 말까지 중국 정부는 광범위한 산업정책을 시행하여 세계 유수의 기업들과 경쟁할 수 있도록 대기업으로 이루어진 '국가핵심기업군' 육성에 심혈을 기울였다. 대기업(그룹) 발전의 토대는 바로 1970년대까지 정부의 강력한 계획경제하에서 운영되었던 대규모 산업 플랜트였다. 이와 같은 정부 주도의 경제개발 정책은 세계화와 자유화라는 국제적인 추세에 맞서는 것일 뿐만 아니라 주류 경제학의 자유시장 원리가 표방하는 정책, '워싱턴 컨센서스'와 특히 IMF와 세계은행이라는 국제 기관이 표방하는 정책, 그리고 심지어 구소련과 동구권 국가가 추구했던 산업개혁 정책과도 표나게 다른 것이다. 이 같은 접근 방식은 국가 경제개발에서 정부의 역할에 대한 인식 차이와 자본주의의 본질에 배치된다는 심각한 문제를 제기했다. 여기에는 21세기 초엽, 일반적으로는 선진국, 특별하게는 세계 최강국인 미국과 교역하는 상황에서 중국의 국제 관계에 관한 근본적인 질문이 숨겨져 있다.

1.1 역사에서 배우는 교훈

신고전주의 관점에서 바라본 산업구조 및 경제개발

사회주의 경제체제를 시장경제로 이행하는 것과 관련해 경제개혁에 대한 열띤 논쟁이 계속되어 왔다. 그 중 '워싱턴 컨센서스(Washinton Consensus, 라틴아메리카나 동남아시아의 위기를 해결하기 위해 제안한 국제적 조정안)'를 지지하는 사람들은 대부분의 대기업을 폐쇄하고, 수많은 중소기업으로 새롭게 재편해야 한다는 주장에 기초한 접근방식을 채택했다. 이 중 산업 부문 '이행'에 관해서는 주로 개별 플랜트를 사유화하는 문제에 논의를 집중시켰다. 중국과 구소련은 공산주의 계획경제하에서 수많은 산업 부문을 소수의 대규모 플랜트 체제로 운영했다. 그런데 워싱턴 컨센서스는 해당 플랜트를 합병하여 세계적인 경쟁력을 갖춘 대규모의 멀티 플랜트 기업을 세우려는 당위성에는 전혀 주의를 기울이지 않았다. 그들의 '산업정책'은 단지 개별 플랜트들의 사유화 방법에만 초점을 맞추었다. 이에 발 맞춰 세계은 행은 1970년대 이후 중국 경제의 성공을 해석하면서 '경제 발전의 초석'으로 중소기업의 성장을 강조했다.

전통적인 계획경제하에서 중소기업을 무시한 것은 당연하다. 하지만 시장의 힘이 커지면서 중소기업의 역할은 더욱 확대될 것으로 예상된다. 수직적으로 통합된 국유기업이 해체되면서 많은 중소기업이 생겨날 것이다. 그렇다고 해서 지금까지의 대기업이 공산주의 계획경제 이행에서 중요한 역할을 할 수 없다는 말은 아니다. 구소련과 동구권에서 채택한 산업개혁 접근 방식은 주류 전통인 신고전주의 경제론에서 상당한 영향을 받았는데, 이 접근 방식은 중소기업의 공헌과 그에 따른 대기업의 역할 축소를 강조하는 선진 자본주의에 대한 이상주의적 견해에 기초하고 있다.

신고전주의는 전통적으로 대기업에 대한 중소기업의 우위를 강조해왔다. 그들은 완전 경쟁과의 결별을 신용하지 않는다. 그러나 완전 경쟁하에서는 시장에 전혀 영향력을 미칠 수 없는 수많은 개성 없는 기업들만 존재할 뿐이다. 신고전주의 접근 방식은 중소기업 간의 경쟁에 힘입어 선진 경제가 번영하게 되었다는 점을 강조한다. 완벽한 경쟁 모델이 되기 위해서는 수많은 가정이 필요함에도 불구하고 그들은 자신들의 관점에서 벗어나지 못하고 있다. 신고전주의 관점에서 미시경제학의 중심 과제는 산업집중이 과도하게 일어나지 않도록 산업구조를 규제하는 것이다. "동아시아 기적"에 대해서도 비교우위 원칙을 엄격하게 지키는 한편 자원 배분에서 자유무역을 따른 것이 동아시아 국가가 성공한 이유라고 본다.

한국, 싱가포르, 홍콩, 대만 등 4개국은 자원의 비교우위를 이용하여 급속히 그리고 안정적으로 경제 성장을 이룩한 대표적인 국가이다. ……4개국은 시장 기능에 전적으로 의지했다. 시장에서 결정되는 비교가격에는 상대적인 결핍 또는 요소 부존이 반영되어 있다. 비교가격 지도에 따라 4개국은 비교우위를 이용할 수 있는 부문을 개발하여 상상할 수 없을 정도로 급속하게 경제 성장을 이룩했고, 경제 발전의 떠오르는 별이 되었다.

저스틴 린(Justin Lin)

신고전주의 경제학자들은 기업에 적정 가격을 제공하고 기업 스스로 자원 활용의 극대화를 꾀할 수 있도록 중국 역시 세계 경제에 확실하게 통합되어야 한다고 주장한다. 이 같은 주장은 18세기 후반 영국의 보호주의를 강하게 비난했던 아담 스미스의 논조와 일치하는데, 미국은 자유무역보다는 보호무역하에서 더욱 가난해질 것이라는 아담 스미스의 다음과 같은 유명한 주장(1776)에서 그 단초를 찾을 수 있다.

미국이 단결이나 다른 종류의 폭력을 통해 유럽 공산품 수입을 저지하고 그에 따라 미국에게만 공산품 제조 독점권을 부여하는 한편 상당한 자본을 이 부분에만 적용한다면, 생산품의 가치 증대를 가속화하고 실질적인 부를 누리는 강대국으로 발전하기보다는 오히려 그 속도가 더디어질 것이다.

신고전주의 경제학자들은 국제무역과 산업구조는 긴밀하게 연결되어 있다고 본다. 개발도상국은 자본이 부족한 반면 노동력은 풍부하고, 따라서 자본집약 상품이 아닌 노동집약 상품에서 비교우위에 있다는 것이다.

경제에서 비교우위의 활용은 곧 경제적인 산업구조를 선택하는 과정이다. 제품마다 생산요소의 결합이 다르기 때문에 국가마다 부존자원에 기초하여 가장 우위에 있는 산업구조를 선택해야 한다. ……… 일반적으로 경제개발 초기단계에서는 자본이 극심하게 부족하며 병목현상이 일어난다. 따라서 국가는 자동차산업보다는 섬유산업을 육성하고 개발해야 한다.　　　　　　　　　　저스틴 린

신고전주의 경제학자들은 개발도상국은 산업구조 발전의 "정상적인" 과정을 따라야 한다고 주장한다. 여전히 경제 발전의 초기단계에 있다고 보는 중국에 대해서도 발전 초기단계부터 대규모의 자본집약적이고 기술집약적인 산업정책을 활용하기보다는 중소 규모의 노동집약적인 경공업에 기초를 두어야 한다고 주장한다. 그런 면에서 대만은 중국이 따라가야 할 가장 대표적인 국가이다. 그들은 "경제 전반의 산업화를 촉진하기 위하여 대만은 기술 의존도가 낮은, 노동집약 산업에 의지했다. 대만의 산업구조는 부존자원의 비교우위를 반영했기 때문에 대만은 세계 경제에서 상당한 경쟁력을 점하고 있다"고 한다. 신고전주의 경제학자들은 개혁기 동안 이룩한 중국의 급속한 경제 발전을 이해하는 열쇠는 중국 경제가 비교우위를 반영하는 산업구조로 재편되고 있다는 사실에 있다고 주장한다. 이러한 경제 성장에서 가장 역동적인 요소로 중소기업과 이른바 향진(鄕鎭)기업(농촌 행정 단위인 향(鄕), 진(鎭)에서 일어난 작은 규모의 기업 ; 역주)을 들 수 있다. 이러한 이유로 중국 개혁에 관한 신고전주의 논문의 상당수는 "향진기업의 중요한 역할은 상대적으로 풍부한 노동 자원의 비교우위를 활용하기 위해 적절하게 배치되었다는 사실로 설명될 수 있다.…… 향진기업은 자본집약력이 떨어지는 산업에 집중되어 있다"고 향진기업의 성장에 초점을 맞추고 있다.

　기업의 성격에 관한 기념비적인 논문에서 로날드 코스(Ronald Coase, 1937)는 상품과 용역 생산의 결정인자는 기업 외부, 즉 시장에서의 거래보다는 오히려 기업 내부의 여러 활동들 속에 포함되어 있다고 지적했다. 급격한 경영 혁신은 시장 기능보다는 기업 내부 프로세스의 운영 개선에 놀라운 변

화를 가져왔다. 이 같은 변화의 결정적 인자는 IT 산업의 비상한 발전인데, 이러한 발전에 힘입어 다른 기업들과의 거래 비용은 현격하게 감소했다. 1980년대 초 이래 광범위한 기반을 가진 대기업은 서비스 기능을 아웃소싱 하였다. 제조 부문에서는 부품 생산에서 대규모의 아웃소싱이 일어났고 이는 R&D(연구 개발) 활동과 복합공정 제품의 대형 부품 제조로까지 확대되었다. 다양한 기능이 아웃소싱됨에 따라 시스템 통합적인 접근으로 제품을 제조하는 경우는 점차 줄어들고 있다.

다수의 신고전주의 분석가들은 대기업의 중요성이 지속적으로 떨어지고 있다고 믿는다. 현재 추세로 볼 때 산업구조에서 대기업의 종말과 중소기업을 기반으로 한 가상 기업(Virtual Corporation) 세계의 도래, 심지어 전통적인 기업의 종언이 예기되고 있다. 그들은 "대기업이 엄청난 현금 흐름을 지배하고 있지만 비즈니스 활동에 대한 직접적인 지배는 더 약해질 것이다. 대기업은 점점 부실해지고 있다"고 말한다.

비정통 관점에서 본 산업구조 및 경제개발

실제 경제는 신고전주의의 관점과는 상당한 차이가 있다. 즉 자본주의는 전형적으로 과점, 진입장벽, 불완전 경쟁이라는 과정을 밟으며 발전해왔다. 그런데 이와 달리 중국의 산업정책은 비주류 경제 이론을 받아들이는 한편 후발 산업국가들을 모방하고 나아가 국가 자존심과 국력까지 고려하면서 수행되었다.

집중화 경향
현대 자본주의 발달의 초기 단계부터 산업집중화 경향을 날카롭게 인식했던 경제학자들이 있었다. 맑스는 1867년에 출간된《자본론》제1권에서 '자본 집중화' 또는 '자본의 확대재생산'을 주장했다. 자본 집중화의 주된 동력은 경쟁인데, 기업들은 경쟁에서 이기기 위해 새로운 생산수단과 '과학의 기술적 활용'에 엄청난 자본을 투자하여 생산비를 감소시키고 결국 진입장벽을 만든다는 것이다.

> 상품을 저렴하게 생산하면서 경쟁은 점점 치열해진다. 상품의 가격 인하는 다른 조건이 같다면(ceteris paribus) 노동 생산성과 생산규모에 달려 있다. 따라서 대기업은 중소기업을 이긴다.…… 일정한 규모의 기업이 되어야 집단적인 작업을 수행할 수 있을 뿐만 아니라 자원을 폭넓게 개발할 수 있다. 다시 말해 관습적인 생산방식으로 수행되었던 독립된 생산공정은 조직적이고 과학적인 생산방식으로 점진적으로 변화된다. 　　　　　　　　　　　　　　　　　　　　　　　맑스

에디스 펜로즈(Edith Penrose)는《기업의 성장 이론(The Theory of the Growth of the Firm, 1995)》에서 기업 성장의 저해 요인을 자세하게 분석했다. 그는 이 책에서 대기업이 누릴 수 있는 상당한 잠재적 이점을 밝혔는데, 대표적으로 플랜트 차원에서 규모의 경제를 기술적으로 누릴 수 있다는 점을 들었다. 그러나 훨씬 중요한 장점은 대규모의 멀티 플랜트 기업에서 발생하는 '경영상의 경제(managerial economies)'이다. 경영상의 경제는 대기업이 더욱 분화된, 관리할 수 있는 노동력과 밀접하게 결합되어 있는 일정한 관리 프로세스를 활용할 수 있을 때 비로소 가능하다. 즉, 간접부문의 효율적인 '배분'을 통해 기존 경영 자원을 짜임새 있게 활용하는 한편 대규모로 자원을 구매하고 제품을 판매하여 더 많은 수익을 실현하고, 적립금을 좀더 경제적으로 활용하고 저금리로 자본을 충당하며, 대규모 연구를 지원함으로써 경

영상의 경제를 얻을 수 있는 것이다.

펜로즈는 성장가도의 대기업이 자본우위를 활용하여 그 이상의 성장을 실현할 수 있는 방법을 상세하게 밝혔다. 대기업은 기업 규모에서 비롯된 경제성에 힘입어 생산비를 낮추고 제품과 서비스를 저렴하게 유통시킬 수 있을 뿐만 아니라 경쟁 우위를 갖출 수 있게 된다. 이러한 과정에서 중요한 것은 신제품개발을 가능하게 하는 연구 활동과 신제품을 시장에 출시할 수 있는 역량을 창출하는 능력이다. 대기업은 수익이 감소하면 고정 생산요소를 바꾸는 것이 아니라 자사의 경영구조를 성장에 적합하도록 변경한다. 결국 경영 자원은 대기업의 지속적인 성장에 중요한 요소이다. "성장이 어느 정도 이루어지면, 경영은 그 이상의 성장을 도모한다. 나아가 그 기업이 가진 다른 자원에 대한 지식과 그 자원을 여러 방도로 활용할 수 있는 지식인 경영이 성숙해지면 자체 자원으로 더 많은 수익을 실현할 수 있는 방안을 모색해 그 이상의 성장에 필요한 인센티브를 스스로 창출한다." 펜로즈는 이론적으로는 기업 규모에 제한이 없다고 결론 내렸다. "시간이 지나면서 기업의 무제한적 성장을 저해하는 요소는 일체 발견할 수 없지만, 규모의 경제가 확대경제라고 해서 기업이 모든 경제를 철저하게 활용할 수 있는 규모에 도달할 것이라고 추론할 이유도 없다"는 것이다.

대기업과 기술 진보

앤구스 매디슨(Angus Maddison)은 기술 진보를 경제 성장의 가장 본질적인 특징으로 보고 "기술 진보가 없었다면 축적의 전 과정은 상당히 온건했을 것이다"라고 했다. 알프레드 챈들러(Alfred Chandler)는 기술 진보의 측면에서 대규모 과점 기업의 주요 역할을 논증했는데, 바로 이것(대규모의 과점 기업)이 현대 자본주의의 성장을 불러왔다는 것이다. 19세기 말엽, 특히 미국의 경우 업계의 선두기업인 대기업들은 지배적인 과점 기업으로 '경제 전반을 위한 기술, 경영 및 조직에 대한 지식을 제공하는 풍부한 학습장'이 되었다. 대기업들은 비철금속, 석유정제, 화학, 전자제품, 운송장비 등 자본집약적인 경제활동을 비롯하여 2차 산업혁명을 구성했던 제조 부문에 주력했다. 이처럼 과점 산업은 가격 경쟁에서 비가격 경쟁으로 전환하게 된다.

과점기업들이 갖고 있는 시장 기능적인 특성과 전략적인 강점을 통해 경쟁기업들보다 효과적으로 기능할 수 있었다. 생산 및 유통 과정을 더 효율적으로 수행하고 체계적인 R&D를 통해 제품 및 생산공정을 개선하며 적절한 공급원을 활용하는 한편, 마케팅 서비스를 효과적으로 제공하고 제품을 차별하는 등(주로 광고를 통해 브랜드화된 패키지 제품) 쇠퇴하는 시장에서 성장하는 시장으로 신속하게 전환하여 효과적으로 경쟁했던 것이다.

이 같은 과점 경쟁상황에서 "시장점유율과 수익이 지속적으로 증가하여 과점기업은 결국 독점기업으로 발전하게 되었다." 또한 산업 부문에서 대기업들이 이룩한 기술진보는 다양한 경제 영역에 강력하게 그리고 효율적으로 영향을 미쳤을 뿐만 아니라 운송, 통신, 금융 서비스를 비롯한 광범위한 산업의 생산성 향상에 절대적인 영향을 미쳤다. "이들 대기업은 경영, 조직, 기술 정보의 풍성한 원천이 되었으며, 이 모든 지식은 네트워크, 자산 분리(spin-off), 심지어 일반적인 상거래를 통해 국내 및 국제 경제의 수많은 영역에까지 침투했다."

챈들러는 제2차 세계대전 이후, 그리고 그 후에 일어난 '3차 산업혁명' 동안에 '대기업이 산업혁명을 주도한' 방식을 자세하게 보여준다. 3차 산업혁명에는 화학, 제약, 항공 및 전자 산업의 새로운 기술이 총망라되어 있다. "전자 데이터 프로세싱을 제외한 신기술은 새로 출범하는 기업보다 이미 자리를 잡은 대기업들이 상용화했고" 대기업들은 "가장 앞선 기술을 가진, 급성장하는 산업을 창출하는 데 중심적인 역할을 수행했다." 이들 대기업은 업계의 '속도 조정자'로서 현대 산업 자본주의의 발달을 가져왔다.

'선진국 따라잡기' 과정에서 국유 기업과 대기업(i) : 서구

대기업은 심지어 서구에서조차 시장의 자유 경쟁을 통해 자연스럽게 발전한 것이 아니라 국가의 강력한 영향에 힘입어 발전하였다. 영국의 산업혁명은 경제적 이익을 추구하기 위한 대규모의 정복은 차치하고라도 지나친 보호주의와 수출 장려책이라는 중상주의 철학하에서 발생했다. 영국은 중국과 인도의 대규모 직물산업이 영국 시장에 들어오지 못하게 함으로써 '유치 산업'을 보호했다. 이러한 규제에 힘입어 영국의 유치 직물산업은 지나친 보호를 통해 실현한 수익을 재투자함으로써 비로소 성장하고 현대화할 수 있었다. 19세기 중엽에 이르러 영국의 '대기업'은 (다른 나라와 비교하여) 자유 무역을 할 수 있을 정도로 성장했다. 정부의 과도한 개입이 없었다면 영국이 중국에 앞서 '최초의 산업국가'가 될 수 있었을지는 의심스러운 일이다.

19세기에 미국은 지나치게 높은 보호주의 장벽과 '자유무역의 무임승차'에 힘입어 산업화를 이루었다. 1791년 알렉산더 해밀턴(Alexander Hamilton)은 관세 장벽하에 있는 미국의 산업화를 문제삼았다. 미국은 1820년부터 1930년대까지 수입한 공산품에 대해 25% 이하의 관세를 부과한 적이 한 번도 없을 정도로 전반적으로 상당히 높은 관세를 부과했다. 대기업을 둘러싼 광범위한 공공토론과 다양한 학문적 분석에도 불구하고 반트러스트 법(anti-trust law)으로 대기업의 발흥을 억제할 수는 없었다. 1890년대 휘몰아친 합병 열풍은 이후 기업 구조의 토대가 된다. '71개 부분의 주요한 산업 또는 경쟁이 치열한 산업이 1890년부터 1914년까지 일어난 합병으로 말미암아 독점 산업으로 전환되었으며, 이와 같은 독점 상황은 그 후 50년이 지나도록 완전히 사라지지 않는 등 미국 경제 구조에 한 획을 그었다. 1955년 100대 기업 가운데 무려 63개 기업이 1895년에서 1904년에 걸친 거센 합병 물결로 엄청난 성장을 거두었다.

보호주의 장벽하에서 강력한 기업들이 생겨나면서, 영국과 미국은 취약한 산업구조를 가지고 있는 저개발국가 시장에 자국의 대기업들이 마음대로 진입할 수 있도록 자유무역과 '글로벌 경쟁의 장(global level playing field)' 체제로 전환했다.

경제력 집중이라는 자본주의의 본질적인 경향은 1차 산업혁명이 진행되기 무섭게 확연히 드러났다. 현대적 기업의 초기 형태는 19세기 중반 미국과 유럽의 철도회사에서 찾아볼 수 있다. 철도회사들은 급성장하여 1만 명 이상의 종업원을 둔 회사가 생겨나는 등 세계 최대의 규모로 성장했다. 주주들이 급증하면서 철도회사는 그들의 엄청난 투자금으로 월급을 주는, 전문 경영인 체제의 최초 기업으로 발전하게 된다. 또한 현대 기업의 이와 같은 특징은 기업이 새롭게 출현하는 다른 산업 부문으로 급속히 퍼져간다. 이러한 산업은 상당한 규모의 경제, 수직 통합으로 실현되는 엄청난 잠재력, 원활한 공조에 의한 신속한 유통, 대규모 마케팅을 통한 막대한 수익을 특징으로 하는데, 식량, 화학, 비철금속 및 운송장비 부문에서 이 같은 특징이 두드러지게 나타난다. 1930년대, 상위 100대 기업은 영국과 미국 총공산품의 1/4을 생산했다.

시간이 지날수록 대기업의 지배 정도가 심해진다는 사실과 관련해 선진국에서 상당한 논의가 있었지만 아직까지 만족스런 결론에 도달하지는 못했다. 아울러 20세기 후반에 이르러 이들 대기업이 대부분의 신고전주의 경제학자들의 견해와는 달리 선진국 경제에서 상당한 위치를 점하고 있다는 사실에 대해서는 일체의 이견이 없다. 1947년 미국의 상위 200대 기업은 제조업 부문에서 총부가가치의 30%를 차지했는데, 1987년에는 43%로 증가했다. 또한 1960년에는 단지 4대 기업이 미국의 산업 부문 R&D의 22%를, 그리고 5,000명 이상 종업원을 둔 384개 기업이 R&D의 85%를 차지했다.

'선진국 따라잡기' 과정에서 국유 기업과 대기업(ii) : 일본

일본의 경우 정부는 주류 경제학 이론과 대치되는 광범위한 무역 및 산업정책을 수행하여 선진국 따라잡기 과정을 가속화했다. 일본의 핵심 기획기관인 통상산업성(MITI ; 현 경제산업성)은 미국 경제학자들의 권고와 대치되는 정책을 폈다. 그들의 정책은 주류 경제학의 '모든 개념과 반대되는 것'이었다. 오늘날 일본의 경제 성장은 대기업에 대한 정부의 간접적인 지원이 절대적인 역할을 하였다.

전후 초기, 미군정청은 일본 정부에 반트러스트 법을 부과했다. 이 법은 처음에는 엄격하게 적용되어 전쟁 중에 일본 경제를 지배했던 대규모 기업그룹인 전전(戰前)의 재벌이 해체되기에 이른다. 그런데 일본 정부는 약간 느슨한 형태의 '계열기업'이기는 하지만 재벌의 재건을 촉진시켰다. 일본 정부는 노골적으로 과점 경쟁 창출을 목표로 삼았고 이에 따라 통상산업성은 주요 산업 부문에서 선두 기업의 합병을 적극적으로 추진하는 한편 엄격한 수입통제를 통해 대기업의 발전을 장려했다. 정부는 독점 기업은 피하고 과점 라이벌 기업을 발전시켜야 한다는 사실 또한 날카롭게 의식하고 있었다. 이에 따라 시장 점유율을 면밀하게 조사하여 기업의 규모가 시장을 좌지우지할 정도로 커지지 못하도록 투자를 규제했고, 수출과 해외시장 점유율을 대기업 지원 기준으로 활용함으로써 국제경쟁력을 높이고자 했다.

1945년 이후 상호소유시스템(cross-ownership system)은 강력한 메커니즘을 제공했는데, 이를 통해 대기업은 초고속으로 성장하여 세계 최고의 기업들과 어깨를 나란히 할 수 있게 되었다. 대부분의 대기업은 계열기업들이 모여 이루어졌다. 대기업에 속한 계열회사는 보통 다른 계열사의 지분을 2% 이상 가지지 못했지만 모든 계열기업들이 서로 지분을 가지고 있기 때문에 지분의 30~90%는 다른 기업들이 갖고 있는 셈이었다. 일본 기업의 경우 일반적으로 지분의 70% 정도를 다른 기업들이 가지고 있다. 경영진은 상호소유시스템을 통해 사실상 우호적 소유주들을 고용했다. 이렇게 볼 때, 상호소유시스템은 일종의 '소유권이라기보다는 경영진의 지배를 유지하기 위한 집단 방어책'인 셈이다. 소유권의 통제를 받지 않는다는 것은 경영인들이 일체의 제약 없이 소유자들을 좌지우지할 수 있다는 말과 같다. 1990년 일본 국유기업의 총배당 수익은 독일의 50%, 미국의 54%, 영국의 66%에 비해 30%에 불과하다. 일본의 경영인들은 경영 능력 척도로 단기 수익은 신경 쓰지 않고 해외시장 진출, 품질관리, 장기간의 제품개발 등의 '슘페트주의적인(Schumpeterian) 경쟁력'에 집중할 수 있었다. 그들은 '주가 상승'은 안중에도 없었고 오직 '시장지배'에만 혈안이 되어 있었다.

이러한 환경에서 인수와 합병은 미미하게 발생했다. 경영인의 입장에서 볼 때 다른 기업에 합병되는 것은 적에게 항복하는 것과 다를 바 없다. 외부에서 채용한 경영인이 극히 적었다는 사실은 일본에서 경쟁력이란 포로 없는 전쟁과 같은 것이며 합병 당한 기업의 경영인은 합병 후에는 퇴직해야 한다는 현실을 반영하는 것이다. 이와 같이 잡아먹느냐 잡아먹히느냐의 살벌한 분위기 속에서 일본의 경영인들은 주택구입 보조, 교육, 평생고용, 연공서열제 등의 장기간의 프로그램을 구축하면서 종업원과 끈끈한 유대 관계를 맺었다. 경영인과 종업원은 '기업의 성장을 통해 직업 안정에 필요한 임금

인상과 더 많은 승진 기회를 얻는 것'에 동의했다. 따라서 일본의 파업 빈도는 상당히 낮았으며, 일본 노동조합과 조합원들은 기업 경영에 자신들의 목소리가 반영되도록 하는 데 신경을 기울였다. 대기업 노동자들은 기업이 생존하고 성장할 수 있도록 어려운 점들을 감내하기도 했다.

국가총생산의 급격한 증가에 발맞추어 일본의 대기업은 초고속으로 성장했다. 그 결과 1962년 포춘 500대 기업에 서독이나 영국보다 적고 프랑스보다 약간 많은 단지 31개 기업만이 선정되었으나 1993년에는 135개 기업으로 증가했다. 또한 대기업은 초고속으로 성장했을 뿐만 아니라 기술 발달에 지대한 공헌을 했다. 1993년 R&D 기준으로 세계 200대 기업 중 49개가 일본 기업이었고 1995년 해외자산 기준 세계 100대 기업에 18개, 1996년 세계 500대 기업 가운데 110개가 포함되었다. 1990년대의 상당한 어려움에도 불구하고 일본 대기업의 핵심 구조는 여전히 강력했다. 일본의 대기업 그룹은 R&D와 기술력, 브랜드의 인지도나 유통 시스템의 관점에서 볼 때 세계 최고 수준을 자랑한다. 2000년 기준 일본은 포춘 500대 기업(총매출액 기준)에 107개, FT 500대 기업(시가총액 기준)에 77개, R&D 기준 300대 기업에 83개가 선정되었다.

'선진국 따라잡기' 과정에서 국유 기업과 대기업(iii) : 동아시아의 네 마리 작은 호랑이

네 마리 작은 호랑이 국가에서 정부나 대기업의 역할은 신고전주의 관점에서 상당히 벗어나 있다. 홍콩을 제외한 동아시아 신흥국은 경제 전부문에서 국가가 지나칠 정도로 개입하고 관리하는 특징을 보인다. 대만, 대한민국, 싱가포르의 정부는 모두 지나칠 정도로 적극적인 산업정책을 폈고 대만과 대한민국 정부는 대기업의 경영 환경에 지나치게 영향을 미쳤다. 양국가의 정부는 민간 부문이 감당하기 어렵거나 꺼리는 기간산업과 중공업에 직접 개입하면서 대기업 발전에 중요한 역할을 했다. 홍콩과 싱가포르의 경우는 직접 소유는 많지 않았지만 교육, 건강, 주택 부문에 상당히 투자함으로써 인적 자원 개발과 사회안정 유지에 중요한 역할을 했다. 대중주의 신고전파 (populist neoclassical)는 이 네 나라가 급속히 선진국을 따라 잡을 수 있었던 결정적인 요인으로 중소기업과 완전경쟁을 꼽는다. 그러나 이들 국가의 경제개발과정에서 중요한 역할을 담당했던 것은 바로 대기업이다.

홍콩과 싱가포르는 선진국을 따라잡기 위해 노력하는 가운데 자연스럽게 자유무역 국가로 발전했다. 이 두 나라는 소도시 국가이기 때문에 선택할 수 있는 폭이 상대적으로 좁았다. 그러나 대만과 대한민국은 선진국 따라잡기 전략에 주력하는 무역 정책을 폈다. 양국은 경제개발 초기에는 높은 관세 장벽으로 자국의 경제를 강력하게 보호했다. 대만의 경우 1970년대 관세를 인하한 다음부터 장기간에 걸쳐 광범위한 비관세 장벽을 견고하게 유지했다. 그러나 대만이 다양한 조치를 취해 수출을 적극적으로 장려하고 있는데 반해, 대한민국은 1990년대 말까지 관세와 비관세 장벽을 적절히 활용하는 등 강력한 보호정책을 펴오고 있다.

대만

국민당 당수 장제스(蔣介石)는 극동의 경제개발 촉진과 관련해 정부의 역할을 강조한 대표적인 인물이다. 1947년 중국 공산당과 투쟁하면서 그는 다음과 같이 말했다.

중국은 선진국과 경쟁할 수 없다. 따라서 해외 무역에 대해서는 보호무역 정책을, 경제개발과 관련해서는 경제계획 정책을 수립해야 한다. 민간 자본은 대규모로 운영하기에 충분하지 못하며 외국기업을 운영하는 트러스트나 정부와 경쟁하기에도 충분하지 않다. 바로 이것이 방임형 경제 이론의 최대 약점으로, 중국에는 적합하지 않다.(이탤릭체 ; 필자 강조)

1950년대와 1960년대 정부의 산업정책은 수입 대체와 노동집약을 바탕으로 한 경공업 제품 수출에 역점을 두었다. 그러나 1970년대 정부 정책이 점진적으로 기초공업 및 중공업에 치중하면서 지원 통합 프로세스의 일환으로 중간재 산업이 자리를 잡게 된다. 이러한 정책에는 철강, 조선, 정유, 화학 및 전력생산을 비롯한 중공업 부문을 국유화하는 것이 포함된다. 플라스틱, 직물 등 국유기업이 지배하지 못하는 부문에서조차 정부는 '초기에 공격적으로 민간 기업을 주도' 했다. 주요 기간산업을 철저하게 소유하고 운영하는 한편 수입규제, 관세, 진입조건, 국내부품 사용조건, 특혜대부(concessional credit, 대부 기간이 20~30년 정도로 장기이면서 이자가 2% 이하인 좋은 조건의 대부) 등의 수많은 조치를 통해, 대만 정부는 민간 부문의 기술적 향상을 지속적으로 강조하면서 운영에 상당한 영향력을 행사했다.

1980년대 초 수출 제품의 75%가 첨단기술, 중간기술 제품이었고, 51%가 기술집약 제품이었다. 이에 따라 정부는 산업정책을 간접 지원으로 전환했고 결국 광범위한 사유화가 이루어졌다. 그러나 여전히 자유시장 체제보다는 고부가가치 활동이 가능한 경제구조로 급속히 전환하겠다는 강력한 목표를 가지고 있었다. 이를테면 정부는 최첨단기술 산업 투자에 세금 면제를 조건으로 대단위 신주(新竹)과학공업원구(Hsinchu Science Park, 대만의 실리콘 밸리)를 조성했는데, 1980년대 중반 신주과학공업원구는 대만 총 R&D의 60%를 차지했고, 1990년대에는 기술집약 제품이 수출의 80% 이상을 차지하게 되었다.

신고전주의 경제학자들은 대만의 전형적인 산업구조를 중소기업이 지배하는 경제라고 주장한다. 대만의 중소기업 부문은 매우 활기차다. 그러나 대기업 부문 역시 매우 강력하고 역동적이다. 규모와 범위의 경제에서 비롯되는 수익에 힘입어 대기업은 세계 시장에서 경쟁할 수 있었고, 중간재를 기타 수출업자에게 매우 효율적으로 공급할 수 있었다. 정부는 이와 같은 산업구조를 대기업과 중소기업이 서로 이익을 누리는 상호관계라고 설명한다. "중소기업과 대기업이 서로 밀접하게 관계를 유지하는 한편 노동을 분할함으로써 산업구조의 측면에서 매우 견고한 '피라미드' 또는 '다발' 경제를 이루어 운영 효율성을 실현하게 되었다"는 것이다.

1970년대 초엽, 500명 이상의 종업원을 둔 대기업이 부가가치 제조업 부문의 58%를 차지했다. 대한민국의 경우는 53%, 그리고 미국은 49%였다. 1979년 상위 100대 기업은 총민간제조 매출액의 44%를 차지했다. 홍치(宏碁)컴퓨터(1999년 총매출액 56억 달러), 타이완(臺灣) 반도체 제조공사(총매출액 17억 달러), 광따(廣達) 컴퓨터(총매출액 17억 달러) 등 대기업에 의해 1990년대 첨단기술 제품의 수출이 급속하게 신장했다. 한편 국유기업인 중국강철공사(1999년 총매출액 33억 달러), 타이완화학(총매출액 13억 달러), 타이완 플라스틱(총매출액 14억 달러), 난야(南亞)플라스틱(총매출액 41억 달러) 등의 대기업도 여전히 국가 경제의 중추적인 역할을 담당하고 있다. 일본을 제외하고 시가총액을 기준으로 선정한 아태지역 100대 기업에 26개의 대만 기업이 포함되었다.

대한민국

대한민국 정부는 선진국 따라잡기 과정에서 대기업의 역할을 지나칠 정도로 신봉했다. 박정희 대통령은 대기업의 역할에 대해 다음과 같이 역설했다.

현대 경제의 가장 기본적인 특징으로 강력한 집중화 경향을 꼽을 수 있다. 현재 우리나라에서 절대적으로 필요한 대기업은 경제개발과 국민들의 생활 향상에 중요한 역할을 할 뿐만 아니라 사회, 경제 구조를 상당히 변화시키고 있다. ……따라서 막강한 경제적 힘을 가진 국가가 자유 경제정책이 직면하는 주요 경제문제들을 조정하고 감독해야 한다.

정부는 국내 시장을 보호하고 엄격하게 관리하면서 국책은행을 통해 저리로 융자를 해주는 방법으로 성장을 적극 조장했다. 또한 가족경영 체제로 운영되는 기존의 강력한 기업을 재벌 구조의 토대로 활용했다. 선진국을 따라잡는 과정 내내 대기업은 가족 소유·경영체제를 유지했다. 일본 정부와 마찬가지로 대한민국 정부 역시 거대한 과점 기업들이 적절하게 경쟁해야 한다는 점을 분명히 인식하고 있었다. 따라서 대기업에 대해 성과 기준을 엄격하게 적용하는 대가로 보조금을 지급하면서 대기업은 절대로 망하지 않는다는 대마불사 정책을 폈다. 산업정책은 이에 따라 선진 기술을 받아들이는 한편 규모와 범위의 경제의 장점을 살려 대기업을 육성하고 장기간에 걸쳐 산업을 강력하게 보호하면서 처음에는 수입대체 효과에 역점을 두었다. 정부는 대기업이 장기적으로 투자할 수 있도록 국제적 경쟁력을 갖출 때까지 장기간 지원했으며, 또한 대기업이 어느 정도 자리를 잡자 수출 시상의 성패를 기준으로 지속적인 지원을 해주었다.

대한민국의 '기업가형 정부(entrepreneurial state)'는 1960년대와 1970년대, 20년에 걸쳐 주요한 산업 다변화를 촉발시켰다. 이 점에 대해 앨리스 앰스덴(Alice Amsden)은 이렇게 기록하고 있다.

정부가 초기의 수입대체 프로젝트를 조율했다. ……정부의 명령에 따라 경공업에서 중공업으로의 전환이 일어났다.……정부는 최초로 엄청난 규모의 조선 사업을 벌였다.……그리고 1970년대 말 중화학 공업으로까지 확대해나갔다. 또한 엄청난 산업화와 단순 조립 단계 이상으로 발전한 전자 및 자동차산업으로 새로운 수입대체의 초석을 마련했다. 정부는 경제개발 5개년 계획의 일환으로 1962년 자동차 보호 법안을 마련했고 이와 병행하여 정유산업을 발전시켰다.

대한민국의 경제개발은 재벌이 주도했다. 1980년대 중반까지 10대 재벌이 국가총생산의 2/3를 차지했으며 재벌이 장악한 중공업 부문이 1970년대와 1980년대 수출의 중심에 있었다. 1985년 기준 개발도상국의 200대 대기업에 35개, 29개의 최첨단 기업에 11개, 그리고 '중간 기술' 부문에 13개가 재벌 기업이다. 1995년 기준 개발도상국에 기반한 10대 기업(해외자산 기준) 중 3개가 재벌이고, 1993년 포춘지 선정 세계 100대 기업에 개발도상국 가운데 유일하게 대한민국 기업 4개가 포함되었다. 동아시아 위기의 여파에도 불구하고 대한민국 기업은 시가총액 기준으로 아태지역 100대 기업에 11개, 포춘 500대 기업에 12개가 포함되었다.

싱가포르

싱가포르 정부는 자국의 기업이 세계적으로 경쟁력을 갖춘 기업이 될 수 있다는 데에 대해 회의적이었고, 따라서 정부가 원하는 산업 부문에 다국적기업을 적극적으로 유치하는 등 다국적기업의 생산 시설 확충에 주력했다. 에즈라 보겔(Ezra Vogel)은 "싱가포르 지도자들은 자신들이 허용하는 부문에 투자할 외국 기업을 매우 신중하게 선택한다. 그들은 선진 기술을 갖추고 있을 뿐만 아니라 장기적으로 싱가포르에 투자를 할 수 있는 안정적인 기업을 물색했다"고 논평했다. 따라서 다국적기업이 싱가포르의 산업구조를 지배하는 것은 놀라운 일이 아니다. 그러나 정부는 다국적기업과 함께 강력한 자국의 대기업을 개발했다. 싱가포르 관료들은 시간이 지날수록 정보통신, 은행, 운송 부문의 국유기업 그룹을 국제 경쟁력을 갖추기 시작한 싱가포르 텔레콤, 싱가포르 개발은행 및 싱가포르 항공으로 발전시켰다. 그러나 싱가포르는 또한 지역은행(regional banking), 인프라, 부동산 개발 기업 등의 몇몇 강력한 민간 부문에도 힘을 쏟고 있다. 소도시 국가임에도 불구하고 1999년과 2000년 기준 싱가포르에는 개발도상국에 기반을 두고 있는 100대 다국적 기업 가운데 3개, 동아시아 지역의 100대 기업(시가총액 기준)에 10개가 포함되었다. 이는 인도와 인도네시아 기업을 합친 것보다 많은 수이다.

홍콩

신고전주의의 시각에서 볼 때 홍콩은 자유 시장과 경쟁력을 갖춘 중소기업을 통해 산업 발전을 이룩한 전형적인 국가이다. 홍콩은 지형학적 요충지이다. 특히 1949년 이후 상하이의 주요 기업이 이주해왔기 때문에 기업 전통이 강력하며, 중국과 무역이나 직접 투자를 통해 막대한 수익을 실현했다. 이러한 요소들에 힘입어 동아시아에서 일본을 제외한 가장 강력한 기업들이 자리잡게 되었다. 2000년 기준 홍콩을 기반으로 하는 기업은 시가총액 기준으로 일본을 제외한 아시아 지역의 15대 기업에 7개, 100대 기업에 20개가 포함된다. 인도는 인도에 기반을 둔 위프로(Wipro)와 인포시스(Infosys) 등의 정보통신 기업의 발흥에도 불구하고 일본을 제외한 아시아 지역의 100대 기업에 도시 국가인 홍콩보다도 적은 7개의 기업을 보유하고 있다. 1995년 해외 자산을 기준으로 한 개발도상국의 50대 기업 중 9개가 홍콩 기업으로 가장 많은 수를 보유하고 있다. 매출총액 기준으로 5대 기업이 홍콩 GDP의 10%를 차지하고 있으며, 대기업은 주식시장 시가총액의 상당 부분을 차지하고 있다. 홍콩의 정치 생명은 대기업의 영향하에 있는 것이다.

개관

4국의 총인구는 7,700만 명으로 중국의 한 성(省) 인구에 불과하다. 4국은
직·간접적인 지정학적 장점과 다양한 국가 정책, 그리고 인도와 중국이 국
내 문제에만 신경을 쓰는 사이 해외에 눈을 돌린 덕분에 급속히 발전할 수 있
었다. 1990년대 말 이들 국가는 해외자산 기준 개발도상국 50대 기업 중 20개,
그리고 일본을 제외한 아시아 지역의 100대 기업 중 67개를 보유하고 있다.
이들 국가에서 대기업은, 심지어 홍콩까지 포함하여, 경제 발전 과정에서 중
요한 역할을 담당했다. 정부와 경제개발의 관계, 그리고 이들 국가의 경제개
발 시작단계에서 대기업의 역할은 일반적인 신고전주의 시각과는 거리가
멀다는 것을 보여준다.

동아시아에서 영향받은 선진국 따라잡기

1970년대 이후 중국의 정책결정자들은 '선진국 따라잡기'를 추진하는 과정
에서 주변국인 동아시아 국가에게 가장 큰 영향을 받았을 뿐만 아니라 유럽
및 미국 등의 선진 자본주의 국가의 산업정책으로부터 지대한 영향을 받았
다. 이 가운데서도 대기업의 초고속 성장을 주도했던 일본 정부의 정책이 중
국에 가장 많은 영향을 주었다. 일본의 대기업은 국내 시장에서 유럽과 미국
의 세계적인 거대 기업과 당당히 맞섰다. 일본은 비즈니스 역량과 R&D를
상당한 정도로 발전시키는 한편 무에서 세계적인 브랜드를 창출해냈다. 마
오저뚱(毛澤東) 이후 중국이 새로운 산업정책을 편 10여 년 동안, 유럽은 일
본의 대기업을 자국의 대기업에 도전해오는 거대한 세력으로 간주했다. 나
아가 서구의 기업들은 일본의 대기업에서 경영 철학을 배우기도 했다. 이와

때를 같이 하여 중국 지도부는 세계적으로 강력한 대기업을 지속적으로 구축하기 위해 정부 지원하에 산업화 후발주자인 동아시아 국가를 목표로 삼는 정책을 뒤늦게 펴는데, 이러한 정책은 구소련이 추구했던 정책과 대비되는 것이다.

1.2 국가핵심기업 구축[*]

비정통 경제정책과 경제의 급성장

1980년대 말부터 1990년대 말에 이르기까지 중국은 정치 통제를 엄격하게 시행하여 체제안정 유지에 전력을 기울이는 한편 실험적인 경제개혁 경로를 밟았는데, 이 같은 경로는 구소련의 개혁 경로와는 대비된다. 러시아 정치 체제 및 경제가 해체되는 동안에 중국의 비정통 접근 방식은 1980년부터 1990년에 이르기까지 연평균 10% 이상의 지속적인 GDP 성장을 기록하는 등 생산량 성장의 관점에서 놀라운 결과를 낳았다. 나아가 20년간 지속된 개혁기 동안 평균수명, 유아 사망률, 절대 빈곤 등의 복지 지표 역시 상당히 개선되었다.

---

[*] 이 섹션은 캠브리지 대학 Judge Institute of Management Studies의 딜란 서덜랜드(Dylan Sutherland)의 연구에 기초하고 있다.

학자들은 중국의 급속한 경제 성장은 사실상 민간 소유로 경영되는 중소기업의 폭발적인 성장에 힘입었다고 입을 모아 말한다. 1996년 말 기준 경제개혁이 급속하게 진행되는 지역의 경우 국유 중소기업 가운데 70% 정도가 사유화되었고 기타 지역에서는 50% 정도 사유화되었는데, 이를 '아래로부터의 조용한 혁명'이라고 한다. 세계은행은 중소기업을 중국의 '최근 성장의 초석'으로 보지만, 사실 경제 성장의 중요한 역할을 감당한 것은 대기업이었다. 중국 정부는 자국의 대기업이 '글로벌 경쟁의 장'에서 세계 유수의 기업들과 어깨를 나란히 하기를 희망하면서 의식적으로 대기업을 육성했다.

대기업으로 발전하기

1990년대 초 경제의 근간이 되는 경제정책 슬로건은 '중소기업은 신경 쓰지 말고 대기업을 육성하자'였다. 최근에 산업화에 성공한 국가들의 개별 경험을 심도 있게 연구하는 한편 선진 자본주의의 산업구조를 면밀하게 검토하여 중국 정부는 세계적으로 경쟁력을 갖춘 대규모의 멀티 플랜트 기업을 육성하겠다는 야심찬 계획을 세웠다. 이와 같은 계획을 세우게 된 또 다른 동인으로는 국가 자존심을 들 수 있다. 경제적인 측면에서 중국은 거의 1000여 년 동안 선진국의 자리를 지켜왔다. 다시 말해 중국은 18세기 중엽까지 전세계 총산업생산의 1/3을 차지했다. 그러나 19세기 중엽부터 20세기 중엽에 이르기까지 중국의 정치 체제는 무너졌고, 중국 경제는 영국과 맺은 조약의 결과로 개발된 몇 개의 항구만 발전했을 뿐 매우 더디게 성장했다. 1949년 공산당이 정권을 잡을 당시 중국은 심각한 빈곤 상태에 있었다. 전세계 총생산에서 중국이 차지하는 비중은 3% 이하로 떨어졌다. 서기장 마오저뚱은 중화인민공화국 건국 연설에서 세계 경제에서 예전의 위치를 회복하자는 국가적 열망을 강력하게 표출했다. "중국인은 대단히 용기 있고 근면하다. 오직 현대에 들어서 뒤지고 있을 뿐인데, 그것은 제국주의와 국내 반동 정부의 억압과 착취에 전적으로 기인한다. …… 이제 우리 중국은 더 이상 모욕과 굴욕에 시달리지 않으리라. 우리는 일어서고 말 것이다." 1976년 마오저뚱이 사망했을 당시 중국은 상당한 경제 성장을 이룩했으나 여전히 선진국에 뒤쳐져 있었다. 중국의 주변국인 일본과 동아시아 신흥산업국가들은 중국에 상당히 앞서 있었다. 중국은 국가 자존심 회복의 관건이 자국의 대기업 구축에 있다고 보았다.

선진국의 대기업과 어깨를 나란히 할 수 있는 '국가핵심기업'의 요청은 더 이상 지체할 수 없는 시대적 사명이 되었다. 이를테면 1997년 제15차 중국공산당대회에서 장쩌민(江澤民) 총서기는 다음과 같이 말했다.

국유 부문의 주도적 역할은 주로 관리력에서 드러나야 한다. 우리는 국유 부문을 전략적으로 개조해야 한다. 즉 국유 부문은 주요 산업과 국가 경제의 혈관에 해당하는 핵심 부문에서 주도적인 지위를 유지해야 한다. …… 우리는 중소기업에 대해서는 유연한 정책을 펴나가는 한편 대기업을 잘 경영하여 국유기업을 전략적으로 개조하는 데 최선을 다할 것이다. 또한 국공채를 통해 자본을 확보하는 한편 시장력에 의존하는 방법을 통해 상호교류, 교차소유, 초국가적 운영 체계를 갖춘 경쟁력 있는 대기업 그룹을 세울 것이다.

1998년 국무원 부총리 우방궈(吳邦國)도 다음과 같이 주장했다.

사실 국제 경제는 몇 개의 대기업이나 그룹을 소유하기만 한다면, 시장 점유율을 일정하게 유지할 수 있을 뿐만 아니라 국제 경제 질서에서 일정한 몫을 감당할 수 있다는 것을 보여준다. 예컨대 미국 경제는 제너럴모터스(General Motors), 보잉

(Boeing), 듀퐁(Du Pont), 그리고 일단의 다국적기업에, 일본 경제는 6개의 그룹에, 그리고 대한민국 경제는 10개의 재벌에 의존하고 있다. 이처럼 지금 현재, 그리고 다가올 세기에도 국제 경제 질서에서 중국의 (국가적) 위치는 중국 대기업 및 그룹에 의해 상당 정도 결정될 것이다.

WTO 가입이 임박해짐에 따라 중국 지도자들은 세계적으로 강력한 자국 기업 그룹을 구축해야 한다고 강력하게 부르짖었다. 2000년 1월 부주석 경제무역위원회 부주임 쟝첸궤이(蔣黔貴)는 "국가 경제의 척추를 만들기 위해 상당수의 기업 그룹을 발전시키고, 국제 경쟁력 강화에 국가의 총력을 기울여야 하는 것이 당면과제"라고 생각했다.

'국가핵심기업군' 개발 정책

중국의 모든 개혁과 마찬가지로 대기업에 대한 지원 증가는 중앙 지침과 아래로부터의 자발적인 개혁이 결합된 실험 과정에 빚지고 있다. 계획경제하에서 기업들은 각 관련 정부 부처에 소속되어 있었지만 비교적 독립적인 단위로 운영되었다. 경제개혁을 통해 점차 자율권을 획득하면서 다른 기업들과의 경제적인 관계형성도 빨라졌다. 1980년 7월, 정부에서 발간한 '기업집단을 조직하고 발전시키는 것에 관한 몇 가지 의견(關於組建和發展企業集團的幾個意見)'은 기업 간 계약 관계가 증가하고 있다는 사실을 보여주는 첫 번째 공식적인 정책 규정이었다. 1981년 4월 그룹의 선도적인 개척자라고 할 수 있는 자동차 생산업체 얼치(二汽, 동팡기차공사)는 확고한 플랜트 차원의 운영에서 핵심 플랜트로 조직되고 지역적·운영상으로 다각화된, 그룹으로 발전하는 대표적인 그룹이 된다. 1980년대 초기부터 1980년대 중반까지 경제적인 목적을 위해 기업들이 더욱 더 긴밀한 관계를 유지하자 정책 권고자들은 즉시 일부 선도 그룹을 더 큰 그룹으로 발전시키고자 했다. 1986년 국무원 발전연구중심센터 책임자 마홍(馬洪)을 비롯한 영향력 있는 경제학자와 정책결정자들은 특히 구국유플랜트에 기반하고 있는 대기업 그룹 발전에 목표를 맞춘 정책을 모색하기 시작했다. 1987년 12월 '그룹의 조정 및 개발에 대한 견해'라는 자료가 출간되는데, 이 자료는 그룹 개발의 목표와 방법을 규정한 첫 번째 정책 문서로 평가받고 있다.

1990년대에 들어 국무원은 1991년과 1997년에 120개의 대기업 그룹으로 구성된 '국가핵심기업(national team)'을 선정했다. 이렇게 선정된 기업은 전기발전(8), 석탄광업(3), 자동차(6), 전자제조(10), 철강(8), 기계(14), 화학(7), 건축(5), 운송(5), 항공(6), 제약(5) 등의 부문에서 '전략적 중요성'을 갖추고 있는 기업으로 평가받았다. 특히 이들 영역은 전통적으로 규모의 경제와 범위의 경제가 요구되는 분야들인데, 챈들러가 말하는 오늘날 도시형 고도 산업화 사회를 지속적으로 유지, 발전, 강화시켜나가는 데 있어서 가장 핵심적인 기능을 담당하는 분야이기도 하다.

중국 정부는 핵심기업의 성장을 지원하기 위해 많은 정책을 폈다. 가장 기본적으로 이들 기업은 상당한 보호를 받았다. 중국의 관세 수준은 1990년대에 현격하게 떨어졌으나 1999년 기준 관세 평균이 여전히 25%에 달한다. 일부 부문의 경우 25%를 훨씬 웃돌기도 한다. 이를테면 자동차에 대해서는 80~100%, 농산물에 대해서는 31%의 관세를 부과했다. 이와 달리 원유 및 정유에 대해서는 15%, IT 제품에 대해서는 13%, 그리고 철강 및 제약에 대해서는 10%의 관세를 부과했다. 이 밖에 중국은 비관세 장벽도 마련해놓았다. 이를테면 일부 수입품의 경우에 기술이전을 해야 한다는 부대 조건을 부과했다. 중국 관료들은 종종 다국적 투자기업에 대한 부품 공업업체를 스스로 선택했다. 중국 부품 공급업체들은 자국에 수출하는 다국적기업들에게 수시로 하청을 요구했고 외국 기업들이 국내 유통 경로에 진입하지 못하도록 하였다. 또한 많은 부문의 외국 투자가들에게 중국 관료들이 수시로 선정한 국내 기업과 합작투자하도록 요구했다.

핵심기업은 경제개혁 초기에 수익 유보(profit retention), 투자 결정 및 해외 무역 등의 근본적인 사안을 비롯하여 사업의 핵심 양상을 관리하는 데 상당한 특권을 누렸다. 이들 기업은 자체적으로 금융회사를 설립할 수 있는 권리뿐만 아니라 그룹 내에서 다른 국유기업을 경영할 수 있는 권리까지 허가받았다. 국가가 지속적으로 기술을 향상시킬 목적으로 설립하여 운영한, 다수의 R&D 센터는 핵심기업에 이전되었다. 핵심기업은 관료주의와 공식적으로 결별한, 현대 기업 체제를 세우기 위해 산업 최전방에서 노력했다. 1994년 공사법(公司法)에 따라 독립 법인의 소유권이 공식적으로 마련되었다. 그러자 핵심기업은 앞다투어 주식시장에 상장되었다. 1990년대 말 핵심기업의 절대 다수가 상장되었으며, 50개 기업은 해외 주식시장에 상장되었다. 중국 정부는 이들 기업의 해외상장 과정을 엄격하게 관리했는데, 해외상장이야말로 세계 최고가 되겠다는 중국의 열망을 충족시키는 데 필요한 자금을 조달하기 위해 없어서는 안 되는 중요한 요소였기 때문이다.

다양한 특권과 더불어 핵심기업은 국가로부터 엄청난 금융 지원을 받았다. 4대 상업 은행, 즉 중국공상은행, 중국농업은행, 중국은행, 중국건설은행은 새로 부상한 대기업 그룹에 특별 지원을 했다. "[상업] 은행은 제한된 자금을 국가 주력사업에 집중했으며, 따라서 국가는 좀더 쉽게 산업정책을 구현할 수 있었다." 중국공상은행 부행장은 "국유 대기업에 대한 지원은 의무이자 우리 은행 성장의 핵심 전략이기도 하다"라고 했다. 중국건설은행은 "대기업 그룹에 투자를 집중하는 반면 생산성이 떨어지는 중소기업에 대해서는 금융 지원을 하지 않음으로써 높은 수익을 실현할 수 있었다"라고 역설했다.

또한 중국건설은행은 산업집중화 프로세스를 지원했다. 이 은행은 1990년대 말에 중국건설은행은 대기업 그룹만을 상대하기 위한 간단한 대출 절차를 개발했다. 관계자에 따르면 대출금의 95%가 만기에 회수되었으며, 대기업의 불량채권은 총채권의 1%도 되지 않았다. 중국건설은행은 대기업을 기반으로 500개의 전담 지점을 갖추고, 대출 자문과 함께 자본 시장에 좀더 쉽게 접근할 수 있는 기회를 제공하고 있다. 국무원의 장려로 중국건설은행은 자사를 핵심기업을 지원하는 대표 은행으로 변모시키는 한편 '금융 지원을 받는 기업들이 국제적인 거대기업으로 발전하는 데 필요한 밑거름'이 되도록 300여 개에 달하는 '최고 고객'의 지원을 목표로 삼고 있다. 중국은행 역시 대기업에 적극적으로 금융을 지원하고 있다. 이를테면 1997년 중국은행은 전자제품 업계의 선두기업 캉지아(康佳)에 제조업체 사상 최고의 금액을 융자해 주었다(총 10억 달러). 중국 수출입은행 역시 전자, 조선, 최첨단 기계 부문 등의 대기업에 수출 신용을 보증해주고 있다. 이 은행은 1996년 한 해에만 전자 및 기계 수출 부문에 총 43억 달러에 이르는 자금을 금융 지원했다.

핵심기업의 규모와 영향력

국무원은 업계에서 부동의 리더로서 자리를 굳건하게 지키는 120개 시범 기업 그룹을 선정했다. 이를테면 전기 발전 및 공급 부문에 선정된 6개 그룹은 국내 전기 생산량의 절반 이상을, 8개의 금속 그룹은 철강 생산의 40%를, 6개의 자동차 그룹은 자동차 생산의 57%를, 그리고 3개의 민간 항공사가 국내 시장의 55%를 차지한다. 이들 그룹은 '투자 센터로서 역할을 감당할 수 있는 능력'을 갖춘 '그룹의 핵심 기업'인 대기업에 기초하고 있다. 1995년 기준 120개 시험 그룹의 종사자는 대기업 총고용의 1/3에 해당하는 700만 명에 이른다(그룹당 평균 6만 명). 1997년 기준 이들 그룹은 전체 중·대형 국유기업 총

생산액의 1/3을 차지했다. 같은 해 전체 국유기업에서 이들 기업은 총수익의 50%, 세금의 25%, 총매출의 25%를 차지했다. 1995년 말 기준 120개 기업 가운데 10개 이하의 기업만이 적자를 보았을 뿐이다.

1.3 산업별 핵심기업 분석

1994년부터 1999년까지 왕샤오창 박사와 공동으로 새로 부상하면서 중국을 대표하는 '국가핵심기업'에 대해 심도 있는 사례 연구를 수행했다. 이를 통해 중국이 기업 차원에서 현대적인 의미의 강력하고, 국제적으로 경쟁력을 갖춘 기업을 구축하겠다는 강렬한 야심을 가지고 있다는 것을 알게 되었다. 또한 기업 경영 체제의 현대화 과정에 큰 진전이 있었음을 확인할 수 있었다. 1990년대 말 중국의 대기업은 구국유기업과 비교해 상당히 발전했다. 그러나 그 발전의 양상은 일정하지 않으며 이 기간 동안에 수많은 예기치 않은 어려움이 발생했다.

항공 : 항공공업총공사

항공공업총공사의 정체

1950년대 초부터 1990년대까지 중국의 항공산업은 항공공업부(The Ministry of Aviation Industry)가 장악하고 있었다. 지금까지 항공공업부가 가지고 있던 모든 항공산업 자산을 관리할 책임을 떠맡고 항공공업총공사(이하 항공공사)가 1993년에 설립되었는데, 1996년에 실험적인 국유지주회사로 공식적으로 탈바꿈했다. 항공공사는 산하에 245개의 기업을 거느리고 있다. 다시 말해 항공공사 산하에는 18개의 군용기, 민간 항공기, 헬리콥터 제조사, 11개의 항공기 엔진 제조사, 77개의 항공 장비 제조사, 그리고 34개의 연구소가 있다. 항공공사 구조는 대규모 공급업체에서 엔진과 기타 부품을 구매하는 핵심 설계 및 항공기 조립 기업을 갖추고 있는 세계 일류 항공사의 구조와는 상당히 다르다. 다시 말해 항공공사는 단일기업 내에 항공기 제조에 필요한 모든 요소들을 가지고 있다. 이 지주회사는 전국에 산재한 기업 집단을 국제적으로 경쟁력 있는 항공기업으로 변모시키는 데 그 목적을 두고 있다.

> 항공공사는 세계적인 명성과 영향력을 갖춘 거대 기업 그룹이 되기 위해 스스로 발전하고 있다.…… 항공산업은 뛰어난 기술과 광범위한 인프라를 갖춘 핵심 최첨단 산업으로 성장할 것이다. 항공공사는 군용기 및 여객기 생산을 결합한 초대형 산업 그룹으로, 초국가적인 효력을 가지는 첨단기술을 보유한 수출 지향적인 항공사가 될 것이다.

항공공사 산하 기업들은 중국 전역에 산재해 있다. 관련 엔진, 부품 공급 네트워크와 결합된 주요 플랜트들은 저마다 독립적으로 완전한 항공기를 제조할 능력을 갖추고 있다. 다시 말해 군용기를 생산할 목적으로 엄청난 생산 능력을 갖추고 있는 것이다.

군용기

항공공사의 주요 품목은 군용기이다. 1976년 마오저뚱이 사망하던 해, 서방 전문가들은 중국의 군사 기술은 '선진 산업국에 비해 적어도 20~30년 뒤졌 다'고 보았다. 군사 산업기지는 '현대 무기를 생산할 능력이 없으며' 중국의 대규모 공군부대를 비롯한 군사력은 '소련 모델을 그대로 복제한 낡은 장 비'로 무장되어 있었기 때문이다.

마오저뚱 시대가 끝남과 동시에 중국의 전체 군사 전략은 철저하게 개조 되었다. 1977년 기조연설에서 덩샤오핑(鄧小平)은 인민해방군 지휘관에게 경제 현대화에 역점을 두어야 한다고 당부했다. "우리는 하나의 조건, 즉 실 질적인 가능성에서 시작해야 한다는 사실에 주목해야 한다. 정부 예산은 한 정되어 있으며, 더욱이 국방비는 국가 예산의 균형을 고려하여 산정되어야 한다. 우리의 국가 방위력은 국가의 산업 및 농업 발전의 기초 위에서만 현대 화될 수 있다." 덩샤오핑은 군사 부문에서 선진국 수준이 된다는 것은 상당 히 어렵다는 것을 잘 알고 있었다. "군대의 장비를 현대화할 수 있는 10~20 년의 평화의 기간이 있다고 하더라도 적국들에 비하면 여전히 열등할 것이 다. 우리가 발전하는 동안 적국들이 잠만 자고 있지는 않을 것이다. 따라서 전쟁이 발발한다면 우리는 열등한 장비로 우수한 장비를 갖춘 군대와 싸워 승리해야 한다."

1970년 말 이래 정부는 국내 제조 군용기에 대한 지출을 현격하게 삭감했 는데, 이는 전체 항공산업 발전에 상당한 악영향을 미쳤다. 국가예산에서 '국방비'가 차지하는 비중은 1980년에서 1995년까지 총 2% 정도 낮아졌다.

총예산에서 국방비가 차지하는 비중은 1971년부터 1975년까지 총 19.1%에 이르던 것이 1986년에서 1995년까지 10% 이하로 떨어졌다. 그리고 전투기 생산은 1990년대 중반에 1980년대 초기 수준에서 50% 이상 떨어졌다.

구소련이 경제적, 정치적으로 붕괴된 1990년대 초 러시아의 군용기 구매는 현격하게 감소했을 뿐만 아니라 방위산업도 현격하게 위축되었다. 그러나 구소련의 군용기 제조 기술은 설계 능력 면에서 세계 최고의 수준이었으며 중국보다 훨씬 앞서 있었다. 이에 따라 소련 방위산업은 중국에 군용기를 팔아 경화를 벌기에 혈안이 되어 있었다.

중국의 군사 지도자들은 걸프전으로 인해 국방 문제에 대해 상당한 충격을 받았다. 즉 중국의 군사 지도자들은 서방 선진국에 비해 중국의 방위력이 상당히 뒤떨어져 있으며, 따라서 이 같은 후진성을 극복하기 위한 급박한 조치가 필요하다는 사실을 절실하게 깨닫게 된 것이다. 그 당시 서방 선진국은 기술적으로 뛰어난 군용기를 중국에 팔려고 하지 않았고 러시아는 상대적으로 저렴한 가격에 뛰어난 군용기를 팔 수 있었다. 중국은 1992년 러시아에 Su-27 50기를 주문했고 그것은 1993년에 인도되었는데, 이 거래는 상당한 의미를 지닌다. 1950년대 이래 러시아가 중국에 무기를 판 적이 한 번도 없기 때문이다. 1997년 중국은 자국에서 조립한다는 조건으로 Su-27기 150대를 러시아에 주문했다. Su-27기는 그 당시 중국의 항공 기술로는 도저히 생산할 수 없는 정말 우수한 전투기였다. 1999년 중국이 Su-27기보다 향상된 Su-30 전투기를 러시아에 주문했다는 보도가 나왔다. 1990년대 말 Su-27기는 중국 전투기 편대의 핵심이 되었다. 한 서방 전문가는 이 점과 관련하여 "5,000기의 전투기 가운데 90% 이상이 고물이다. 단지 Su-27기만이 뛰어나다"고 했다. 다른 전문가는 "러시아 전투기를 수입한다는 것은 중국의 설계 수준이 아직 고도로 발달하지 못했다는 사실을 반증한다. 중국이 Su-27기를 두 번씩이나 대량으로 구매하려고 결정한 것은 제조 기술이 향상되었다 하더라도 항공 전자, 엔진 및 미사일 부문을 실제로 복제할 수 없는 한계를 그대로 보여주는 것이다"고 말했다.

1970년대 이래 중국을 제외하고 군사 기술은 현격하게 신장되었다. 걸프 전에서 제일 중요했던 것은 '지휘-통제' 체제였다. 서방 전문가들은 중국이 '이 부문에서 상당히 뒤쳐져 있다'고 본다. 1990년대 중반까지 서방 전문가는 "중국의 무기산업은 최첨단 전투기의 [설계, 제작] 또는 첨단 항공전자장치를 설계, 제작해 본 경험이 전무하다.……중국은 한 번도 현대식 엔진을 제작해 본 적이 없는데, 이 또한 극복해야 할 장애물이다"고 말했다. 1970년대 말 이래 중국은 자신들이 채택한 전략 때문에 할 수 없이 수입한 장비와 기술에 의존하여 방위할 수밖에 없었던 것이다.

여객기

시장 전망

중국의 여객기 시장은 세계에서 가장 규모가 크며 급성장하고 있다. 중국은 1996년부터 2014년에 이르기까지 총 1,000억 달러에 달하는 1,300기의 여객기를 구입할 것으로 전망되는데, 이는 아태지역 예상 판매량의 35%에 해당한다. 1997년까지 보잉은 35기밖에 팔지 못한 에어버스(Airbus)와 달리 240기를 중국 시장에 팔면서 중국 여객기 시장을 완전히 지배해왔다. 중국은 1990년부터 1996년에 이르기까지 총매출액의 10%를 차지하는 등 보잉 입장에서는 대단히 큰 시장이다. 그런데 1996년 이래 보잉의 점유율이 떨어지면서 반대로 에어버스의 시장 점유율이 가파르게 상승했다. 중국은 1997년과 1998년 두 해에 걸쳐 에어버스의 당해 년도 총매출액의 10%에 해당하는 19기의 여객기를 주문했다.

항공산업은 국무원 산하의 민항총국(民航總局)이 관리한다. 여객기 구매는 민항총국에 속한 중국항공기재공사(中國航空器材公司)를 통해 이루어지는데, 이는 정부가 사용할 수 있는 강력한 산업정책 수단이며, 또한 국제관계에 영향을 미치는 강력한 수단이기도 하다. 중국의 경제개혁 이후 민항총국은 유럽과 미국의 유력 항공 제조업체가 아닌 곳에서 여객기를 구매하는 것은 꺼려했다.

Y-10

1970년 프랑스, 독일, 영국이 보잉과 에어버스의 항공기 제조 시장 지배를 깨트리기로 마음먹은 것과 동시에 중앙정부는 대형 제트 항공기 Y-10을 자체 제조하기로 결정했다. 제일 먼저 Y-10 프로그램 시행을 결정한 사람은 저우언라이(周恩來) 수상이다. 그는 마오저뚱에게 Y-10 프로그램을 건의했으며, 마오저뚱이 그것을 지지하면서 프로그램은 스케줄에 따라 진행되었다. 그리고 1981년 12월 덩샤오핑은 "국내 항공사는 오직 국내에서 생산한 여객기만을 사용해야 한다"는 지침을 내렸다.

상하이항공공업공사가 프로젝트 중심 기업으로 선정되었고, 여기에서 여객기가 조립되었다. 상하이항공공업공사는 Y-10 프로젝트 시작 전부터 중국의 최대 군용 항공정비 공장이었다. 항공공업부는 이 프로젝트를 성사시키기 위해 중국 전역의 수백 명의 기술진을 상하이에 급파했다. 프로젝트는 매우 애국적인 분위기에서 진행되었다. 1978년에 여객기 설계를 완료했고, 1980년 첫 시험 비행을 했다. 1980년부터 1985년까지 130차례, 총 179시간 시험 비행을 했다. 여객기는 기후 조건에 상관없이 비행할 수 있고, 다양한 고도에서 착륙할 수 있는 뛰어난 성능을 보여주었다.

Y-10은 보잉 707을 모델로 삼고 여러 부분을 변용하여 제작했다. 엔진은 프랫 앤 휘트니(Pratt & Whitney)의 JT3D에 기초를 두었으며, 전체 기체는 국내에서 제조했다. 항공전자장치 '대부분' 역시 중국에서 제조했으나 '20여 개'에 이르는 중요한 항공전자장치는 수입했다. 부품은 상하이 소재의 여러 기업에서 생산했는데, 총 263개 기업이 참여했다. Y-10 2기를 조립한 이후 세 번째 항공기 조립을 준비 중이었으나, 프로그램이 종료되면서 조립하지 못하게 되었다. 한 대의 여객기는 지상 시험 과정에서 파괴되었고, 시험 비행에 사용된 다른 한 대는 지금까지 상하이항공공업공사에 세워져 있다.

Y-10 프로그램은 1985년에 중단되었는데, 중단 원인은 확실하게 밝혀지지 않고 있다. 4인방(중공의 문혁파의 과격파)과의 관련 때문에 1978년 이후 '정치적인 이유'로 중지되었다는 설명이 가장 설득력 있게 받아들여진다. Y-10의 안전 기록이 증명되지 않았고, FAA(미국연방항공국)의 안전 요건은 차치하더라도 민항총국의 안전 요건을 완벽하게 만족하려면 상당한 비용이 필요했기 때문에 종료되었다고 보는 견해도 있다. 즉 국제적 항공기로서 손색이 없음에도 불구하고 불확실한 시장에 직면했을 경우 경제적 가치를 확신할 수 없었던 것이다. 정부는 프로그램을 상업화시키는 데 필요한 최초의 구매를 확실하게 보장하는 정책을 폈어야 했다. 분명한 것은 민항총국이 Y-10 구매를 꺼렸다는 것이다.

Y-10은 대형 여객기를 독자적으로 생산할 수 있는 중국의 항공 기술능력을 알아볼 수 있는 중대한 척도라 할 수 있다. 완벽한 항공기 구축에 필요한 상당한 기술을 개발했기 때문에 항공업계의 많은 사람들은 Y-10 프로젝트를 중국과 서방의 기술적인 차이를 상당히 좁힌 것으로 평가했다. Y-10의 설계, 조립으로 상하이항공공업공사는 단순한 항공기 정비공장에서 주요 조립공장으로 신속하게 변모할 수 있었으며, 이후 맥도넬 더글라스(Mc

Donnell Douglas) 여객기를 쉽게 조립할 수 있게 되었다.

제트 항공기 제조

Y-10 프로그램 종결 후 중국은 항공산업 전략을 다시 세웠다. 기술적 후진성에도 불구하고 중국의 항공산업 자원은 막강했다. 업계에서는 75만 명이나 종사하는 항공산업에서 적어도 '대형 민항기를 생산한다는 목표' 정도는 갖고 있어야 한다는 기운이 강하게 불고 있었다. 이에 따라 항공공업부는 2010년까지 180석 규모의 여객기를 생산하겠다는 목표와 함께 '3단계 계획'을 세웠다. 이러한 계획은 매우 야심찬 것으로, 중국은 에어버스가 무에서 항공산업을 장악하고 있는 보잉에 도전할 수 있을 정도로 성장한 방식에 고무받았다. 이 같은 계획은 중국에 대형 항공기 조립 기술을 이전하겠다는 조건을 받아들인 맥도넬 더글라스 80/90 시리즈를 조립하는 것에서부터 시작되었다. 둘째 단계에는 2005년경에 서비스하기로 예정한 100석 규모의 최첨단 여객기를 합작 설계, 생산하기 위한 일류 제조업체와의 공조 작업이 포함되었다. 최종 단계에는 180석 규모의 여객기를 자체적으로 설계, 생산한다는 계획이 잡혀있었다. 그러나 이러한 목표는 점진적으로 시들해졌고, 결국 1998년 가을 전략을 전체적으로 재고해야 했다.

MD-80 조립

맥도넬 더글라스와의 공조는 맥도넬 더글라스 항공기의 조립을 제의 받은 1975년에 처음 시작되었다. 맥도넬 더글라스는 급성장하는 중국 시장에서 그들의 판매를 촉진시킨다는 목표를 가지고 있었다. 다시 말해 맥도넬 더글라스는 자신들이 보잉보다 상대적으로 열세라는 사실을 정확하게 인식하고 있었기 때문에 보잉과의 경쟁에서 중국시장을 주요 무기로 활용하고자 했던 것이다. 따라서 맥도넬 더글라스는 MD-82/83 조립을 기꺼이 중국에게 맡기고자 했다. 반면 보잉은 중국과 하도급 계약에 대해서만 논의하고자 했다.

상하이항공공업공사는 1986년부터 1993년까지 34 MD 82/83 항공기를 조립했다. 1992년에는 1차로 5기의 여객기를 미국에 인도하여 FAA 감항(항공기 자체의 성능·비행성·플래터·진동·지상(수상)특성·강도·구조 등의 측면에서 항공에 적합한 안전성·신뢰성을 갖고 있는지 판단하기 위한 기술상의 여부 ; 역주)증명서를 획득하고 29기의 여객기를 국내선에 배치했다. 국내선에 투입된 MD 82/83 여객기는 1985년 5기에서 1996년 39기로 증가했다.

엄청난 규모의 기술이전은 없었지만 상하이항공공업공사는 조립 계약에서 상당한 이익을 얻었다. 다시 말해 상하이항공공업공사는 계약을 통해 얻은 수입으로 향상된 기계 장비를 대규모로 구매할 수 있었고, 중국은 맥도넬 더글라스로부터 상당한 기술을 이전 받았다. 상하이항공공업공사는 복잡한 조립 공정에 필요한 중요한 요소들을 알게 되었고, 대형 여객기를 실험할 수 있었다. MD-80 조립라인과 하도급 부품의 경우 FAA 인증을 받아야 하기 때문에 상하이항공공업공사의 품질 기준은 향상될 수밖에 없었다. 맥도넬 더글라스는 프로그램 계획에 따라 자사의 설계 기술을 향상시킬 목적으로 상하이항공연구소를 도왔다. 이에 따라 상하이항공공업공사는 복잡한 여객기 조립 공정의 상당 부분을 이해하게 되었고 또한 항공산업 재편 과정에서 핵심 플랜트로 자리 매김할 수 있었다. 이렇게 해서 상하이항공공업공사는 서방의 여객기 생산 공정에서 중추적인 제조업체가 되었던 것이다.

MD-90 합작 제작

1990년대 초 MD는 MD-80 시리즈를 폐기하고 MD-90으로 교체했다. MD-90은 MD-80 시리즈와 관련이 있긴 하지만 제조공장을 대규모로 재정비해야 하는 등 상당 부분 차이가 있었다. MD-90은 MD-80 시리즈에 비해 기체가 길고 넓었으며, 소음은 현격하게 감소했지만 오히려 추진력은 강해진 신형 엔진과 향상된 전자 장치를 장착하고 있었다. 여객기는 더욱 믿을 만했고 운용비도 절감되었다.

MD-80 시리즈 조립 프로그램의 상당한 성공에도 불구하고 중국 항공 시장에서 맥도넬 더글라스는 여전히 보잉에 상당히 뒤쳐져 있었다. 1996년에 맥도넬 더글라스 여객기는 MD-82 39기만이 운행될 뿐이었다. 보잉 737과 757은 1985년 15기에서 1996년 175기로 증가했다. 게다가 에어버스가 가공할 만한 잠재력을 갖춘 경쟁업체로 등장하기 시작했다. 맥도넬 더글라스는 라이벌 기업에게 뺏긴 시장 점유율을 회복하기 위해 항공공사의 세 자회사가 있는 시안(西安), 선양(沈陽), 청두(成都)에서 상당량의 부품을 제조하고 MD-90을 생산하는 것에 동의했다. 물론 최종 조립은 상하이항공공업공사에서 수행하기로 했다. 기체의 경우 국내에서 생산한 부품이 기체 총액의 80%에 육박했다. 엔진과 대부분의 전자 장치, 보조 엔진, 랜딩 기어는 수입했기 때문에 국내 생산 총액은 여객기 총액의 80% 미만에 불과했다. 그럼에도 불구하고 원칙적인 면에서 볼 때 맥도넬 더글라스와의 합작 제작에 대해 협의한 것은 중국 항공산업의 주요한 돌파구가 되었으며 국내에서 여객기를 설계, 생산할 수 있는 중요한 잠재력으로 작용했다.

1992년 최초의 협상에서 맥도넬 더글라스는 자신들이 캘리포니아 롱비치 외에 전세계에서 유일하게 상하이에만 조립라인을 구축해준다는 조건과 함께 중국에서 MD-90 150기를 생산하겠다고 제시했다. 그러나 계약에 최종 서명을 하던 1993년 맥도넬 더글라스의 상황이 몰라보게 달라졌다. 맥도넬 더글라스는 보잉과의 경쟁에서 밀려 최악의 상황에 몰린 데다가 에어버스와의 경쟁 또한 더욱 심해졌던 것이다. 설상가상으로 항공공사는 맥도넬 더글라스가 희망하던 중국 내 항공사에 맥도넬 더글라스 여객기 판매를 보장할 수 없다고 했다. 맥도넬 더글라스가 중국에서 MD-90를 생산하기로 협의하던 바로 그즈음에 오히려 보잉의 판매는 급격히 신장했다. 맥도넬 더글라스의 주요 목표는 여객기를 다른 나라로 수출하는 것이 아니라 중국에서 판매하는 것이었다. 이런 사정 때문에 1993년에 체결한 최종 계약에서는 엄청나게 감소한 대수만을 중국에서 제조하기로 협의하게 되었다. 즉 150기를 제조하기로 했던 원래의 계획은 40기로 감소하고 말았다. 설상가상으로 1995년 7월 계약을 개정하면서, 단지 20기만 중국에서 생산하고 중국에 팔기로 한 20기는 롱비치에서 제조하기로 합의를 보았다. 중국 항공산업계는 민항총국이 국내에서 제작될 여객기를 대량 구매할 수 없어서 항공산업의 장기적 발전을 위한 도약대를 형성할 수 없게 된 점에 상당히 실망했다.

1998년 4월부터 생산을 시작하기로 일정을 잡았다. 주요 참여 업체들은 대규모 자금을 제조 시설과 하위 조립라인 및 최종 조립라인 구축에 투자했다. 생산라인을 구축하는 동안 맥도넬 더글라스의 사정은 점차 악화되어 1997년 보잉에 합병되었다. 흡수 합병된 지 불과 수개월 후인 1997년 11월 보잉은 1999년에 MD-90 생산을 중단하고 상하이항공공업공사의 MD-90 조립라인을 폐쇄한다고 발표했다. 결국 민항총국은 중국에서 생산한 MD-90을 단 2기만 구매하겠다고 발표했다. 곧 중단될 기종에 투자하고 싶은 마음이 없었던 것이다. MD-90을 2기 이상 구매하지 않겠다는 민항총국의 결정은 조립 프로그램에 치명타를 안겨주었다. 중국이 여객기의 상당량을 매입했다면 수출 시장도 성장했을 것이다. 항공공사는 심지어 국내에서 생산한 MD-90을 투입하여 자체 항공사를 설립하려 했으나 이마저도 민항총국이 거부했다.

MD-90 20기 생산 프로그램은 없어지고 1998년 7월 최종적으로 3기를 생산하기로 결정했는데 그것조차 8월에 2기로 감소했다. 프로그램 종료로 항공 제조업체는 상당한 손실을 입었다. 최소한 20기의 항공기를 생산한다는 계획하에서 플랜트, 장비 및 자본을 투자했던 것이다. 여객기 조립에 전적으로 매달렸던 상하이항공공업공사가 항공 제조업체 가운데서 가장 심각한 타격을 받았다. 상하이항공공업공사는 군용기를 생산하지 않는다는 이유로 업계의 주요 기업들에 비해 민용기 조립에 더 많이 의존하고 있었기 때문이다. 1998년 상하이항공공업공사는 상하이자동차공사와 협상하여 버스 제조 합작 파트너가 되면서 항공 제조 부문에서 손을 뗐다. Y-10은 세계적인 거대 기업과 경쟁하기로 했던 열망이 무참하게 무너진 대표적인 사례로 꼽힌다.

제트 항공기 합작 설계 및 생산

1990년 초부터 중엽까지 중국의 민간 항공산업은 세계적인 항공 제조업체가 되겠다는 전략과 전망에 확신을 갖고 있었다. MD-80 시리즈 여객기를 조립하기 위한 성공적인 프로그램이 완료되었고, 다음 단계인 중국 내의 제조 작업과 MD-90 생산은 상당히 순탄하게 진척되는 것처럼 보였다. '운항 계획'의 다음 단계는 엔진과 최소한의 항공 전자장치 부품 등 핵심 부품은 수입하고 소형 제트 항공기의 상당 부분은 공동 설계, 생산하면서 독자적으로 대형 여객기를 설계, 생산하는 것이었다.

100석 내외의 제트기 세계 시장은 급속히 신장했다. 보잉은 향후 20년에 걸쳐 세계적으로 80에서 100석 내외의 근거리용 제트기(regional jets) 수요가 2,500기 정도 될 것으로 전망했는데, 특히 아시아 시장을 주목했다. 심지어 향후 20년간 아시아 지역에서 2,000기 정도의 수요가 있으리라 내다보는 전문가도 있는데, 그 중 단연 중국을 제일 큰 시장으로 꼽았다.

그러나 아시아는 세계 항공 시장 가운데서 가장 경쟁이 치열한 지역이기도 하다. 100석 내외의 여객기를 생산했던 2개의 제조업체는 생산이 현격히 감소했거나 사업을 정리했다. 1970년대 말엽, 브리티시 에어로스페이스는 65~119석의 BAC 1-11 생산을 포기하고 대신 230석 안팎의 여객기를 생산했다. 1980년대 BAe는 75~110석의 4발 엔진 BAe-146(Avro RJ라고 다시 이름을 붙였다)을 생산하기 시작했는데, 1997/98년 처음으로 수익을 실현했다. BAe는 매년 20~22기 정도의 여객기를 생산할 뿐이었다. 세계에서 제일 역사가 깊은 항공기 제조업체인 포커(Fokker)는 1990년대 중반, F-28(70~90석) 220기와 F-100(100~110석) 250기 이상을 생산했지만 1996년 도산하고 말았다. 봄바르디어(Bombardier, 캐나다)는 기존의 소형 여객기를 90석 규모의 근거리용 제트기로 개조하여 생산하는 계획을 세웠다. 엠브레어(Embraer, 브라질)는 2002년에 인도하기로 계획을 세워 처음으로 70~108석 규모의 여객기를 제작하면서 전면적인 근거리용 제트기 제조사로 발전했다. 보잉과 에어버스는 B-737과 A-319 소형 여객기를 100석 이상의 여객기로 개조하면서 상당한 경쟁력을 갖춘 여객기를 생산하고 있었다. 보잉은 MD-95에 기초한 100석 규모의 B-717을 초고속으로 개발했다. 이 여객기는 1998년 9월 시험비행했으며, 1999년 여름 처음으로 노선에 투입되었다. 에어버스 역시 100석 규모의 여객기를 생산할 계획을 가지고 있다. 이렇게 되면 봄바르디어, 엠브레어, 보잉, 에어버스의 경쟁은 더욱 더 치열해질 것으로 전망된다.

1990년대 초 항공공사는 맥도넬 더글라스, 보잉, 에어버스와 100석 규모의 여객기를 합작으로 설계, 생산하기 위한 합작회사를 세우기 위해 강도 높은 협상에 들어갔다. 합작회사의 설립 목적은 국내 및 국제 시장, 특히 아시아 항공업체에 판매할 1,000기의 여객기를 중국에서 생산하고자 한 것이다. 항공공사는 맥도넬 더글라스와 협상을 즉시 포기하고, 에어버스와 보잉과는 수년에 걸쳐 다양한 제의를 하면서 협상을 계속했다. 결국 항공공사는 100석

규모의 여객기 개발 파트너로 보잉이 아닌 에어버스를 택했다.

생산하기로 한 여객기는 에어 익스프레스 100(AE-100)으로 알려졌다. 최초의 계약은 1996년 4월 체결되었다. 합작투자는 항공공사가 에어버스가 계획하고 있는 '슈퍼 점보 여객기' A3XX의 다음 파트너가 된다는 광범위한 공조의 전주곡으로서 환영받았다. 항공공사 산하 기업들은 날개, 동체 및 최종 조립을 비롯하여 AE-100 총 작업의 51%를 하기로 계획했다. 계약은 '중국 항공산업 발전을 향한 의미 있는 발걸음'으로 뜨겁게 환영받았을 뿐만 아니라, 자국의 현대 항공산업을 발전시킬 강력한 초석으로 여겨졌다.

계약 내용에는 AE-100이 2005년에는 서비스를 할 수 있는 것으로 계획되어 있었다. 신형 여객기를 설계, 생산하기까지에 필요한 시간을 확보하는 것은 실제로 경제적 문제였다. 그래서 1999년 여름 B-717을 서비스하기로 이미 계획했던 에어버스는 기존 대형 여객기를 모델 삼아 자체적으로 100석 규모의 여객기 개발에 들어갔다. 따라서 AE-100의 주요 경쟁자들은 심지어 AE-100이 시험 비행을 하기도 전에 이미 시장에서 자리잡을 수 있었다. AE-100 개발에서 가장 큰 문제점은 민항총국이 여객기 선주문을 일체 받지 않았다는 것이고 이는 중국 항공산업에 상당한 실망을 안겨주었다.

1998년 9월 합작투자가 폐기되었다는 공식발표가 있었다. 이 발표는 에어버스가 기존의 A-320 시리즈 가운데 하나인 100석 규모의 A-318을 자체적으로 개발하겠다는 성명과 동시에 나왔다. 이 기종은 '5억 달러 이하'로 개발할 수 있으며 2002년까지 서비스하겠다고 발표했다. 기존의 조종사들이 여객기를 조종할 수 있고, A-320 시리즈 엔지니어들이 유지보수할 수 있다고 했다.

1999년 4월 에어버스는 여객기 109기를 주문 받았다고 발표했다. 매우 흥미롭게도 에어버스는 '루프트한자(Lufthansa)와 중국국제항공(Air China)과의 협의를 종료했다'고 발표했다. 중국국제항공은 국내 항공산업을 일으킬

AE-100을 구매할 뜻은 없고, 그에 필적하는 에어버스 여객기를 구입하고자 했던 것이다.

중국 외부에서는 MD-90 프로그램과 AE-100 프로그램의 종료와 관련해 '중국의 초창기 항공산업은 심각한 타격을 받게' 되었고 '여객기 제조업체가 되겠다는 계획을 의심' 하게 만들었다는 반응을 보였다. 중국은 MD-90 프로그램에 엄청난 자금을 투자했으며, AE-100 프로젝트에 상당한 에너지를 쏟아부었다. 이로 인해 양프로그램의 종료로 항공산업은 이중으로 타격을 받았고 '3단계' 개발 전략은 송두리째 흔들렸다. 이중 타격의 충격은 가공할 만했다. 항공산업에 종사하는 많은 사람들은 보잉과 에어버스뿐만 아니라 MD-90, 그리고 계획된 AE-100 주문을 하지 않은 민항총국에 대해서도 실망을 금치 못했다. 1998년 늦여름, 업계는 항공산업의 앞날에 대해 더 이상 논의할 수 없었다. 너무나도 쓰라린 경험을 했기 때문이다. 큰 기대는 프로그램 실패로 심하게 상처받았고, 항공산업 전반에 대한 숙고가 그 어느 때보다도 필요했다.

비항공 제품 생산

1980년대 초 항공공업부는 70만 명이 종사하는, 100개 이상의 생산 기업과 수많은 설계, 연구 기관과 건강, 교육, 기타 복지를 제공하는 지원 단위를 관할하고 있었다. 상기 기관들은 대부분 상대적으로 발전한 동안(東岸)에서 멀리 떨어진 곳에 위치해 있었다. 종사자들은 물론 그의 수많은 가족들의 생계는 항공산업에 달려 있었다. 따라서 정부의 급격한 군용기 구매 감소로 중국 전역에 산재한 대규모 지역사회는 그 유지에 영향을 받게 되었다.

항공공사는 군용기 주문 급감이라는 문제 외에도 민간 항공산업을 발전시키려는 계획과 관련해 엄청난 어려움에 직면해 있었을 뿐만 아니라 대형 민간 항공기 제조업체가 되려는 계획이 심각한 장애물과 맞닥뜨려 결국 항공 부문에서 희망했던 매출과 고용을 창출하지 못했다. 1970년대 말부터 1990년대 말에 이르기까지 중국 항공산업의 총 실질가치는 최소 15% 떨어졌다.

중국 항공산업의 새로운 위기에 대응하여 중앙정부는 군수에서 민수 정책으로 바꾸었다. 1980년대 말과 1990년대 초엽 시장경제가 발전함에 따라 항공 제조업체들은 자동차, 오토바이, 직물 기계, 냉장고, 에어콘 등의 제품을 생산하기 시작했다. 1979년 비항공산업 제품 매출액이 항공공업부 총매출액의 10%에도 미치지 못했으나 1997년에는 80% 이상으로 성장했다. 자동차, 자동차 부품 및 오토바이는 항공공사 총매출액의 62%를 차지했다. 항공공사는 5,000가지 이상의 제품을 생산하는 엄청나게 다각화된 대기업으로 변모했다.

제도적 변화

1990년대 항공공사의 비항공산업이 급속히 팽창함에 따라 엄청나게 다각화된 대기업 내에서는 노동력 이외의 조건을 기준으로 보았을 때 상대적으로 소규모 항공회사들로 구성된 기업이 출현하게 된다. 업계 관계자들은 이 같은 기업의 출현을 항공산업이나 비항공산업을 성공적으로 구축할 바람직한 구조라고 생각하지 않았다. 항공공사의 내부 문제와 세계경제가 폭발적으로 변화하고 있다는 측면에서 항공공사의 구조조정을 둘러싸고 열띤 논의가 있었는데, 이 논의는 1999년 봄 국무원이 항공공사를 대대적으로 재편해야 한다는 것으로 발전한다. 항공공사 재편문제로 업계에서는 활발하게 논의를 벌였다. 우연의 일치인지 항공공사 개편 논의와 때를 맞추어 유럽 항공 업계도 열띤 논쟁에 휘말리게 된다. 다시 말해 유럽 항공 업계에서 상당한 비중을 차지하고 있는 기업들이 EADS(European Aircraft Defense and Space

Corporation)라는 단일 거대 기업으로 통합되었다.

군용기와 여객기를 분리시키거나 항공엔진 또는 기체를 여러 기업으로 분리시키는 것을 고려 중인 기타 급진적인 의견에 대해서는 일언반구도 없이 중앙정부는 항공공사를 2개의 기업 그룹, 중국항공공업 제1집단과 중국항공공업 제2집단으로 분리하기로 결정했다. 각각의 그룹은 군용기, 여객기, 기체 장비 및 비항공 제품 생산 및 판매라인을 완벽하게 갖추고 있었다.

개혁이 표방하고 있는 목표는 '독점을 해체시켜 공정한 시장경제 메커니즘을 부양하자는' 것이었다. 항공공사 최고경영인 주위리(朱育理)는 "2개의 그룹은 경쟁하면서 공조하게 된다"라고 했다. 그러나 다른 면에서 보면 세계 굴지의 항공사들이 사상 유례 없는 인수·합병(M&A)을 해 나갈 때 중국의 항공산업은 오히려 규모를 축소시켜 2개로 분리해나갔다. 세계적인 거대 기업과 비교해볼 때 '경쟁관계에 있는 2개의 항공공사'는 총매출액이 고작 4억 달러로 이전보다 규모가 현격하게 축소되었을 뿐만 아니라 교육의 업무와는 관련 없는 사업만 떠맡게 되었다.

국무원은 항공공사를 2개로 분리하기로 결정했을 뿐만 아니라 동시에 국가과학기술공업위원회 산하의 국가 방위산업체의 주요 기업들도 분리하기로 결정했다. 따라서 중국핵공업총공사, 중국항청공업총공사, 중국선박공업총공사, 중국병기공업총공사도 '경쟁력 강화'를 목직으로 긱긱 2개로 분리되었다. 즉 5개의 항공 및 방위 기업들은 '산업구조개편'에 따라 10개의 기업으로 분리된 것이다. 방위산업의 이러한 '개편'은 세계적 추세에 역행하는 것이었다. 이러한 과정에서 중국의 방위산업은 국내 경쟁에 사로잡혀 인수·합병을 통해 덩치를 키운 세계적인 대기업들과 비교했을 때 오히려 경쟁력이 떨어지는 결과를 낳았다.

후기

항공산업 발전을 위한 3단계 계획의 실패로 업계는 물론 최고 정책결정자들 사이에서 활발한 논의가 있었다. 2000년 중국 정부는 제트 여객기의 자체 생산을 재차 시도하려 했다. "자체적으로 항공기를 생산할 수 없다면 부모와 노인들을 어떻게 쳐다볼 것인가?"라는 것이 당시의 분위기였다. 항공산업 발전계획은 상하이 정부뿐만 아니라 중앙정부의 강력한 지원을 받았으며, 10차 5개년 계획의 핵심 사업으로 지정되기를 간절히 원했다. 상하이 시는 항공산업 발전계획을 상하이 시의 기술 기반을 향상시키는 방안으로 여겼다.

프로젝트는 먼저 100석 규모의 여객기를 생산하고, 그 다음에 150석 규모의 여객기를 생산하는 것뿐만 아니라 국내 시장은 물론 해외시장에도 판매하는 것을 목표로 삼았다. 상하이 시는 금융상 리스크를 부담하고, 상하이항공공업공사를 핵심설계업체 및 조립업체로 활용할 생각이었다. 몇 개의 주요 상하이 기업이 포함된 리스크 부담 파트너 컨소시움이 약 7억 달러에 이르는 자금 조달을 감당했다. 이 프로젝트로 인해 항공과 관련 산업의 우수한 기술력을 가진 해외 중국인 기술자들이 상하이로 돌아오고 싶어했다. 민항 총국 승인하에 새로 생산한 20기의 여객기를 구매하기로 한 상하이 항공사와의 협약은 프로젝트의 매우 중요한 요소였다. 중국의 항공산업은 선진 항공 기술을 따라잡기에는 아직까지 역부족이다. 더구나 3단계 발전 계획은 뛰어난 항공 기술능력을 갖고 있는 상하이위성공사와 상하이 시의 일류 대학을 지원하고 파트너십을 유지해왔다.

제약 : 산지우제약회사

산지우(三九)제약은 1980년대 중반에 설립되었다. 그로부터 채 10년도 지나지 않아 산지우는 매출액 기준으로 중국의 최대 제약회사이면서 국내 100대 기업에 포함되는 비약적인 성장을 이룩했다. 또한 120개에 이르는 '핵심기업'으로 선정되어 중앙정부가 펼치는 산업정책의 지원을 받고 있으며, 세계 10대 제약회사가 되겠다는 야망을 가지고 있다.

인민해방군과의 관계

남팡(南方)제약은 1986년 광저우(廣州)육군병원이 센젠(深圳)경제특구에 세운 회사이다. 광저우육군병원은 베이징 소재 총후근부(總後勤部) 산하의 인민해방군 제1의대 부속병원이다. 육군병원에는 한의학을 연구하는 실험실이 구비되어 있다. 병원 책임자들은 베이징 본부와의 협의 과정에서 약 조제 경험을 바탕으로 급성장하고 있는 제약 시장에 진입하고자 제약회사를 설립하기로 결정한다. 그리고 광저우육군병원은 선임 연구원 자오신시엔(趙新先) 교수와 회사 설립을 합의하고, 자오신시엔 교수는 병원에서 같이 일할 일단의 사람(자신 이외에 5명)을 선정하여 자신의 지휘하에 회사 관리팀을 구성했다. 팀원은 모두 '군대 엘리트'로서 병원이 책임지고 융자해 준 500만 위안으로 회사를 시작했다. 남팡은 1991년에 1억 달러의 총매출을 올리는 등 급성장했다. 1987년부터 1991년에 이르기까지 남팡은 세후 수입의 1/3에 이르는 액수인 1,000만 날러를 광서우육군병원에 시불했다. 그러나 남팡이 번창함에 따라 육군병원이 남팡에 더 많은 수입을 요구하였고, 이로 인해 육군병원과 남팡의 관계는 '악화' 되었다.

육군병원에 지불하는 수입은 사실 근거가 없는 비공식적인 것이었다. 병원이 수익의 상당 부분을 가지고 가자 남팡 책임자들의 불만은 커졌다. 1990년대 초 자오신시엔은 좀더 많은 자율권을 누릴 수 있는 방법과 병원측에 수익을 넘기지 않는 방법을 모색했다. 1992년까지 총후근부는 센젠경제특구에

35개의 기업을 세웠는데, 대부분 적자를 기록했다. 그러나 자오신시엔의 일 처리는 남팡의 리더십에 영향을 미쳤다. 남팡이 광저우육군병원측과 갈등을 야기하자 총후근부가 직접 관리하기 시작했다. 따라서 남팡은 세후 수익을 회사의 공식 소유자인 총후근부에 이양했다. 총후근부는 육군병원과 수익의 일정지분을 자신들에게 할당하도록 단독 계약을 맺었다. 이제는 총후근부가 남팡 책임자를 공식적으로 선임하고, 능력이 떨어지는 경우에는 교체할 수 있었다. 그러나 자오신시엔은 신임을 받아 계속 책임자가 되었다.

남팡은 종업원 간 차등 임금제를 적용하는 등 새로운 임금 체계를 시행해도 좋다는 허가를 받았다(1:18 시스템). 이 계약에서는 이양되는 수익이 감소할 수 있다는 점과 예측 가능하다는 점에 대해 협의가 이루어졌다. 나아가 산지우는 상부 기관과 수익 이양에 대해서 '계약' 이전보다 효과적으로 협의할 수 있다고 판단했다. '계약' 이후 총후근부에 이양하는 액수는 매년 총 7억~8억 위안 정도로 상당히 정확했으며, 안정적이고 고정적인 액수였다. 세후 수익 지분은 1990년대 초에 20%였던 것이 산지우의 총수익이 엄청나게 성장한 1990년대 말에는 12%로 떨어졌다. 계약에 따라 산지우는 운영 자치권을 부여받아 오직 총후근부의 감독만 받았다. 회사를 책임지고 있는 '법적 대표'인 자오신시엔은 관리팀 임명에 관해서 총후근부의 간섭을 받지 않았다. 산지우와 감독 기관인 총후근부의 책임라인은 그 구성의 투명성으로 높은 평가를 받았다.

계약에서 두 번째 중요한 사항은 남팡이 센젠에 소재한 총후근부 산하의 적자에 허덕이는 기업을 떠맡기로 했다는 점이다. 남팡은 새롭게 부상하는 '산지우'그룹의 '주력' 기업이 되었다. 1992년부터 1994년에 이르기까지 산지우는 그룹 산하 기업들에 2억 위안을 투자했다. 부실 기업 인수는 급속하게 '대그룹'이 되는 데 힘이 되었으며 남팡의 발전에 대단히 중요하게 작용했다.

경제개혁하에서 인민해방군은 경제활동에 더 많이 개입했다. 1990년대 말 기준 인민해방군은 300만 명의 종업원을 두고 15,000~20,000개의 기업을 산하에 거느려 산업 총생산의 10%를 차지했다. 중국 지도부는 인민해방군의 사업과 군대 기능의 갈등에 대해 폭넓게 논의했다. 인민해방군이 사업에 개입하면서 야기된 문제점이 증가하고 있다는 사실을 인식하고, 중앙군사위원회(Central Military Commission)는 1992년 감사위원회를 발족하여 인민해방군의 사업을 억제시켰다. 1993년 중앙정부는 지방에서 인민해방군의 기업 운영을 금지시켰다. 군대가 주둔한 일부 지역의 경우 인민해방군은 기업 소유권을 지방 정부에 이양하도록 요구받았다. 경제활동 금지 조치와 더불어 1/3 정도의 기업이 폐쇄되거나 민간에 이양되었음에도 불구하고 인민해방군은 여전히 경제활동에 상당 부분 관여했다. 이러한 와중에서 센젠경제특구에 기반을 두고 광저우군구(軍區)에서 부분적으로는 자금을 후원 받은 J&A 증권에 대한 자세한 수사 끝에 1억 2,000만 달러의 사기 사건이 폭로되면서 연속적인 문제들이 불거졌다.

1998년 7월 22일 장쩌민은 "군대와 무장 경찰은 자회사가 세운 모든 종류의 상업회사를 면밀히 확인하며, 오늘부터 일체 운영에 개입해서는 안 된다"라고 훈시했다. 군대식으로 운영되어 온 인민해방군 소유의 대기업과 산지우 등은 3년의 유예기간을 거쳐 민간부문으로 소유권을 이양해야만 했다.

1998년 7월 인민해방군이 운영하는 사업에 관한 중앙정부의 정책 발표에 대해 산지우는 이번 조치로 장기간에 걸친 발전에 상당한 도움이 될 것이라는 반응을 보였다. 산지우 관계자는 인민해방군이 소유한 기업 가운데 강력한 관리팀을 갖추고 있고 규모가 작고 경쟁력이 약한 기업들을 흡수 합병할 수 있으리라 생각했다. 또한 인민해방군 사업체들이 다시 그룹을 형성할 것이며, 가까운 장래에 인민해방군 산하의 상당수 사업체를 이양 받을 수 있는 강력한 위치에 오르게 될 것이라고 내다보았다. 인민해방군 산하 사업체 가운데서 경영 상태가 건실하기로 손꼽히는 기업인 산지우는 인민해방군이 소유한 사업체를 관리하여 그 능력을 더욱 떨칠 것으로 기대를 모았다. 산지우는 중국 제약 업계에서 그 힘을 더욱 확대해나가면서 개혁의 최대 수혜기업이 되었다.

핵심 사업 성장 : 한약

제약업계에서의 경쟁

일반 제약 제품의 경우 일류 기업이 되는 데 필요한 자본 코스트(자본을 이용하는 경우에 그 대가로 지급되는 보수 및 부대경비 ; 역주)가 비교적 높다. 또한 제약산업 분야에는 경영 상태가 개선되면서 더욱 효과적으로 운영할 수 있는 몇 개의 국유 대기업이 있었기 때문에 산지우가 고수익을 실현할 수 있는 기회는 그만큼 드물었다. 선진국에서조차도 저이윤 일반 제약 제품을 성공적으로 운영하는 회사는 많지 않았다.

산지우가 생존할 수 있는 또 다른 활로는 독자적으로 특허제약업체를 설립하는 것이다. 하지만 독자적으로 제약업체를 성공적으로 운영할 가능성은 거의 없었다. 특허 신약 개발에는 상당한 자원이 필요할 뿐만 아니라 1980년대와 1990년대 들어 필요한 자원이 계속 증가하고 있기 때문이다. 산지우가 새로운 경영 전략을 고심하던 시기에 서양 제약회사들이 중국에서 급성장하면서 중국은 국제적으로 자유화되고 있었다. 그러므로 산지우는 합작을 통해 세계적인 거대 기업과 경쟁하는 방법을 모색해볼 것이다. 중국과 외국 제약회사 간의 합작은 특히 대규모의 R&D 투자와 잇따른 특허제약 포트폴리오, 경영 및 마케팅 전문 지식을 비롯한 광범위한 국제적인 파트너에 의해 지원 받았다.

　세 번째 방법은 다국적기업과의 합작을 통해 특허제약을 생산하는 것인데, 이것은 뜻대로 이루어지지 않았다. 산지우 지도부는 합작회사를 설립할 수 없으면 진정한 독립 기업이 되기 어렵다는 사실뿐만 아니라 다국적 파트너를 끌어들이기 위해 국내 기업들끼리 경쟁이 심해지면 국내 기업들의 협상 입지가 좁아져 국내 업체에게 좋을 것이 없다고 판단했다. 중국의 일류제약기업으로 자리를 잡은 후, 산지우는 장기간에 걸쳐 머크(Merck)와 합작을 논의했다. 머크는 합작기업에 대해 75%의 지분을 갖고, 총책임자, 대표이사, 재무이사에 대한 선임권, 그리고 생산한 제품에 머크 상표를 부착해야 한다는 조건을 내세웠다. 그러나 산지우는 자사의 상표 없이 제품을 생산하는 조건을 마땅치 않게 생각했으며 따라서 합작은 성사되지 못했다. 산지우는 또한 바이엘과 '정말 오랫동안' 합작을 협상했으나 수포로 돌아갔다.

　네 번째 방법은 한약 제조업체로 변모하는 것이다. 한약 제조 부문의 경우 산지우는 다국적기업과 직접 경쟁하지 않아도 되었다. 경쟁업체라면 모두 국내 기업들이었다. 한약 제조 부문은 엄청나게 많은 진입 기업들과 경영 상태가 좋지 않고 부실한 기업들이 생존하려고 발버둥치는 등 집중화 정도가 매우 낮았다. 역으로 말해 경영 상태가 좋을 경우 한약 제품에서 고수익을 올릴 가능성이 그만큼 높았다. 이 부문은 선진국 음료 시장의 초기 발전 단계와 매우 흡사했다.

시장에 접근하기

자오신시엔이 남팡을 설립할 때만 해도 사업 경험이 있는 사람은 아무도 없었다. 그러나 그들은 성공하려면 '시장에 접근'해야 한다는 것쯤은 본능적으로 알고 있었다.

중국인은 곡물을 지나치게 많이 섭취하는 식사 습관에 길들여져 있기 때문에 글루코스가 지나치게 많이 분비되어 위산과다 증세에 시달리는 사람이 의외로 많았다. 수년에 걸쳐 광저우육군병원은 이 같은 질병을 고칠 목적으로 삼구위태(三九胃泰)라는 위장약을 생산했다. 자오신시엔은 이 약으로 십만 명 이상의 환자를 치료했으며, 산지우는 바로 이 약으로 성공하게 되었다. 1995년 삼구위태는 남팡 총매출액의 60~70%를 차지하는 등 최고의 매출을 올렸으며, 산지우는 위장약 시장의 37%를 차지했다.

남팡은 홍콩에 인접해 있기 때문에 광고에서 더 좋은 효과를 얻을 수 있었고, 매스미디어를 이용하면서 중국 최고의 혁신적인 기업으로 성장했다. 또한 광고를 자체 제작했는데, 이와 같은 광고 스타일은 중국 전역의 광고 제작에 상당한 영향을 미쳤다. 자오신시엔은 이 점을 솔직하게 인정했다. "코카콜라와 마찬가지로 남팡 제품은 단순하며, 경쟁업체의 제품은 근본적으로 우리와 다르지 않다." 약의 혼합 순서를 확인하기는 불가능하지만 제품 사용에 활용되는 화학 합성법과 한약재는 비교적 쉽게 확인할 수 있다. 제품 공정 또한 특별히 복잡하지 않다. 결과적으로 광고가 기업의 성장에 제일 중요한 요소로 작용했던 것이다.

남팡은 광고회사를 설립한 다음 중국 영화사 직원을 직접 스카우트하여 광고를 제작했다. 중국은 의사가 광고에 직접 출연해 약품의 안정성과 효능을 보증해주는 행위는 불법으로 간주했다. 그러므로 남팡은 소비자들이 품질과 브랜드 신뢰도를 확신할 수 있도록 좀더 섬세한 방법을 모색해야 했다. 그렇게 하여 생각해낸 방법이 유명한 영화 배우를 광고에 내세워 제품을 선전하는 것이었다. 이를테면 '가슴 저미는' 감성적인 역할로 홍콩과 대만에서 엄청난 인기를 끌고 있는 대만의 영화 스타를 내세워 광고를 제작했다. 남팡 광고는 남팡이 법률적으로 부당하게 처리되었다고 생각하며 제기한 소송이 종료된 후에 특히 위력을 떨쳤다. 남팡은 '삼구(999)'를 상표로 등록하는 것은 허락 받았지만 주요 제품을 '삼구위태'로 등록하는 것은 허용 받지 못한 상태였다. 이에 따라 남팡은 '정의로운' 주인공 역할을 많이 한 전통 중국 영화의 주연 배우를 광고에 내세웠다. 언론 매체를 통한 효율적인 광고에 힘입어 남팡 제품 매출은 '현격하게' 증가했다. 1995년 '삼구위태'는 34억 위안의 가치가 있는 브랜드로 평가받는 등 중국의 토종 브랜드로 자리잡았고 1997년 '삼구' 상표는 45억 위안으로 평가받는 등 중국에서 여섯 번째 브랜드로 자리잡았다.

1980년대 말까지 수입하거나 국내에서 생산한 제약 제품은 국유 도매 및 소매 채널을 통해 판매되었다. 1980년대 말부터 제약업체와 수입업자는 자체적으로 유통망을 갖추어 직접 유통업자에게 판매하거나 병원과 소매업자에게 판매하는 것이 가능했지만 만족할 수준은 아니었다. 공식적인 정부 정책에 따라 국유 공급 체계를 벗어난 매매는 여전히 규제의 대상이 되었다. 그러나 상당한 변화가 일어났는데, 대기업은 이 같은 변화에 힘입어 효율성 높은 판매망 건설과 규모의 경제의 장점을 살려 수익을 실현할 수 있었다. 남팡은 신속하게 판매망을 갖추었다. 1995년 기준 산지우에는 지역 시장을 담당하는 62명의 영업대리인과 지역 판매촉진을 담당하는 229명의 대리인, 그리고 수수료를 받으면서 일하는 1,017명의 '시장 정보 수집가들'이 있다. 남팡은 중국 전역의 100개 시에 지사를 두는 등 중국 제약기업 가운데 가장 많은 판매망을 갖추었다. 마케팅 시스템 종사자는 모두 대졸자로 90%는 제약 전문가나 의사였다. 산지우는 영업사원의 외모에 대해서도 엄격한 기준을 마련했다. 그리고 정보수집과 전달경로, 의사 결정용 첨단 컴퓨터 시스템까지 갖추었다. 산지우는 '거대한 판매 시스템'을 '산지우의 건강한 발전의 토대'로 여기고 있다.

산지우는 미국, 독일, 러시아, 남아프리카공화국 및 중동을 비롯한 수많은 외국에 지사를 세웠다. 또한 한약의 대규모 잠재 시장이면서 화교들에게 가장 많은 판매가 이루어지는 해외시장인 동남아시아 지역 일대에 지사를 세웠다. 나아가 말레이시아와 홍콩에 가공공장을 세웠다. 뿐만 아니라 한약의 해외판매시장을 개척하려는 야망도 가지고 있었다. 약 5,000만 명에 이르는 화교라는 잠재시장뿐만 아니라 양약의 대체제로 한약을 사용하고자 하는 서양 소비자들이 있었다. 1994년 미국 식품의약품안전청(FDA)은 미국에서 산지우의 대표 약품인 삼구위태의 판매를 허용했다.

현대화

국제 기준, 즉 세계 제약산업이 마련한 '적정제조기준(Good Manufacturing Practices)'을 준수하기 위하여 남팡은 종합적인 현대화 제조 공정을 갖추어야 했다. 이에 따라 남팡은 1991년 이후 2년간에 걸친 종합적인 현대화 작업을 통해 적정기준에 도달하게 되었다. 또한 중국 최초로 서구식으로 한약을 생산했다. 중국이 준수한 적정제조기준은 미국 FDA와 일본 식품의약국의 기준으로, 전세계에서 가장 엄격한 것이다. 적정제조기준은 원자재 품질, 바닥과 벽 타일의 먼지 수준 및 품질을 비롯한 제품 공정의 전영역에 적용되었다. 적정제조기준을 준수하려면 뛰어난 기술을 갖춰야 했다. 제품 생산자들은 적정제조기준에 따라 6개월간 교육을 받았으며, 적정제조기준이 마련한 엄격한 기준에 미치지 못하면 해고되었다. 500명에 이르는 핵심 간부들은 대부분 대학에서 과학을 전공한 학사 출신이었다. 입사한 지 오래된 직원은 기술을 업데이트하기 위해 특별 훈련 과정을 밟는 등 간부들은 회사 정책에 따라 컴퓨터 전문가가 되기 위한 훈련을 받아야 했다. 나아가 모든 간부들은 1998년까지 적어도 1개의 외국어를 능통하게 구사해야 했다.

경영

남팡 설립 초기에 자오신시엔은 자신의 군동료인 5명의 젊은 사람들을 입사시켰다. 그들은 광저우육군병원에서 근무했던 것보다 훨씬 적은 월급을 받는 도박을 감행하면서까지 열악한 조건에서 공장 설립에 힘을 기울였다. 그들은 상당히 많은 시간을 들여 공장 건설에 직접 참여했다. 그들은 '생산이 먼저이고, 생활은 나중에', 그리고 '최선을 다해 일하자'를 슬로건으로 내세웠다. 자오신시엔은 힘들고 불투명한 사업초기에 군대경험이 정신과 태도를 흐트러지지 않게 하는 큰 힘이 되었다고 생각했다. 이 기간 동안 그들의 관계는 더욱 돈독해져 1990년대 말까지 그들은 최고 핵심간부로 봉직하고 있다. 1989년까지 관리부 직원들은 인민해방군 지휘관이었다. 자오신시엔은 카리스마를 갖춘 동기부여자로서 강력한 관리팀을 만들 수 있을 뿐만 아니라 회사에 비전과 목적 의식을 제공할 수 있었다. 계획경제하에서는 억눌려 있던 그의 기업가로서의 리더 능력(회사의 지속적인 성장을 통해 극적으로 보여준)이 마침내 꽃피울 기회를 잡게 된 것이다.

핵심 간부들은 1:18이라는 임금 체제에 따라 보상을 받았다. 남팡은 상당히 차등적인 임금차별체제에 힘입어 엄청난 수익을 실현할 수 있었다. 산지우는 정규 임금 외에 총후근부와의 계약을 통해 회사가 보유하고 있는 세후 수익의 15%를 종업원에게 보너스로 할당하도록 허용 받았다. 이 액수는 1:18 임금 체제와 달리 평등 기준에 따랐다. 최고 보너스와 최저 보너스의 비율은 1:3정도였다. 남팡이 보유하고 있는 수익의 상당 부분은 플랜트 외곽 지대에 최고의 주택을 건설하는 데 투입되었다. 남팡의 정규직 근로자들은 사원 아파트에서 거주했다. 임대료는 매월 '몇 십' 위안에 불과했으며 형식적인 것에 지나지 않았다. 센젠경제특구에 있는 같은 규모의 아파트 월 임대료는 3,000~4,000위안이었다. 이렇게 볼 때 남팡의 종업원들에게 그 차액은 고스

란히 인센티브였던 셈이다.

핵심 간부들 대부분은 다른 제약회사에서 더 좋은 지위를 보장해주겠다고 했으나 남팡에 그대로 남았는데, 무엇보다도 재정적인 이유가 제일 컸다고 할 수 있다. 남팡에서 받는 월급은 정부의 산업 기준에서 볼 때 높은 편에 속했으며 그 밖에 충분한 주택보조 자금, 해외 여행 등 엄청난 특혜까지 있었다. 그러나 합작기업에 종사하는 뛰어난 기술자들의 경우 남팡 종사자보다 많은 수입을 받았다. 그럼에도 불구하고 남팡에서 계속 근무하는 이유에 대해 면밀히 조사한 결과 자오신시엔의 지도하에서 일하고 싶다는 대답을 얻을 수 있었다. 자오신시엔은 경영 전략을 매우 선명하게 밝히는 등 강력한 개성을 지니고 있다. 핵심 지도부는 하나같이 회사가 성공적으로 성장하고 현대화된 데에 그의 역할이 절대적이었다는 점을 인식하면서 그를 상당히 존경한다고 말했다.

다각화 압력

성장 한계에 놓인 제약시장

산지우는 성장과 인수·합병이라는 유기적인 과정을 통해 규모를 키웠다. 새로 인수한 회사의 관리 시스템을 변화시키고, 제품을 다시 특화시킨 뒤 산지우 상표를 붙여 자사의 판매 시스템을 통해 판매하는 한편 소형 제약회사 12개를 인수했다. 급성장 초기에 산지우는 특허를 받지 못한 단일 제품 삼구위태에 지나치게 의존했다. 한약 부문의 시장 점유율이 낮기는 했지만 삼구위태는 한약 위장약이라는 특화된 시장에서 25%를 점유하는 등 점유율이 급격히 증가했다. 산지우는 기타 한약 제품을 다양하게 생산했지만 특허를 받은 제품이 없었기 때문에 브랜드의 힘에도 불구하고 시장에서 입지가 공고하지 못했다.

한약 부문에서 산지우를 위협하는 몇 가지 경쟁요인이 있었다. 지방 정부 등 다른 기관들도 산지우와 같은 강력한 경영 시스템을 개발할 지방 '대표기업'의 성장을 지원할 수 있는 능력을 갖추고 있었고 또한 다국적 투자 기업도 한약 부문에 투자할 준비를 하고 있었던 것이다.

국제 시장의 경우 화교들에게 가능성이 있었다. 그러나 화교의 수는 국내의 가장 큰 성(省)의 인구보다도 적었으며 1990년대 중반 한계점에 다다르고 있었다. FDA의 승인에도 불구하고 선진국에서 한약 판매 성장은 여전히 미미했다. 한약을 구매하는 사람은 소수였으며 돌파구가 보이지 않았다.

산지우는 1980년대 한약업계에서의 초고속 성장에 힘입어 양약 특허 부문에서도 수많은 대체 자원을 개발했다. 산지우는 과학 기술과 인간 기술을 비롯해 중국 기준에서 보면 대단한 수준의 R&D 능력과 엄청난 영업력, 최고의 품질기준, 세계 시장에 대한 충분한 정보를 가지고 있을 뿐만 아니라 규모는 작지만 유망한 생물공학회사까지도 산하에 거느리고 있었다. 그러나 산지우는 중국 최고의 제약업체로 자리를 잡았음에도 양약 특허 부문에서는 다국적기업과 경쟁할 수 있는 수준에 미치지 못했다.

사업을 다각화할 수 있는 기회가 오자 산지우 경영진은 그 기회를 놓치지 않았다. 자오신시엔은 그 같은 상황에 대해 단호하게 말했다. "우리는 사업을 다각화할 수밖에 없다. 특허제약 부문에서 다국적기업과 겨룰 수 없기 때문이다." 자오신시엔의 말을 빌면 경영진은 벤처 캐피탈을 통해 다양한 분야에 투자하면서 다각화를 진행했는데, 이 과정은 '배를 띄우고 어느 배가 잘 항해' 하는지를 보는 것과 같았다. 이것은 남팡이 처음 설립되었을 때의 패턴을 반복하는 것이었다.

비핵심 사업 분야로 확장

1992년에 체결한 '계약'의 중요 내용은 부실이 심한 센젠경제특구의 총후근부 산하 35개 기업을 합병한다는 것이다. 부실 기업에는 건설, 의류, 무역, 인쇄, 포장, 택시 렌트, 관광·호텔이 포함되었다. 산지우로 이름을 바꾼 남팡은 이제 사업 다각화를 꾀하는 대그룹으로 발전했다. 합병한 기업들은 남팡보다 수익이 많이 떨어지거나 심지어 적자를 보는 기업들이었다. 1992년 이들 기업의 세전 수익은 산지우의 18%에 불과했지만 총매출은 산지우 전체 매출액의 37%를 차지했다.

산지우는 상당수의 기업을 인수했으며, 그 가운데 급성장하는 기업들도 있었다. 1990년대 중반, 산지우는 부실 기업 경영진으로부터 기업을 인수하여 투자와 함께 경영 기술, 브랜드 및 판매망을 통해 기업을 회생시켜달라는 요청을 수없이 받았다. 총후근부도 1992년 '계약'에 포함된 기업 외에 상당수 기업을 인수해달라고 요청했다.

1998년 산지우는 1980년대 말과 1990년대 초와는 성격이 다른 많은 기업을 합병하면서 발전했다. 동아시아에서 성공한 '문어발식' 대그룹과 마찬가지로 중국에서도 최고경영진이 기업 발전에 중요한 역할을 담당했다. 자오신시엔은 산지우에서 여전히 가장 강력하고 권위적인 인물이다. 그는 주요 전략과 결정을 내리고 실행에 옮겼다. 1996년 이래 산지우가 두 번째로 주력하고 있는 사업은 음식 및 음료 부문이고, 그 외의 사업으로는 와인 제조(맥주를 포함한 서양 및 중국식 와인), 농업(농기계 제조, 화학 비료 및 재배), 관광(호텔 포함), 부동산(부동산 개발, 인프라 건설, 건축 자재 공급 포함), 무역(수입 및 수출, 프랜차이즈 딜러 및 가맹점), 심지어 자동차(자동차 및 부품 제조) 부문이 있다.

1,200여 명의 종업원이 거의 한 곳에서 일하는 산지우그룹은 엄청나게 복

잡한 조직으로 성장했다. 그룹 2산하에는 약 3,000명의 종업원을 둔 100여 개의 1,2차 하도급 기업이 있는데, 종업원 월급과 인사기록부는 모두 남팡에서 관리한다. 나아가 산지우는 직접 관리하지 않는 3차 하도급 업체 또한 상당수 거느리고 있다. 그러나 3차 하도급 업체의 종업원들도 산지우를 위해 직접 일하고 있다. 여기에는 수수료를 받고 일하는 1,000명의 제약 영업사원, 산지우호텔 체인의 3,000명, 합병된 기업체에서 일하는 수천 명의 종업원, 산지우건설의 '수만 명' 종업원이 포함된다. 1998년 기준으로 5만 명 이상이 그룹을 위해 일하고 있다.

새 천년을 위한 사업구조 : '핵심 주력사업'으로의 복귀

산지우는 동아시아 환난위기 이전부터 다각화한 사업 포트폴리오로 인한 어려움 때문에 다각화 전략을 재평가하고 있었는데, 동아시아의 위기는 이를 더욱 자극했다. 따라서 산지우는 제약과 제약관련 사업에만 다시 역점을 두기로 결정했다. 다시 말해 그룹 내에서 가장 수익성이 좋은 기업을 확장하는 데 역점을 두기로 한 것이다. 1997년 총 70개의 기업 가운데 15개 기업이 1,000만 위안 이상의 수익을 올렸으며, 이들이 그룹 수익의 85%를 차지했다.

'핵심 주력사업'을 무엇으로 할 것인지에 대해서는 정확한 정의를 내리지 못했다. 산지우 경영진은 제약뿐만 아니라 이와 밀접하게 관련된, 요컨대 음식 및 음료(산지우의 두 번째 '기둥 산업') 사업을 '핵심 기업'에 당연히 포함했다. 산지우는 여전히 한약이 이러한 제품의 생산 및 판매와 상당한 공통점을 가지고 있다고 생각했다. 이 제품들은 연구·개발의 측면에서 공통적인 요소가 있으며, 재료에 대한 고도의 품질관리와 포장에 대한 면밀한 주의를 요하고, 효과적인 판매망을 필요로 한다. 또한 브랜드 이미지에 크게 의존하고 있으며, 제품 성공의 핵심 요소로서 마케팅에 신경 써야 한다

1997년 그룹의 총자산과 매출에서 비제약 부문이 차지하는 비율이 40%를 넘었으며, 종업원 수는 그것을 상회했다. 그러나 제약 부문은 그룹 세전 수익의 3/4을 차지했다. 다시 말해 1992년 총후근부와의 '계약' 후에 산지우는 종종 관련이 없는, 다양한 사업부문에서 부실한 기업들의 포트폴리오를 신속하게 구축했다. 1991년 이래 산지우는 제약 부문 외에 반을 차지하는, 20개 지역에 있는 70개 이상의 기업을 인수했다. 이들 기업으로 인해 그룹의 총수익이 감소하고, 기업 브랜드가 악화되는 등 수익 현황에는 별로 도움이 되지 않고 오히려 경영에 어려움만 가중되었다.

1997년 산지우 경영진은 그룹 인수·합병을 관리하는 엄격한 가이드라인을 세웠다. M&A 대상은 제약 및 관련 사업에만 집중되었다. 산지우는 새로운 정책에 따라 자동차를 '두 번째 기둥 사업'으로 구축하겠다는 계획을 포기하고 투자를 연기했다. 또한 경영이 부실한 3차 하도급 업체 16개를 폐쇄하거나 매각하고, 2년 연속 적자를 기록하거나 1년이라도 엄청난 적자(1997년 71개 기업 가운데 12개)를 기록한 기업의 자산을 통합하고 인사교체를 단행했다.

최근 개혁은 산지우를 음식 및 음료 부문 등 일부 밀접한 관련이 있는 사업과 더불어 강력하게 집중적인 현대 제약 기업으로 변모시키는 것으로 가닥이 잡히고 있다. 다국적기업과 경쟁하기 위해 국내에 기반을 둔 소수의 거대 제약회사를 구축하려는 목표를 가지고 있던 국가의약관리국은 산지우를 제약 부문 5대 '핵심기업'으로 선정했다.

전력장비 : 하얼빈전력장비회사

중국의 전력장비 필요성

세계적인 차원에서 보면 향후 전력장비산업에서 중국의 역할이 매우 클 것으로 전망된다. 세계 전력생산장비 시장에서 중국의 위치는 단연 독보적이다. 중국의 전력생산량은 1995년 1조 80억kWh에서 2010년에는 2조 5,000억 kWh로 증가할 것으로 전망된다. 또한 중국은 향후 10년 동안 아시아 전력생산설비 예상 수요의 50%, 세계 전력생산설비의 25%를 차지할 것으로 예상된다. 따라서 세계 및 중국의 전력장비 제조업체는 '엄청나게 늘어나는 중국의 전력장비 시장을 누가 장악할 것인지'에 촉각을 세우고 있다.

조만간 중국 전력의 80% 이상을 화력발전(석탄, 석유 및 가스)이 차지하게 되는데, 매장량이 풍부한 석탄의 비중이 제일 높은 반면 석유 및 가스는 상대적으로 매장량도 적고 차지하는 비중도 낮다. 중국의 총 전력생산량에서 석탄이 차지하는 비중은 1980년 69%에서 1995년 75%로 증가했다. 석탄 화력발전소의 엄청난 예상 수요에 힘입어 중국 대형 생산업체는 기술을 개발할 수 있는 중요한 기회를 갖는 등 무한히 성장할 것으로 보인다. 이에 따라 선진국과 많은 개발도상국도 석탄 화력발전 기술의 필요성을 절감하고 있다. 그런데 화력발전구조에 석유, 특히 천연가스의 비중을 늘리라는 환경 압력이 강하게 제기되고 있다. 1990년대 말 세계적인 전력장비 제조업체(GE, 지멘스 Siemens, 알스톰 Alstom)가 가스터빈 세계 총생산량의 87%를 차지하는 등 세계적인 기업들은 가스터빈 기술에서 상당히 앞서 있다. 나아가 분진과 '온실가스' 방출을 감소 또는 제거하는 석탄 소각기술 역시 상당히 앞서 있다. 중국 정부가 환경 문제를 더 강조할수록 중국 전력장비 시장에서 세계적인 대기업의 경쟁력은 그만큼 강해진다. 엄청난 규모의 싼샤(三峽)댐 건설에도 불구하고 2010년에 수력발전은 중국 전력생산량의 16%에 그칠 전망이다.

국가 산업정책

1990년대 초까지, 기계공업부가 전력의 생산과 공급을 관리했다. 1993년 중국 정부는 전력공업부를 기계공업부에서 독립시켰다. 관리 기능과 상업적 기능을 분리시키는 정책에 맞춰 중국전력총공사를 설립했는데, 중국전력총공사는 국가 소유의 1억W(전체 전력 공급의 80%) 정도의 전력생산 자산을 공식적으로 소유하게 되었다. 그러나 시장경제로 이행하는 과정에서 기계공업부와 전력공업부는 이해 관계로 인해 갈등을 일으켰다. 기계공업부는 중국 전력장비산업을 견고하게 구축하기를 희망한 반면 전력공업부(후에 국가전력총공사)는 기업과 가정에 저렴하게 전력을 공급할 수 있도록 전력생산능력을 신속히 강화하고자 했던 것이다.

1980년대 말까지 대부분의 유럽 국가가 그러했던 것처럼, 중국은 1990년대 초반까지 발전소 건설 자금을 국가가 전적으로 조달했다. GNP에서 국가재정이 차지하는 비중은 1978년 34.3%에서 1993년 14.1%로 떨어졌다. 1990년대 초 정부는 발전소 문제의 장기적인 해결책은 접근 방식을 급진적으로 재인식하는 것이라고 생각했다. 정부는 다양한 국내 자본을 활용하고 국제 투자를 적극적으로 모색하는 한편 에너지 부문에 필요한 자금을 조달하기 위해 다양한 경로를 생각할 수밖에 없었다. 1990년대 말까지 중앙정부가 지원한 직접 보조금은 전력 부문 투자의 5%에도 미치지 못했고 국유은행의 '소프트 론(soft loan)'이 50%, 성(省)정부·지방정부가 20%, 그리고 외국 금융기관과 기업에서 17%를 지원 받았다. 따라서 발전소 경영진이 장비를 선택할 때 상용 기준(최소 비용으로 최대 결과의 낳는 경제적인 기준)을 활용하는 일이 점점 늘어나게 되었다.

1990년대까지 기계공업부는 국내 전력업체의 장비 선택에 직접적인 영향을 미쳤다. 그러나 전력업체가 점진적으로 경제적인 효율성에 초점을 맞춤에 따라 정부는 전력장비산업의 성장과 현대화를 간접적으로 촉진시켰다. 1990년대 초 중국의 전력장비산업은 상당히 보호받고 있었다. 대부분의 제품에 대해서는 낮은 관세를 부과했으나 전력장비에 대해서는 대단히 높은 관세를 부과했던 것이다. 1994년 수입 전력장비의 관세를 살펴보면, 보일러와 터빈에 대해서는 6~35%를, 발전기에 대해서는 15~45%를 부과했다. 그러나 1997년에는 수입 전력장비에 대한 관세가 상당히 떨어졌고 2001년에는 WTO 수준에 근접했다. 이 부문의 외국 투자는 중국 제조업체와 합작투자 방식으로만 이루어지고 있을 뿐이다. 발전소 건설의 경우 외국 기업과 국내 기업이 동일한 조건에서 경합할 경우에는 당연히 국내 기업이 맡았다. 1990년대 중반, 300MW 이하의 제품에 대해서는 수입을 금지했으며 1998년에 600MW 이하의 화력 장비는 더 이상 수입하지 않는다고 발표했다. 외국 전력장비 업체가 외국이 금융 지원을 하는 발전소 건설을 계약할 경우에는 건설비의 최소 30%를 국내 제조업체에게 하도급하도록 해야 했다. 국내 업체도 공급할 수 있는 대형 전력장비(600MW 이상)를 수입할 경우에는 국내 하도급 액수와 기술이전을 반드시 명기해야 했다.

싼샤댐 건설 첫 단계에서 국내 기업의 기술력이 미치지 못한다는 이유로 14개의 거대한 700MW 설비를 수입했다. 12개 설비에 대한 두 번째 트랑슈(가맹국이 출자 할당액을 초과하여 인출할 수 있는 부분 ; 역주)는 '국내 제조업체에 배정될' 것이며 중국 내 공장에서 다국적 기업이 생산하는 문제는 시간이 지나야 알 수 있다. 싼샤댐 건설 1단계 수주의 조건은 입찰기업이 중국의 선도적인 전력장비 제조업체에 상당한 작업량을 하도급하며, 중국의 수력발전 기술 향상에 조력한다는 것이었다. 합작투자를 통해서건 100% 외국 기업이 조달하건 외국 자본으로 건설하는 발전소는 '국내에서 제조한 장비의 채택'을 권고했다.

하얼빈동력설비유한공사

제도적 변화

하얼빈(哈爾濱) 동력설비유한공사(Harbin Power Equipment Company)는 소련과 국경을 접하고 있는 극동 지역 헤이룽지앙(黑龍江) 성의 성도인 하얼빈 시에 있다. 하얼빈은 '발전기생산 도시'로 알려져 있다. 1950년대에 발전소 장비를 생산하기 위해 몇 개의 대형 공장과 수많은 소형 공장을 하얼빈 시와 그 주변에 설립했다. 대표적인 기업은 하얼빈과로창(Harbin Boiler Works, HBW), 하얼빈기륜창(Harbin Steam Turbine Plant, HTC), 그리고 하얼빈발전창(Harbin Electrical Generator Plant, HEC)으로 화력발전소 유닛의 중요 부품을 생산했다. 1950년대부터 1980년대까지 이들 기업은 기계공업부의 관리를 받았다.

시장경제가 발전함에 따라 1980년대에 이 분야에도 개혁의 물결이 일었다. 국가계획위원회와 국가경제체제개혁위원회는 중국의 개별 시설들을 규모와 범위의 경제를 활용하여 시장경제에서 경쟁할 수 있는 대형 멀티 플랜트로 재편하는 정책을 세웠다. 1987년 헤이룽지앙 성 정부와 하얼빈 시 당국은 새로운 정책에 부응하는 차원에서 발전소 장비 제조업체를 위해 동북 지방에 회사 내에 주요 엔진과 대부분의 보조 장비를 생산할 수 있는, 상당히 통합된 '초대형 회사'를 건설하려고 했다. 랴오닝(遼寧) 성 정부와 랴오닝 성의 5개 업체는 동의했으나, 선양변압기창(Shenyang Transformer Plant, SYT)의 최고경영자 저우 수밍의 반대에 부딪쳐 제안은 수포로 돌아가고 말았다.

저우 수밍이 경영하는 회사는 보조장비 생산의 핵심업체였다. 그는 SYT를 중심으로 6개의 랴오닝 성 업체를 아우르는 그룹을 만들겠다는 야심을 가진 인물로 마침내 목표를 달성했을 뿐만 아니라, 홍콩 주식시장에 상장한 동북전변설비공사(Northeast China Electrical Equipment Company)를 설립하기도 했다.

계획했던 초대형 통합 기업은 수포로 돌아갔지만 하얼빈 시내 또는 근교의 HBW, HEC, HTC로 구성된, 계획안의 반 정도 규모에 해당하는 하얼빈전점설비집단공사(Harbin Power Engineering Group Company, 이하 하얼빈설비공사)를 설립했다. 그러나 소유권의 변동은 전혀 없었다. 즉, 주요 플랜트들은 독립된 법인으로 회계 역시 독립적으로 운영했다. 참여한 업체들은 '자산이 아닌 제품으로 연결'되어 있었고 새로운 법인은 전력장비 프로젝트 입찰을 좀더 순조롭게 하고자 통합된 것이다.

1992년 9개 기업으로 구성된 첫 그룹이 해외 주식시장에 상장되었다. 1994년 하얼빈설비공사는 해외에 상장될 22개 기업으로 구성된 두 번째 그룹에 선정되었다. 하얼빈설비공사는 이를 위해 구조조정에 박차를 가하였고 새로 설립된 하얼빈동력설비유한공사(Harbin Power Equipment Company Limited, 이하 하얼빈동력공사)는 하얼빈설비공사가 수행했던 전력설비 제조와 엔지니어링 서비스 전부문을 떠맡았다. 하얼빈동력공사는 '모기업'인 지주회사였다. '자회사'는 하얼빈동력공사가 소유한 독립 법인으로 남아 있는 플랜트들이었다. 이전의 HBW, HEC, HTC의 생산 관련 사업은 새로 설립된 HBW, 하얼빈기륜공사(Harbin Turbin Compan), 하얼빈발전공사(Harbin Electrical Machinery Company)가 이양 받았다. 하얼빈설비공사는 그룹의 핵심 사업과 관련이 없는 교육, 주택, 의료시설, 케이터링, 기타 투자 등 비생산 관련 사업을 유지해나갔다.

하얼빈동력공사는 2000년까지 1만 6,000명에서 1만 8,000명 정도로 감원할 계획을 갖고 구조조정을 실시했고, 그 결과 종업원은 4만 명에서 2만 7,000명으로 감소했다. 하얼빈동력공사 경영진은 구조조정이 경쟁력에 무엇보다도 중요하다는 사실을 깨달았다. 사실 구조조정은 단순히 월급을 줄이는 것 외에 종업원의 정신을 바꾸어보겠다는 의도를 포함하고 있었다. 모든 종업원이 높은 급료를 받으면서 열심히 노력하는 기업을 만들겠다는 것이다.

1990년대 초까지 하얼빈설비공사 산하 세 업체는 정부(국가) 관리하에서 독립적인 회사로 40여 년을 운영해왔다. 1980년대, 수익의 보유 정도에 따라 기업에 더 많은 자율권을 부여하는 정부 정책에 힘입어 이들 기업은 운영을 더 자율적으로 할 수 있었다. 시장의 영향력이 증가함에 따라 구매, 공급업체 선정, 시장 물색, 고객에 대한 애프터 서비스 등 기업들의 자율적 결정권과 관련하여 기업의 활동 범위는 점진적으로 확대되었다. 이들 기업은 저마다 서비스 능력을 갖추고 있었으며, 해외 기업으로부터의 기술이전 프로그램을 만들었을 뿐만 아니라 신형·중고장비 구매 및 부품 업그레이드 등을 통해 영역을 확대해나갔다. 또한 각 기업들은 해외 기업들과 합작투자 관계를 맺어갔다.

구조조정 결과, 새로 설립된 '모기업'인 지주회사는 40년의 역사로 인해 HBW, HEC, HTC를 철저하게 관리하는 것이 불가능하다는 사실을 깨달았다. 구조조정에 이어 상장으로 조달한 자금 배분문제, '자회사'의 수익을 '모기업'에 이양하는 문제, '자회사' 간의 투자자금 배분문제 등을 둘러싸고 내부적으로 열띤 논쟁이 있었다. 자회사는 저마다 자체 매출로 전력장비와 보조활동 사업을 확대해나가고자 했다. 이론적으로 볼 때 하얼빈동력공사 경영진이 자회사의 경영진을 지명해야 했으나 실제로 자회사의 경영진은 구조조정 이후에도 그대로 경영진에 머물렀다. 분리된 자회사는 '작지만 완벽'했다. 그들은 저마다 연구개발본부, 설계 사무실, 인사관리, 회계, 제품개발, 판매 및 서비스, 품질관리 및 자재조달을 따로 관리했다. 특화된 생산 부서와 기차·트럭운송 부서, 장비관리 부서, 심지어 주조·제련 공장까지 갖추고 있었다. 따라서 비용이 중복되었으며 자회사들은 하얼빈 시내 중심부에서 엎어지면 코 닿을 정도로 가까운 거리에 위치해 있었다.

정부는 하얼빈동력공사를 현대적인 기업으로 발전시킨 다음 해외 주식시장에 상장시켜 세계적인 업체로 발전시키겠다는 야심을 가지고 있었다. 하지만 하얼빈동력공사의 의욕에 찬 새 본사는 100명 정도의 종업원을 가진 매우 '취약'한 상태였다. 하얼빈동력공사는 인력 자원을 구조조정하고 업그레이드했다. 하얼빈동력공사 경영진은 현대화 지표로 사용하기 위해 다국적 경쟁업체의 인사 및 사업구조를 상세하게 배우기 시작했다. 그러나 이러한 상당한 노력에도 불구하고 현재까지도 복잡하고 융화되지 않는, 역기능적인 내부구조라는 한계를 가지고 있다.

성장 및 현대화

1950년대 말부터 1980년대 중반까지 하얼빈은 전력장비 총생산의 1/4을 차지하는 국내 최대 전력장비 기지였다. 하얼빈의 생산능력은 꾸준히 증가하고 있는데 최근 몇 년 사이 대략 2배 정도 증가했다. 개혁기 동안 생산능력은 초고속으로 성장했다. 1980년대 초부터 1990년대 초까지 2배 이상 성장하였지만 1990년대 말에 이르러 하얼빈동력공사의 시장 점유율이 격감하는 등 국내 전력장비 수요 성장률이 떨어지면서 경쟁은 가열되고 있다. 1995년부터 1998년 사이 하얼빈의 매출액은 거의 신장하지 못하고 있는 실정이다.

하얼빈 전력생산 업체는 국유 대기업과 마찬가지로 새로운 사업에 투자할 경우 보유하고 있는 수익과 은행 대출로 스스로 자금을 조달해야 한다. 이들 업체는 기계공업부로부터 수동적으로 주문을 받기보다는 스스로 시장을 개척해야 한다. 또한 이들 업체가 경쟁력을 갖추기 위해서는 신속한 투자 재원이 필요하다. 주식상장 이전에 하얼빈동력공사의 세전 수익률은 상당히 높아 총매출의 10%에 달했으나 세전 수익은 2,500만 달러에 불과했다. 하얼빈동력공사의 세전 수익은 1998년에 1,200만 달러로 떨어졌으며, 해외 주식상장으로 1억 6,000만 달러를 조달했다.

1960년대부터 1980년대까지 소련 외 다른 국가의 기술을 전혀 받아들이지 않았기 때문에 1950년대부터 1980년대까지 하얼빈동력공사는 전적으로 소련의 기술과 장비에 의존해야 했다. 따라서 세계의 선진 전력장비 제조업체보다 기술력이 한참 뒤지게 되었다.

1980년대 초반부터 하얼빈동력공사의 기술은 비약적으로 발전하고 있는데, 자체 투자를 통해 이룩한 것도 있지만 중앙정부가 구현한 정책에 힘입은 바가 절대적이다. 1981년부터 1996년까지 정부는 국내 전력장비산업 15년 기술이전계획(1981~1996)을 실천했는데, 이 기간 동안 기술이전이 가장 많이 일어났다. 기술이전의 주요한 수혜자로 하얼빈동력공사와 상하이전기총공사를 꼽을 수 있다. 1980년대 말 상하이전기총공사의 유닛당 화력발전 생산량은 125MW, 하얼빈동력공사는 200MW였다. 기술이전 프로그램으로 상하이전기총공사의 유닛당 화력발전 생산량은 300MW, 하얼빈동력공사는 600MW로 향상되었다. 하얼빈동력공사는 보일러 제조 능력을 향상시키기 위해 컴버스천 엔지니어링(Combustion Engineering, 미국, 후에 ABB에 합병됨)과 공조했고 스팀터빈 및 발전기 제조 능력 향상을 목적으로 웨스팅하우스와 공조했다. 기술이전 프로그램으로 중국 기업은 '상당히 저가'로 라이선스를 구입할 수 있었고, 중국 기술진은 외국 회사에서 교육받을 수 있었다. 중국 기술진은 차세대 장비설계에 공동 참여했고 신형 장비공급을 관리하였다.

정부가 조율한 두 번째 기술이전 프로그램은 싼샤댐 건설과 관련된 것이다. 하얼빈동력공사는 싼샤댐 건설 계약의 첫 번째 트랑슈를 따낸 외국 기업 기술이전의 주요 수혜기업이다. 기술이전은 하얼빈동력공사가 700MW 수력 유닛을 완벽하게 공급하게 하는 것을 목표로 삼았다.

하얼빈동력공사는 외국 제조업체와의 R&D에 박차를 가했다. 1990년대 중반, 고급 엔지니어 1,320명과 최고기술진 24명, 총 1,500명의 연구원이 R&D에 전력을 기울였다. 하얼빈동력공사에는 중국 정부가 수력터빈 및 전체 산업용 전기 기계류의 연구개발을 책임지는 기관을 목표로 1958년 설립한 하얼빈대전기연구소(Harbin Research Institute of Large Electrical Machinery)가 있는데 국내 전력생산장비의 기술성능과 품질을 책임지고 있을 뿐만 아니라 독자적으로 600MW, 1000MW 핵 스팀터빈, 800mW 초임계 스팀터빈 및 선박용 25MW 가스터빈을 설계 및 제작하기 시작했으며, 600명의 연구원이 이 부문에 종사하고 있다.

1970년대 말부터 하얼빈동력공사는 장비를 급속히 최신화하고 있다. 1990년대 말 하얼빈동력공사는 세계적인 기업으로부터 수많은 최첨단 기계를 수입하는 등 장비 총액의 2/3를 수입했다. 그 외에도 엄청난 양의 조립 장비를 수입했다. 이를테면 1980년대 하얼빈스팀터빈 플랜트의 주요 엔진 생산업체는 도산한 기업에서 대형 수치제어공작기계 8기(미국산)를 구입했으며, 1990년대에는 러시아와 루마니아의 도산 기업에서 상당수의 대형 첨단 수치제어공작기계를 수입했다. 장비를 업그레이드하기 위한 피나는 노력에도 불구하고 1990년대 중반 하얼빈동력공사의 플랜트 및 장비 총액은 1억 달러에 미치지 못하는 등 세계적인 대기업과 상당한 격차를 보였다.

전력장비산업이 경쟁력을 갖추기 위해 반드시 필요한 요소로 외부에서 대규모 공급망을 조직하는 능력을 들 수 있는데, 세계적인 기업의 경우 전세계 공급망을 IT로 통합하고 있다. 하얼빈동력공사의 경우 외부 공급업체의 보조 장비가 완성된 발전소 유닛의 40~50%를 차지한다. 국내 시장에 공급하는 장비의 경우 보조 장비는 대부분 특화되지 않는 200여 개의 공급업체로부터 공급받는다. 1970년대 이후 200여 개의 기업 가운데 소수의 기업만이 해외 기업과 합작생산을 통해 기술력을 향상시키고 있는 실정이다. 이에 따라 하얼빈동력공사가 기댈 수밖에 없는 국내 부품 공급망 사업 및 기술능력은 세계적인 대기업과 비교가 되지 않을 정도로 뒤쳐져 있다.

1990년대 이 부문에서 국내·외 경쟁이 치열해지자 정부는 하얼빈동력공사가 중국의 '핵심기업'이라는 특별한 위치에 있음을 재확인시킨다. 국내 시장의 과열 경쟁을 극복하기 위한 노력의 일환으로 하얼빈동력공사는 일련의 합작을 위해 몇 개의 다국적기업과 협상을 벌였다. 1994년 하얼빈동력공사는 관련 기업들과 각각 양해각서에 서명했다. 계약하에 하얼빈동력공사 산하 공장들은 저마다 70%는 중국이 30%는 외국 기업이 소유하는, GE 또는 ABB와 합작회사 설립을 합의하여 하얼빈 시와 기계부가 승인했으나 국무원은 하얼빈동력공사는 '중국의 손꼽히는 산업 그룹이며, 따라서 국유기업이어야 한다'는 이유를 들어 양해각서를 승인하지 않았다.

하지만 국가의 이 같은 결정으로 하얼빈동력공사는 어느 정도 이익을 보게 된다. 국가가 외국과 합작사업을 하는 기업들보다는 하얼빈동력공사에게 상당한 지원을 하게 되기 때문이다. 1996년 7월 하얼빈동력공사는 공식적인 중국의 핵심 대기업이라는 것이 확인되었다. 1997년 8월 국가 개발은행은 하얼빈동력공사가 싼샤댐 건설과 관련해 수력장비 공급 부문에서 경쟁력을 갖추고 대규모 수력장비 제조 및 기술 향상에 필요한 능력을 성장시키도록 두 번에 걸쳐 8,400만 달러를 융자해주기로 결정한다. 다국적 공급업체의 영향을 전혀 받지 않는 하얼빈동력공사의 이점은 해당 다국적기업이 중국 내의 다른 다국적 경쟁업체의 투자와 하도급을 받지 못하기 때문에, 상대적으로 하도급을 받기 쉽다는 것이다.

경쟁

하얼빈동력공사는 거의 전부문에서 급신장했음에도 불구하고 1990년대 말 여전히 국제 시장에서 경쟁력이 상당히 뒤떨어지는 편에 속했다. 1990년대 들어 중국의 수출은 상당히 증가하였고, 하얼빈동력공사는 대규모 발전소 장비 총수출의 80%를 차지하면서 이 부문에서 국내 최고의 수출업체가 되었다. 그러나 정치적으로 우호관계에 있던 개발도상국, 특히 파키스탄에 수출하는 것 외에 기타 수출은 미미한 형편이었다. 하얼빈동력공사의 연평균 가치는 1990년대 중반, 미화 기준 5,000만 달러에도 미치지 못하는 등 세계적인 대기업에 비할 바가 못되었다. 더욱이 수출 품목도 대부분 주요 계약 업체인 세계적인 기업이 하얼빈동력공사에 하도급을 준 것이었다.

1980년대에는 하얼빈, 상하이, 동팡(中國東方電氣公司) 세 업체가 전력장비 총생산의 2/3 이상을 차지했다. 개혁 경제 이후에 하얼빈동력공사는 국내 업체와의 경쟁을 자연스럽게 받아들였다. 하얼빈동력공사와 마찬가지로 상하이와 동팡은 자율적으로 경쟁력을 강화시켰다. 그리고 기업 간의 경쟁은 더욱 치열해졌다. 1983년 세 업체에 대한 소유권이 각각의 성/자치 정부로 이전되었기 때문이다.

개혁 기간에 하얼빈동력공사는 1990년대 초 국내 생산량의 30% 정도를 차지해 국내 시장에서 가까스로 1위 자리를 유지했다. 중국 정부가 발전소 건설의 유일한 자금 공급원인 한, 또한 다국적 전력회사들이 중국 전력장비산업에 투자하는 것이 금지되어 있는 한, 하얼빈동력공사와 국내 라이벌 기업 간에 경쟁이 발생할 수밖에 없었다. 이러한 조건은 서구의 주요 전력장비 업체가 성장하던 때와 비슷하다. 그러나 경쟁의 성격은 1990년대 이후 급변했다.

1990년대 들어 시장은 완전히 세계화되었다. 막대한 잠재력을 지닌 중국 시장을 차지하기 위해 서구 전력장비 업체들은 촉각을 곤두세우고 있었다. 수입업자들과 다국적 대기업과의 국내 합작투자사들 간 경쟁 또한 치열해졌다. 중국의 방대한 시장 규모 때문에 '대규모 장비업체들은 입찰가를 낮춰서라도 입찰'을 하고자 했고, 그 결과 입찰은 더욱 과열되었다. "대규모 장비업체들이 중국을 최고 시장으로 생각하고 얼굴을 알리기 위해서 기꺼이 이익을 희생하려고 했기" 때문이다. 이제 하얼빈동력공사는 국내에서조차 심각한 경쟁 상황에서 운영될 수밖에 없었다.

웨스팅하우스는 중국 시장 진입을 위해 촉각을 곤두세우고 있었고 시장 진입을 위해 기꺼이 상하이전기총공사와의 대규모의 기술이전 프로그램에 참여했다. 1981년에 시작된 이 프로그램에 힘입어 상하이전기총공사는 300MW와 600MW 유닛 제조 능력을 개발할 수 있었다. 상하이전기총공사 산하 4개의 공장과 각각 계약하여 전액 합작투자를 하는 등 1995년 공조가 더욱 진전되었다. 웨스팅하우스는 각각의 합작회사에서 30~40%의 지분만 갖기로 되어 있었다. 또한 상하이 플랜트를 현대화하기 위해 1억 달러를 투자했다. 합작투자에서 가장 중요한 요소는 웨스팅하우스가 기술이전 프로그램 이상의 기술을 중국에 이전하는 것이었다. 신기술을 받아들인 다음 합작회사는 하위 임계 및 초임계 파라미터의 1,000MW 화력발전 세트를 설계 및 제조할 수 있게 된다. 지멘스는 합작회사 설립 후, 즉시 상하이전기총공사와 웨스팅하우스 간 투자 지분 중 웨스팅하우스 지분을 이양 받는 과정에서 웨스팅하우스의 비핵 사업을 매입했다. 그 결과 지멘스는 중국 대기업을 통해 중국 시장에 진입할 수 있었다. 상하이전기총공사의 매출은 부분적으로 웨스팅하우스가 기술을 전수하고 합작회사에 상당한 투자를 한 것에 힘입어 1990년대 중후반에 하얼빈동력공사의 매출을 크게 앞질렀다. 지멘스와 합작사업을 한 상하이전기총공사는 웨스팅하우스와 합작사업을 할 때보다 하얼빈동력공사에 더욱 위협적인 경쟁기업이 되었다.

1994년 동팡전력장비공사는 터빈 발전기 플랜트를 홍콩 주식시장에 상장시켰다. '하얼빈동력공사' 주주들은 상장 후 지분의 38% 정도를 차지했다. 이에 따라 동팡전력장비공사는 동팡이 70%, GE가 30% 지분을 갖는다는 조건하에 수력발전 업체와 GE(캐나다) 간에 합작회사를 설립하였다. 동팡의 저장(浙江)성 보일러 플랜트는 히다치와 별도의 합작회사를 설립하였다. 지분은 동팡과 히다치가 똑같이 50대 50으로 했으며 히다치가 하위 임계 스팀터빈 제조기술을 동팡에 이전하는 조건을 내세웠다.

지방정부에 자산 소유권 양도와 해외상장, 그리고 하위 파트 간의 국제적인 합작투자로 전력장비 업계는 국내 한두 개 선두업체 간의 합병이 더욱 어렵게 되었다.

1990년대 말 하얼빈동력공사의 경쟁업체들은 세계적인 대기업과 합작회사를 설립했고 하얼빈동력공사는 이를 '매우 위험'하게 생각했다. 증가하는 수입 및 다국적기업과 국내 업체 간의 합작사업의 가열된 경쟁하에서 국내 전력장비 부문에서 하얼빈동력공사의 시장 점유는 격감하여 1992년에 1/3이 되었고 1996년에 1/5로 떨어지는 등 최악의 상황을 맞이했다.

정유 및 석유화학 : 중국석유공사와 중국석유화공공사

기업 자율권의 확대 : 지주회사 형성

마호저뚱 이후 경제개혁하에서 중국의 정유 및 석유화학산업은 공급라인

(upstreame)과 수요라인(downstream)으로 재편되었다. 먼저 공급부문을 살펴보면, 1980년 이전 석유, 가스의 탐사와 생산은 석유공업부(Ministry of Petroleum Industry)가 관할했으나 1988년 석유공업부가 자산 관리를 이양하면서 중국석유천연기공사(China National Petroleum Corporation, 이하 중국석유공사)로 재편된다. 중국석유공사는 공식적인 소유권을 생산기업에게 이양하면서 석유공업부에서 지주회사로 탈바꿈했다. 공급라인의 핵심 업체는 1983년 국유 지주회사로 설립된 중국석유화공공사(Sinopec)이다. 중국석유화공공사는 원유정제, 석유제품, 석유화학제품 제조, 화학비료, 합성수지 도료, 섬유와 고무 등의 제품 판매를 포함해 석유화학과 관련된 전산업 부문을 담당한다. 이 두 거대 지주회사가 국가의 정유 및 석유화학산업을 관장했다.

개혁이 계속되면서 중국석유공사와 중국석유화공공사 내의 개별 생산 기업들은 계약을 체결하고 수익과 손실에 대한 책임을 지는 등 수익을 실현할 수 있는 법인의 지위를 획득했다. 많은 기업이 다국적기업과 대규모 합작회사를 세웠고 해외 주식시장에 상장했다. 개혁기간에 중국석유화공공사와 중국석유공사의 대규모 핵심 기업들은 자율권이 확대됨에 따라 강력한 기업 정체성을 세워나갈 수 있었다. 중국 대기업 개혁의 중심에 있는 '자본주의적 기업'이 석유 및 가스 부문에서 최종적으로 어떤 곳으로 정착할지는 명확하지 않다. 중국석유화공공사와 중국석유공사 산하의 대기업은 모두 국가가 전략적으로 자신들을 중심으로 석유화학산업을 편성할 것이라고 생각했다. 수많은 핵심 기업들은 지주회사로부터 더 많은 자율권을 획득하기 위해 고투하면서 '기업 정체성'을 발전시키기 시작했다.

중국석유화공공사와 중국석유공사가 국가 지주회사로 설립된 것은 석유공업부의 행정적인 관리 기능에서 시장중심 기능으로의 이행을 알리는 신호탄이었다. 그러나 이들 '기업'이 어디에 위치할지는 여전히 불투명했다. 중국석유화공공사와 중국석유공사는 하위 생산 단위를 자기 관리하에 둔채 소유하고 관리하면서 진정으로 독립적인 기업이 될 것인가, 아니면 하위 단위에 대한 소유권과 관리권이 줄어들면서 준행정조직의 역할만 할 것인가? 1980년대 초부터 1998년까지는 산업에 필요한 정확한 경제 구조를 모색하는 실험에 불과했다. 중앙 정책결정자들은 1998년에 이르러 마침내 중국석유화공공사와 중국석유공사가 낡은 '관리' 기능을 벗어던지고 진정으로 통합된 기업이 되어야 한다는 요지의 구조조정을 결정했다.

기업의 자율권을 확대하자는 정책으로 발생한 긴장 분위기는 중국석유공사 산하의 따칭(大慶石油管理局)과 중국석유화공공사 산하의 상하이석유공사를 통해 분명하게 확인할 수 있다.

따칭석유관리국 : 유전인가, 기업인가?

오랜 기간에 걸쳐 따칭석유관리국(大慶石油管理局)은 중국 석유산업에서 가장 중요한 생산업체였으며 1996년 총매출액이 50억 달러에 달하는 중국 최대의 기업이었다. 따칭은 1996년 중국석유공사 총매출액의 2/5를 차지했고, 세전 수익의 약 2/3를 차지했다. 따칭에서 일하는 사람만 25만 명이고 직간접으로 연관된 사람은 80만 명에 이르러, 그들의 가족까지 합치면 총 200만 명의 생존이 따칭에 달려 있다고 할 수 있다.

따칭의 야망은 1980년대 이후 수익의 상당 부분을 기업들이 보유할 수 있도록 허용한 기업 개혁으로 더욱 구체화되었다. 또한 1990년대 대기업 그룹을 신설하려는 열띤 논쟁과 정책 실험은 동기부여의 강한 요인으로 작용했다. 1996년 띵궤이밍(丁貴明)의 '비전 있는' 경영 아래 따칭은 자체적인 개혁 정책을 개발했다. 개혁의 목표는 자력으로 세계 거대 기업이 되는 것이었다.

따칭은 풍부한 보유자금을 활용하여 해외 정유업체, 특히 구소련의 정유업체를 매입하겠다는 계획을 세웠다. 사실 이 계획은 따칭의 미래가 달려 있다고 할 수 있을 정도로 중요한 것이었다. 아무리 많아야 10년 내에 따칭유전이 고갈될 것으로 전망했기 때문이다. 따칭은 국가가 허가만 한다면 국내 유전도 매입했을 것이다. 광범위한 정유·석유화학 운영망을 갖춘 완벽한 통합 정유회사가 되는 것을 전략적 목표로 삼은 따칭은 취약한 기업과의 합병은 피하는 한편 견고한 국내 기업들과 대규모 합병을 꾀했다. 이 같은 전략 아래 더 원활한 원유공급을 위해 동북지방에 소재한 정유회사와의 합병을 계획했다. 또한 상하이에 소재한 상하이석유화공공사와 합병을 계획하고 대화를 주고받기도 했다. 따칭은 이미 상하이석유화공공사 원유 공급의 1/3을 차지하고 있었다. 이러한 상황에서 상하이석유화공공사와 합병만 성사된다면 따칭은 대단히 역동적으로 움직이는 거대 시장에 둘러 쌓여 중국에서 가장 급신장하는 연안지역에 기지를 갖게 될 뿐만 아니라 급속하게 발전하는 다른 지역에도 저렴한 운송료로 석유를 공급할 수 있게 되는 것이다. 따칭은 합병과 수직적 통합 운영을 위해 옌산(燕山)석유화공공사(베이징)와도 협의를 시도했다.

공급라인 개발의 중요성을 인식한 따칭은 해안 지역에 고속도로를 따라 주유소망을 건설하기로 계획했다. 또한 음식과 기타 생필품까지 팔아 고수익을 올릴 수 있는 주유소 체인스토어를 인수·합병할 계획까지 세웠다. 나아가 자체 탱커 선단의 개발 가능성을 타진하고, 따칭 수출항인 따롄(大連)항과 합병 협상을 벌이는 한편 고품질 윤활유 개발을 공조하기 위해 합작회사를 설립하고자 최대 자동차회사인 이치(一汽), 얼치(二汽)와도 협상을 벌였다. 심지어 따칭은 해외시장과 직접 연결하기 위해 중국화공진출구총공사(Sinochem, 中國化工進出口總公司)와의 합병까지 고려했다.

요약하면 1990년대 중반까지 따칭은 국내·외로 사업을 확장하기 위한 강렬한 야망을 키워왔다. 경영진은 따칭을 새롭게 통합된 거대 정유 및 석유화학의 주력 기업으로 만들어 세계적인 거대 기업과 경쟁할 수 있도록 성장시키고자 했다. 그 가운데서 석유의 공급과 수요, 즉 원유의 생산과 석유화학제품의 판매를 통합하는 데 역점을 두는 것이 전략에서 가장 중요한 부분이었다. 다시 말해서 두 대기업의 경영 이익을 통합하기 위해 '시장을 통해' 강력한 기업들을 합병하거나 인수하여 성장하는 것에 역점을 두었던 것이다.

그러나 중국석유공사의 경영진은 따칭의 야심찬 계획에 단호하게 반대했다. 따칭이 '시장을 통한 구조조정'이라는 목표를 달성하는 것은 곧 중국석유공사의 폐쇄를 의미하기 때문이다. 업계 전문가들은 중국석유공사의 처지로 볼 때 '따칭이 거대 기업이라면 우리는 무엇인가?'라는 질문에 직면할 수밖에 없었다고 말했다. 거센 논란 끝에 중앙정부는 중국석유공사 경영진을 지원하는 한편 따칭의 합병 계획을 받아들이지 않고 행정적 수단을 통해 세계적인 대기업을 구축하는 구조조정 과정을 지원하기로 결정했다. 이 새로운 기업들은 오래된 정부 기관이나 그들의 준정부 기관의 후계기업인 중국석유공사와 중국석유화공공사를 토대로 삼았다. 따칭의 합병에서 드러났듯이 정부는 '아래에서' 생겨난, 경쟁력을 갖춘 대기업이 산업개혁의 기반이 되는 것을 허용하고 격려할 가능성을 단호하게 배제했다. 이것은 중국 산업개혁 역사에서 상당히 중요한 결정이었다. 이 결정은 정유 및 석유화학 부문의 산업개혁을 전혀 새로운 방향으로 진행시켰고, 중국의 대기업 개혁에 상당한 영향을 미쳤다. 합병계획이 실패한 후 따칭의 야심찬 경영진은 중국석유공사 산하 기업으로 전근해야 했다.

상하이석유화공공사

상하이석유화공공사(Shangai Petrochemical Corporation, 이하 상하이석유 공사)는 다른 계열 기업에 비할 수 없을 정도로 엄청난 세전 수익을 실현하는 중국석유화공공사 산하 기업 가운데서도 가장 중요한 기업이었다. 또한 1990년대 중반 전업종, 전산업을 망라한 10대 기업에 포함되기도 했다. 1990년대 초 상하이석유공사는 운영과 자금을 자율적으로 행사하는 공식적인 법인체가 되었다. 비록 최대 주주는 중국석유화공공사였지만 상하이석유 공사는 대단한 야심을 가지고 있었다. 상하이 자치정부는 상하이석유공사가 상하이에 소재한 다른 '대기업', 특히 바오산(寶山)강철공사(Baoshan Iron and Steel Corporation), 상하이 대중기차공사(Shanghai Automotile Corporation)와 더불어 세계 유수의 기업으로 성장하도록 강력히 지원했다. 1970년대 이후 상하이석유공사는 점차 기업 정체성과 야망을 키워나갔다. 상하이석유공사는 상하이섬유공사를 대규모 에틸렌 수입 기지(30만 톤)로 만들기 위해 중앙정부에 로비하여 해외시장에서 경화로 상환할 수 있는 대규모 차관을 받았다.

상하이석유공사는 또한 중앙정부에 적절히 로비하여 처음으로 해외시장에 상장되었다. 최초의 상장과 이후 이어진 주식발행으로 중국석유화공공사의 지분은 1990년 초에 100%에서 1997년에는 56%로 떨어졌다. 상하이석유공사 최고경영인 우이신(吳亦新)은 중국석유화공공사의 지분이 30% 이하로 떨어질 가능성은 전혀 없지만 50% 이하로 떨어지기를 바란다고 말했다. 상장과 이후의 주식발행으로 상하이석유공사는 약 3억 8,000만 달러의 자금을 조달했다.

합작사업은 상하이석유공사가 야심찬 확장 계획을 실현할 수 있는 제일 좋은 방법이었다. 1996년 이전에, 상하이석유공사는 이미 몇 개의 합작회사를 세웠고 1996년 2개의 주요 프로젝트를 발표하는 등 합작 계획은 상당히 진전되었다. 이 가운데 규모가 작은 프로젝트는 필립스 석유(Philips Petroleum)와 합작하여 저밀도 폴리에틸렌 플랜트를 건설하기로 한 것인데 총비용이 1억 달러에 상당했다. 이 프로젝트는 1998년에 완공되었고 상하이석유공사의 지분은 60%였다. 1996년 말 BP와 25억 달러, 연간 생산량 65만 톤에 이르는 에틸렌 플랜트 건설 합작사업을 하겠다고 발표함으로써 이 프로젝트 역시 작은 프로젝트로 전락하고 말았다. 대규모 프로젝트로 세계 유수의 에틸렌 플랜트가 되면서 상하이석유공사의 에틸렌 생산능력은 1998년 40만 톤에서 100만 톤을 넘게 되었다.

중앙정부가 인수·합병을 통해 몇 개의 석유화학 대기업을 육성하겠다고 발표하자 상하이석유공사는 석유화학 기업들을 인수하기 시작했다. 1996년 상하이석유공사는 상하이진장(金陽)금포정륜창(Shanhai Jinjiang Acrylic Fiber Plant)을 인수했다. 인수 결과, 상하이석유공사의 국내 합성 섬유 생산 점유율은 32%에서 44%로 증가했다. 상하이석유공사는 인수 후 곧바로 '아크릴 섬유 시장 점유율을 높이기 위해' 저장금포정륜공사(Zhejiang Acrylic Fiber Plant)를 인수한다고 발표했다(상하이석유공사, 1998). 이로써 상하이석유공사의 합성 섬유 생산량은 국내총생산의 50%를 넘어섰다.

1990년대 중반, 상하이석유공사 경영진은 신기술에 투자하고 생산비를 낮추며 고부가가치 제품 생산으로 생산 구조를 전환시키는 한편 견실한 회사와 합병을 통해 석유화학이라는 핵심 사업을 성장시키겠다는 목표를 가지고 있었다. 그리고 중국석유화공공사로부터 경영 독립을 위해 강력하게 대응했다. 상하이석유공사의 주요 전략 목표는 진정으로 시너지 효과를 가져올 수 있는 기업과 합병하는 것이었다. 경영진은 정부가 관리하는 것보다 '시장을 통해' 더 쉽고 빠르게 규모를 확장할 수 있다고 생각했다. 1990년대 중반, 상하이석유공사의 야심찬 경영진은 상하이석유공사와 같은 기업에 공급라인과 수요라인을 구성하는 다른 기업들을 자유롭게 인수·합병할 수 있는 자율권을 부여함으로써 정유 및 석유화학 산업에서 범국가적으로 통합된 거대 규모의 기업을 구축할 수 있다고 보았던 것이다. 상하이석유공사의 가장 야심찬 목표는 원유 공급업체와의 합병이었다. "우리는 원유 공급의 통합 없이는 현대적인 의미의 정유 및 석유화학 기업이 될 수 없다"고 경영진은 말했다. 합병 가능성이 가장 높은 기업은 상하이석유공사 원유의 50%를 공급하는 따칭이었다. 전술한 바와 같이 1990년대 중반, 상하이석유공사는 따칭과의 합병 가능성을 심각하게 타진했다.

상하이석유공사와 마찬가지로 중국석유화공공사도 강력한 기업 정체성에 힘입어 여러 개의 기업을 통합했다. 기업들은 저마다 중앙 지주회사의 간섭을 피해 더 많은 자율권을 누릴 수 있는 경로를 추구했다. 이 가운데 가장 중요한 기업이 홍콩에서 상장한 옌산(燕山), 이정(儀征), 전하이(鎭海)이다.

기업재편과 주식발행 : 지주회사부터 통합된 정유 및 석유화학 기업에 이르기까지

기업재편(1) 1980년대 초부터 1990년대 말까지 정유 및 석유화학의 고질적인 구조로 인해 해결하지 못한 문제가 산적해 있었다. 따라서 중국 경제 핵심에 있는 방대한 정유 및 석유화학산업의 재편 방법에 대해 열띤 논의가 있었고, 그러한 논의는 1990년대 말부터 폭발처럼 일어난 세계 정유 및 석유화학산업에서의 인수·합병으로 더욱 가열되었다. 중국 정책결정자들은 관련 산업이 효율적이지 못하다는 점을 솔직하게 인정했다. 중요한 문제점으로는 본사와 하도급 생산업체의 모호한 관계, 현대 경영 시스템으로 나아가려는 업계의 절박한 요구, 그리고 공급라인과 수요라인의 분리를 들 수 있다. 1998년

6월 몇 해에 걸쳐 열띤 논의와 실험을 거듭한 끝에 중국의 최고 정책결정자들은 업계 관계자들의 예상보다 더욱 강하게 정유 및 석유화학산업 구조를 변모시키기로 결정했다.

정유 및 석유화학산업의 재편 프로그램으로 두 거대 기업, 즉 수직적으로 통합된 정유 및 석유화학 그룹인 [신]중국석유화공공사(China National Petrochemical Corporation, 중국석유화공공사)와 [신]중국석유공사(China National Petroleum Corporation)가 탄생한다. 정부는 완전히 독립된 기업 설립을 목표로 삼았다. 신설 기업은 이윤 추구를 유일한 목표로 삼았기 때문에 완전한 경영 독립권을 부여받았다. 또한 과점 대기업의 위치에서 다른 기업들과 경쟁하는 것이 허용·촉진되었다. 중국석유화공공사와 중국석유공사의 자산은 지리적 위치에 따라 재조직되었다. 즉 동부와 남부에 위치해 있는 기업들은 중국석유화공공사의 경영하에, 그리고 북부와 서부에 위치해 있는 기업들은 중국석유공사의 경영하에 놓이게 되었다. 기업재편 계획에 따라 중국석유화공공사는 생산업체 14개와 유통업체 5개 등 총 19개의 석유화학 기업을 중국석유공사에, 그리고 중국석유공사는 탐사 및 생산업체 11개와 중위엔(中原石化) 등 총 12개 업체를 중국석유화공공사에 양도했다.

재편 후 중국석유화공공사는 국내 총 정유 생산의 60%, 해안 원유 생산의 30%, 그리고 주요 석유화학 제품의 60%를 차지하게 되었고, 중국석유공사는 국내 정유 총생산의 40%, 해안 원유 생산의 60%를 차지하게 되어 석유화학의 명실상부한 지배 기업이 되었다. 이 결과 두 기업은 원유 생산의 90%, 천연 가스 생산의 75%, 그리고 에틸린 생산의 90%를 차지하게 되었다. 성(省)정부가 소유한 석유회사와 주유소들은 모두 중국석유공사와 중국석유화공공사 체제 아래 놓이게 되었다. 중국석유공사는 북서부 지역 기업들을 맡았고, 중국석유화공공사가 그 외 지역의 기업들을 맡게 되었다. 서로는 다른 영역에서 경쟁할 수 있도록 조정되었다.

기업재편(2) 1988년 재편으로 수직적으로 통합된 두 대기업이 탄생했다. 재편이 끝나기 무섭게 중국 정부는 재편된 기업들에 대해서는 홍콩 주식시장에서 주식을 발행하겠다고 발표했다. 두 기업은 주식발행을 위해 정신 없이 뛰어다녔다. 주식을 발행하면 '재편' 프로세스를 더욱 극적으로 만들 수 있다고 여겼기 때문이다. 목표는 기본 사업구조를 세계적인 대기업과 비슷하게 만드는 것이었다.

주식발행을 위해 중국석유공사와 중국석유화공공사를 구조조정함으로써 중앙 지주회사와 자회사들 간 갈등이 증폭되었다. 20년 가까이 점진적으로 자율권과 기업 정체성을 발전시켜온 지주회사 내의 두 대형 자회사는 중앙 지주회사에게 권한포기를 요구했다. 또한 주식발행에는 굵직한 자회사들의 핵심 직원 '재배치'를 포함해 내부의 강렬한 정치적 갈등이 숨어 있었다. 이 재편과정에는 '핵심' 사업과 '비핵심' 사업의 분리도 계획되어 있었다. 핵심 사업에는 정유 및 석유화학 부문의 모든 핵심 생산 자산이 포함되었다. 비핵심 사업에는 일부 전문 유전 엔지니어링 서비스도 포함되었으나 주로 시설 운영, 사회복지 및 '다양한 사업'을 비롯한 비정유 및 비석유화학 사업이 이에 해당했다. 주식발행 기업에는 전자가, 비주식발행 기업인 '모'회사에는 후자가 들어 있었다. 중국 전역을 통해 중국석유공사와 중국석유화공공사의 모든 기업에서 사업을 두 개로 나누는 문제와 관련해 엄청난 갈등이 일어났다. 이를테면 따칭의 10만 6,000명 근로자가 해외에서 상장할 새로운 국유 기업인 페트로차이나(Petrochina, 中國天然氣股份有限公司)로 떨어져 나갔으며, 18만 명의 근로자는 비핵심 사업을 하는 '비쇄신 기업'에 남게 되었다. 대부분의 대기업과 마찬가지로 따칭은 이전에는 단 하나의 대규모 사회경제 단위였는데, 이제는 둘로 나뉘어져 자율권을 갖게 되었다. 따칭 근로자에게 이 같은 일은 따칭을 '죽이는 것'과 같았다.

구조조정 이후에 상장된 2개의 법인, 페트로차이나와 중국석유화공주식회사는 정유 및 석유화학 자산의 '핵심'으로 남게 되었다. 이들 기업은 경악할 정도로 많은 종업원을 해고했다. 페트로차이나는 154만 명의 구중국석유공사 근로자를 48만 명으로 줄였고 중국석유화공주식회사는 112만 명의 구 중국석유화공공사 근로자를 40만 명으로 줄였다. 페트로차이나와 중국석유화공주식회사는 2000년에 주식을 발행하여 해외에 총자산의 10%를 매각했다. 남아 있는 지분은 여전히 '지주' 회사인 중국석유공사와 중국석유화공공사가 가지고 있었는데, 이들은 주식을 상장하여 각각 30억 달러와 35억 달러의 자금을 조달했다. 상장이 비교적 성공적이었던 가장 큰 이유는 세계적인 대기업들이 주식공모에 참여했기 때문이다. BP 아모코(Amoco)는 6억 2,000만 달러에 상당하는 페트로차이나의 주식을 매입했다. 상장에 대한 대가로 세계적인 대기업들은 수익성이 높은 '수요' 시장, 특히 주유소 사업에 뛰어들어도 좋다는 약속을 받아냈다. 세 대기업, BP 아모코, 엑슨 모빌(Exxon Mobil), 쉘로 이루어진 컨소시엄은 주식발행에 상당량을 출자하기로 합의했다.

2000년, 어렵고도 힘든 개혁 끝에 중국의 정유 및 석유화학산업은 ENI(이탈리아) 또는 렙솔(Repsol, 스페인)과 같은 중간 규모의 세계 기업으로 성장 발전하게 되었다. 중국의 정유 및 석유화학산업은 점진적으로 국가의 지분을 줄여나가는 한편 경쟁력 있는 사업을 구축해나가는 과정을 밟았다. 중국이 밟았던 특수한 개혁 과정은 주식상장에 필요한 통일된 기업을 창출하기 위해 심각한 갈등을 겪어야 했다. 상장된 기업들이 모기업의 간섭 없이 얼마나 독립적으로 운영되었는지는 의심스러운 것이 사실이다. 주식발행을 통해 조달한 자금이 얼마나 사업 발전에 사용되었는지, 그리고 지주회사에 남아 있는 엄청난 종업원들의 분리의 아픔을 완화시키는 데 얼마나 사용되었는지는 확실하지 않다. 다국적 거대 기업들은 중국석유공사와 중국석유화공공사 내의 분리된 법인과 합작투자를 했을 뿐만 아니라 두 공사에서 상장한 법인의 지분을 상당량 소유하고 있다. 그럼에도 불구하고 세계적인 대기업과 신설 중국 법인의 장기간 관계는 명확하지 않다.

자동차와 부품 : 위차이

중국 자동차산업의 성장과 집중화

1970년대 이후 급속한 경제 성장에 힘입어 자동차 수요도 급증했다. 총 생산 대수는 1978년 15만 대에서 1998년 160만 대로 증가했다. 같은 기간 동안 트럭은 9만 6,000대에서 48만 대로 증가했다. 정부는 이에 자동차산업을 정부가 강력하게 지원할 '기둥' 부문으로 지정하는 한편 적법한 자동차 수입을 엄격하게 관리하고 국내 자동차 및 부품 생산을 강하게 촉진했다. 1990년대 말까지는 면허를 받은 업자만 높은 관세가 부과된 자동차를 수입할 수 있었다. 자동차 매출 성장과 연계하여 성장한 자동차 부품산업은 현지 부품조달, 저렴한 수송비용, 세계적인 자동차 생산업체가 요구하는 '적시 생산방식(Just in Time)'에 힘입어 더욱 발전했다. 사실 중국의 부품산업은 강력하게 보호받았다. 이를테면 1990년대 중반, 수입 디젤엔진에 여전히 35%의 높은 관세를 부과했다.

경제개혁과 강도 높은 보호정책으로 인해 자동차 수요가 급증했고 제조업체들이 우후죽순처럼 생겨났다. 공급이 수요에 미치지 못하는 기간이 몇 년간 지속되자 소규모의 업체가 신설되기도 하는 등 엄청나게 많은 기업이 출현했다. 자동차 조립 공장은 1970년대 50개였으나 1990년대 초 120개로 증가했다. 1990년에는 두 자동차 제조업체에서 매년 5만 대 이상의 자동차를 생산했다. 1987년 중국 정부는 자동차산업을 규모의 경제의 이점을 살릴 수 있는 대기업 체제로 전환하겠다는 의지를 천명했다. 1994년 중국 정부는 또다시 몇 개의 대기업에 자동차 생산을 집중시키는 계획을 세웠다. 바로 이런 대기업이 국가의 보호가 약해지더라도 국제 경쟁력을 갖출 수 있는 '핵심기업'이 되는 것이다. 정부는 '국제 경쟁력을 갖추기 위해' 2000년을 기점으로 상위 10개 기업을 3~4개 그룹으로 재편하는 목표를 세웠다.

정부가 목표로 삼은 핵심 회사의 매출이 급속히 성장함에 따라 세단 자동차 시장에서 폭발적인 점유 집중화가 일어났다. 1996년 상하이대중자동차와 폭스바겐의 합작회사가 설립되어 세단 자동차 생산량의 47%를 차지했다. 개혁 초기에 이미 시장을 지배하던 트럭 생산 기업이 있었는데, 바로 이치와 얼치(동팡)이다. 상기 기업들은 개혁기에 트럭산업의 기둥으로서 중앙 정부 정책에 따라 강력한 지원을 받았다.

자동차 부품산업 합병에 이어 자동차 조립산업에서도 합병이 일어났다. 상당수의 자동차 제조업체들은 적은 돈으로 시장에 진입한 향진기업의 저품질 부품으로 저가의 자동차를 소량 생산했다. 1990년대 중반 부품 제조업체는 5,000개 정도로 추산되었는데, 대부분이 중소기업이다. 1980년대 말 내연엔진 제조업체는 최소 200개 정도였다. 정부는 자동차 조립 부문과 마찬가지로 부품 부문도 몇 개의 강력한 제조업체 그룹으로 재편하겠다는 의지를 가지고 있었다. 새 천년을 맞이하면서 중국 정부는 5~10개에 이르는 세계적으로 경쟁력을 갖춘 부품 제조업체 망을 구축하려는 목표를 가지고 있었다.

자동차 : 위차이

성장 및 붕괴

1984년 이전에 위차이(Yuchai Diesel Engine Company, 廣西玉華機器股份有限公司) 는 마력이 약한 농기계용 디젤엔진 생산업체로 내연기관 제조업체 가운데 173위의 중소기업에 불과했으나 1981년에 소형트럭 엔진인 6105를 실험적으로 생산하기 시작한 후 1984년에는 본격 생산에 들어갔다. 이후 1993년 위차이는 중국 최대 디젤엔진 제조업체가 되었다. 1980년대 초에는 중형트럭 엔진 시장에 진출하지도 못했지만 1995년에는 49%로 급성장했는데 정말 엄청난 성장이 아닐 수 없다. 기술적으로 뛰어난 제품만을 요구하는 부문에서 국내 업체로는 가장 빠르게 성장하여 시장의 50%를 차지하게 된 것이다. 하지만 그로부터 두 해만에 위차이는 도산 직전에 이르렀고 마침내 1997년 8월 '생산을 중단' 하게 되었다. 종업원들은 순번제로 근무했으며 3일을 근무하고도 하루치의 일당도 받지 못했다. 1997년 가을, 위차이는 채무를 갚을 능력조차 없게 되었다. 안타깝기 그지없게 되었다. 위차이의 발흥과 몰락은 중앙정부의 산업정책이 지원하는 핵심 부품 제조업체가 되지 못한 것과 밀접한 관련이 있다.

왕지엔밍

위차이 성공에 매우 중요한 인물로 왕지엔밍(王建明)을 들 수 있다. 그는 1970년대 상하이 홍위군으로 위차이에 들어와 곧바로 위차이혁명위원회 부주임이 되었으나 주조 공장 책임자로 좌천되었다. 1983년 그는 근로자 다수결 투표에서 1위를 차지해 부책임자가 되었으나 위차이의 총책임자가 되고자 했다. 위차이의 총책임자가 베이징을 방문하자마자 그는 광시(廣西) 성

기계국(위차이의 상급 기관)과 면담하여 자신을 총책임자로 앉히겠다는 약속을 받아낸다. 이전 총책임자는 난닝(南寧)공항으로 돌아오기 무섭게 해고되었고, 왕지엔밍이 총책임자가 되었다.

왕지엔밍이 총책임자가 되면서 위차이는 새로운 전환점을 맞이한다. 1980년대 중반 그가 위차이를 맡았을 때, 위차이는 상당한 부채에 시달리고 있었다. 취임 초기부터 왕지엔밍은 '시장을 목표로'라는 슬로건 아래 재래식 사업 방식을 대대적으로 바꿔나갔다. 그는 외국 기업과 합작회사를 세워 뉴욕 주식시장에 상장시킨다는 구체적인 목표를 달성하고자 위차이의 구조를 전면적으로 뜯어고쳤다.

왕지엔밍은 마케팅 철학을 대대적으로 변화시키는 한편 자금을 조달해 기술을 향상시킴으로써 트럭 엔진 시장에서 상당한 점유를 차지하는 데 매진했다. 그의 위치는 미셸린(Michelin)이나 이케아(Ikea, 가구 및 인테리어 제품을 생산하는 스웨덴의 다국적기업 ; 역주) 등의 강력한 서구식 가족 경영 기업의 총책임자와 상당히 비슷하다고 할 수 있다. 1980년대 말 회사가 비약적으로 성장하자 그에 견줄 만한 라이벌이 없었을 뿐만 아니라 왕지엔밍만큼 사업을 이해하는 사람도 드물었다. 강력한 가족 경영 기업의 총수처럼 그는 리스크를 최소화하면서, 단기간에 수익을 창출하기보다는 성장 위주의 정책을 펴는 데 전념했다. 그는 뉴욕 주식시장에 상장한 이후에도 위차이의 주가에 대해서는 전혀 관심을 보이지 않았다. 위차이의 야심찬 확장 계획을 뒷받침할 자금 조달이 목적이었기 때문이다.

위린(玉林)은 중국의 해안 도시들에 비하면 궁벽진 곳에 위치해 있다. 설상가상으로 노동의 질은 형편없었다. 그래서 왕지엔밍은 위차이에 전문적인 '현대식 경영 시스템'을 구축하겠다는 경영 목표를 세웠다. 국내 최고의 엔진 제조업체가 되기 위하여 위차이는 '뛰어난 인력이 없다면 모든 일은 시간만 버리는 것이다'라는 신조 아래 인력자원을 업그레이드하여 기반을 구축했다. 1990년대 위차이는 중국 기업으로서는 상당히 비중이 높은, 총임금의 5%를 종업원 훈련비로 배정했다. 1980년대부터 위차이는 기존 종업원의 기술을 업그레이드 하기 위해 특히 컴퓨터와 내연기관 기술에 대해 사내 훈련프로그램을 마련했다. 그 결과 1990년대 중반 위차이는 상당히 뛰어난 기술진을 구축했다. 1995년 550명 이상의 엔지니어 가운데 반 이상이 R&D, 제품 향상 및 디자인을 전담했고 기술 및 엔지니어링 부서에는 약 1,000명이 종사했다. 1990년대 초 엔진을 업그레이드할 목적으로 상하이 내연엔진연구소에서 핵심 연구진을 스카우트하기도 했다. 공장이 현대화됨에 따라 종업원의 기술도 꾸준히 향상시켜야 했다. 신설 생산라인에는 이전보다 기술이 뛰어나고 컴퓨터를 다룰 줄 아는 종업원이 필요했기 때문이다. 1993년 이후 성장과 현대화에 박차를 가하기 시작하면서 위차이는 최고 수준의 기술 전문가와 최고 엔지니어를 전국에서 모집했다. 광시 성 정부는 위차이가 임금 체계에 '혁명적인' 변화를 도입하는 것을 승인했다. 위차이는 임금 격차를 급격히 증가시켰다. 1992년 위차이의 새로운 보너스 시스템은 광시 성에 일대 '센세이션'을 일으켰다. 다양한 목표 성취에 따라 기본 임금에 육박할 정도의 1년 총 보너스제도를 도입했던 것이다.

구조 변화

중형트럭의 수요가 급증하는 한편 대형트럭 역시 급성장할 가능성이 보이자 위차이는 1990년대 역동적인 최고경영진의 지도 아래 대대적인 구조 변화를 감행했다. 이 같은 변화를 감행하게 된 것은 무엇보다도 확장 계획에 소요될 자금이 급박하게 필요했기 때문이다. 광시 성은 가난한 지역이었고, 따라서 광시 성 정부가 사업체를 지원할 자금 수단은 제한되어 있었다. 1980년대 초부터 여느 사업체와 같은 길을 걸었던 위차이는 회사가 이윤의 일정 부분을 보유하는 것을 허용 받았다. 즉 1980년대 말 위차이는 실현된 수익과 세금의 상당 부분을 보유할 수 있었던 것이다.

위차이가 초고속으로 성장함에 따라 1980년 말 광시 성 정부의 태도가 몰라보게 바뀌었다. 수요에서 예기된 성장을 맞추기 위해 위차이는 브라질의 포드(Ford)로부터 6112 중형트럭 엔진의 생산라인을 매입하고자 했다. 1992년 위차이의 포드 매입건을 듣게 된 광시 성은 지원 문제를 둘러싸고 위차이, 기계국과 오랫동안 의견을 나누었다. 광시 성 정부는 상당한 금액의 금융지원은 할 수 없었으나 '정책적으로 지원'할 수는 있었다. 광시 성 정부는 자금 조달의 일환으로 위차이의 합작회사 설립 제안을 신속하게 지원했고 이로 인해 위차이에 대한 국가의 직접 관리가 상당히 약화될 것이라고 생각했다. 그러나 위차이에 대한 자원의 가장 중요한 이유는 위차이가 성공하면 광시 성 발전에 필요한 상당한 재정적 기여가 가능하다는 것이었다. 위차이는 야심찬 확장 계획에 필요한 자금을 조달하기 위해 해외 자본으로 눈을 돌렸다. 광시 성 정부가 필요한 자금을 제공할 수 없었기 때문이다. 그러나 좀더 근본적인 이유는 광시 성 정부의 행정 지도에서 벗어나 더 많은 자율권을 누리기 위해서였다. 1992년 7월 국무원 산하 체제개혁위원회의 권고를 받아들여 광시 성 정부는 사상 처음으로 위차이 디젤엔진 사업부의 합작사업을 승인했다. 1993년 5월 위차이는 마침내 합작투자의 꿈을 이루었다. 광시 성 정부는 정부의 지분을 과감하게 줄이는 것과 대대적인 구조 변화를 승인했다. 이에 따라 홍런(Hong Leon Holdings, 싱가포르)이 최대 주주(위차이의 51.3% 점유)가 되었으며 위차이는 합작사업으로 5억 2,300만 달러를 조달했고 야심찬 확장 계획을 지원할 능력을 배가시켰다.

홍런(HLA)은 화교 기업이면서 싱가포르 5대 그룹 가운데 하나로, 위차이가 중국의 지배적인 디젤엔진 제조업체가 될 수 있는 잠재력을 충분히 지니고 있다고 판단하여 위차이에 투자하기로 했다. 홍런은 개발도상국 트럭산업의 핵심은 엔진이며, 강력한 트럭 엔진 제조업체는 장기간에 걸쳐 성장 가능성이 높다고 확신하여 자신들의 투자와 뉴욕 상장으로 모집된 자금으로 위차이가 업계 최고를 유지할 수 있다고 판단했다. 또한 포드(브라질) 생산라인을 간접적으로 활용하여 6112 모델로 대형 엔진 공급업체의 최고 위치를 점하는 한편 6105를 6108로 업그레이드할 수 있다는 강한 희망을 가지고 있었다. 1994년 11월 16일로 예정된 뉴욕 주식시장 상장을 앞두고 11월 위차이는 대대적인 구조조정을 실시했다. 위차이에 대한 정부 지분은 더욱 줄어들어 상장할 즈음에는 22.1%가 되었다. 상장 기업인 중국위차이국제공사(China Yuchai International)가 76.4%를 소유했고, 중국 내 다른 기관들의 지분은 1.5%로 떨어졌다. 외국 투자자들은 위차이의 야심찬 확장 계획을 지원하기 위해 CYI의 30%인 6,400만 달러를 조달해주었다.

시장 구조

중국 국내총생산의 급성장에 힘입어 자동차 매출 역시 성장가도를 달렸다. 1980년대 중반, 트럭이 자동차 총 생산량의 2/5를 차지했고, 이 중 중형트럭이 화물운송의 절대 다수였다. 대형트럭은 도로가 협소하고 상태가 좋지 않았기 때문에 사용이 제한되었던 터였다. 1993년 중형트럭은 17만 8,000대였고 대형트럭은 1만 대에 불과했다.

　1990년대 중형트럭의 디젤엔진 수요가 이례적으로 성장했다. 중형트럭에 대한 수요가 증가했을 뿐만 아니라 트럭 구매자의 선택에 따라 휘발유엔진을 디젤엔진으로 바꾸었기 때문이다. 디젤엔진이 비싸기는 했지만 소비자들은 강력한 힘과 에너지 효율성, 그리고 신뢰성 때문에 디젤엔진을 선호했다. 1995년 신형트럭의 경우, 모든 대형트럭과 중형트럭의 1/2, 신형 소형트럭의 1/3이 디젤엔진을 장착했다. 앞으로 도로 사정이 개선됨에 따라 대형트럭의 비중이 더 커질 것으로 전망된다. 1990년대 들어 구매자들의 성격이 달라지고 수요 성향도 바뀌었다. 즉 개인이나 대규모 운송회사의 수가 늘어나고, 국유기업들이 운송부문을 분리해 임대함에 따라 국가기관의 수요보다는 민간부문의 구매자들이 급증한 것이다. 결과적으로 민간부문 소비자들은 엔진 가격, 신뢰성, 운용 비용에 세심한 주의를 기울이는 등 더욱 분별력을 가지게 되었다.

제품 선택 및 발전

1980년대 말과 1990년대 초에 걸친 위차이의 폭발적인 성장은 6105엔진(105㎜ 구경 6기통 실린더 엔진)에 힘입은 것이다. 6105엔진은 중국 중형 엔진 시장의 어떤 엔진보다 강력했다. 그러나 1990년대를 지나면서 다른 업체들도 위차이의 뒤를 급히 쫓기 시작했다. 이치 그룹 내의 두 기업인 따롄(大蓮)과 무시(無錫)는 1996년부터 힘에서 위차이의 6105엔진을 능가하는 110㎜ 구경 엔진을 생산하기 시작했다.

이러한 문제를 예견한 위차이는 경쟁업체에 계속 우위를 유지하고자 다양한 전략을 제시했다. 엄청난 힘을 발휘하는 108㎜ 구경(6108)을 장착하는 등 6105의 품질을 업그레이드하기 위해 뉴욕 상장으로 조달한 5억~6억 위안을 신형 엔진과 관련 제품개발에 투자했다. 불행하게도 엔진 개발은 엄청난 기술적 난관에 부딪쳤고, 위차이는 6108을 상업적으로 생산할 수 없게 되었다. 왕지엔밍의 두 번째 전략은 포드(브라질)로부터 간접 생산라인을 구입하여 112㎜ 구경 6기통 실린더 엔진(6112 모델)을 생산하는 것이었다. 위차이는 4만 5,000대의 엔진 생산능력을 갖추고 있었으며 중형트럭 시장을 겨냥하고 있었다. 플랜트는 단돈 1,600만 달러에 매입했지만 엔진은 '기능이 형편없었고' 중국의 엄격하지 않은 공해 기준에 비추어 보아도 매연 배출이 심각한 수준이었다. 따라서 엔진을 팔 수 있는 시장이 없었고 1990년대 말 공장은 거의 중단되었다.

1997년과 1998년 위차이 성장의 대들보인 6105는 중형트럭 시장에서 소비자들의 관심을 끌지 못했다. 기술적으로 뛰어나고 가격도 저렴한 경쟁업체들의 엔진이 출시되었기 때문이다. 중형 6108은 기술적으로 실패작이라고 할 수 있다. 게다가 6112는 기술적 후진성으로 대형트럭 시장의 소비자들에게도 철저하게 외면당했다. 위차이는 6105엔진을 연간 7만 대, 6108을 7만 대, 그리고 6112를 5만 대 정도 생산하는 능력을 갖추고 있었다. 1997년 위차이는 생산할 수 있는 3개의 엔진 가운데 하나의 생산력의 절반에도 못 미치는 3만 개의 엔진을 판매하는 데 그쳤다.

고객

1995년 국내 트럭 생산업체는 8개였다. 그러나 이치와 동팡이 중·대형트럭 시장을 완전히 지배했다. 1998년 동팡이 대형트럭 총생산의 50% 이상을, 그리고 동팡과 이치가 합쳐 총생산의 67%를 차지했고 중형트럭의 경우는 이치가 총생산의 56%, 동팡과 합쳐 91%를 차지했다. 동팡과 이치라는 시장이 없었다면 중국의 중대형 디젤엔진 제조업체의 미래는 매우 위축되었을 것이다.

1995년 위차이는 37개 공장에 엔진을 팔았으나 소수에게서만 호평을 받았다. 이 중 1990년대 중반에는 동팡그룹의 기업들이 위차이 엔진 총판매량의 3/5를 구매했다. 1980년대 초 위차이의 생산 능력은 동팡그룹의 수요에 훨씬 못 미치는 소량의 엔진을 공급하는 보잘것없는 수준이었으나 1990년대 중반에는 중국 제일의 트럭 생산업체인 동팡그룹의 최대 엔진 공급업체로 성장했다. 1995년 위차이는 동팡그룹 엔진의 거의 50%를 공급했다. 동팡은 디젤엔진의 수요가 급성장하리라고 예상하지 못해 주로 휘발유엔진 구축에만 투자했던 터였다. 그러므로 동팡그룹은 위차이로부터 양질의 엔진을 대량으로 구입함으로써 자동차를 더욱 효율적으로 팔 수 있었다.

그러나 단일 고객에게만 의지하는 것은 상당히 위험하다는 사실이 입증되었는데 이러한 사실은 위차이의 주요 고객이 위차이의 경쟁업체로 눈길을 돌린 뒤 더욱 심각해졌다. 결론적으로 위차이의 지나치게 빠른 성공이 오히려 심각한 문제를 야기했던 것이다. 위차이 디젤엔진의 품질이 뛰어난 탓에 트럭 운전수들은 휘발유엔진 트럭을 사용하지 않고 위차이 디젤엔진 트럭을 선호했다. 따라서 이치와 동팡은 신형 트럭이 출고되기 무섭게 가솔린 엔진이 위차이의 디젤엔진으로 교체되는 것을 지켜보는 치욕을 감수해야 했다. 이치와 동팡의 경영진은 그것을 자신들의 회사를 당황스럽고 수치스럽게 만드는 위차이의 침탈 행위라고 생각했다.

마케팅

위차이가 급신장하고 있는 시장을 지배할 수 있었던 것은 제품이 뛰어나기도 했지만 우수한 광고와 서비스 시스템을 개발했기 때문이다. 위차이는 중국 광고 혁명의 선두에 있었다. 이를테면 위차이는 엔진 제조업체로서는 극히 드물게 텔레비전 광고에 심혈을 기울였다. CCTV를 통해 당시 기준으로는 상당히 수준 높은 광고를 내보냈다. 위차이는 피크 타임, 저녁 뉴스가 끝나고 기상 예보를 하기 전을 목표로 삼았고, '엔진의 제왕'을 떠올릴 수 있도록 강력한 이미지를 개발했다.

위차이는 엔진 수명 보장이라는 개념을 실천에 옮겼을 뿐만 아니라 전국에 걸친 종합 서비스망을 구축한 최초의 엔진 제조업체였다. 위차이는 세계적인 디젤엔진 기업들을 면밀하게 조사하여 디젤엔진산업에서 경쟁력 있는 광고를 하려면 무엇보다도 서비스망이 중요하다는 사실을 깨달았다. 또한 1996년 말 수리 품질, 직원들의 기술능력, 넓찍한 공간, 장비 품질, 교육을 마친 직원 배치 등 위차이의 기준을 엄격하게 준수하는, 450개의 서비스 가맹점을 신설했다. 위차이는 엔진 수명 보증이라는 개념을 제일 먼저 도입하여 1993년에는 3만㎞, 1996년에는 15만㎞까지 보증해주었다.

경쟁업체

서구, 특히 미국의 경우 독립 디젤엔진 제조업체의 역할은 상당히 중요하다. 디젤엔진의 생산량은 휘발유엔진에 비해 떨어지지만 기술력은 휘발유엔진을 능가한다. 경제개발기에 위차이는 엔진산업 부문에서 대형 독립업체의 역할을 제일 중요하게 생각하고 있었다. 왕지엔밍은 위차이를 중국의 캐타필러(Caterpillar), 커민스(Cummins)디젤 또는 디트로이트(Detroit) 디젤로 만들겠다는 목표를 천명했다. 이 세 업체는 1990년대 북미 대형 디젤엔진 시장의 80%를 차지했다. 그러나 심지어 서구에서조차 디젤엔진을 내부에서 생산하는 것에 비해 외부에서 구매하는 것이 어느 정도 바람직한지에 대해 많은 논의가 있었다. 유럽을 기반으로 한 주요 트럭 제조업체들은 디젤엔진을 대부분 자사에서 생산했고 미국의 경우 상당량을 다른 기업에서 매입했다. 그런데 엄청난 일이 벌어졌다. 2000년 7월 다임러 크라이슬러가 디트로이트 디젤을 매입한 것이다. 이로 인해 업계에서는 커민스가 앞으로 얼마나 버틸 수 있을지에 대해 의문이 제기되었다.

왕지엔밍은 북미의 대기업을 본뜨려고 노력하면서 국내 정책의 목표 방향, 즉 규모의 경제의 장점을 살려 이익을 실현하고 합작사업과 기술이전 계약을 통해 국제 기술의 매개체가 될 대기업을 구축하고자 했다. 그는 1990년대 중반까지 위차이를 선도기업으로 성장 발전시킨 다음, 최고의 위치를 이용하여 국내 디젤엔진 최고 제조업체로서의 지위를 공고히 할 것을 자신했다.

국내 최대 트럭 제조업체인 이치는 위차이의 가장 중요한 잠재 시장이었으며, 또한 잠재적인 핵심 경쟁업체였다. 이치 '체제'는 세 디젤엔진 생산업체, 즉 차오양(潮陽), 따롄, 무시로 구성되어 있었다. 이전에 설립된 독립 공장들과 함께 이들 세 기업의 관할권은 자동차 '기업 그룹'을 만든다는 정부의 정책에 따라 1980년대 말 이치로 이양되었다. 1995년 중앙정부의 지원하에 강력한 자동차회사를 구축하려는 새로운 계획에 따라 이치는 따롄, 무시 디젤 공장을 완전히 관리하게 되었고, 이에 따라 중국의 디젤엔진산업은 상당히 달라졌다. 이러한 변화로 이치는 수직 통합이 강화되는 '포디즘(Fordist)'의 경로를 밟게 되었다. 비록 이치가 위차이의 가장 큰 수요처는 아니었지만 이러한 변화는 위차이의 장기 전략에 악영향을 미치게 된다. 이치의 변화로, 다른 조건이 같다면, 다국적 디젤엔진 기업들은 위차이 같은 독립 공급업체보다는 이치의 자회사로서 엄격하게 관리되는 디젤엔진회사에 투자하려 할 것이기 때문이다.

일찍부터 그룹 내에 엔진 제조업체를 두려고 상당히 노력한 동팡은 디젤엔진 제조 기술을 향상시키기 위해 1986년 커민스디젤엔진주식회사(미국)와 협력 협약을 체결했다. 1990년대 중반 이 협약은 합작투자로 발전한다. 1996년 샹판(湘樊) 6100시리즈 디젤엔진을 생산할 수 있게 되었는데, 즉시 위차이의 엔진과 경쟁할 수 있었다. 이러한 방식으로 1994년 동팡은 이치의 차오양디젤엔진을 인수했던 당시보다 디젤엔진 생산능력을 향상시켰다.

1996~1997년 당시 따롄, 무시는 말할 것도 없이 차오양이나 샹판도 위차이에서 생산하는 고성능 엔진을 생산하지 못했다. 양기업은 상대적으로 저성능 엔진인 4102와 6102 엔진만을 생산했고 따라서 동팡은 중형 디젤엔진의 상당

부분을 위차이에 의지할 수밖에 없었다. 그러나 커민스의 투자를 통해 동팡의 기술력이 현격하게 발전하고 있었다. 1990년대 중반 동팡은 이치처럼 소유권을 가지고 직접 경영함으로써 디젤엔진 생산 시설을 확장하고 장족의 발전을 거두게 된다. 동팡 커민스와 합작투자하고, 이치로부터 차오양을 인수한 것은 위차이의 장기적인 발전과 관련해 매우 의미 있는 일이다. 이는 자체 시스템의 1, 2차 공급업체 내에서 디젤엔진을 대량 생산하고자 하는 동팡의 소망과 급격히 발전하고 있는 기술수준을 향상하려는 욕구를 말해준다.

문제의 핵심은 1990년대 이치와 동팡이 결합함으로써 중국의 캐타필러, 커민스 디젤 또는 디트로이트가 되겠다는 위차이의 열망이 심한 타격을 받았다는 것이다. 위차이는 대형트럭 부문에서 더욱 심한 경쟁 압박을 받았다. 대형트럭의 생산은 중형트럭의 경우보다 집중화되어 있었다. 국내의 주요 생산업체는 각기 볼보(Volvo)와 메르세데스(Merledes)의 패턴을 본따 중형 엔진을 자체적으로 공급하고자 했고 실제로 자체 생산한 엔진을 사용했다. 세계적인 다국적기업들이 속속 중국 시장에 진입했다. 얼치는 대형트럭 엔진을 생산하는 커민스와 합작회사를 설립했고, 중국중형기차집단공사(China Heavy Duty Truck Coporation)는 로열티를 주면서 슈타이어(Styer) 트럭과 엔진을 생산했다. 1997년 얼치는 볼보와 합작하여 트럭과 엔진을 생산하기로 합의했다. 프라이트라이너(Freighliner, 메르세데스벤츠의 미국 자회사)는 상하이에 합작회사를 설립하여, 초기에는 커민스 디젤엔진을 수입하여 장착한다는 조건으로 대형트럭을 생산했다. 이러한 상황 때문에 브라질 대형트럭 엔진 플랜트 구매라는 위차이의 도박은 완전히 실패로 끝나버리고 말았다. 브라질의 플랜트는 엔진 생산을 거의 중단하다시피 했다. 이것은 산업이 지나치게 과점되면 다국적 투자, 기술과 제휴한 제조업체가 버티고 있는 대형 디젤엔진 시장에 진입하는 것이 어렵다는 사실을 그대로 보여준다.

1990년대 중반, 왕지엔밍은 중앙정부에 대한 로비에 많은 투자를 했다. 그의 목표는 위차이를 캐타필러, 커민스디젤 또는 디트로이트에 버금가는 세계적인 제조업체로, 그리고 중국 최대의 디젤 제조업체로 성장시키려는 계획에 대해 중앙정부의 지원을 받아내는 것이었다. 그는 기계국을 설득하여 이치와 얼치(동팡)가 디젤엔진 부문에서 독립적인 전략을 포기하도록 지시하고, 위차이가 그들의 디젤엔진 플랜트에 대한 소유권을 가질 수 있도록 해달라고 매달렸다. 그러나 오히려 이치와 얼치가 공조하여 그의 제안을 거절하도록 기계국을 설득했다. 왕지엔밍이 로비를 하는 동안 이치와 얼치의 결속은 더욱 강화되었다. 이치와 얼치는 위차이가 향후에 차지하게 될 엄청난 시장지배력에 겁을 집어먹고 있었던 것이다. 이들 기업은 트럭 생산의 주요 부품인 엔진을 위차이에게 지나치게 의존하고 있다는 사실에 매우 불안해했다.

철강 : 서우강(首都鋼鐵公司)

중국의 철강산업

급성장하는 국가는 철강에 대한 수요가 급증하기 마련이다. 중국의 철강 소비량은 매년 10.0%의 성장률을 기록하면서 1980년 3,200만 톤에서 1997년 1억 400만 톤으로 증가했다. 단기간에 이토록 빠른 신장세를 보인 국가는 일찍이 없었다. 철강 소비량은 2000년에 1억 1,500만 톤에서 1억 2,000만 톤, 2010년에는 1억 4,000만 톤으로 증가할 것으로 전망된다. 이렇게 되면 중국의 철강 제조업체와 관련 산업은 성장·발전할 수 있는 절호의 기회를 맞이하게 되며 또한 기회를 노리는 다국적기업들이 끼어들고 싶어하는 대단히 큰 시장이 되는 것이다. 국내 철강 시장은 1990년대에 상당히 개방되었고 철강에 대한 관세는 1992년 24%에서 1996년 12%로 떨어졌다. 그러나 1990년대 중반 철강산업을 보호하기 위한 강력하고 새로운 비관세 장벽에 관한 발표가 있었다. 비관세 장벽에는 '수입등록절차'를 신설하여 시장에서 필요성이 있다고 느끼면 수입을 보류할 수 있는 장치를 마련했고, '선별된 국유 수입업체'를 통해서만 철강을 수입하도록 '통로'를 한정했다.

중국은 상당히 많은 저품질 제품을 자급자족하고 있다. 그러나 중국 철강 시장은 향후 고품질, 고부가가치 제품으로 급성장할 것으로 전망된다. 1990년대 국내 공급만으로는 고부가가치 강철 제품에 대한 중국의 수요를 감당하지 못했다. 이를테면 1996년 열연 강판 소비량의 43%, 자동차 강판의 50%, 냉연 강판의 56%, 아연도금 강판의 53%, 석도금 강판의 71%, 컨테이너 강판의 73%, 스테인레스 강판의 81%, 그리고 가정용 강판의 87%를 수입품이 차지했다. 철강산업의 주요 정책 목표는 고부가가치 제품의 국내 공급 업체를 급성장시키는 것이었다.

국내의 중소 공장은 개혁기 동안에 증가하는 철강 수요에 힘입어 급성장했다. 그러나 대형 '주력' 기업들이 여전히 중국 철강산업의 핵심을 구성했다. 1997년에 상위 20개 기업이 철강 총생산의 62%를 차지하였다. 이 가운데 네 개의 초대형 철강기업 안강(鞍山鋼鐵公司), 셔우강(首都鋼鐵公司), 바오강(寶鋼鋼鐵公司), 우강(武漢鋼鐵公司)이 총생산의 28%를 차지했다. 중국 정부는 이들 기업이 효율성과 영향력의 측면에서 신일본제철, 포스코 등과 어깨를 나란히 하는 세계 유수 철강기업으로 성장·발전하기를 원했다.

셔우강

경영 자율권 획득

1979년 중국 정부는 기업이 수익을 보유할 수 있는 시스템을 실험하기 시작했는데, 이러한 개혁을 직접 실행한 선도적인 대표 기업으로 셔우강을 꼽을 수 있다. 1981년 셔우강은 유명한 계약을 직접 체결한다. 이 계약으로 셔우강의 상부 기관인 베이징 시 정부는 상당히 놀랐는데 그것은 1981년부터 1995년까지 15년간 지속되는 계약이었기 때문이다. 셔우강의 계약은 비교적 단순하다. 정부에 이양하는 수익은 1981년 수익을 기준으로 매년 7.9%씩 증가하는 것으로 정했다. 이 액수를 초과한 수익은 전부 셔우강이 보유했다. 셔우강은 보유 수익 가운데 60%는 개발비로, 20%는 집단 복지기금으로, 그리고 나머지 20%는 보너스로 썼는데 바로 이것이 6:2:2 시스템이다. 베이징 시 당국은 계약을 맺는 공장들에게 정부 예산으로 투자하지 않기로 결정했다. 따라서 베이징 시 당국은 셔우강의 성장을 조력하기 위한 재원이 바닥나자 대신 '정책적'으로 셔우강을 지원했다. 셔우강은 목표한 수익을 정부에 이양하는 동안은 투자를 위해 자원을 할당하는 방식에 대한 '자율권'을 부여받을 수 있었다. 계약 시스템이 발효되는 기간 동안에는 전직 사령관 겸 공산당 최고 간부 저우꽌우(周冠五)가 셔우강의 최고경영인과 당 서기(Party secretary)를 맡았다. 그는 셔우강을 중국 최고의 제철소로, 그리고 신일본제철이나 포스코(포항제철)와 어깨를 나란히 하는 세계 유수 철강업체로 발전·성장시키겠다는 야심찬 계획을 가지고 있었다. 저우꽌우는 1995년 2월 셔우강 발전 재원을 둘러싼 열띤 논쟁이 벌어지고 있는 와중에 사임했다.

고속 성장

1978년까지만 해도 셔우강은 비록 중국에서 전통 있는 종합제철업체 중 하나이긴 했지만 국유이었기 때문에 베이징 지역기업의 틀을 벗어나지 못한 상태였다. 1978년 이후 계약 시스템과 저우꽌우의 경영 아래, 셔우강은 고속으로 성장했다. 셔우강의 조강 생산량은 1978년 1,700만 톤에서 1994년 8,300

만 톤으로 매년 평균 10%의 성장을 기록했다. 1978년에 철강업계 8위에 불과했던 셔우강은 1996년 마침내 중국 최대의 철강 제조업체로 성장했고, 세계 12위의 대기업이 되었다.

저우꽌우는 산동(山東)의 치루(齊魯)에 두 번째로 큰 공장을 세우기로 계획했다. 치루 공장이 완공되면 셔우강의 조강 생산능력은 1,000만 톤 증가하여 물리적 생산량에서 보면 세계에서 세 번째 기업이 되는 것이다. 그러나 중앙 당국은 오랜 논의 끝에 그 계획을 부결시켰고, 그러자 저우꽌우는 셔우강에서의 기묘한 시대를 끝내면서 은퇴했다. 보류된 치루 프로젝트는 저우꽌우가 셔우강의 최고경영진으로 있던 마지막 시기의 확장 계획을 그대로 보여준다.

관리 합병을 통한 성장

1980년대와 1990년대 거의 모든 대기업과 중소기업은 국가가 소유했다. 이들 간 합병은 보통 지방 정부 단독 또는 다른 지방 정부의 관리 협조하에서 이루어졌다. 셔우강은 중국 내에서 점진적으로 증가하는 합병 물결의 선두 주자였다. 저우꽌우의 지도 아래 셔우강은 100개 이상의 대기업 및 중소기업과 합병했다. 셔우강의 총 종업원 수는 1978년 11만 명에서 1990년대 중반 26만 명으로 증가했다.

1983년 셔우강이 수익을 실현하는 베이징의 17개 대형 제철기업과 합병함에 따라 종업원 수는 3만 명이 더 증가하게 되었다. 합병된 기업들은 모두 제철 처리 부문이었고 셔우강의 고객이었다. 1980년대부터 1990년대 초반까지 철(iron)은 강철(Steel)보다 저렴했다. 따라서 철을 생산하는 것은 강철을 생산하는 것보다 수익이 적었다. 셔우강 같은 대기업들은 경영 자율권을 부여받자 합병한 기업들을 공급 루트로 삼아 부가가치가 높은 3차 가공 철강 제품 생산으로 고수익을 실현하는 데 신경을 쓸 뿐 저가의 1차 철강 공급은 주저하였다. 한편 합병한 계열 공장들은 셔우강의 철강 처리능력 확장에 원동력이 되었다. 셔우강의 투자로 이들 공장의 장비와 시설은 현대화되었으며, 셔우강의 경영진이 이들 공장의 생산량을 조정했다. 이로써 셔우강은 철강 생산체인의 수요라인에서 상당한 수익을 올릴 수 있었다.

1992년 셔우강은 국가유색금속총공사(China National Non-ferrous Metals Corporation)로부터 총 1만 6,000명의 종업원과 2개의 건설회사를 인수했다. 인수 목적은 치루 공장 건설을 좀더 빠르게 진척시키기 위한 것이었다. 1992년 셔우강은 베이징중형기기창(Beijing Heavy Machinery Factory)을 인수하여 셔우강중형기기공사(Shougang Heavy Machinery Corporation)에 합병했는데, 종업원은 7,000명 정도로 인수할 당시에는 적자가 상당히 심각했다. 셔우강은 경영 능력을 발휘해 기업의 운영 메커니즘을 변모시켰다. 즉 경영책임제를 채택하는 한편 수익과 손실을 단독으로 책임지도록 했다. 셔우강은 급박한 확장 필요성을 충족시키기 위하여 많은 기계를 구매하면서 각 공장의 주요 고객이 되었다.

1988년 셔우강은 10성(省)의 6개 산업 부문에서 5만 9,000명의 종업원이 종사하는 33개의 대기업을 합병했다. 여기에는 카이펑(중국 최대의 농기계 제조업체), 친후앙다오, 진저우, 전쟝이 포함되었다. 또한 1988년에 33개의 기업을 합병시켰는데, 여기에는 4만 5,000명의 종업원과 13개의 대형 군 대기업들이 포함되었다. 이들은 주로 간수(甘肅) 성과 닝시아회족자치구(寧夏回族自治區) 등 변방에 있는 '3선' 공장들로 모두 적자를 보고 있었으며 낡은 장비를 사용하고 있었다. 셔우강의 한층 높아진 경영 자율권은 중국 정부에 특별한 책임을 전가하는 다른 대기업들과는 비교되는 것이었다. 이러한 군수업체와의 관리 통합으로 셔우강은 자금 압박을 받게 되었는데, 셔우강이 인수한 다른 기업과 달리 이들 기업은 엄청난 적자를 보거나 계약을 충실히 이행

받지 못한다 하더라도, 예전 소유자들에게 다시 보내지 못하게 되어 있었다.

핵심 제철 사업 현대화

성장이 성장을 낳는다 철강 수요가 엄청나게 증가함에 따라 중국 철강회사들은 성장·발전할 수 있는 절호의 기회를 잡았다. 셔우강의 계약 시스템은 고속성장할 수 있는 메커니즘으로 작용했다. 엄청난 철강 수요에서 발생한 수익을 성장에 재투자함으로써 급증하는 수요를 감당할 수 있었던 것이다. 이러한 시장 환경은 생산능력을 최대한 신속하게 정상궤도에 올려놓기 위해 많은 인센티브를 제공하였다. 그러나 셔우강은 외국인들이 '야금사 박물관'이라고 불렀던 고물 시설로 1970년 후반 이후의 급등하는 시장 수요를 감당해야 했다. 따라서 성장과 현대화를 동시에 실시할 수밖에 없었다.

급증하는 수요를 통해 수익을 실현한 셔우강은 그것을 재투자함으로써 더 많은 수익을 실현할 수 있었다. 세금을 공제하고 베이징 정부에 이월한 나머지 보유 액수는 1980년부터 1992년까지 매년 34%씩 증가했다. 계약 시스템이 작동하는 기간 동안 셔우강에 대한 엄청난 투자가 이어졌다. 1980년부터 1990년까지 셔우강은 기술 혁신과 기초시설 건설에 총 42억 7,000위안(약 15억 6,000만 달러)을 투자했고 108개의 핵심 프로젝트와 수천 개의 소규모 프로젝트가 완료되었다. 셔우강은 R&D와 설계 능력을 대규모로 업그레이드하는 한편 주요한 생산 프로세스를 전면 자동화했다. 1978년 이후 셔우강은 용광로를 전면적으로 현대화했으며, 1990년대 초까지 거의 모든 강철을 전로로 생산했다. 1990년대 말 1인당 생산량은 이전의 종합 제철소에 비해 50~100% 증가했고 생산비도 현저하게 낮아졌다.

행운: 제철장비 벼룩시장 계약 시스템하에서 셔우강은 외부 자금을 받을 수 없

었을 뿐만 아니라 세계적인 철강 제조업체로부터 기술적 도움도 전혀 받지 못했다. 따라서 셔우강은 최저가로 최고의 장비를 도입하려는 목표를 달성하기 위해 중고 장비 구매에 매달렸다. 세계 철강산업이 이 기간에 심각한 침체에 빠져있었기 때문에 셔우강은 엄청난 행운을 누릴 수 있었다. 셔우강은 계약 시스템하에서 수천 개에 이르는 중고 장비를 수입했는데, 상당수가 주요 품목이었고 비용을 절감하기 위해 토착 기술과 수입 장비를 자주 결합시켰다. 즉 셔우강은 자동화 정도는 낮지만 상태가 좋은 장비를 구입하여 자체적으로 자동화 작업을 해나갔다. 중고 장비를 성공적으로 구매했다는 것은 셔우강의 기술력이 상당히 높다는 반증인 셈이다. 또한 구매 과정과 설치 공정을 통해 계속해서 기술력이 향상되었다.

이를테면 1984년 셔우강은 제철 생산능력을 확장하기 위해 새로운 제련소를 건설하기로 계획했다. 당시 셔우강은 완벽한 제철제조 장비를 생산할수 없었다. 그런데 250만 톤의 설계능력과 1970년대 기술 수준을 갖춘 벨기에의 세어링(Searing) 공장설비가 매물로 나왔다. 중고 설비는 4,000만 위안의 중고 제련기와 운송비를 포함해도 신설 설비와 장비 비용의 1/10 정도로 추산되었다. 또한 이미 작동되는 장비를 구매했기 때문에 건설 공기를 2~3년 단축할 수 있었다. 셔우강은 1985년 8월 선박편으로 그것들을 수입했고, 제련소는 1987년 8월 생산에 들어갔다.

1992년 10월 셔우강은 캘리포니아제철(California Iron and Steel Company)의 중고 전로 강철 제련기를 수입했다. 1987년 처음 이 기계가 가동되었을 때, 이 제련기는 세계에서 가장 뛰어난 제철제조 장비였다. 두 대의 거대한 푀스트 알피네(Voest Alpine) 용광로는 고품질 탄소강을 연간 280만 톤 생산할 수 있었는데, 건설비는 2억 8,700만 달러였다. 하지만 그 용강로는 건설되자마자 새로운 환경 규제와 임금인상에 직면하여 미국의 소형 제련소나 해외 제조업체와 경쟁할 수 없게 되었다. 그 용광로는 가동된 지 5년 만에 문을 닫고 말았다. 셔우강은 그것을 단돈 1,500만 달러에 구입하여 290명의 엔지니어와 근로자를 파송해 해체한 뒤 선박편으로 수입했다. 치루에 있는 새로운 셔우강 공장에 설치하기 위해서였다.

경영 방법 : 군대식 조직
전투적인 기술 혁신 제한된 자금과 베이징 현장의 공간 제약으로 셔우강은 기존 시설의 업그레이드에 지나치게 의존할 수밖에 없었고, 그에 따라 가능하면 신속하게 기술 변화를 수행해야 했다. 계약 시스템하에서 시간은 곧 돈이었다. 수리를 하게 되면 그동안 공장을 닫아야 하기 때문에 수익을 실현하지 못하게 된다. 이런 의미에서 계약 시스템은 셔우강에 예산 제약이라는 부담으로 작용하기도 했다.

1970년대 말부터 1990년대 초까지 주요 기술 혁신은 마치 군대조직에서처럼 전투로 여겨졌다. 1992년부터 1995년까지 단 3년 동안 셔우강은 10개 이상의 대규모 기술 수리 프로젝트를 수행했다. 2번에 걸친 용광로 수리에 1억 3,000만 위안에 상당하는 금액을 투자했으며 1만 3,000톤의 자재를 해체했고, 2만 5,000톤을 설치했다. 7,000명 이상의 근로자들이 사방 100m²에서 낮과 밤을 다투어 일했다. 원래 프로젝트의 계획 시간은 104일이었으나 실제로는 단지 55일 만에 끝났다.

통일된 명령체계 통합 철강 생산의 핵심에 있는 긴 생산사슬은 상이한 하위 유닛을 기술적으로 통일된 구조의 한 부분으로 취급하게 만들었다. 각각의 혁신 작업을 엄격하게 통합시키고 계획에 맞춰 활동해야 한다는 요건은 셔우강이 자체 건설 단위를 사용하여 전체적인 기술혁신을 수행했다는 사실 때문에 더욱 필요한 것이었다. 셔우강의 현대화와 성장 전략의 실현을 위해 2차 하도급 업체와 계약을 통해 그들의 경영도 셔우강의 임원진이 엄격하게 관리할 수 있도록 했다.

엄격한 규율 기술개조 전투와 결합된 산업의 기술적 특징은 규율이 엄격한 경영을 초래했다. 군대와 마찬가지로 기술 '전투'에서 개인의 실수는 전체 전투의 손실이라는 결과를 불러올 수 있다. 저우꽌우의 지도 아래 셔우강은 엄격한 규율로 유명하였다. 1980년에는 '삼백(3-100%)' 시스템이 도입되었다. 모든 직원들은 '100%' 규정을 지켜야 했다. 모든 규정위반 행위는 기록되어 '100%' 보고되었으며 규정을 위반한 근로자는 가족들의 생계에 상관없이 보너스를 '100%' 받지 못했다. 엄격한 규율은 근로자뿐만 아니라 간부들에게도 적용되었다. 셔우강에서는 1978년부터 1990년까지 부서장 이상의 간부 중 678명이 좌천(643)되거나 해고(35)되었는데, 이 숫자는 총규모의 10%에 해당하며 중국 대기업 가운데 가장 높은 비율이었다.

완전 동원 셔우강의 하위 부서와 직원들은 모두 총매출, 수익, 기타 경제적·기술적 업무를 실현하는 데 책임이 있다는 사실을 알고 있었다. 종업원은 계약에 따라 저마다 수많은 목표를 갖고 있었다. 그러한 목표들은 종업원 각자의 책임과 연결되어 있었고 셔우강의 총목표에 따라 보상을 받았다. 사내 계약 시스템은 종업원을 모니터하기보다는 동원하는 것으로서, 서구의 경영이론보다는 공산당과 인민 해방군의 동원 전통에 더 빚지고 있다.

계약 시스템하에서 교육은 기업의 기술 수준을 향상시키기 위한 것일 뿐만 아니라 '전투'에 종업원을 동원하기 위한 중요한 메커니즘이었다. 훈련 프로그램은 단순히 기술 향상 이상의 의미를 지니는 것으로 군대와 동일한 기능, 즉 종업원의 전투정신을 고양시키는 기능을 가지고 있다. 셔우강은 '계약이 기초'이며, '사람도 기초'라는 슬로건을 내걸었다. 또한 비용을 절감하고 품질과 효율성을 높이는 제안을 하도록(계약 시스템 기간 동안 1만 개 이상의 합리화 제안이 있었다) 종업원들을 고취시키는 정규 노동 시간 이외의 미팅과 연구를 동원하기도 했다.

경영에 대한 군대식 접근방식 셔우강 최고경영인 저우꽌우는 항일 전투 유격대 지휘관 출신이다. 레스터 써로우(Lester Thurow)는 전통적인 소비자 경제학이나 수익 극대화 이론과 현저히 다른, 경제활동에 대한 대안적 접근방식으로 '힘과 정복이 기업의 기본 동기가 되는 생산업자 경제학'을 제시했다. 그는 일본이 1980년대 세계적인 강국으로 부상하는 동안 경쟁은 수익 극대화를 위한 합리적 프로세스라기보다는 전쟁으로 여겨졌다고 주장했다. 그는 "군대식 은유의 내용을 분석해보면 이러한 방식이 확실히 [서구보다는] 일본에 널리 퍼져 있는 사업법이라는 사실을 알 수 있다"고 주장했다. 자넬리(Janelli)는 대한민국 대기업에 대해 "군대 스타일이 기업에 침투했다"라고 설명한다. 계약 시스템하에서 셔우강의 경영 스타일은 동아시아 전통의 변형된 모습에 지나지 않는다. 셔우강은 국내 최대 철강 생산업체가 되겠다는 원대한 목표를 가지고 있었다. 그러나 저우꽌우는 그러한 목표를 뛰어넘어 셔우강을 세계 최대의 철강업체로 만들겠다는 야욕을 가지고 있었다. 치루 플랜트 건설은 자신의 목표를 달성하는 지름길이었던 셈이다. 이 같은 야망은 '공산당, 국가 소유' 철강기업 최고경영진만의 특권은 아니다. 카네기도 이 같은 야망을 가지고 US철강을 세웠고 신일본제철과 포스코 경영진도 이러한 야망에 따라 사업을 시작하고 확장했던 것이다.

합병, 다변화, 초국가화

일반적으로 저개발국에서, 그리고 특히 개혁 중인 사회주의 저개발국가에서 산업재 및 제품시장이 출현하기 위해서는 시간이 필요하다. 기업 간의 거래가 급증함에 따라 이제까지 원자재의 균형수급을 위해 계획, 배급 시스템으로 관리되던 관행을 다르게 조직해야 한다. 대기업들은 법률적으로 보장된 계약의 불확실성, 지체, 부재를 피해 내부 공급망을 구축하도록 압력을 받게 된다. 이러한 시장 미성숙으로 인한 내부 공급망의 구축에 대한 압력은 선진국의 다양한 부문에서 대기업이 형성될 수 있도록 했던 다른 요인들과 더불어 중국 기업들이 내적 성장과 인수합병을 통한 대기업의 출현을 조장하는 중요한 요인이 되었다. 1995년 이후 셔우강은 1,000만 톤 생산 규모의 플랜트인 치루 철강을 건설하여 생산량을 확장했는데 계약 시스템 후반기 셔우강의 다변화와 초국가화는 이러한 목적과 연관이 깊다.

기계제작 능력 셔우강은 계약 시스템하에서 몇 개의 대규모 기계제작 기업을 인수했다. 재편 후에 공장들은 셔우강의 관리 아래, 셔우강중형기기창(Shougang Heavy Machinery Corporation)이라는 대형 기계엔지니어링 기업을 탄생시키기 위해 하나로 연결되었다. 이 회사는 이제 금속과 광산용 기계류를 설계·제조하게 되었다. 주요 목표는 궁극적으로 치루에 새로운 플랜트를 건설하고 셔우강에 필요한 장비를 공급하는 것이었다. 1994년 셔우강은 대형 기계류와 장비를 설계, 제조, 건립할 수 있었다. 또한 금속과 광산용 장비, 화학·섬유의 비규격 기계 및 부품과 범용 장비를 완벽하게 제조할 수 있었다. 셔우강은 이제 8개 성에 산재해 있는 20개 이상의 기계류 플랜트를 산하에 두게 되었고 또한 금속 장비, 내연기관, 대형 농기계, 자동차 부품, 하드웨어, 연장 및 다양한 선박까지 수출하기 시작했다.

건설 능력 1985년까지 셔우강의 건설부문은 8개 회사, 8만여 명의 종업원을 둔 셔우강건설공사(Shougang Construction Corporation)를 중심으로 운영되었다. 이들 건설회사는 용광로, 철강제조공장, 산소 제철소(Oxygen plant), 발전소, 철강산업과 관련된 기타 보조 중장비를 건설, 설치, 위탁관리했다. 1991년 철강 구조물의 연간 총생산량은 1만 톤인데 셔우강이 생산한 것이었다. 1992년 셔우강은 치루 공장의 예상 건설 수요를 충족하기 위해 2개의 건설회사를 인수했다.

전자제어 능력 1984년 셔우강은 컴퓨터 하드웨어 개발, 소프트웨어 디자인과 설치를 도맡을 8명의 전문가와 함께 경영 관리 시스템을 컴퓨터화하기 시작했다. 3년에 걸친 강도 높은 노력 끝에 셔우강은 4개의 전로(Converter)를 자동화했다. 1994년 셔우강전자공사(Shougang Electronics Corporation)에는 전자부품 설계, 프로그래밍, 엔지니어링 및 제조 경험이 풍부한 3,000명에 이르는 기술진과 전문가가 종사했다. 1990년 엔지니어 팀은 미국의 뛰어난 철강제조업체인 USX(US 철강 전신)와 스위스 제네바 스틸(Geneva Steel Works)의 7개 산소로(Basic Oxygen Furnace ; 용선 혹은 용강을 철로 정련하는 용광로. 가열로에 산소를 불어넣어 활발한 화학반응을 생성시켜 금속을 정련하는 것 ; 역주)를 위해 컴퓨터 처리된 2개의 감독 및 프로세스 제어 시스템을 설계, 프로그래밍 및 제조했다.

설계 능력 1993년 셔우강은 그해 총매출액의 2.5%, 총수익의 10%에 해당하는 3억 2,000만 위안을 과학 개발에 투자했다. 1980년 셔우강에는 총 2,500명의 연구진이 있었다. 그러나 1994년 셔우강은 8,000명의 정규직 연구원과 3개의 설계 연구소, 72개의 연구소를 보유하고 있었다. 셔우강의 연구 능력은 몰라보게 성장했고 가장 강력한 다국적 제철회사와 비교해도 손색이 없을 정도의 잠재적 경쟁 우위을 보였다. 1990년대 초 셔우강은 평철용 열간압연을 갖춘 철강 플랜트에 필요한 갖가지 부품을 생산하기 위하여 기술을 개발했다. 셔우강은 컴퓨터 제어 시스템을 비롯한 모든 부품들을 자사에서 생산해왔듯이 자사 최초로 용광로를 제조했다.

셔우강의 기술력은 해외기업 인수정책에 힘입어 상당히 성장했다. 1988년 7월 셔우강은 3,400만 달러에 피츠버그에 소재한 메스타엔지니어링(Mesta Engineering Company)의 지분 70%를 매입했다. 메스타엔지니어링은 세계적으로 600개 이상의 압연기를 설계하는 등 전세계 압연기 가운데 절반 이상을 생산하는 세계적인 기업이다. 셔우강이 지분을 인수할 당시, 메스타는 세계 금속산업에서 기술적으로 손꼽히는 회사였다. 메스타의 지분 인수는 국내 및 해외 고객을 대상으로 대규모의 주조·철강 압연 장비를 제조하기 위해 메스타의 기술을 셔우강의 기계제조 능력과 결합하려는 데 그 목적이 있었다. 셔우강은 메스타의 지분을 인수함으로써 설계 능력이 향상되어 주조 능력이 지속적으로 성장했고 주조 장비에 대한 국내외 수요를 더욱 잘 감당할 수 있게 되었다.

채광 능력 중국 철광의 품질은 상당히 낮은 편이다. 중국은 2010년까지 매년 32억 달러에 이르는, 세계 철광석의 1/4에 해당하는 양인 1억 톤의 철광석을 수입해야 한다고 내다보고 있다. 철광석 생산 부족으로 많은 기업들이 해외 공급원을 찾고 있다. 1992년 11월 셔우강은 1억 2,000만 달러에 페루의 이에로(Hierro) 철광 광산을 매입했다. 지금까지 중국 기업이 해외에서 매입한 가장 큰 액수였다. 매입의 제일 목표는 치루에 철광석을 확실하게 공급하는 것이었다. 또한 베이징의 셔우강과 기타 제철소에 철광석을 안전하고 비교적 저럼하게 공급하려는 의도도 있었다.

요약 : 저우꽌우 경영 체제의 셔우강

셔우강에 대한 분석은 계약 시스템하에서의 비약적인 발전에 따라 셔우강의 경영 자율권이 상당히 신장되었다는 데 역점을 두었다. 많은 기업들이 '계약 시스템'을 채택했지만 셔우강처럼 성공한 기업은 소수에 불과하다. '셔우강' 계약 시스템을 활용하여 성공한 가장 대표적인 예로 중국 자동차 생산업체 2위인 얼치를 들 수 있다. 1980년대 초 이후 얼치의 성장 원동력이 계약 시스템이었다는 사실에 이의를 제기하는 사람은 없다.

또한 셔우강 성장의 대표적인 특징으로 산업기업가의 중심 역할을 들 수 있다. 정부의 개혁으로 일반적인 의미의 기업가 정신이 살아나기는 했으나 정부는 특별히 산업기업가 정신을 목표로 삼지는 않았다. 산업기업가 정신은 서구 대기업의 발흥과 관련해 매우 중요한 기능을 담당했다. 자신이 몸담고 있는 특정한 한 분야에서만 제국을 건설하기 위해 온몸을 바쳤던 포드와 카네기는 기업가 활동의 기술적 특징과 전혀 관련 없이 사업을 벌였던 고전 기업가들과 달랐다. 포드와 카네기 같은 사람들은 자본을 특정 기간에 최고의 이윤을 실현하는 사업으로 전환하는 것을 목표로 삼았다. 초기 서구 빅 비즈니스*에서 나타나는 산업기업가 정신은 경제적 측면에서 비합리적이라고 생각될 수도 있다. 철강산업에서만 최고가 되기 위해 노력했던 카네기와 달리, 그 계승 기업인 USX는 주요 사업을 정유 사업까지 확대했다. 요네꾸라는 신일본제철의 사업 다변화는 신US 철강과 다른 길을 밟았다고 하면서 "신일본제철은 다변화 움직임에 축적된 기술을 활용했다. 바로 이것이 미국

---

*big business : 대규모의 생산자본과 판매조직을 갖추고 있어서 경제뿐만 아니라 한 나라의 사회·문화에도 크게 영향력을 미치는 대규모기업(두산세계대백과)—역주

의 신US 철강과는 날카롭게 대비된다. 예를 들어 US철강 주식회사(이제는 USX)는 정유 사업으로 다변화를 시도했다. …… 반면 신일본제철은 금융 서비스와 식료품 사업으로 다변화를 시도했다. …… 미국인들은 오직 축적된 자본만을 활용하는 것 같고, 기술적인 지속성은 그다지 중요하게 생각하는 것 같지 않다"고 했다.

중국의 경우 셔우강 계약 시스템이 시행되는 동안 다양한 단기 투기 형태를 비롯해 투자 자본이 빠져나갈 가능성이 많았다. 수익창출 기업이든 국유 기업이든 민간 기업이든 프로젝트와 관련된 투자의 복잡성 때문에 종종 치루제철과 같이 더디게 성장·발전하는 산업 프로젝트에 투자하지 않고 부동산이나 금융기관의 예금 펀드 등의 투기에 재투자하는 것이 더욱 합리적인 경우가 있는 것이 사실이다. 해외에 주식을 발행한 중국 기업들은 잠재 투자자들에게 주식시장에 상장하는 것이 주요 목적이라고 알려준 후, 장기 산업 투자보다는 단기 투기를 통해 현금 흐름에 매달렸다. 그러나 셔우강은 철강업계와 관련 사업의 성장에 전력을 기울였는데, 1990년대 초 소유형태의 차이를 떠나 중국의 대부분 기업이 투기붐에 매달려 있던 시기에 급속도로 기술을 업그레이드했다는 점에서 더욱 충격적이다. 셔우강은 수익보다는 프로젝트를 중시했기 때문에 결국 세계적인 철강 업체로 성장·발전할 수 있었다.

저우꽌우나 일본 카와사키 철강의 니시야마 야따로와 같은 산업기업가는 경쟁을 궁극적인 목적이 아니라 성장과 현대화 지배를 위한 전투로 생각했으며 이윤을 성장을 위한 수단으로 보았다. 산업기업가는 승리를 위해 기업을 계약기관이 아니라 전투를 치르는 군대로 조직할 수 있다. 그러나 전투에서 민주주의 및 협상을 위한 공간은 없으며, 누구나 이길 수 있다는 보장도 없다. 통일된 명령 체계, 엄격한 교육, 철저한 동원, 잘 조직된 후방 서비스가 있을 뿐이다. 필요하다면 군대의 일부는 희생될 수 있으며 전투에서 이기려면 무임승차는 있을 수 없다.

1980년대 초부터 1990년대 중반까지 셔우강의 기업 활동은 신고전주의 경제학의 주류와는 상당히 대비된다. 셔우강의 기업 활동은 일반적인 인식에 많은 의문을 제기했고 셔우강 내부는 물론 외부에서도 수많은 비판 의견이 제시되었다. 바로 이것이 이윤 극대화보다는 전투적인 공장을 세우는 데 목적을 둔 대가인 것이다. 셔우강은 전통적인 기업 이론에 도전했을 뿐만 아니라 중국 최고가 되려는 전투에서 자유 신고전주의 이데올로기에도 도전했다.

석탄 : 션화(神華集團有限公司)

중국 석탄산업

1970년대 말 산업화가 급속하게 진행됨에 따라 에너지 공급 산업도 급성장했지만 중국에서 석탄을 대체할 수 있는 에너지원은 한계가 있었다. 중국의 1인당 에너지 부존자원은 세계 평균보다 떨어지는 수준이다. 중국의 1인당 원유 보유량은 세계 평균 28톤에 비해 3톤이며, 천연가스는 세계 평균 2만 8,400m³에 비해 1416m³에 불과하다. 1993년 이후 중국은 주요 석유 수입국이 되었고, 1996년 이후에는 원유 주요 수입국이 되었다. 원유 및 천연가스 탐사 결과가 신통치 않자 중국은 1981년 국내산 에너지원으로만 전력을 생산하겠다는 의지에 따라 '원유를 대체하는 석탄' 정책을 천명했다. 석탄 화력발전은 총전력생산에서 보면 1980년 60%에서 1995년 68%로 증가했고, 80%까지 늘릴 것을 계획하고 있다.

1970년대 말 중앙 당국은 지방의 인적, 물적 자원을 활용하는 지방 광산개발을 촉진하기 위해 지방 정부에 상당한 자율권을 부여했다. 지방 시장의 석탄수요는 1980년대 초부터 향진기업의 매출붐과 함께 폭발적으로 증가했다.

1990년대 말 기준 중국에는 6만 개 이상의 향진기업 석탄광산과 헤아릴 수도 없고 이름도 알 수 없는 소규모 개인 석탄광산이 있는데, 이들 소규모 석탄 광산은 3만 톤 이상을 채광하여 국내 석탄 총생산의 44%를 차지한다. 지방정부는 개발, 발전시킬 지방 석탄광산을 면밀하게 조사했다. 농촌의 급속한 산업화에 따른 에너지 부족을 해결해야 하기 때문이다. 이 광산들은 농부들에게 일자리와 동시에 수입을 제공했다. 적어도 200만 명 이상이 향진기업의 광산에서 일하고 있다. 노동집약 광산에서 엄청난 사람들이 일하고 있을 뿐만 아니라 노동집약적인 석탄 수송부문, 특히 트럭을 통해 엄청난 이익을 실현하고 있다. 또한 다양한 서비스 활동이 석탄 생산 및 수송과 연계된 부문에서 봇물처럼 터지고 있다.

소규모 석탄 광산의 폭발적인 발전에도 불구하고 국가 소유의 대규모 석탄 광산이 아직도 석탄산업에서 중추적인 기능을 하고 있다. 90개에 이르는 대규모 국유 석탄 광산이 석탄 부문 총고정자산의 1/3을 차지하고 있으며 이들 광산에서 일하는 종업원 수는 총종사자의 50% 이상을 차지한다. 국유 석탄 광산은 재정적 어려움에 만성적으로 시달리고 있었다. 1998년 100개의 주요 국유 광산 가운데 단지 13개만이 수익을 실현했고, 심지어 30개는 도산했으며 남아 있는 광산도 적자를 면하지 못하고 있다. 그 중 20개의 주요 '적자 광산'이 있는데 외견상으로는 핵심 석탄 광산 총생산의 10%를 차지하지만 총적자액은 40%에 가깝다. 이들 광산은 매장량 고갈이나 기술적인 문제로 채탄을 하지 못하는 등 근본적인 문제를 가지고 있다.

1998년 12월 중앙정부는 2만 6,000개의 소형 석탄 광산을 폐쇄한다고 발표했고 이로 인해 석탄산업 종사자 100만 명이 실직할 것으로 내다보았다. 소형 광산 폐쇄는 곧 대규모 국유 광산의 수익성을 올리겠다는 뜻으로 풀이할 수 있다. 그러나 정부의 희망대로 소형 광산이 폐쇄되리라고 생각하는 전문가는 거의 없다. 소형 광산을 계속 운영해달라는 시장과 지방정부의 압력이 더욱 강화되고 있기 때문이다.

선화

선화탄전의 전략적 중요성

선화석탄 개발 프로젝트는 1985년 시작되었는데, 2005년에 종료될 전망이다. 역사가 깊은 대다수의 대규모 광산들은 쉽게 채탄할 수 있는 탄층이 고갈되어 탄층이 계속 깊어짐에 따라 채탄 비용 증가라는 문제에 시달리고 있다. 중국은 장기적으로 채탄 비용이 적게 드는 탄전 개발에 역점을 두고 있다. 오르도스(Ordos) 고원에 개발하지 않은 석탄광산이 있는데, 그것이 선화 동성(東勝)석탄광산이다. 이 탄전에서 채탄되는 고품질의 석탄은 중국의 에너지 포트폴리오에서 그 비중이 점차 높아지고 있는, 현대적이고 오염 방출이 적어 화력발전에 적합한 에너지원이다. 선화탄전의 석탄은 고품질일 뿐만 아니라 매장량이 풍부하여 중국은 이를 이용해 연료탄(Steam Coal)에서 경쟁력을 갖춘 국제적인 공급 국가가 될 수 있다. 선화 동성탄전은 해안에서 800㎞나 떨어져 있는 지리적인 이유로 비교적 늦게까지 개발되지 못했고 엄청난 개발 비용뿐만 아니라 철도 및 항만시설에도 엄청난 비용이 필요했다. 이를 위해 대규모 통합 프로젝트를 개발했는데, 20년에 걸친 개발에 단일 프로젝트로는 세계적인 규모라 할 수 있는 90억 달러가 소요될 것으로 예상된다.

셔우강은 국가계획위원회가 형식적으로 행사하는 주주권으로 설립한, 국가가 100%의 지분을 가지고 있는 국유 기업이다. 이사진은 총 14명으로 이 가운데 8명은 선화 출신이고 6명은 선화와 긴밀한 관련이 있는 산시(山西)

성, 샨시(陝西) 성, 허난(河南) 성, 내몽고, 철도부와 교통부 등의 정부기관 출신이다. 국가가 그룹의 자산을 100% 소유하고 있기 때문에 이익을 분배하지 않았다. 중국 정부는 결국 탄전 전체를 개발한다는 암묵적인 전제하에 탄전 (3,500㎢)의 상당 부분을 개발할 수 있도록 션화에 소유권을 양허했다.

국무원은 1999년 션화 회장에 예칭(協靑)을 임명했는데, 이것만 보아도 중국 정부가 션화탄전 프로젝트에 거는 기대를 알 수 있다. 예칭은 에너지를 담당하는 전직 국가계획위원회 부위원장으로 석탄산업에서 국제 경쟁력의 본질을 예리하게 인식하고 있는 인물이었다. 그는 션화가 국내는 물론 전세계 탄광산업에서 세계적인 기업과 어깨를 나란히 할 수 있으리라는 야망을 가지고 션화그룹의 사업 전략을 세웠다. 예칭은 세계적인 기업들에 손색이 없을 정도의 개발비용을 사용해 션화의 채광 수준을 세계적인 수준으로 끌어올리고자 했다. 그는 션화의 석탄 수출량을 증대시키는 등 시장 지향성 정신을 그룹에 불어넣는 데 매진했다. 션화의 수출량은 미미한 수준에서 2000년에 1,000만 톤으로 급증했다. 또한 예칭은 션화를 동아시아 시장을 목표로 수출하는 세계적인 대기업에 도전할 수 있는 국제 시장의 주요업체로 성장 발전시키겠다는 목표를 가지고 있었다. 이에 따라 국내 석탄 시장을 개척하기 위한 방안으로 현대화된 대규모 발전소에 투자했다. 그는 성장에 필요한 자금을 조달하기 위하여 셔우강 내의 우량 법인을 우선적으로 해외 주식시장에 상장시키고자 했다. 해외 주식시장에 상장함으로써 자사의 경영관리 수준을 개선할 수 있다고 생각했으며 동시에 상장된 법인의 우수한 실적은 바로 션화의 다음 행보에 영향을 미친다고 생각했기 때문이다. 예칭은 석탄 외에 석탄 관련 사업을 발전시켜 션화가 리오 틴토(Rio Tinto, 호주) 등 세계적인 석탄기업의 구조를 본받아야 한다고 생각했다.

매장량

선화 동성탄전은 '공식적으로 밝혀진 중국 총매장량' 1,260억 톤보다도 많은 2,240억 톤을 보유하는 것으로 추산되는 세계적인 대단위 탄전일 뿐만 아니라 미개발 탄전이다. 셔우강은 세계에서 손꼽히는 고품질 탄전을 안전하게 개발할 수 있도록 탄전 전체에 대한 개발 권리를 가지고 있었다. 선화탄전의 매장량은 중국의 여타 광산들, 그리고 현재 세계 유수의 다국적 석탄기업이 상대가 되지 못할 정도로 엄청나다. 또한 무엇보다도 중요한 사실은 석탄이 지표면에서 30～70m밖에 되지 않는 곳에 매장되어 있어 현대식 노천채광(open-cast) 기술로 쉽게 개발할 수 있다.

선화탄전에는 고품질의 석탄이 엄청나게 매장되어 있기 때문에 생산량과 품질에서 상당한 차별화가 진행되고 있는 오늘날 시장에서 상당한 장점을 지니고 있었다. 게다가 셔우강의 석탄은 품질이 우수하기 때문에 국내외적으로 화력발전소와 기타 석탄 사용업체에 대해 매연을 줄이라는 환경적인 압력이 강화되고 있는 현실에서 볼 때 장기적으로 상당한 잠재력을 갖고 있다. 회분함량이 '낮고', 유황 함유량도 '매우 낮기' 때문에 선화의 석탄은 연료탄, 석탄 가스화, 그리고 석탄 화학제품에서 더욱 유용하다. 선화의 석탄은 현대식 화력발전소뿐만 아니라 공해를 엄격하게 단속하는 지역의 가정 및 산업에서 장기적으로 상당한 매출을 실현할 수 있다.

운송

탄전 개발이 늦어진 결정적인 이유는 선화 동성탄전이 수출항과 국내 석탄 소비중심지에서 상당히 멀리 떨어져 있기 때문이다. 따라서 석탄을 수송하는 전용 철로의 건설이 선화 발전계획에서 제일 중요한 부분이라 할 수 있다. 철로 건설이 완료되면 총 825㎞에 이르는 선화 동성탄전 중심지인 따리우타

(大木柳塔)와 황화(黃驊) 항이 연결되어 선화는 엄청난 잠재력을 갖게 된다. 대규모 또는 소규모 석탄광과 철도 문제로 다투지 않고 석탄수송 전용철도를 보유하게 되어 적시에 석탄을 수송할 수 있을 뿐만 아니라 석탄 수송거리의 단축으로 톤당 수송비용이 현격하게 감소하는, 엄청난 장점을 누릴 수 있게 되는 것이다.

북부 지역의 석탄 중 상당량이 친황다오(秦皇島) 항을 통해 나가기 때문에 항구는 항상 혼잡했다. 따라서 선화 프로젝트는 황화 철도와 전용항구 건설에 주안점을 두었고 건설 공기는 1998년부터 2004년까지로 잡았다. 전용항구를 갖추게 되면 선화의 경쟁력은 더욱 강화될 것이다.

그러나 철도와 항구의 소유권과 관련하여 해결되지 않은 중요한 문제가 있다. 철도 시스템 대부분은 선화그룹(지분의 45%)과 철도부(Ministry of Railways, 44%), 그리고 관련 지역인 허베이(河北) 성 정부(10%)와 산시(山西) 성 정부(1%)의 합작투자로 세워진 선화철도공사(Shenhua Railway Company)가 건설한다. 황화 항은 선화그룹이 지주회사인데, 선화그룹(지분 67%)과 허베이성 정부(44%)가 합작투자하여 세운, 선화황화항무공사(Shenhua Huanghua Port Company Limited)가 건설하고 있다. 그런데 항구와 철도를 최종적으로 어느 기업이 소유하게 될지는 아직까지 미정이다. 철도와 항구는 국가의 대규모 차관으로 건설되고 있다. 선화의 대변인은 "항구와 철도가 결국 선화의 소유가 될 것이라고는 생각할 수 없다"고 불만스럽게 말했다.

자금 조달

프로젝트에 필요한 엄청난 자금은 차관 형식으로 제공되었다. 선화는 실질적인 경제 독립권을 누리면서 중국의 현대식 기업 시스템의 모델이 되고자 했다. 이러한 차관 제공의 중요한 부분은 선화가 회사 설립에 소요되었던 대출금을 상환할 수 있도록 수익 실현의 책임을 지는 것이다. 선화에 대출을 가장 많이 해준 은행은 국가개발은행(SDB)으로 1998년 말까지 총액 7,000억 위안(80억 달러 이상) 가운데 1/6에 해당하는 1,180억 위안(14억 달러 상당)에 상당하는 자금을 대출해주었다. 대출은 연간 대출 이자가 최저 8.01%에서 최고 15.3%의 변동금리를 따랐고, 상이한 트랑슈에 대해서는 상이한 요율을 적용하는 등 '하드 론(hard loan, 기술적으로는 외국차관 가운데 조건이 까다롭거나 상환기간이 짧고 금리수준도 높아 차입국에 불리하다. 이는 원래 금이나 기타 통화로 자유로이 교환될 수 있는 미 달러화 등의 경화(hard currency)로 상환되어야 하는 차관에서 연유하였다. 하드 론은 상업베이스에 기인한 민간차관이 대부분이며 일반적으로 상환기간이 10년 미만, 금리는 4% 이상인 차관을 말한다 ; 역주)' 을 조건으로 했다. 선화의 향후 경비 구조와 국내 부채 처리에 따르는 수익성이 내포하는 의미는 심대하다. 정부가 자본금을 지원하는 방식으로 국가개발은행의 대부금을 갚아주겠다고 결정하면, 선화는 부채에서 자유롭기 때문에 더 많은 수익을 실현할 수 있고 국내외 경쟁업체에 비해 더욱 강력해진다. 하지만 국유개발은행에 대한 장기부채가 최종적으로 어떻게 처리될지는 아직 결정되지 않았다.

자금을 조달하는 방법은 주식상장을 이용하는 것이 제일 중요하다. 주식 상장에 대한 중국의 야심찬 계획은 동아시아의 위기와 홍콩 주식시장 붕괴, 그리고 중국 기업에 대한 국제 투자업체들의 신뢰도가 급격하게 떨어짐에 따라 몰라보게 위축되었다. 그러나 국유 기업들은 2000년에 다시 해외 주식 시장에 대규모 상장을 시작했다. 선화 역시 해외시장 상장 문제를 적극적으로 고려했다. 예칭은 분리하여 상장하는 방법을 통해 효율적으로 경영하는 점진적인 접근 방식을 선호했다.

노동 생산성

선화는 1985년 어려운 상태에서 출발했기 때문에 대부분의 국유 대기업들에 비해 고용부담이 훨씬 낮은 상태에서 시작했다는 장점을 가지고 있었다. 게다가 선화는 주로 기술적으로 뛰어난 수입 장비만을 구매했다. 1990년대 초반 90개의 대규모 국유 광산에는 평균 3만 9,000명이 종사했다. 1997년 선화는 연간 800만 톤을 생산하면서 업계 12위를 차지했고 21세기 초에는 6,000만 톤을 생산할 것으로 예상된다. 현재 중국의 최대 석탄기업은 3,700만 톤을 생산하는 따통(大同)탄광이다. 선화그룹에는 9,000명이 종사하고 있어 종업원 숫자도 비교적 적을 뿐 아니라 장기간 국가가 소유해왔던 업체들에 비하면 일인당 생산성이 상당히 높은 편에 속한다. 선화의 또 다른 경쟁 장점으로 종업원들이 전통적인 노동관을 가지고 있지 않다는 점을 들 수 있다. 근로자들은 젊고 유연하다. 게다가 선화는 상당히 높은 임금을 지불하기 때문에 뛰어난 인재를 쉽게 스카우트할 수 있다.

예칭은 세계 유수의 석탄회사에 비해 비생산 노동자의 비율이 높다는 판단 아래 종업원을 현재보다 감원할 계획이다. 선화의 1인당 생산량은 이미 850톤을 웃돌아, 중국의 1인당 평균 생산량 230톤을 크게 앞지를 뿐만 아니라 폴란드나 독일보다도 훨씬 앞서 있다. 생산에 투입할 수 있는 모든 능력을 다 동원하면 1인당 5,000톤으로 늘어나는데 이는 콜롬비아, 영국, 남아프리카 공화국의 1인당 생산량보다 많은 것이고, 호주의 1인당 생산량에 근접하는 수준이다. 중기적으로 선화는 현재의 종업원 수를 5,000명 정도로 감원하고, 5,000만 톤에서 6,000만 톤 정도의 생산량을 지속적으로 유지하는 것을 목표로 삼고 있다. 이렇게만 되면 1인당 생산량이 1만 톤 이상으로 호주와 북미 석탄기업과 어깨를 나란히 하게 된다.

시장

1990년대 중국 전력산업은 엄격한 반공해 규제, 중국 전역에 전기 전송망 건설, 전기 생산·판매 상용화, 외국인 투자 확대, 국내 전력장비의 기술력 향상, 그리고 전력장비의 더욱 많은 수입 등으로 급변하게 되었다. 이러한 사정에 힘입어 전력산업은 규모가 커지고 현대화되었으며 발전소는 더 높은 효율성과 엄격한 환경 기준을 준수하기 위해 청정원료를 사용하도록 설계된 현대식 대형 공장으로 변모해갔다. 선화는 수년 내 건설될 대규모 발전소에 매년 5,000만 톤의 석탄을 공급하겠다는 의향서를 체결했다.

선화는 현대식 설비를 갖추고 있는 대규모 석탄 화력발전소에 석탄을 공급하는 것뿐만 아니라 황화 철로를 따라 발전소 망 개발을 원하고 있다. 이는 선화가 일부분을 투자해야 하고, 그러면 확실한 석탄시장을 선화에 보장해 줄 것이다. 선화는 소유권을 갖지 못한 발전소에 3,000만 톤의 석탄을 공급하는 것과 아울러 1,000만 톤의 연료탄을 공급할 수 있는 6,000~7,000MW 생산 능력을 갖춘 발전소 건립을 목표로 삼고 있다.

청정석탄을 선호하는 현상은 비단 발전소에만 국한되지 않는다. 산업 부문과 가정에서의 석탄 소비는 총 석탄 소비량의 60%를 차지한다. 석탄은 분진의 주범이다. 또 각 도시가 대기환경 개선에 힘쓰고 있기 때문에 선화는 경쟁 우위와 함께 중요한 잠재 시장을 갖게 되었다. 1990년대 말 베이징 시에 200만 톤에 이르는 청정석탄을 공급한 선화는 2000년까지 500만 톤을 공급했다. 상하이, 톈진 그리고 기타 경제·문화적으로 발달한 도시들이 석탄 품질을 강력하게 규제하는 법안을 마련하면 선화의 석탄 수요는 더욱 더 늘어날 전망이다.

선화는 세계적인 기업이 될 수 있는 절호의 기회를 맞이했다. 단일 지역에 손꼽히는 고품질 석탄이 매장되어 있기 때문이다. 선화 동성탄전은 아직 제대로 개발되지 않은 상태이다. 그러므로 채굴 위치를 옮기거나 구조를 바꾸지 않은 채, 저비용으로 채굴할 수 있다. 철로는 초기 부채를 상환하고 나면 영원무궁토록 사용할 수 있고 또한 경쟁업체들과 달리 대단위 단일 단지를 가지고 있기 때문에 많은 비용을 들여 새로운 탄전을 개발하지 않아도 된다. 세계적인 기업들과 달리 선화는 석탄을 새롭게 개발하기 위해 현 주민이나 정부와 협의하지 않아도 되는 것이다. 따라서 주변에 있는 동아시아 국가들은 물론 멀리 떨어져 있는 국가들도 선화의 석탄을 몹시 탐내고 있다. 세계에서 가장 급신장하고 있는 동아시아의 연료탄 시장에 인접해 있다는 것은 상당한 장점이고 이러한 지정학적 위치는 해상수송 비용 면에서 호주와 기타 멀리 떨어져 있는 공급업체보다 유리한 조건이다. 또한 장기적으로는 동아시아 국가들이 문화적, 정치적으로 중국과 긴밀한 관계를 유지하고자 하는 데서 수반되는 장점도 있다.

선화는 가격 경쟁의 측면에서 고품질 석탄 공급업체라는 명성을 쌓아야 한다. 이러한 명성을 쌓는 것은 선화가 세계적인 공급업체가 되는 데 매우 중요하게 작용한다. 물론 오랜 시간이 필요한 작업이다. 1996년 선화는 독자적으로 석탄을 수출할 수 있는 권리를 취득했고 그 결과 외국 고객과 직접 장기적인 관계를 맺을 수 있게 되었다. 무엇보다 중요한 것은 수출 품질을 관리할 수 있다는 것인데 이제 선화는 석탄 공급 외의 문제는 신경 쓰지 않고 석탄을 적시에 인도할 수 있게 되었다. 따라서 선화는 지금이 신뢰할 수 있는 고품질 석탄 공급업체로서 국제적인 명성을 쌓을 수 있는 절호의 기회라는 사실을 날카롭게 인식하고 있다. 2000년 기준 선화의 석탄 수출은 중국 총 석탄 수출의 1/4에 해당하는 1,000만 톤을 이미 넘어섰다.

'서부 5개 탄광' 합병

1998년 8월 선화의 성격과 발전 전략은 완전히 바뀌었다. 국무원은 선화에 내몽고 우다(烏達), 하이보완(海勃灣), 바오터위(包頭), 완리(萬利), 그리고 준거얼(准格爾)에 있는 '서부 5개 탄광'을 인수하도록 지시했다. 우다, 하이보완, 바오터위는 선화탄전 주변 지역에 있는 유서 깊은 국유 석탄광이지만 1997년 한 해에만 각각 1억 위안의 적자를 기록하는 등 경영상태가 대단히 좋지 못했다. 매장량도 적어 채광할 수 있는 기간은 20년도 남지 않았고 평균 350~440m씩 들어가서 채굴해야 하는 등 탄광이 매우 깊고 품질도 선화 석탄에 미치지 못했다. 또한 은퇴한 3만 명까지 포함하여 7만 명이 매달려 고작 500~600만 톤밖에 생산하지 못했고 설상가상으로 종업원들은 최근 '몇 개월에 걸쳐 계속' 임금을 한푼도 받지 못한 상태였다.

행정적으로 통합된 다른 두 탄광은 매우 상이한 성격을 갖고 있었다. 준거얼은 선화탄전에서 동쪽 방향으로 50~80㎞ 내외에 있는데, 개발 초기여서 저비용 노천채광 방식으로 채탄할 수 있을 뿐만 아니라 매장량도 풍부했다. 선화의 석탄보다는 석회질과 인이 많이 함유되어 있지만 품질이 매우 뛰어나며, 현대식 발전소에 적합했다. 준거얼은 지역의 9개 발전소에 매년 2,000만 톤의 석탄을 공급한다는 의향서를 가지고 있었다. 여기에 전력공업부는 준거얼 가까이에 200만kW의 전력생산량을 갖춘 2개의 석탄 발전소를 건립한다는 계획을 승인했다.

완리는 1998년에 선화에 인수된 마지막 탄광인데, 개발단계에 있기 때문에 2개의 광구에서만 채광하고 있었다. 채광 능력은 1998년 기준 120만 톤이었으며 채광 능력 310만 톤에 이르는 2개의 석탄광을 인수했다. 완리는 어려운 시장 조건하에서 점차 성장하고 있는 새로운 탄광으로 5개의 탄광 가운데 수익성이 가장 높고 종업원은 같은 수준의 생산량을 올리는 전통적인 기업들보다 상당히 적은 수준인 1,200명에 불과했다.

'서부 5개 탄광'의 합병으로 선화의 구조는 완전히 바뀌게 되었다. 합병 전에는 9,000명의 종사자가 고품질 석탄 800만 톤을 생산했는데 합병 후 생산량이 3,000만 톤으로 증가했고, 중장기적으로 볼 때 종업원을 더 이상 증원하지 않고도 6,000만 톤을 생산할 수 있게 되었다. 합병에 따라 선화는 8만 명이 1,800만 톤을 생산하게 된 것이다. 그러나 석탄의 품질이 상당히 좋지 않은 편이고 게다가 3개의 탄광은 매장량이 고갈 직전이어서 적자가 매우 심각한 상태이다. 이처럼 여러 탄광을 통합함으로써 발생한 문제 때문에 선화의 경영진은 더욱 힘들어졌다. 현대적인 탄광 기업을 건설하기보다는 엄청난 숫자의 종업원을 거느린 자생력 없고 황폐화된 탄광을 끌어갈 수밖에 없게 된 것이다.

셔우강의 기업구조를 완전히 변형시킨, 국가가 행정적으로 주도하는 형태의 합병은 지난 몇 해 동안 선진국에서 봇물처럼 터진 합병 물결과 극명한 대조를 보인다. 서구에서 일어난 합병은 시장을 통한 '강한 기업끼리의' 합병이었다. 세계적인 금속·광산 업체들은 고품질 매장량을 가진 새로운 광산을 설립하고 그러한 기업이나 기업의 일부를 합병하거나 인수 포트폴리오를 확대해나갔다. 이들 기업은 더 적은 노동자로 목표 매출량을 달성함으로써 노동 생산성에서 엄청난 성장을 기록했다. 이러한 비용 효율성의 확대로 선도적인 다국적기업들의 경쟁력은 강해졌고 이와는 반대로 중국의 새로 부상하는 대기업들은 한 손을 가리고 싸울 수밖에 없었다. 그나마 세계적인 경쟁업체로 성장할 수 있었던 선화의 경쟁 우위도 현격하게 약해졌다. 이러한 합병이 어떠한 변화를 가져왔는지 말하는 것은 시기상조다. 그러나 가까운 장래에 경쟁력이 상당히 악화될 것만은 확실하다.

1.4 국가핵심기업 구축의 내부 문제점

세계적으로 경쟁력을 갖춘 대기업을 구축하기 위한 전투에서 중국은 성공한 후발 선진국들이 겪지 않았던 수많은 내적 어려움에 직면하고 있다.

기업은 어디에 있는가?

1980년대 초부터 중국의 산업개혁은 소유권 구조를 조심스럽게, 그리고 점진적으로 변화시키는 한편 기업의 자율권 확장에 중점을 두었다. 개혁 정책은 기업을 행정적으로 관리 담당하고 있는 중앙 당국으로부터 운영 단위, 플랜트 또는 '기업'의 자율권을 증가시키는 데 주력했다. 중국의 '기업' 개혁은 멀티 플랜트 기업의 사업 단위인 기업들의 자율권을 고양시키고자 했던 것이다.

    1980년대와 1990년대 서구 국가의 공공부문 구조조정에서 기업 자율성과 민영화의 근본 단위는 개개의 계열 플랜트가 아닌 멀티 플랜트 기업이었다. 해당 부문 내에서 사유화가 진행된 것은 대부분 국가자산과 관련된 것이었다. 철강(유지놀 Usinor, 브리티시 스틸 British Steel), 통신(브리티시텔레콤 British Telecom, 텔레콤이탈리아 Telecom Italia, 도이치텔레콤 Deutsche Telecom, 프랑스텔레콤 France Telecom, 텔레포니아 Teleforica), 항공(아에로스파티알르 Aerospatiale, 롤스로이스 Rolls-Royce, 카사-브리티시 에어로스페이스 Casa and British Aerospace), 자동차(르노 Renault, 브리티시 모터 British Moter Corporation), 정유 및 석유화학(브리티시 페트롤룸 British Petroleum, 엘프 아키테인 Elf Aquitaine, ENI, 렙솔) 부문이 그러한 경우에 해당한다. 이들 기업은 각기 수많은 계열 회사들을 보유하고 있다. 그러나 기업의 자율권을 확장하고 궁극적으로 민영화의 매개체가 되는 것은 자산, 매출액, R&D 그리고 시장 점유율의 측면에서 기존의 대기업들에게 곧바로 도전장을 내밀 수 있는 대규모 멀티 플랜트 기업인 것이다. 국유 기업의 민영화가 진행될 때, 대부분의 기업들은 경영 자율권을 부여받아 이미 세계적인 기업들과 경쟁할 수 있는 능력을 갖춘 대기업이 되어 있었다.

개혁을 위해 중국이 선택한 실험 경로는 서구의 국유 기업 구조조정과는 상당히 다르며, 중국의 새로운 사업구조와 관련된 많은 미해결 문제점을 남겼다. 중국의 개혁 과정은 대규모의 사업 변화를 주도했던 강력하고 비전 있는 산업기업가 그룹을 배출했다. 이러한 산업기업가 그룹에는 셔우강의 저우꽌우, 따칭의 띵꿰이밍, 상하이석유공사의 우이신, 항공공사의 주울리, 산지우의 자오신시엔, 셔우강의 예칭, 그리고 위차이의 왕지엔밍이 있다. 다른 국가의 경우 국유 기업의 변화가 성공하거나 실패하는 것은 강력한 경영진의 선임에 달려 있다. 경영진은 국내외 인수·합병, 원하지 않은 사업 정리, 급료 시스템의 구조조정과 변화를 비롯해 금융시장의 운용과 관리에서 완전한 자율권을 부여받았다. 또한 이들 경영진은 수시로 자신들의 지시하에 회사를 대대적으로 구조조정했다. 이러한 경영인으로 르노의 루이 슈웨체르(Louis Schweitzer), 유지놀의 프란시스 멀(Francis Mer), ENI의 프랑코 베르나메(Franco Bernabe), 브리티시 스틸의 이안 맥그레거(Ian MacGregor) 등을 들수 있다. 그러나 중국 국유 대기업의 최고경영진은 중앙 당국의 지속적인 지원을 거의 받지 못했다. 중앙 당국은 야심 있는 경영진이 중앙 관리에서 벗어나 자율적인 기업으로 발전시키려고 투쟁할지도 모른다고 두려워했기 때문에 경영진을 수시로 교체했다. 중앙정부에 강력한 후원자가 없다는 이유로 의욕 넘치는 경영진이 해고되는 경우도 많았다.

경제 개혁이 진행되는 동안 상당수 국유 대기업은 기업 정체성을 확고하게 발전시켜나갔다. 기업의 야망 실현에서 무엇보다도 중요한 것은 기업 스스로 이윤의 상당 부분을 보유할 수 있도록 허용한 1980년대의 계약 시스템이다. 계약 시스템은 기업 또는 운용 단위 차원에서 '법인체' 권리를 설립하여 강화했다. 따라서 '기업'은 주요한 단위가 되었고, 이 단위로 국내외 주식시장에 등록하게 되었다. 이 단위는 또한 주요 법인이 되었는데, 이 법인을 통하여 합작투자가 이루어졌다. 성공적인 성장으로 발생한 엄청난 이익이 종업원뿐만 아니라 지방 공동체에도 돌아갔고 많은 기업은 강렬한 야망을 성장·발전시켰다. 최고경영진들은 기업을 해당부문에서 중국 최고, 궁극적으로는 세계 최고 기업으로 성공시키겠다는 야심찬 포부를 밝혔다. 대기업 그룹은 이러한 목표를 위해 상이한 경로를 통한 유기체적 성장을 추구하면서 급성장하는 국제 시장이라는 틀에서 충격에 대응해나갔다. 그들은 이윤의 상당 부분을 재투자했으며, 품질과 제품 믹스를 향상시키는 한편 판매 기술과 브랜드를 개발했다. 뿐만 아니라 생산비를 경감하고 R&D에 투자하고 나아가 합작사업을 통해 기술을 습득했다.

야심찬 국유 대기업들은 핵심 사업부문에서 확장을 시도하면서 엄청난 난관에 봉착하기도 했다. 해외에서의 유기적인 성장을 포함한 대규모 프로젝트에는 보통 관련 부서나 그 연계 부서 또는 국무원이나 중앙정부의 승인이 필요했다. 기업들은 여러 가지 이유로 당국이 허락하지 않는 핵심 프로젝트를 맡고 싶어했다. 이를테면 저우꽌우가 이끄는 셔우강은 현재 세계 최대의 철강 기업인 포스코와 똑같은 방식으로 성장을 추구하면서 산동 성 치루에 두번째 철강 플랜트 건설 전략을 세웠다. 그러나 속이 비비꼬인 관료들이 오래 논의한 끝에 중앙정부는 셔우강의 전략을 훼손시키는 한편 다수의 인수 계획을 무용지물로 만들면서 결국 치루 프로젝트를 승인하지 않았다. 또한 따칭은 지속적인 수익에 힘입어 축적한 엄청난 보유액으로 구소련에 사업을 확대하겠다고 중앙정부에 요구했다. 그러나 이러한 따칭의 확대계획은 중앙정부 부처 가운데서도 따칭의 상부감독기관에 의해 기각당했다.

국유 대기업 그룹은 이제 해외 주식시장에 상장할 수 있다. 그러나 주식발행과 상장 범위에는 엄격한 제한이 있다. 해외상장을 원하는 수많은 대기업들의 상장이 허용되지 않고 있는데, 이는 감독 당국이 자금을 독립적으로 조달할 수 있는 기업의 독립성을 두려워하기 때문이다. 이를테면 따칭은 해외 주식시장에 상장을 지속적으로 요구했지만 감독 당국이 이를 거절했다. 또한 주식을 상장할 경우 주식발행금과 국유 지분의 감소폭에 대해서 보통 엄격한 통제를 받았다. 물론 국내상장 역시 엄격한 국가의 통제를 받았고 주식상장과 관련된 공무원의 뇌물수수는 공개적으로 보도되었다. 이를테면 1999년 말 따칭의 최고경영진이 1997년 따칭 유전단지에 속해 있는 따칭 렌이의 국내 주식상장을 따내기 위해 공무원에게 뇌물을 준 죄로 구속된 사건은 공개적으로 보도되었다.

의욕에 넘치는 국유 기업들의 주요 확장 경로는 국내의 핵심 사업부를 인수·합병하는 것이다. 국유 기업들은 지속적으로 '시장을 통해' 동일한 사업 부문에서 강력한 사업체를 합병하거나 인수하여 성장하기를 원했다. 동일 사업부문에서 적자를 보는 기업을 인수하는 것은 어렵지 않다. 해당 중앙, 지방 당국의 관리하에서 적자를 보는 기업을 인수받을 수 있기 때문이다. 그러나 감독 당국은 강력한 국유 기업끼리 합병하는 것은 지속적으로 거부했다. 따칭은 계속해서 강력한 정유 기업과의 합병을 시도했다. 상하이석유공사는 석유화공공사와 합병을 시도했고 심지어 수직적으로 통합된 정유 및 석유화학회사가 되기 위해 따칭과 협상하기까지 했다. 하얼빈동력공사는 동북지방에 있는 전자 기업과 합병을 시도했다. 그러나 관련 핵심 사업 내에서 대규모 합병을 통해 강력한 기업을 구축하고자 한 시도들은 모두 감독 당국 또는 기업을 관할하는 지방 당국의 저항에 부딪쳐 수포로 돌아갔다. 그들은 국내 관련 기업들끼리 합병하지 못하는 이유에 대해 성공 가능성이 희박하기 때문에 추진할 수 없었다고 대답했다. 1980년대 초 이래 서구에서 '강한 기업'끼리의 인수·합병이 붐을 일으켰던 것과는 대조적으로 중국의 경우 동일한 사업부문에서 강력한 국유기업들 간의 합병은 전혀 없었다.

동일한 사업부문의 야심찬 국유 대기업 간 인수·합병의 불발은 중국 산업개혁의 성격에 엄청난 영향을 미쳤다. 개혁이 추진되자 대기업들은 감독 당국으로부터 자율권을 받으려고 애를 썼으나 자율권의 행사 정도에 대해서는 심각하게 규제받아야 했다. 중국의 주요 대기업 그룹은 1990년대 자본주의 대기업 혁명을 통해 서구 대기업들이 성취했던 것과는 비교가 되지 않을 정도로 거의 성장하지 못했다. 이러한 상황 때문에 대기업들은 특히 대규모 다각화라는 다른 경영형태를 추구하게 된다.

1990년대 말 중앙 정책결정자들이 대기업의 이 같은 기업 활동의 부정적인 결과를 인식하고 있다는 징후가 보이기 시작했다. 중국 지도자들은 세계적으로 강력한 기업들의 괄목할 만한 성장이 핵심 사업을 기반으로 한 대규모 합병을 통해 이루어졌다는 사실에 충격을 받았다. 중국석유화공공사와 중국석유공사라는 형태로 2개의 수직적으로 통합된 회사를 구축하고자 한 시도는 상이한 유형의 기업을 지원하기 위한 시대에 뒤처진 시도라는 사실을 보여준다. 이는 기업에 더 많은 자율권을 주기보다는 수많은 생산 단위를 포괄하는 통합된 멀티 플랜트 기업을 구축하려는 시도였다. 그러나 상당한 자율권을 부여받았으며 강렬한 야망을 가지게 된 상이한 계열 기업들을 다시 통합하는 것은 어렵다는 것이 밝혀졌다. 20여 년에 걸쳐 상당히 향상된 '기업 자율성'에 터잡은 '기업'들을 개혁하면서 해당 부문에서 큰 비중을 차지하는 멀티 플랜트 기업 내에 다시 힘을 집중시키기는 어려웠다는 것이다. 중앙정부는 야심찬 기업들이 강력한 국내 기업을 합병하여 확장하려는 계획을 강력하게 규제했다. 한편 당국이 합병을 전혀 원하지 않는 기업을 강제 합병시킴으로써 이들 기업의 성장에 상당한 저해가 발생하기도 했다. 이를테면 셔우강은 적자가 심한 '3선 기업' 공장 그룹을 떠맡을 수밖에 없었다. 선화 역시 적자가 심한 '서부 5개의 탄광'을 떠맡아야 했다. 중국석유화공공사와 중국석유공사의 경영진은 1998년 재편 과정에서 석유화학공업부 산하의 적자에 허덕이는 많은 소규모 정유소들을 떠맡아야 했다. 상하이석유공사는 비누부터 고무 타이어에 이르기까지 모든 제품을 생산하면서 문어발식 경영을 하는 지방의 화학 대기업과 원치 않는 합병을 해야 했다.

개발도상국에서 경쟁력 있는 대기업 구축의 어려움

세계적인 경쟁력을 갖춘 기업으로 성장하는 데 있어서 중국의 대기업들이 당면한 환경은 다른 선진국 대기업과는 판이하게 다르다.

국내 중소기업과의 전투

강력한 다국적기업들은 고부가가치 상품과 서비스로 선진국에서 대부분의 매출을 올리고 있다. 반면 중국처럼 거대하지만 가난한 개발도상국은 제품의 유형과 품질에 따라 시장이 상당히 분할되어 있으며 수요도 저품질 저가 제품에 치중되어 있다. 지형학적 거리, 미개발된 수송과 정보 시스템으로 인해 선진국에 비해 시장이 상당히 분리되어 있는 것이다. 국내 중소기업과 판매 경쟁을 벌이고 있는 국내 대기업들은 지방의 중소기업에 비해 상당히 높은 임금을 지불해야 하고 복지 임금 부담까지 떠맡아야 한다. 또한 일반적으로 유연하고 노동조합이 없는 중소기업과 달리 평생직장제를 원칙으로 한다. 따라서 대기업의 수많은 제품이 R&D에서 전혀 이익을 보지 못하는 미 브랜드 상품이다.

앞에서 야심찬 대기업과 무수한 중소기업이 국내 시장을 놓고 싸울 수밖에 없는, 무시무시한 투쟁의 본질에 대해 살펴보았다. 이를테면 셔우강의 주요 제품은 저부가가치 건축물 철강이고 셔우강은 건축산업에 쓰이는 엄청난 양의 저품질 철강을 생산하는 향진기업들과 격렬한 전투를 벌였다. 선화탄 광공사 역시 향진기업들과 격렬한 싸움을 벌였다. 중소 석탄 기업들은 실제로 노동비 부담이 전혀 없고, 공해에 따른 비용 역시 거의 부담을 느끼지 않는다. 이들이 지방의 고용과 세금에 절대적인 영향을 미치기 때문에 지방 정부가 이들 기업을 강력하게 지원하기 때문이다. 이들 기업은 개혁기에 대규모 국유 광산에 도전할 수 있을 정도로 급속히 성장했다. 산지우는 한약을 제조하는 수천 개의 중소기업과 지속적으로 전투를 벌이고 있다. 향진기업들은 보통 이 부문에서 창업비용과 R&D 비용이 별로 들어가지 않는, 특허권이 없는 약품을 생산한다. 중국석유화공공사와 중국석유공사 등 주요 정유 및 석유화학 기업들도 정유 및 소매 시장에서 중소기업들과 격렬한 경쟁을 벌이고 있다. 중소기업들은 보통 상대적으로 부족한 시장에서 저가에 질 낮은 제품으로 진입 비용을 별로 들이지 않고도 안전요건에 대한 법적 규제를 피할 수 있다.

중국의 야심찬 세계적인 대기업들이 제품을 다각화할 수밖에 없는 동안 이들 기업은 규모의 경제를 고려하지 않고 R&D에 투지하지 않은 채 낮은 브랜드 개발비, 한정된 영업력으로 맞서고 있다. 이에 따라 중국의 주요기업은 한편으로는 세계적인 기업들과 경쟁하면서 동시에 무수히 많은 국내 중소기업들과 조그만 시장에서 이전투구를 해야만 하는 입장이다. 예를 들면 시안(西安)비기공업공사(Xian Aircraft Corporation)는 항공부품 부문의 세계적인 부품 공급업체로서 세계시장에서 일본 기업들과 경쟁하고 있지만 건축용 알루미늄 빔 시장에서는 수백 개의 향진기업들과 국내에서 격전을 치르고 있다.

선진국보다 어려운 구조조정 및 산업 재편

선진국의 경우 선두 국유기업의 구조조정은 뛰어난 복지 시스템과 종업원 가족들의 비교적 많은 저축과 함께 이루어졌고 구조조정 전 종업원 숫자도 현재 중국의 국유 대기업에 비해 매우 적었다. 중국의 경우 단일 공장에서 10만 명이 일하는 것은 그리 놀랄 만한 일이 못 된다. 중국 기업의 종업원 수는 수시로 수십만 명이 될 수 있으며 중국석유화공공사와 중국석유공사처럼 어떤 경우에는 100만 명 이상이 될 수도 있다. 세계적인 선도기업의 생산 단위당 고용 수준을 적용할 경우 중국은 1990년대의 서구보다 훨씬 가혹한 구조조정을 해야 한다. 세계적인 대기업의 노동 강도를 적용하면 항공공사의 전체 항공 부문은 만 명 이하의 종업원으로도 충분히 감당해야 한다. 또한 서구에 비해 가난하고 저개발된 중국의 상황을 고려해 볼 때 중국 대기업의 종업원들은 더 많은 특혜를 받는 엘리트라고 할 수 있다. 그러나 유럽이나 일본 등의 선진국에서도 대대적인 구조조정은 노동자의 지위와 수입에 급격한 변화를 줄 수 있기 때문에 나이가 많고 기술력이 떨어지는 노동자에게는 물론 정치적으로도 매우 복잡한 문제이다.

취약한 공급망

중국 대기업 산하의 협력업체 네트웍은 선진국 대기업 주변의 협력업체 네트웍과 근본적으로 다르다. 예를 들어 세계적 경쟁력을 갖추고 대형 복합 공정기계류를 생산하는 대기업은 세계적 부품 공급업체를 신속하게 편성한다. 이와 반대로 중국의 복합 공정기계류 제조업체는 각각 자신에게 유리한 국내 공급업체를 통해 운영하고 있다. 이를테면 하얼빈전력장비공사는 수는 많지만 주로 국내 북동부 지역의 소규모이면서 R&D 능력이 떨어지는 공급업체로 구성된 네트웍을 가지고 있다. 위차이와 항공공사의 수많은 지사의 경우도 사정은 마찬가지다. 이것은 중국이 시페이(西岸)비기공업공사(Xifei Aircraft Corporation)의 Y-7 터보-프로펠러 여객기, 위차이의 중형트럭 엔진, 하얼빈의 발전소처럼 비교적 저렴한 가격으로 최종 제품을 생산할 수 있다는 것이다. 그러나 이들 제품을 가동하는 데 드는 비용은 비교 가능한 세계적인 기업들의 제품에 비해 상당히 높은 수준일 뿐만 아니라 에너지 효율성, 매연, 신뢰성, 기능성 등 제품의 핵심 기준에서 세계적인 기업들의 제품에 비해 열악한 것이 사실이다. 세계적인 기업들은 집중적인 세계적 구매망을 통해 엄청난 양을 계속 구매하고 있다. 이 결과 세계적인 대기업은 국내의 중소공급업체나 세계적인 공급업체에서 소량의 제품을 구입하는 중국 대기업 경쟁업체에 비해 비용 면에서 엄청난 우위를 점하고 있다. 세계적인 대기업들의 뛰어난 구매 시스템은 결과적으로 낮은 비용으로 적시에 원자재를 인도할 수 있도록 주로 세계적인 공급업체와 연계되어 있다. 시안비기공업공사가 항공공사 산하의 중국 공급업체로부터 Y-7의 하도급 부품을 인도해오는 것보다 보잉과 에어버스가 중국에서 미국 시애틀까지 하도급 부품을 운송하는 시스템이 훨씬 효율적이기 때문에 더 적시에 인도가 가능하다.

산업의 공간적 위치

다수의 중국 대기업들은 중국의 주요 시장과 상당히 멀리 떨어진 곳에 위치해 있다. 세계 경제에서 고립되었던 오랜 기간 동안, 특히 1960년 소련과의 관계가 악화된 후에는 자급자족해야 했기 때문이다. 따라서 국가는 경제 효율성을 최대화하기보다는 전시에 필요한 확실한 자급자족을 위해 많은 자연자원을 개발했다. 이를테면 중국 산업의 상당 부분은 핵전쟁에서도 살아남을 수 있도록 벽지에 세워졌다. 1970년대 말 고정 자산 중 2/3는 해안 지역에서 멀리 떨어진 곳에 있었다. 또한 항공, 전력장비, 석탄 광산, 자동차, 정유 및 석유화학산업의 상당 부분이 내륙 깊숙한 곳에 위치해 있기 때문에 중국의 대기업들은 엄청난 수송 비용을 감당할 수밖에 없었다.

다각화 원동력

1990년대 자본주의 경제의 대규모 혁명의 주요한 특징으로 말미암아 대기업들은 핵심 사업에 전력을 기울일 수밖에 없었다. 그러나 중국의 새로 부상하는 대기업들은 이와는 매우 다른 경향을 보여준다. 동아시아의 수많은 기업들과 마찬가지로 중국의 대기업들은 비핵심 사업을 다각화하거나 '다각화 사업'에 주력했다. 극단적인 예로 '국가대표' 항공 제조업체인 항공공사는 상당히 다각화된 비핵심 사업에서 총매출의 2/3을 올리고 있다. 심지어 집중도가 가장 높고 국제적인 경쟁력을 갖춘 철강업체라고 자부하는 바오강그룹 역시 상당히 많은 사업에 진출하려고 한다. 정유 및 석유화학 부문에서 중국 최대의 기업인 따칭 산하 1,000개의 기업들이 '다각화된 사업'이나 '인수'를 진행 중에 있다. 세계적인 제약 기업들이 비핵심 사업을 꾸준히 매각하면서 오직 핵심 제품에만 전력을 기울이는 데 반해, 중국의 2대 제약 기업으로 성장한 산지우는 대형 건설, 자동차, 맥주, 포도주부터 호텔에 이르기까지 혼란스러울 정도로 사업을 확장하고 있다.

대기업들이 사업 다각화를 벌이는 이유는 다음과 같다. 첫째, 많은 노동자들에게 일자리를 제공해야 하기 때문이다. 중국 기업을 다룬 상당수의 논문은 중국 기업들이 '지나칠 정도로 많은 종업원'을 고용하고 있다고 지적한다. 중국에 진출해 있는 다국적기업은 중국 기업에 비해 소수의 종업원만 고용하고도 동일하거나 더 많은 매출을 올리고 있다. 그런데 중국의 국유 기업들은 생산 단위일 뿐만 아니라 종업원과 그의 가족에게 요람에서 무덤까지를 보장하는 사회복지시설의 역할까지 맡고 있다. 따라서 개혁 과정에서는 무엇보다도 이러한 '비생산적인 기업활동'과 '생산적인 기업활동'을 분리하는 데 주력했다. 그러나 국가가 운영하는 복지제도는 여전히 미약하고, 기업들은 여전히 '해고된' 종사자들의 취업에 신경 써야 한다고 생각하고 있다. 이러한 점에서 사업 다각화에 주력하는 근본 원인은 대부분의 국유 대기업들에 상존하는 대규모의 과잉 노동력에 일자리를 제공해야 한다는 부담 때문으로 해석할 수 있다.

둘째, 중국은 유통 비용이 대단히 비싼 불완전한 시장이다. 중국은 여전히 심각한 철도 병목현상을 겪고 있으며 수송 시스템이 제대로 개발되지 않는 빈곤국이다. 정보 흐름이 나름대로 신속하게 움직이지만 세계적인 기업들의 IT 수준에 상당히 뒤져 있다. 또한 중국 대기업의 제품 대부분은 저부가가치 시장에서만 경쟁하고 있을 뿐 고품질, 최첨단 제품의 비율이 상대적으로 낮다. 이러한 사정으로 중국의 대기업들은 세계적으로 경쟁력 있는 기업을 건설하기보다는 수직적인 통합을 통해 제품을 생산하고자 한다. 비싼 유통 비용과 비효율적인 유통 때문에 중국 대기업들은 '모든 것을 한꺼번에 처리할 만한 큰' 기업으로 성장하기를 바라는 것이다. 세계적인 선도 대기업들은 가치사슬(value chain) 외부에 있는 '외곽 조직(external firm)'을 통합하는 데 반해 중국의 대기업들은 최종 제품에 필요한 부품이나 장비를 지나칠 정도로 내부화하여 거래 비용을 줄이려 한다. 바로 이것이 셔우강이 철광, 금속 기계류, 건설 등으로 사업 다각화를 모색하는 주요한 이유인 것이다. 이러한 경향은 본 사례 연구의 대상이 된 다른 기업들에서도 찾아볼 수 있다. 그러나 이들 기업은 상품이나 서비스의 상당 부분을 전문화된 업체로부터 공급받아 규모의 경제의 이점을 살려 이익을 실현하는 세계적인 경쟁업체와 비교해 상당한 단점을 가지고 있다고 할 수 있다.

셋째, 핵심 사업 내 인수·합병에 대한 심각한 장벽이 존재한다. 전술한 바와 같이 어느 정도 자율권을 부여받은 기업이 동종의 강력한 기업과 합병하려는 시도를 했지만 당국에 의해 거부당하는 예가 자주 있었다. 대부분의 국유기업 합병에는 감독 당국의 동의가 필요하다. 그러나 중앙 부처나 지주회사는 합병기업이 자신들의 권위를 해칠 수 있다고 생각해 반대하는 경우가 많다. '두 강력한 기업 X, Y가 합병하여 자율권을 확대해나간다면 우리는 도대체 뭐가 된단 말인가?' 하고 생각하는 것이다. 대기업끼리의 합병은 또한 그 기업이 소재한 지방 당국의 동의가 필요하다. 유럽에서 핵심기업이 다른 국가의 핵심 기업과 합병할 때 반대했던 것과 마찬가지로 중국의 지방 정부 역시 종종 이 같은 이유로 합병을 반대한다. 각 지방 정부는 '자신들의' 기업이 사업의 중복으로 고통을 겪거나 팽창된 사업 가운데서 수익성이 훨씬 떨어지는 사업을 맡게 되는 것은 아닌지 두려워하기 때문이다.

심지어 비용을 상당히 절감할 수 있고, 고위 당국도 반대하지 않는 매우 합리적인 합병조차도 사적인 이유들로 인해 반대에 부딪치기도 한다. 사실 서구의 경우에도 대규모 합병은 그다지 많지 않았다. 상대적으로 열등한 위치에 있는 기업의 최고경영진이 합병 후에 일자리를 잃거나 퇴출당할지도 모른다고 두려워했기 때문이다. 그러나 주주들은 주식을 매각함으로써 자신들의 의견을 피력할 기회를 어느 정도 갖고 있었고 또한 항상 적대적 인수의 가능성도 열려 있었다. 하지만 중국의 경우에는 두 가지 모두 가능하지 않았다. 합리적인 합병임에도 불구하고 합병을 원치 않는 최고경영진들에 의해 합병이 무산되는 경우가 많았던 것이다. 예를 들어 하얼빈동력공사와 여러 관련 부문의 강력한 기업들과의 합병은 최고경영진의 반대에 부딪쳐 실패로 돌아갔다. 또한 거대한 디젤엔진 기업이 될 수 있었던 위차이와 얼치의 합병은 경영진들의 개성 차이로 인해 수포로 돌아갔다.

넷째, 유기적 성장에 대한 제약이다. 즉, 주로 상대적으로 약한 기업이나 중소기업의 인수를 통해 덩치를 키우는 인수·합병뿐만 아니라, 위에서 지적했듯이 주력 제품 또는 특정 지역 이외로의 대규모 확장 역시 상당한 제약을 받는 일이 잦다. 또한 새로운 생산능력을 갖추기 위한 주요 투자는 자주 그럴듯한 반대에 부딪칠 수 있다. 이러한 반대는 확장으로 인해 기업들이 더 많은 자율권을 갖게 되어 관리에 위협이 된다고 생각하는 중앙부처나 지주회사의 공포에서 기인한다. 또한 계획에 따라 신설 합작회사를 세우려는 지방 당국의 보호주의에서 비롯되기도 한다. 따라서 새로운 주요 생산시설은 동일한 부문의 '지방기업'과 경쟁을 원하지 않는다는 점을 입증해야 한다.

다섯째, 중국의 대기업들은 세계 시장에서 상당히 고전을 면치 못하고 있다. 경영과 기술이 많이 개선되었고 규모면에서 상당히 발전했음에도 불구하고, 대부분의 중국 대기업들은 아직 중국 외의 세계적인 시장에서 경쟁할 수 없다. 고품질 철강 부문의 신일본제철, 유지놀 또는 브리티시 스틸, 전력 장비 부문의 지멘스, GE 또는 ABB 알스톰, 항공부문의 보잉, 에어버스, BAe, 록히드 마틴(Lockheed Martin), 디젤엔진 부문의 커민스 디젤, 제약 부문의 화이자 또는 머크, 정유 및 석유화학 부문의 엑슨/모빌(Exxon/Mobil), 쉘, 또는 BP 아모코 등의 복합적이면서도 고급기술 제품을 만드는 기업들과 세계 시장에서 경쟁하기 위해서는 생산능력을 더욱 개선해야 한다. 세계적인 기업들에 비해 기술력이 상당히 뒤떨어져 있는 중국의 대기업들이 신기술에 대규모 투자를 하는 것이 합리적인지는 의문이다. 이와 비슷한 처지에 있는 서구 기업의 경영진은 아마도 시장 선도기업을 따라잡기 위해 무모한 노력을 하기보다는 다른 사업으로 눈을 돌릴 것이다. '세계에서 셋째 손가락 안에 들어가지 못한다면 사업을 정리해야 한다'는 말은 자주 인용된다. 수출 시장에서 세계적인 대기업이 되고자 열망하는 중국의 대기업들은 주로 개발도상국에 비교적 낮은 기술 수준을 요구하지만 제품 자체는 복합적인 제품군(발전소, 제철소, 전투기 등)을 판매하는 것에 만족해야 한다. 중국의 대기업들이 세계적인 대기업이 되고자 한다면 주로 국내 시장만을 겨냥해야 한다. 이들은 가전제품, 자전거, 오토바이 등 2차 산업혁명 말기 상대적으로 단순한 제품을 생산한 국내 대기업과 다국적 거대 기업의 하도급을 한 중소기업에게 수출 시장을 맡겨야 한다.

세계적인 핵심 사업 팽창에 수반되는 이러한 한계들 때문에 세계적인 대기업이 되고자 열망하는 중국 기업들은 주로 국내 시장만을 겨냥해야 하고 성장에 제약을 받고 있다. 이들 기업은 또한 선진국에서처럼 '강한 기업끼리'의 연합을 통해 국내 대기업들의 인수·합병을 가능하게 하는 선진 자본 시장의 부재로 인해 또한 경제활동에 제한을 받고 있다.

한편 국내·외 시장에서의 핵심 사업에 대한 확장 제약 때문에 중국 기업은 투자 자원을 사업의 다각화에 쏟을 수 있었고 이것이 오히려 중국 대기업들이 성장하는 계기로 작용하기도 했다. 사실 중국의 산업 경향은 세계적인 빅 비즈니스 혁명과는 너무나도 대조적이다. 세계는 자본 흐름에 대한 국제 장벽의 급속한 몰락, 국가 전략 산업이라는 개념의 사라짐, 경제활동의 사유화를 통한 자유로운 자본 흐름에 대한 거대한 열망 등이 어우러져 핵심 사업의 역동적인 발전을 촉진시키면서 국제적이고 초국가적, 초대륙적인 합병이 이루어지는, 전례 없는 시대를 맞이하고 있다. 그러나 중국은 대기업을 자유롭게 합병, 인수 및 처분하는 데 여전히 상당한 제약을 받고 있다. 그 결과 사업 다각화라는 악순환을 거듭하고 있는 것이다.

개혁기를 거치면서 기업을 여러 가지 형태로 소유하는 것이 가능해졌다. 핵심 기업은 산하 기업에 대해 100% 지분을 가지거나 상당한 지분을 가질 수 있고 지분의 일부를 가지거나 합작회사를 세울 수 있으며 심지어 종업원들이 세운 기업에 은행으로서 기능할 수도 있다. 일반적으로 대기업은 투자하고 있는 사업을 제대로 알지 못하는 상태에서도 모든 유형의 사업에 광범위하게 투자할 수 있다. 사업을 다각화할 수 있기 때문에 모회사로부터 '자' 회사, '손자' 회사, '증손자' 회사까지 이르는 일련의 층을 통해 직렬로 투자할 수도 있다. 그러나 이러한 방식은 투자한 내용을 평가하는 것은 물론 일단 투자한 내용을 확인하는 데 상당한 문제가 생길 수 있다. 이러한 문제점들은 국제 회계사들이 중국에 본사가 있는, 홍콩 증시에서 '우량주(Red Chip)'로 분류되었던 기업의 파산을 대대적으로 조사했을 때 백일하에 드러났다. 국제 회계사들은 엉터리 프로젝트 평가서, 그리고 수백만 달러의 공금 횡령을 밝혀냈다.

사업 다각화를 시도하는 가장 큰 원인은 규모가 가져다주는 환상 때문이다. 수많은 종업원과 거대한 매출액 등 겉으로 보이는 거대한 그룹은 실제로 소규모 핵심 사업체와 글로벌 경쟁의 장에서 살아남고 번영하는 데 필요한 효율적인 규모에 한참 미치지 못하는 수많은 중소기업만으로 구성되어 있는 경우가 많다. 20년 동안의 개혁이 끝난 후 거대 기업처럼 보이는 기업 산하에는 R&D 능력이나 마케팅 능력이 전혀 없고 알려진 브랜드도 없는, 엄청난 숫자의 기업체가 생겼다. 이들 기업들은 핵심사업조차 규모가 작은 경우가 많다.

정치적 제약

중국의 정치적 특징으로 인해 세계적으로 경쟁력을 갖춘 기업을 구축하려는 중국 기업들은 적어도 두 가지의 중요한 걸림돌에 막혀 있다.

첫째, 선진국을 따라 잡는 데 성공한 국가의 정책결정자들과는 정반대로 중국의 정책결정자들은 국유 대기업의 지배적 위치를 유지하는 데 일관하고 있다. 국유 대기업들은 외국 기업과의 합작투자와 국내 및 해외 주식시장에 주식을 상장하는 방법으로 국가 이외의 자금원에서의 자금 유입을 점진적으로 확대하고 있다. 그러나 기업 개혁 20년이 이후 '경영과 소유권을 분리하기 위해' 지속적으로 노력했음에도 불구하고 정부는 상부 기관으로서 대기업 경영에 계속 개입하면서 상당 지분을 보유하고 있다. 이러한 점은 선진국을 따라 잡는 과정에서 일본과 대한민국 정부가 보여주었던 태도와 날카롭게 대비된다. 또한 선진국의 상당수 기업의 사유화 과정이 보여주었던 경향에 정면으로 대치되는 것이다. 선진국의 경우 국유기업에서 사유화된 대표적인 기업으로, 철강 부문의 유지놀, 아베드(Arbed), 코러스(Corus, 영국 브리티시 스틸과 네덜란드 후고벤스(Hoogovens)의 합병으로 탄생), 포스코, 중국제철(China Steel, 대만), 정유 및 석유화학의 엘프 아키테인, 렙솔/YPF, BP 아모코, 항공 부문의 롤스로이스, 브리티시 에어로스페이스, 아에로스파티알르-

마트라, 자동차 부문의 폭스바겐, 르노, 통신 부문에서 브리티시 텔레콤, 도이치 텔레콤, 프랑스 텔레콤, 텔레콤 이탈리아 등이 있다.

2000년 기준 중국의 국유기업은 R&D 기준으로 세계 300대 기업, 그리고 총매출액 기준 500대 기업에 하나도 들지 못했다. 일본과 대한민국이 이데올로기와 상관없이 비교적 단순하게 세계적인 거대기업 구축이라는 목표를 가진 데 반해, 중국의 산업정책은 세계적인 거대 기업 구축이라는 목표와 이데올로기가 혼합되어 있다. 사실 이러한 이데올로기는 셔우강, 상하이석유공사, 따칭 등의 야심차고 경영 자율권이 확대일로에 있는 대기업의 팽창을 저지하기 위해 중앙 관료들이 개입할 수 있는 논리적 근거와 기술적 자율권을 가진 대기업의 경영을 상부 당국이 지속적으로 간섭할 수 있는 논리적 근거를 마련해준다.

둘째, 산업정책을 구현하기 위한 중국의 관료 제도는 일본이나 대한민국의 그것과는 판이하게 달랐다. 일본과 대한민국은 상대적으로 소수의 전문 공무원에 의지했다. 일본의 경우는 태평양전쟁의 패배에도 불구하고 소수의 전문 공무원을 통해 경제 성장을 달성하기 위해 노력했고, 대한민국 역시 심각한 국제 위협에도 불구하고 소수의 전문 공무원에 의지해 경제 성장을 달성하고자 했다. 중국의 관료조직은 상대적으로 대단히 방대하며, 일본과 대한민국의 관료처럼 국가 발전에 전력을 기울이지 않았다. 기술력이 장족의 발전을 하고 산업정책의 여러 부분에서 상당한 성과를 달성했음에도 불구하고, 진정한 의미에서 선도기업들의 운영과 관료 조직을 분리시킬 수는 없었다. 심지어 20년간의 지속적인 개혁에도 불구하고 부패로 물들어 있는 공산당은 지속적이고 효율적인 산업정책을 구현하려는 기업들의 발목을 잡고 있다.

시장경제 환경의 급변

중국의 대기업들은 20년의 개혁기에 걸쳐 장족의 발전을 했다. 그러나 이 같은 발전에도 불구하고 독특한 국내 환경 때문에 상당한 어려움을 겪어야 했다. 더욱 중요한 것은 세계적 비즈니스 환경이 급변하고 있다는 사실이다. 선진 자본주의 국가에 기반한 대기업들은 자본주의 역사상 가장 혁명적인 변화를 겪고 있으며 이러한 변화는 세계 최고가 되려는 중국에게 엄청난 시련을 주고 있다. 2부에서는 이러한 시련의 본질을 자세하게 정리한다.

2부
세계적인 빅 비즈니스 혁명이 안겨준 시련

2.1 빅 비즈니스 혁명의 일반적 특징

1부에서는 선진국의 대기업에 도전할 수 있는 대기업을 만들겠다는 목표를 가진 중국이 추구했던 산업정책의 방법을 분석했다. 중국은 세계적으로 강력한 대기업을 성공적으로 구축한 다른 국가들이 겪지 않았던 특수한 시련을 겪고 있다. 중국의 대기업은 초유의 경제구조 혁명의 와중에서 선진국을 따라잡기 위해 노력하고 있다. 이러한 혁명은 중국의 산업정책뿐만 아니라 전체 개발도상국의 산업정책에 상당한 어려움을 안겨주고 있다. 세계적인 비즈니스 혁명으로 인해 선진국 대기업의 경제 역량은 사상 유례가 없을 정도로 집중되었다. 이러한 현실에서 볼 때 중소기업의 역할과 시장 경쟁을 강조한 신고전주의 주류 사상이 중국 정책결정자들에게 한치의 오차도 없이 엄청난 영향을 미쳤다는 사실은 흥미로운 역설이 아닐 수 없다.

빅 비즈니스 혁명의 추진력

1990년대, 세계적인 빅 비즈니스 혁명(big business revolution)은 몇 가지 힘의 상호작용에 의해 발생했다.

무역 자유화

GATT하에서 장기간에 걸쳐 더디게 무역자유화가 진행되었음에도 불구하고, 개발도상국의 공산품에 대한 평균 관세는 남아시아의 경우 최고 81%에 이르는 등 1987년 기준 여전히 34% 수준이었다. 선진국의 보호관세는 1950년대 초반 온건한 수준에서 1980년대 말 그보다 낮은 수준으로 떨어졌는데, 당시 평균 6%에 불과했다. 1980년대 이후 무역 자유화는 더욱 가속되었다. GATT하에서 우루과이 라운드는 1985년 시작되어 1993년에 완료되었다. 그러나 우루과이 라운드 종료 이전에 많은 개발도상국은 수입관세를 상당히 줄였다. 우루과이 라운드는 선진국의 기존 관세를 인하하고 개발도상국의 관세를 대폭 인하하는 결과를 낳았다. 이 기간 동안 '시장 접근과 자유무역에서 얻은 이익을 희석시키는' 반덤핑 조치가 상당히 많이 발생했음에도 불구하고 여러 유형의 비관세 장벽 역시 전반적으로 감소했다. 서비스 부문의 무역 및 해외 투자를 비롯해 무역자유화도 상당히 확대되었다. 1990년대 말까지 선진국 서비스 부문의 47%, 개발도상국 서비스 부문의 16%가 수입 자유화되었다. GATT 회원국이 늘어난 이후 WTO 회원국 역시 상당히 확대되었다. 1999년까지 WTO에는 OECD의 핵심 회원국은 물론 110개의 비회원국도 소속되어 있었다.

무역 장벽의 점진적인 감소에 힘입어 장기간에 걸쳐 국제무역이 성장했다. 수십 년에 걸친 세계 무역 성장률은 국가총생산의 성장을 크게 앞질렀다.

그러나 생산 증가와 무역 성장의 불균형은 1990년대에 더욱 두드러졌다. 1980년대 세계 무역은 세계총생산보다 60% 빠르게 성장했으며 1990년대에는 거의 2배의 성장 속도를 기록했다. 개발도상국의 수출 급신장은 생산비가 가장 저렴한 국가에 생산을 할당하고 여러 국가에 가치사슬을 분배하는 세계 경제구조의 변화와 밀접한 관련이 있다. 1990년대 중반 세계 무역의 약 1/3이 세계적인 생산망 내에서 이루어졌다.

자본 흐름 자유화

글로벌 비즈니스 혁명의 핵심은 장기 자금의 국제적인 유동화였다. 외국인 직접투자(FDI)는 1980년대 초부터 1990년대 말까지 엄청나게 증가했다. 1981년부터 1985년까지 연평균 유입액은 고작 480억 달러에 불과했으나 1998년에는 6,440억 달러로 증가했다. 개발도상국의 FDI 유입량은 1984~1989까지 연평균 220억 달러에서 1998년에는 1,660억 달러로 대폭 증가했다. 1984~1989년 개발도상국의 투자율은 20% 미만이었으나 1994년에 40%로 증가했고, 1998년에는 26%로 감소했다. 유입량은 상대적으로 소수의 국가에 집중되어 있었다. 유입량이 가장 많은 3개국은 브라질, 멕시코, 중국으로 1987년부터 1992년까지 개발도상국에 유입된 FDI의 30%를 차지했고, 1998년에는 51%를 차지했다.

개발도상국에 대한 자본 흐름이 현격하게 증가했음에도 불구하고, 대부분의 FDI 흐름은 선진국 내에서 이루어졌다. 선진국은 지속적으로 세계 FDI 유출량의 90%를 차지했고(1987~1992년까지는 93%, 1998년에는 92%) 유입 지분은 보통 세계 총유입량의 3/4을 차지했다. 미국은 FDI 유입량의 최대국으로 1998년 세계 총유입량의 30%를 차지했다.

제2차 세계대전 후 장기간에 걸쳐 세계적으로 일어난 경기 급등은 무역 성장이 생산 증가를 상당히 앞질렀다는 의미에서 '수출이 주도'했다고 할 수 있다. 그러나 1990년대 FDI의 성장은 무역 성장보다 상당히 앞섰다. 1988년부터 1998년까지 FDI는 연간 세계 공산품 수출의 평균 성장률 8%에 비해 매년 15%씩 증가했다. 1990년대, 선진국에 기반하고 있는 기업들의 총매출 가운데 선진국 이외의 지역에서 제조되는 비율이 현격하게 증가했다. 1990년대 초 미국이 소유한 기업의 해외 운용 매출액은 3조 달러 이상으로 미국에서 제조한 공산품의 수출보다 대략 4배가 많았다.

1980년대 이후 국제 단기 자금의 흐름은 점진적으로 자유화되었다. 선진국과 개발도상국 모두 단기간의 자본 흐름이 쉬워졌다. 선진국의 금융 시장은 세계적 금융 시스템으로 하나가 되었다. 정보를 수집, 분석하여 유포시키는 기술이 급속하게 발전함에 따라 금융 혁명이 가속되었으며, 국제적으로 이동하는 수십억 달러의 풀(pool)이 만들어졌다. 국제무역의 성장, 특히 국제 현금 흐름이 가속됨에 따라 외환거래가 급증했다. 1988년 1일 총거래량은 미국의 연간 매출액의 1/6에 상당하는 1조 5,000억 달러였다. 국제적인 단기 자본 흐름의 성장은 주식투자(equity investment)에 할당된 펀드와 선진국 기관투자가의 발흥에서 기인한다. 1995년 이러한 기관투자가는 해외 투자 총액의 1/5에 상당하는 20조 달러를 다루었다.

사유화

10년 전만 해도 경제활동의 방대한 부분을 국가가 직접 소유하고 관리했다. 그러나 민간자본에 국가 경제의 상당 부분을 개방하는 등 사유화가 괄목할 정도로 진행되었다. 유럽 대부분의 국가, 구공산 국가와 개발도상국 등이 통신, 항공, 우편 서비스, 전력, 수송 및 판매, 항공, 방위 무기, 자동차, 석탄, 철강, 공공 수송, 정유 및 석유화학 부문을 사유화했다. 항공, 통신, 발전 및 전력 공급과 같이 이전에 국가가 소유한 서비스 부문은 그것들 간에 치열한 경쟁을 낳으면서 복합 종합 장비 공급 부문이 사유화되는 데 영향을 미쳤다.

공산주의 붕괴

1970년대 말만 해도 세계 인구의 2/5에 해당하는 사람들이 공산 국가에서 살았고 세계 자본이 이 엄청난 잠재 시장에 진입하는 데에는 상당한 제약이 따랐다. 그러나 1990년대 초 공산권 국가들은 전세계 자본을 받아들였다. 이들 국가의 개방화 과정은 자본주의 기업이 성장 발전하는 데 상당한 영향을 주었다. 세계의 넓은 지역을 차지하고 있는 구공산국가는 OECD 국가 제품의 잠재 구매자인 동시에 OECD 국가의 자본을 받아들여 전지구적 생산 기지 확장의 잠재 지역으로 변모했다. 이것은 OECD 국가의 투자자들과 생산기업에 생기를 불어넣는 중요한 자극제가 되었다.

IT

1980년대 이후 IT의 엄청난 변화에 대해서는 뒷부분에서 설명할 것이다. 여기서는 IT 현상이 어떻게 빅 비즈니스 혁명 시대의 중요한 제도적 변화에서 중심에 위치하게 되었는지에 대해서만 언급하고자 한다. 이를테면 IT는 세계적인 자본 시장, 세계적인 공급망 관리, 세계적인 브랜드 개발, 그리고 복합기계장비(complex equipment)의 설계 및 유지보수의 혁명을 촉진시켰다.

이민

대규모 이민은 일반적인 자유화 양상에 상당히 이례적인 영향을 미쳤다. 19세기 말과 20세기 초 이민은 국제 경제에서 중요한 역할을 했다. 대략 6,000만 명이 유럽에서 미국, 오세아니아, 남동부 아프리카로 이민했다. 1, 2차 세계대전 동안에는 이민이 현격하게 감소했다. 가난한 나라에서 부자나라로의 이민이 증가하기는 했으나 그 숫자는 1914년 이전과 비교하면 미미할 따름이다. 1990년대에는 매년 200~300만 명이 이민했고 이민 인구는 전세계 인구의 2~3%로 추정된다. 상당히 많은 여자들이 임시 가정부로 일했으며 매춘을 하는 경우도 많았다. 그러나 이러한 특별한 범주를 제외하고, 가난한 국가의 기술이 전혀 없는 사람이 부유한 국가로 이민 가는 것은 매우 제한적이었다. 허스트(Hirst)와 톰슨(Thompson)은 "세계 노동시장은 상품이나 용역시장과는 다르다. 불법 이민과 전문 인력의 이민을 불문하고 대부분의 국가에서의 통제로 인해 외국인들이 접근할 수 있는 시장은 소수에 불과하다. 반면 상품과 서비스는 노동에 비해 훨씬 자유롭게 움직인다"고 했다.

그러나 고도의 기술을 보유한 사람의 이민은 글로벌 비즈니스 혁명의 제일 중요한 요소가 되었다. 글로벌 비즈니스 혁명의 특징은 선진국, 특히 제3차 기술혁명 산업 부문에서, 고도의 기술을 갖춘 노동력의 수요는 공급에 훨씬 미치지 못한다는 것이다. 개발도상국의 지식집중산업 부문에 종사하는 상당수의 사람들은 선진국 지식집중산업에 종사하기 위해 이민을 간다. 선진국의 경우 고령화와 젊은 세대가 과학과 기술을 기피하는 현상으로 개발도상국의 기술이 뛰어난 인력 자원을 유입하는 데 박차를 가하고 있다.

경쟁 우위를 위한 조건

핵심 사업

1970년대 이후 국제 자본에 대해 폐쇄적이던 국제시장들이 여러 부분에서 폭넓게 규제를 철폐함에 따라 시장 규모는 현격하게 확대되었다. 그 결과 대기업들은 자신들의 특화된 영역만으로도 충분히 빠르게 성장할 수 있는 계기를 얻었다. 이와 같이 글로벌 비즈니스 혁명은 개별 대기업들의 경제활동을 특정 영역으로 특화시키는 기능을 하였다. 대기업들은 '핵심 사업'을 성장시키기 위한 방편으로 '비핵심 사업'을 광범위하게 매각하는 등 자산을 대대적으로 재편했다. 자본주의 국가의 대부분 대기업들은 전세계 시장에서 현재의 위치를 유지하거나 공고히 하는 것을 목표로 삼고 있다. 이것은 경쟁력이 있다고 판단한 부문을 개발하고 향상시키기 위해 R&D와 시장 자원을 집중한 결과였다. 이 기간 동안 세계적인 기업은 R&D와 자본에 상당한 비용을 투자했으며 기업들의 활동 범위는 더욱 전문화되었다. 세계적으로 성공한 기업은 '3위 안에 들지 못한다면 사업을 계속해서는 안 된다'는 신조로 회사를 운영하고 있다.

브랜드

세계적인 빅 비즈니스 혁명 시대에 처음으로 진정한 세계적 브랜드의 출현을 맛보게 되었다. 전세계 소비자의 의식에 침투한 브랜드는 제품의 확산뿐만 아니라 세계화된 매스미디어에 힘입어 세계적인 문화의 폭발을 촉진했다. 소비자에게 브랜드를 각인시키기 위해 마케팅에 수십억 달러의 자금을 쏟아부었다. 이러한 마케팅에는 광고와 같은 가시적인 방법이 있으며, 소비자에게 직접 접근하는 글로벌 마케팅 네트워크를 구축하는 것과 같은 비가시적인 방법이 있다. 또한 이 마케팅에는 상품포장의 지속적인 향상도 포함된다. 브랜드로 굳어진 소비재 상품의 전세계 시장을 선점한 최고의 기업들은 오랜 기간에 걸쳐 세계인의 소비 습관을 길들일 수 있을 뿐만 아니라 강력하고 지속적인 경쟁 우위를 점할 수 있다.

R&D

세계 유수 기업들의 R&D 투자는 인수·합병에 따라 현격하게 증가하고 있다. 세계 300대 기업의 R&D는 1990년대 초반 1,600억~1,700억 달러에서 1998년 2,400억 달러로 급등했다. 세계 유수 기업들의 기술력은 이 시기에 급신장한다. "다국적기업은 경제적으로 유익한 지식과 기술의 세계적 보고이다" (마틴 울프Martin Wolf, 파이낸셜 타임즈). 1994년 미국의 경우 고작 5개 기업이 미국 전체 R&D의 21%를 차지했고, 20개 기업이 41%를, 123개 기업이 68%를 차지했다. 미국 경제에서 민간 부문의 기술 진보와 경제 성장은 소수 과점 기업의 손아귀에 있다. 미국 경제 전반의 기술진보에 있어서 연방정부의 역할도 중요하다. 연방정부가 미국 총R&D의 36%를 차지하고 있기 때문이다. 연방정부의 R&D 자금의 대부분은 민간 R&D 부문을 선도하는 공룡 기업들에게 흘러가고 있다.

IT 지출

빅 비즈니스 혁명 기간에 세계적인 기업들은 IT 하드웨어, 소프트웨어 그리고 서비스에 엄청난 비용을 쏟아부었다. 기업 내, 그리고 기업 간의 데이터 전송은 기술혁명에 힘입어 폭발적으로 성장했다. 해당 투자 부문의 구매능력이 대단히 발전했음에도 불구하고 세계적으로 성공한 기업들의 경쟁 우위는 IT 시스템에 투자할 수 있는 자금력에 기인한다고 할 수 있다. IT 시스템에 투자하면 수많은 부문에서 경쟁 우위를 점할 수 있는데, 대표적인 방법으로 공급업자와 소비자 간의 효과적인 상호작용, 집중화된 세계적 구매 시스템, 종업원 구조조정, 남아 있는 종업원들 간의 효과적인 상호작용, 새로운 IT 시스템으로 분석할 수 있는 데이터를 활용한 심화연구, 효과적이고 우수한 R&D 프로그램, 고객의 모니터링을 들 수 있다.

금융 자원

빅 비즈니스 혁명은 서구 주식시장에서 나타난 장기적인 대규모 주식 급등과 일치했다. 다시 말해 빅 비즈니스 혁명은 기업 인수·합병으로 계속 가속되고 있다. 투자자들, 특히 급성장하는 기관투자가들은 시장을 점진적으로 점유해가고, 세계적인 브랜드를 보유하고, R&D에 많은 자금을 투자하고 있을 뿐만 아니라, 비즈니스 현황을 투명하게 분석할 수 있도록 몇 개의 사업에만 집중하는 세계 유수 기업에 대한 투자 비중을 늘려가고 있다. 이에 따라 주가 상승으로 지배적인 파트너 기업에 주식을 제공하는 형태의 합병이 더욱 촉진되었다. 2000년에 미국과 유럽의 주식시장이 냉각되기 시작할 무렵 이미 대규모의 제도적 변화가 나타나기 시작했다.

산업집중화 현상

대기업이 엄청난 시장 지배력을 장악할 수 있었던 것은 제2차 세계대전 직후였기 때문에 가능했다. 대부분의 전문가들은 1930년대 미국이 매우 집중화되어 있다고 분석한다. 제2차 세계대전으로 말미암아 구소련과 동구유럽, 서유럽 대부분, 그리고 일본의 엄청난 설비가 파괴되었고, 그에 따라 미국의 거대 기업들이 세계 경제를 지배할 수 있었다. 그 후 40년에 걸쳐 일본과 유럽, 그리고 구소련 블록 내의 매출이 급신장했다. 유럽과 일본의 대기업들은 종종 정부의 강력한 직간접 지원을 받으면서 미국 대기업의 지배에 도전장을 내밀었다. 세계적 차원에서 집중화 강도는, 비록 경험적으로 규명하기는 어렵지만, 1940년대 말과 1980년대 중반 사이에 떨어진 것으로 파악된다.

　1990년대 말까지 수많은 산업 부문의 기업에서 고도의 집중화가 발생했다. 기업의 집중화 강도는 1980년대 이후 더욱 심화되었다. 집중화는 세계적인 시스템 통합 사업에서 가장 잘 드러난다. 전세계 시장 점유를 둘러싼 기업 차원의 강력한 집중화 현상은 항공, 방위산업, 제약, 자동차, 트럭, 전력장비, 농기구, 정유 및 석유화학, 탄광, 펄프 및 제지, 양조, 은행, 보험, 광고, 매스미디어 등 다양한 산업에서 나타나고 있다(섹션 2.2 참조).

경제활동의 광범위한 영역에서 익명의 기업들끼리 경쟁하는 대신, 시스템 통합 사업뿐만 아니라 1차 공급자 사이에서도 글로벌 과점경쟁 양상이 나타나고 있다. 세계적인 차원에서 선도기업들은 광범위한 경제활동 영역에서 입지를 확고하게 굳힌 기업들과 계속 경쟁하고 있다.

합병 열풍

기업들이 인수 자금을 조달할 목적으로 늘어난 주식시장의 '부'를 이용함에 따라 합병은 보통 주식 강세 시장의 마지막 단계에서 더욱 강렬해진다. 1990년대 초국가적 인수·합병의 속도는 비약적으로 증가했다. 1992년에 '단지' 1,560억 달러에 상당했던 인수·합병 금액은 1997년에는 1조 1,000억 달러로 치솟았고, 1998년에는 2조 달러로 거의 두 배가 되었으며 1999년에는 3조 달러로 증가했다. 2000년에 마침내 합병 열풍은 누그러지기 시작했다. 1990년대 인수·합병의 폭발적 증가는 21세기로 가는 세계적 경제 시스템의 근본 특징을 형성한다. 미국의 대규모 경제는 이러한 구조의 핵심에 있다.

시장 점유

1990년대 각 산업부문에서 선두 기업들의 시장 점유가 현격하게 증대했다. 시장 점유 현상은 업종에 관계없이 모든 부문에 침투하면서 무시무시하게 증가했다. 대기업 수준에 미치지 못하는 기업들은 가차없이 탈락되었다. 업종에 상관없이 모든 산업 부문이 이러한 현상에 시달렸다. 1990년대에 대기업들은 대규모로 자산을 재편했다. 1980년대에는 광범위한 사업 다각화 과정을 밟았고 1990년대에는 빅 비즈니스 철학과 실천 방법이 현격하게 변화했다. 기업마다 세계적으로 경쟁할 수 있는 부문에 역점을 두기 위해 비핵심 사업을 과감하게 정리했다. 이렇게 함으로써 이전보다 훨씬 한정된 사업 영역에서 세계적인 경제 성장에 집중할 수 있게 되었다. 나아가 집중이 더욱 강화됨에 따라 대기업은 더 많은 자원을 선택할 수 있는 경제활동에 전력을 기울일 수 있게 되었다. 그 결과 각 산업부문에서 소수의 기업이 전세계 매출의 1/2 이상을 차지하게 된 것이다(표 2.1).

표 2.1 비즈니스 혁명 기간 동안 전세계 시장 점유율(1998~2000)

기업명	산업부문	전세계시장 점유율(%)
항공		
보잉	100석 이상의 상용기(여객기)	70
에어버스	100석 이상의 상용기(여객기) 주문	30
롤스로이스	항공엔진	34
GE	항공엔진	52
프랫 앤 휘트니	항공엔진	13
IT		
루슨트	인터넷 및 이동통신 장비	17
인텔	마이크로 프로세서	85
마이크로소프트	PC OS 시스템	
마이크로소프트	비즈니스 데스크탑 컴퓨터 어플리케이션	90
시스코	컴퓨터 라우터	66
	: 하이 엔드(high-end) 라우터	80
코닝	광섬유	50
현대전자	DRAMS	21
삼성전자	DRAMS	20
소니	게임기	67
닌텐도	게임기	29
에릭슨	휴대전화	15
노키아	휴대전화	23

(계속)

기업명	산업부문	전세계시장 점유율(%)
모토로라	휴대전화	20
제 약		
글락소 웰컴/SKB	처방약품	7
	: 중추신경계치료제	12
	: 항생제	17
	: 호흡기 질환치료제	17
	: 천식 질환치료제	31
	: 항헤르페스	49
머크	처방약품	5
	: 콜레스테롤 억제제	40
	: 안지오텐신 전환효소 억제제	30
메트로닉	이식 치료 기술	45
	: 맥박조절계	50+
자동차		
포드/마쓰다/볼보	자동차	16
GM	자동차	15
다임러크라이슬러	자동차	10
폭스바겐	자동차	9
토요타	자동차	9
르노/니산	자동차	9
자동차 부품		
필킹톤	자동유리	25
GKN	등속조인트	40
테네코	충격흡수장치/자동차 배기장치	25
루카스	브레이크 장치	25
보시	브레이크 장치	31
브릿지스톤	타이어	19
미셸린	타이어	18
굿이어	타이어	14
석유화학		
BP 아모코	PTA	37
	아세트산(기술 라이센스)	70
	아세트산(기술 라이센스)	90
복합공정 기계장비		
인벤시스	제어/자동 장치	11
지멘스	제어/자동 장치	10
ABB	제어/자동 장치	9
에머슨	제어/자동 장치	8

기업명	산업부문	전세계시장 점유율(%)
Fanuc	기계 장치 제어	45
쉰들러	리프트	25
오티스	리프트	18
미쯔비시	리프트	13
코네	리프트	9
소비재		
코카콜라	탄산음료	51
P & G	탐폰	48
질레트	면도기	70
후지필름	필름	35
추퍼춥스	사탕	34
나이키	스니커즈	36
포장재		
도레이	폴리에스터 필름	60
Sidel(프랑스)	PET 플라스틱 포장 기계	55
Alcoa/Reynolds	알루미늄	24
전력장비		
GE	가스터빈(1993~98)	34
지멘스/웨스팅하우스	가스터빈(1993~98)	32
ABB/알스톰	가스터빈(1993~98)	21

2.2 빅 비즈니스 혁명 동안에 이루어진 통합

중국이 국가핵심기업을 구축하기 위한 산업정책을 추구하는 동안 세계 산업구조에는 놀라운 변화가 일어났고 이러한 변화로 선진국의 선도기업을 따라잡으려는 중국의 야심찬 계획은 상당한 어려움을 겪고 있다.

항공

항공산업부문의 구조는 매우 집중화된 형태로, 특히 규모와 범위의 경제의 효율성으로 특징지어진다. 1990년대 들어 집중화에 대한 업계의 압력이 더욱 거세졌다. 항공업계는 신형 모델 R&D에 막대한 자금을 투자하는 한편 시스템 통합 기술의 필요성과 함께 공급망의 통합, 브랜드 신뢰 구축의 필요성을 느꼈다.

항공 부문의 치열한 경쟁에서 승리하는 기업은 현재의 시장뿐만 아니라 앞으로 더욱 성장할 대형 시장을 지배하게 된다. 향후 20년에 걸쳐 세계 민간 항공사는 1만 4,000기의 신형 여객기를 구매할 것으로 전망되며 같은 기간 동안 1조 2,000억 달러에 이르는 여객기를 교체할 것으로 전망된다. 냉전 이래 미국과 유럽의 방위 비용은 급감했다. 그러나 방위 시장은 제일 중요한 단일 품목인 군용 항공기가 있는 여전히 엄청난 시장이다. 1999년 미국의 국방비는 2,530억 달러이고, 유럽(NATO)은 1,350억 달러이다. 국제 무기 거래액은 1998년 기준 560억 달러에 이른다. 동아시아는 급신장하는 시장으로, 이곳의 무기 매출액은 1987년 100억 달러에서 1998년 130억 달러로 증가했다.

1990년대에 항공 부문에서 전례 없는 합병이 진행되었다. 미국의 경우 미국방성이 제일 먼저 군용기 합병에 나섰다. 1993년 국방장관은 미국의 방위 및 항공 업계의 최고경영진들을 이른바 '최후의 만찬'이라는 저녁식사에 초대했다. 정부의 승인하에 '파리 목숨 같은 자리를 둘러싼' 엄청난 싸움은 1994년부터 1998년까지 620억 달러에 이르는 인수·합병을 하면서 이어졌다. 이 프로젝트가 끝나면서 항공기 제조업체 부문의 두 선두기업인 보잉과 록히드 마틴만이 남았다.

이 과정에서 가장 두드러진 합병은 보잉과 맥도넬 더글라스와의 합병이었는데, 경쟁 정책에서 사용되는 일반적 잣대로는 이 같은 산업집중화를 설명할 수 없었다. 합병을 반대할 것으로 예상되었던 '미국 행정부'는 오히려 '강력한 지지'를 보냈다. 1996년 12월 합병이 발표되자마자 유럽 항공산업 최고경영진은 '백악관과 펜타곤이 원했기 때문에' 합병이 가능했다고 생각했다. 보잉과 맥도넬 더글라스가 합병한 후, 보잉과 록히드 마틴은 미국 국방성 계약의 1/2을 차지했고 미국 정부의 군용기 판매를 독점하다시피 했다.

1960년대 초 보잉을 비롯한 세 대형 업체인 맥도넬, 더글라스, 록히드가 민간 항공 부문을 지배했고 더글라스와 맥도넬은 1967년에 합병했다. 그러나 록히드와 맥도넬 더글러스는 계속되는 경쟁에서 보잉을 따라잡을 수 없었다. 보잉은 항공 업계에서 가장 앞서 있었기 때문에 계속해서 선두를 유지할 수 있었다. 가장 먼저 록히드가 민간 항공기 부문을 정리했고, 경영 악화가 심각해진 맥도넬 더글러스는 결국 보잉에 합병되었다. 1997년 세계 최대 항공 시장인 미국에서 단일업체인 보잉만이 살아남는 놀라운 일이 벌어졌다. 맥도넬 더글라스와의 합병 후 보잉은 세계 항공 서비스 부문의 84%를 차지하게 되었다. 이러한 합병으로 보잉은 대규모 민간 항공 부문의 독점 기업이 되었고 400석 이상의 여객기를 생산하는 유일한 기업일 뿐만 아니라 록히드 마틴과 달리 군용기와 여객기를 생산할 수 있는 초대형 기업이 되었다.

1990년대 말 유럽은 군용 항공산업이 분산되어 있기 때문에 미국 군용 항공산업에 비해 굉장히 위험한 상황에 처해 있다는 것을 인식했다. 유럽 항공 및 방위산업은 위축되는 시장에서 규모의 경제를 달성하기 위해 합병을 해야만 했다. 유럽의 방위 무기 구매 담당기관은 예산상의 이유로 불가피하게 미국 장비를 구매할 것이고 따라서 유럽 군용 항공산업은 미국이 유럽 시장을 넘보기 전에 통합되어야 하며, 그렇지 않으면 전멸한다고 생각했다. 1988년 영국, 프랑스, 독일을 대표하는 국유 항공사 BAe(영국), 아에로스파티알르(프랑스), 다사(Dasa, 독일)는 단일 경영 체제에, EADS(European Aircraft, Defense and Space Company)로 상장하는 조건으로 통합한다고 발표했다. 이 통합 계획은 전투기, 군용 수송기, 유도무기, 대형 민간 여객기(구조조정된 에어버스를 포함하여), 헬리콥터, 우주 및 방위 전자장치를 총망라한 유럽 항공산업의 모든 부문을 통합하기 위한 것이었다.

1998년 말 BAe는 독일의 다임러크라이슬러(Daimler-Chrysler)와 합병을 코앞에 두고 있었다. 이 신설된 기업이 아에로스파티알가 민영화한 후에 결국 합병될 EADC의 핵심을 이룰 것이라고 여겨졌다. 그런데 합병 논의가 돌연 연기되고 말았다. 1999년 1월 BAe와 GEC-마르코니(Marconi) 가 합병을 선언했던 것이다. 그 결과 방위산업에서 매출액이 세계 3위이고 수익이 세계 2위인 새로운 항공방위 산업체가 출현하게 되었다. 이러한 움직임은 유럽 항공사 통합의 대의 명분에 심각한 문제를 야기시켰다. 1999년 10월 다사와 아에로스파티알르-마트라(Matra)는 EADS라는 새로운 대기업으로 합병될 것이라고 발표했다. 그러나 EADS로의 합병이 BAe 시스템을 포함한 EADC 합병으로 이어질지는 확실하지 않다.

1970년대, 영국을 비롯한 유럽의 다수 민간 항공 제조업체들은 규모가 작았기 때문에 공룡 같은 보잉과 효율적으로 경쟁할 수 없었다. 유럽은 B-747에 버금가는 초대형 항공기 또는 심지어 록히드 트리스타와 맥도넬 더글라스의 DC-10조차도 생산하지 못했다. 미국 항공회사들, 특히 보잉은 급성장하는 제트기 시대를 완전히 장악했다. 그래서 너무 늦기 전에 미국의 항공업체와 어깨를 나란히 할 수 있도록 1970년에 에어버스를 세웠다. 에어버스는 처음에는 프랑스 독일 합작회사로 출발했으나 스페인과 영국이 나중에 합류했다. 에어버스의 기업 구조는 파트너 국가들의 항공산업에서 국가의 주권을 드러내면서 '핵심기업' 을 유지하기 위해 규모와 범위의 경제를 결합한 형태라고 할 수 있다. 에어버스는 일반적 의미의 기업과는 다르다. 즉 에어버스는 결산서를 발표하지 않고 자신의 명의로는 수익과 손실을 보지 않는, '상업적 이익을 위해 결성된 협의체(Groupement d' interest economique)' 였다. 모든 수익은 지분에 따라 곧바로 4개의 파트너에게 귀속되었다. 에어버스의 지분은 아에로스파티알르와 다사가 각각 37.9%, BAe가 20%, 그리고 카사(Casa)가 4.2%를 가지고 있다. 파트너들은 적정배분 원칙에 따라 에어버스제조의 대부분을 수행했고 지분에 따라 작업을 맡았다. 에어버스의 첫 번째 항공기는 1974년에 인도되었다. 1994년 에어버스는 보잉의 주문량을 약간 초과했는데, 보잉은 제트기 시대 이래 처음으로 1위 자리를 내주었다. 비록 보잉이 추가 주문을 받아 곧바로 1위가 되었지만, 1999년 에어버스는 490기를 주문 받아 390기의 보잉을 다시 한 번 제쳤다. 나아가 2000년에 에어버스는 가장 수익이 높은 시장에서 보잉에 직접 도전하기 위해 초대형 A3XXX 여객기를 생산하겠다는 계획을 발표했다. 1996년 에어버스는 오랫동안 끌어왔던 '협의체'를 제한적으로나마 주식시장에 등록하려고 시도했다. 다사와 아에로스파티알르-마트라가 합병을 하게 되면, EADS는 에어버스지분의 80%를 갖게 되고 BAe 시스템즈(BAe Systems)는 20%의 지분을 갖게 될 것이다. 이러한 움직임으로 에어버스가 단일 회사로 전환하는 것은 무척 쉬워졌다. 그러나 지금은 유럽 항공산업의 마지막 단계가 어떻게 될 것이라고 섣부르게 짐작할 수 없는 상황이다.

합병과 인수가 끝난 1990년대 말 대형 여객기 엔진 시장은 프랫 앤 휘트니(유나이티드 테크놀로지 United Technologies), GE 엔진 사업부와 롤스로이스가 지배했는데, 이 가운데 하나가 다른 그룹과 조만간 합병한다는 소문이 무성했다.

부품 공급 산업 또한 급변하고 있다. 세계적인 시스템 통합 사업의 요구에 맞추기 위하여 주요 부품 공급업자들은 R&D에 상당한 자금을 투자하는 한편 규모의 경제를 활용해 비용을 절감함으로써 급성장을 이루어야 했다. 시스템 통합 사업에 제품을 공급하는 1차 공급업체들끼리 합병의 기운이 돌았다. 1997년 5대 항공회사(총매출액 기준) 가운데 두 기업, 유나이티드 테크놀로지와 AS(Allied Signal)는 통합 시스템으로 운영되는 글로벌 기업들에게 항공장비를 공급하는 대표적인 부품업체였다. 1999년 AS는 허니웰(Honeywell)과 합병하겠다고 발표함으로써 업계에서의 위치를 더욱 공고히 했다. 합병으로 전세계 95개국에 12만 명의 직원과 총매출액 250억 달러에 이르는

'세계적인 기술 집결소'인 새로운 허니웰이 탄생한 것이다. 합병 결과 R&D 투자는 거의 8억 달러에 육박했다. 통합된 기업의 최대 단일 사업은 'AS의 비행 안전 제품과 시스템으로 하니웰을 첨단 항공전자 장치에 주력하도록 하면서' 연간 105억 달러에 상당하는 매출을 올리는 항공 부문이다. 꼭 1년 후인 2000년 10월 GE는 GE 엔진 사업부와 최대 항공 부품 사업부를 결합하기 위해 허니웰을 420억 달러에 매입한다고 발표했다.

제약

특허제약 시장 역시 그 규모가 커지고 전세계적으로 급성장하고 있다. 1990년대 들어 전세계 총매출액이 1,500억 달러에서 3,500억 달러로 두 배 이상 증가했다. 특허제약 부문에서 개발도상국의 투자는 미미하다. 선진국이 특허제약 시장을 압도적으로 지배하고 있음에도 불구하고 개발도상국의 앞으로의 시장 성장은 선진국 제약회사에게 매우 중요하다. 동아시아 시장(일본을 제외한)만 200억 달러(전세계 총매출액의 8%)에서 2005년에는 500억 달러로 증가할 것으로 전망된다. 진정한 의미에서 전세계적인 특허제약 시장이 형성되고 있으며, 따라서 이 부문의 기업들은 전례 없는 호기를 맞이하고 있다. 선진국 정책결정자들의 정책에서 제일 중요한 요소는 TRIPS(Trade-Related Intellectual Property Rights, 무역 관련 지적소유권) 협정을 통해 '생명공학' 제품 부문에서 '글로벌 경쟁의 장'을 마련하는 것이다. 특허제약에 막대한 투자를 한 선진국 제약 기업들이 최대의 결과를 얻기 위해서는 개발도상국들에게 이 협정을 실시하도록 강력하게 요구하는 것이 급선무이다.

제약업계는 수십억 달러에 이르는 인수·합병이 연속적으로 이루어지는 등 많은 변화를 겪고 있다. 1990년대 말 업계의 선두업체들은 경제의 규모, 특히 R&D와 마케팅에서 수익을 실현하기 위해 합병 가능성을 지속적으로 타진했다. '합병 열풍'은 1998~2000년에 절정에 달한다. 1998년 초부터 2000년 초까지 세계 최대 제약업체의 절반이 합병을 발표했다.

제약사업에만 주력했던 몇 개의 선두기업은 수시로 국경을 초월한 인수·합병을 통해 1980년대 중반 급성장했다. 이를테면 2000년 초 글락소 (Galxo), 웰컴(Wellcome), 스미스클라인 베크만(SmithKline Beckman)과 비참(Beecham)은 세계 최대 제약회사를 만들 목적으로 단일 거대 회사로 합병했다. 78억 달러에 이르는 스미스클라인 베크만(미국)과 비참(영국)이 제일 먼저 통합하면서 대대적인 합병의 길을 열었다. 1995년 글락소는 웰컴 트러스트(웰컴 주식의 39.5% 소유)와 협의하여 웰컴에 148억 달러를 지불하는 적대적 합병을 했다. 각각의 인수·합병으로 엄청나게 규모가 커졌음에도 불구하고, 글락소 웰컴이나 SKB는 거대 제약회사들의 새로운 장에서 경쟁하기에는 규모가 충분하지 못하다고 생각했다. 2000년 초 두 회사는 매출과 R&D 기준 업계 1등인 새로운 기업으로 합병하게 된다. 새로운 합병 회사는 36억 달러에 이르는 R&D를 비롯하여 세계 특허제약 시장의 7.5%를 차지하게 된다. 신임 CEO 장피에르 가네(Jean-Pierre Garnier)는 "두 회사를 합병함으로써 더 많은 약을 생산하게 되었다. 품질과 규모 면에서 우리를 따라잡을 회사는 없을 것이다. …… 우리는 제약업계의 제왕이 될 것이다"라고 자신 있게 말했다.

세계 유수 화학 기업의 구조가 혁명적으로 변했다는 사실은 전통 제약회사들이 급속히 성장한 것만큼이나 특기할 만하다. 주주가치 추구와 더불어 제약에서 높은 수익을 실현하겠다는 기대, 그리고 제약업이 급성장할 것이라는 예상에 따라 선도적인 화학 기업들은 1990년대 제약업체들의 주력사업인 '생명공학'에 전력을 기울이기 위해 전통적인 화학 사업을 포기하기에 이른다. 1980년대 시바-가이기(Ciba-Geigy)와 산도즈(Sandoz)(두 기업 모두 스위스)는 화학업계에서 상당한 우위를 점하고 있는 세계 최대의 화학 기업이었다. 1996년 시바-가이기와 산도즈는 '전세계의 제약과 화학 업계의 기업 환경을 동시에 변화시키는' 합병과 재분리를 발표했다. 275억 달러에 달하는 두 업체의 주요 사업 합병으로 노바티스라는 세계에서 두 번째로 큰 제약 회사가 등장하게 되었다. 시바-가이기와 산도즈는 노바티스의 '주주가치를 높이기 위해' 특히 성장이 더딘 화학업종을 시바특수화학(Ciba Speciality Chemicals)으로 분리시킨다.

1990년대 초 제약업계는 다른 세계적인 산업과 비교해 볼 때 '이례적으로 분산'되어 있었다. 1994년 상위 10개 회사가 전세계 시장의 28.0%를 차지했고, 1999년에는 43% 이상을 차지하면서 과점 현상이 심화되었다. 나아가 산업 집중도는 총산업 데이터에 나타나는 것보다 훨씬 높았다. 1990년대, 선두 기업들은 저마다 선택한 부문에만 엄청난 R&D를 투자했다. 그 결과 기업들은 잠재적인 경쟁업체들이 따라잡기 어렵도록 높은 진입 장벽을 쌓으면서 경쟁 우위를 강력하게 지켜나갈 수 있었다. 예를 들어 새로 합병한 글락소 웰컴/SKB는 세계 특허제약 시장의 7.3%를 차지했으나 항생제와 호흡기 질환 약품의 경우 전세계 시장의 17%를 차지했다. 하위 범주일 경우에는 선두 기업들의 시장 점유율은 훨씬 높다. 이를테면 글락소 웰컴은 전세계 항헤르페스 시장의 49%를, 천식질환 시장의 31%를 차지한다.

전력장비

세계 발전장비 제조업체들은 앞으로 상당히 성장할 것으로 전망된다. 전세계 발전장비의 연간 주문은 1990년대 중반 80GW에서 2010년에 140GW로 증가할 것으로 예상된다. 증가한 수요량 가운데 50%는 아시아 시장, 20%는 유럽과 CIS(독립국가연합) 시장, 그리고 25%는 미국 시장이 차지할 것으로 본다.

전력장비 제조업체는 규모와 범위의 경제를 상당히 효율적으로 운용한다. 발전소의 핵심 요소인 보일러와 터빈은 거대하며 계속 규모가 커지고 있다. 이 부문의 경쟁 우위는 몇 가지 핵심 요소들에 달려 있다. 선두기업들은 기술적인 발전에 투자할 수 있어야 할 뿐만 아니라 기술적인 리더십을 전세계적으로 유지할 수 있는 능력을 갖추어야 한다. 또한 기술상의 실패를 이겨내는 한편 전력장비 소비자에게 프로젝트 자금을 조달할 수 있는 상당한 재원까지 갖추고 있어야 한다. 나아가 전력 장비가 가동되는 동안 서비스를 제공할 수 있는 능력이 있어야 하고 효율성이 뛰어난 업계 내외의 비즈니스 시스템 통합 사업을 통해 생산가를 낮출 수 있어야 한다. 이 모든 것에 대한 압력이 1990년대에 증가했다.

1980년대까지 선진국은 전력장비 사업을 전략적인 측면에서 중요하게 여겼다. 유럽에는 국유 전력회사에 안정적으로 장비를 납품하는 '핵심기업'이 있었다. 세계화 시대에 전력장비산업은 급변했다. 전력생산은 민영화되었는데, 민영화된 전력회사들은 국유 전력 기업보다 가격을 더욱 의식했고 경쟁이 치열해지면서 전력장비 시장의 성격은 완전히 변해버리고 말았다. 자연히 이 부문의 '핵심기업'에 대한 국가지원도 끊어졌다. 한편, 동아시아 국가들이 본격적으로 산업화되면서 발전소 수요가 급등하는 한편 전세계 전력 수요에 대한 예상 역시 몰라보게 달라졌다. 이같이 급성장하고 점진적으로 개방되는 시장을 놓고 주요 업체들의 경쟁은 더욱 치열해졌다. 이러한 경쟁으로 1980년 이후 전력장비산업 구조에 근본적인 변화가 일기 시작했고, 그뒤 10년에 걸쳐 합병의 물결이 세차게 몰아닥쳤다.

1987년 아세아(Asea, 스웨덴), 브라운 보베리(Brown Boveri, 스위스)는 ABB로 합병했다. 1989년 GEC(영국)와 알카텔(Alcatel, 프랑스)은 에너지와 수송 사업부문을 합병하여 GEA-알스톰(Alsthom, 후에 Alstom으로 개명)을 만들었다. 1995년 현재 세계적인 전력 플랜트 제조업체로는 GE, ABB, 웨스팅하우스, GEA-알스톰, 지멘스 등 5개 기업이 있다. 1997년 지멘스는 웨스팅하우스의 비핵 전력장비 사업을 합병했다. 몇 달 후에 ABB와 GEA-알스톰은 전력생산 사업부문을 합병한다고 발표했다. 신임 CEO 피에르 빌거(Pierre Bilger)는 ABB-알스톰을 '전력 엔지니어링 부분의 유럽 핵심기업'이라고 말했다.

ABB와 알스톰의 합병은 세계 전력장비산업의 전후(戰後) 조직 재편의 마지막 단계였다. 국가 전략상 상당히 중요하게 여겨졌던 전력을 자급자족하고자 설립한 '핵심기업'은 세계적인 경제에 의해 일시에 사라지고 말았다. 세계 3대 전력장비 기업인 지멘스, ABB-알스톰, GE는 현재 세계총생산량의 2/3를 차지하고 있다. 그러나 지배력은 외견상으로 보는 것보다 훨씬 강하다. 최근의 경향으로 볼 때 가스 화력발전소 시장은 매우 중요하다. 일반적으로 온실 가스를 고려할 때 가스 화력발전소가 석탄 화력발전소보다 친환경적으로 인식되기 때문이다. 이 시장에서 3대 기업의 점유율은 거의 90%에 육박한다. 이들 3대 대기업이 21세기 세계 화력발전소 건설 시장을 지배하고 있다. 또한 현재의 규모와 R&D 투자, 전기를 깨끗하고 안전하게 생산할 수 있는 시스템, 비즈니스 시스템 기술을 제공할 수 있는 기술능력, 유지보수 서비스를 통해 장기간 충분한 수익을 올릴 수 있는 전세계를 기반으로 하는 공급업체의 '외곽 조직'을 조직할 수 있는 능력, 그리고 마지막으로 발전소 건설에 자금을 지원할 수 있는 능력을 고려할 때 개발도상국의 전력장비 제조업체를 크게 앞지르고 있다.

정유 및 석유화학

1970년대 말부터 1990년대 말까지 상당한 변화가 일어났으나 1990년대 말 한층 더 근본적인 변화가 전세계 정유 및 석유화학산업을 휩쓸었다. 1998년 8월 BP는 550억 달러의 주식과 부채를 떠맡는 조건으로 아모코를 합병하여 석유산업 부문에서 최초로 최대 합병을 시작했다. 이 그룹은 합병 후 1998년 680억 달러의 총매출을 올리는 등 포춘 500대 기업에서 19위를 기록했다. BP는 아모코와의 합병 발표 두 달 뒤에 주식 전부를 268억 달러에 인수하는 조건으로 아르코(Arco)와의 합병을 체결했다. 오랜 논의 끝에 규제 당국은 2000년 중반에 합병을 승인했다. 1998년 합병된 그룹의 총매출 추정치는 820억 달러로 포춘 500대 기업의 14위였다. BP 아모코 합병 3개월 후에 엑슨과 모빌은 당시까지는 최대의 합병인 864억 달러에 이르는 합병 계획을 발표했다. 엑슨은 이미 1998년 1,000억 달러의 매출을 기록하는 등 정유 및 석유화학 업체에서 세계 최고였다. 모빌은 480억 달러의 매출을 기록하는 등 업계 4위였다. 새로 합병된 회사는 GM(General Motors)과 다임러크라이슬러에 이어 매출 세계 3위가 되었다. 새로 합병된 회사의 추정치 수익은 1997년에 120억 달러였다.

　이러한 대규모 합병으로 중위권에 있는 기업들은 규모를 늘려야 한다는 강박 관념에 시달렸다. 토탈(Total, 프랑스 2위의 정유 그룹)은 70억 달러에 이르는 주식스왑(stock swap)을 통해 페트로피나(PetroFina, 벨기에의 손꼽히는 정유 기업)를 인수하여 토탈피나(TotalFina)라고 회사 이름을 바꿨고 1997년 470억 달러의 매출을 올려 매출액 기준으로 세계 4위가 되었다. 1998년 말 페트로피나와 토탈의 합병 발표가 끝나기 무섭게 토탈피나는 엘프 아키테인(Elf Aquitaine)과 430억 달러에 이르는 적대적 합병을 시도했다. 엘프 아키테인이 인수를 강력하게 반대했으나 몇 개월의 협상 끝에 두 회사는 마침내

1999년 9월 우호적 합병에 합의했다. 합병 후 새 기업은 총매출액을 기준(추정치)으로 포춘 500대 기업 중 20위를 기록하면서 거의 800억 달러의 매출을 올릴 것으로 기대된다. 2000년 말 오랜 논의 끝에 미국 정유업계 2위와 3위의 쉐브론(Chevron)과 텍사코(Texaco)는 430억 달러에 이르는 합병을 체결한다. 이 기업은 매출액 기준으로 포춘 500대 기업 중 30위를 차지하게 될 것이고, 정유 및 가스 매출액은 '3대 업체'(엑슨, 쉘, BP)에 근접할 것이다.

1998~1999년의 합병은 경쟁 환경에 근본적인 변화를 일으켰다. 다시 말해 '수퍼-메이저' 그룹을 탄생시켰다. 합병 그룹들은 엄청난 규모에 힘입어 전세계에 산재한 고품질의 원유 및 가스 포트폴리오를 구축할 수 있고, 다른 기업에 우위를 점할 수 있도록 엄청난 자금을 R&D에 투자할 수 있으며, 통합된 세계적 마케팅 능력을 개발할 수 있었다. 뿐만 아니라 가치사슬을 좀더 통합할 수 있는 대규모의 IT 시스템에 투자하고, 나아가 세계적 브랜드를 개발하며, 구매 규모에 힘입어 생산을 위한 투입과 관련된 모든 것을 저렴하게 구매할 수 있는 잠재력을 가지게 되었다. 1997년과 1998년 사이에 일어난 세계 정유 및 석유화학산업의 합병 열풍으로 세계적인 기업과 개발도상국 기업 간의 제도적, 기술적 격차는 더욱 커지게 되었다.

자동차 및 부품

1990년대 세계 자동차 시장은 국제 경쟁과 자동차 생산의 국제화라는 새로운 전기를 마련했다. 이제는 생산비가 저렴한 제조업체만이 생존할 수 있을 뿐이다. 규모가 비용 최소화보다 중요해졌다. 대규모 기업만이 효과적인 경영과 R&D의 단위 비용, 자동차 개발 비용, 마케팅 및 구매 비용을 절감할 수 있기 때문이다. 상당히 적극적인 기관투자가와 국제 자본 시장의 자유화가 결합되자 기술능력이 떨어지는 자동차 업체는 비용 감소를 통해 기술을 개발해야 한다는 중압감을 느끼는 한편 시장에서 가차없이 밀려 나갔다. 자동차산업은 1990년대 말 다임러크라이슬러의 합병, 포드의 볼보 인수, 르노의 닛산 지분 확보 등을 비롯한 대규모 인수·합병의 단계에 진입했다. 2000년 세계 7위 내의 제조업체들은 모두 연간 450만 대 이상을 생산했으며, 모두 합치면 세계 총매출의 2/3를 차지했다. 1990년대 트럭산업 부문에서도 합병과 인수가 연이어 일어났다. 트럭 제조업체의 수는 1975년 40개에서 1990년대 말 20개로 감소했고 1999년 상위 5개 업체의 시장 점유율은 54%로 증가했다.

자동차 부품 생산 구조는 10년 전에 대변혁을 시작했으나 완료는 아직까지도 요원해보인다. 10년 전 유럽과 미국 부품의 상당량은 매우 잘 통합된 '포디스트' 기업이 생산했다. 보통 외부에서 구매하는 그러한 부품들은 국제 매출은 적고, 주로 국내 자동차 메이커를 생산하는 몇 개 그룹이 공급했다. 자동차산업에서 부품산업을 근본적으로 변화시키는 몇 가지 큰 변화가 일시에 일어났다. 전세계 부품산업의 공통적인 변화는 세계적인 대형 자동차 조립업체들이 부품 업체에게 비용감소에 대한 가차없이 압력을 가한다는 사실이다. 그 결과 조립업체의 합병이 부품 제조업체의 합병을 촉진시키면서 조립업체로부터 제1차 부품 제조업체까지 '케스케이딩 효과(cascading effect)'를 창출한다. 1차 부품 제조업체는 세계적인 차원에서 더 큰 규모로 발전해나감으로써 이러한 압력을 이겨낼 수 있을 뿐이었다. 전세계의 자동차 부품 제조업체는 1990년 3만 개에서 2000년에는 8,000개로 감소했으며, 향후 6~8년이 지나면 업계를 지배하는 30개의 '대형 공급업체'와 함께 2,000개로 감소할 전망이다. 부품산업의 10대 기업은 100억 달러에서 300억 달러 사이의 매출을 올리고 있다. 1998년 업계 선도기업인 보쉬(Bosch)는 21억 달러를 R&D에 투자했다. 업계의 여러 부문에서 집중화 정도는 상당히 높아졌다.

예를 들어 2000년 10대 기업이 자동차 소모품 세계 시장의 50%를 차지했고, 2대 기업이 자동차 에어콘 시장의 50%를 3대 기업이 타이어 시장의 3/5을 차지했다.

철강

세계 철강산업은 1990년대 중반 연간 2,500억 달러의 매출을 기록했다. 철강은 건축, 자동차, 포장, 철선, 기계 엔지니어링, 전자제품 등 주력 산업에서 중요한 역할을 하고 있다. 세계 철강 매출은 1947년의 1억 3,500만 톤에서 1974년 7억만 톤으로 증가했다. 1997년의 세계 경제위기로 매출이 1998~99년 6억 9,000만 톤으로 감소했으나 2005년에는 7억 6,000~7억 7,000만 톤으로 회복되고, 2010년에는 8억~8억 5,000만 톤으로 증가할 것으로 내다본다. 철강 생산의 지역 유통이 급변하고 있는데, 이 현상은 당분간 지속될 전망이다. 이러한 선진국의 장기 매출은 연간 3억만 톤 정도를 유지할 전망이며 선진국의 장기간의 매출 안정과 함께 두 가지 극적인 변화가 일어났다. 첫째, 구소련의 철강산업이 몰락했다. 구소련은 1980년대 초반만 해도 세계 매출의 21%를 차지했으나 1996년에는 단지 10%밖에 되지 않았다. 둘째, 1974년에서 1996년까지 20년간 세계 매출은 7%에서 30%밖에 성장하지 못했으나 개발도상국의 7대 주력 기업들은 5배나 성장했는데, 주요 성장지역은 동아시아이다.

철강산업 기술은 급속하게 발전하고 있다. 그러나 최근에 철강과 경쟁할 수 있는 알루미늄, 콘트리트, 플라스틱과 같은 자재의 사용이 급증함에 따라 철강산업의 입지가 좁아지고 있다. 이러한 시장 압력에 대응하여 철강산업은 자동차와 포장용 경량 강철에 대한 새로운 기술을 개발하는 한편 건축산업용 강철을 새로 개발했다. 선도적인 강철산업 기업들은 경쟁력 있는 가격에 개선된 품질의 자재를 요구하는 고객들을 충족시키기 위해 주요 고객들과 더욱 밀접한 관계를 유지하고자 한다.

전통적인 철강산업은 플랜트 차원의 경제로 잘 알려져 있다. 또한 수많은 제품과 플랜트에 걸쳐서 R&D와 마케팅 노력을 적용하는 것과 같은 멀티플 플랜트 운용과 관련해 중요한 '범위의 경제'가 작용한다. R&D 응용, 제품과 플랜트에 대한 마케팅 노력처럼 운영과 관련된 범위의 경제가 작용하는 것이다. 개발도상국 철강산업의 '선진국 따라잡기'와 관련한 가장 중요한 사례는 대기업 주변에서 찾을 수 있다. 초기 미국 철강산업의 발전은 앤드류 카네기(Andrew Carnegie)의 US철강과 관련이 깊다. 1901년 US철강의 미국 시장 점유율은 조강의 경우 66%, 철강 레일의 경우 60%, 구조물의 경우 66%, 철강판과 철강 시트의 경우 65%, 그리고 선재(wire rod)의 경우 78%였다. 일본의 산업화는 일본제철의 발흥과 매우 관련이 깊다. 1970년 신일본제철은 후지철강과 야와타철강을 합병했다. 신일본제철의 매출액은 일본 총매출액의 2/5를 차지했으며, 1997년에는 2,800만 톤을 생산하여 세계 최대 철강 생산업체가 되었다. 1968년에 대한민국 정부가 세운 포스코는 조선, 자동차, 전자 및 건축산업의 급성장에 필요한 철강을 공급했으며, 1990년대에는 2,800만 톤을 생산하여 신일본제철을 따돌리고 1위가 되었다. 포스코는 규모 면에서 세계 1위일 뿐만 아니라 통합 대기업 가운데에서 생산비가 가장 낮다.

제2차 세계대전 이후 유럽 국가들 대부분은 철강을 핵심 전략 부문으로 여겨 철강산업을 국유화했다. 1990년대 말 민영화 물결은 외국 철강회사와의 인수나 합병에서 면제되었던, '핵심기업' 시대의 종언을 알렸고 곧바로 대규모의 국제적인 합병이 연속해서 일어났다. 세계적인 기업이 되겠다는 야망을 가진 소수의 강력한 '유럽 핵심기업'이 탄생했다. 1990년 브리티시 스틸과 후고벤스가 합병하여 코러스를 설립했는데, 종업원 수 7만 명에 합병 금액은 150억 달러에 이르렀으며, 2,300만 톤을 생산하여 세계 3위의 기업이 되었다. 1998년 유지놀은 코크릴 샘브렐(Cockerill-Sambrell, 벨기에)을 인수했는데 그 결과 2,300만 톤을 생산하여 세계 3위의 기업이 되었다. 1997년 크룹스 허쉬(Krupps-Hoesh)는 티센(Thyssen)과 대규모로 적대적 합병을 시도했다. 열띤 논쟁을 벌인 끝에 두 회사는 결국 종업원 18만 명, 인수비 330억 달러에 이르는 우호적 합병에 합의하여 거대한 강철 및 엔지니어링 회사를 만들었고 독일 최대 기업이 되었다. 1997년 티센 크룹스는 조강 1,700만 톤을 생산하여 세계 4위가 되었다. 2001년 초 유지놀은 아베드(룩셈부르크), 아체랄리아(Aceralia, 스페인)와의 합병을 발표했다. 이렇게 탄생한 기업은 연간 조강 4,500만 톤을 생산하여 '경쟁업체를 훨씬 앞섰고 유럽과 세계 철강산업은 완전히 탈바꿈' 하게 되었다.

철강업계의 지각을 변동시킬 수 있는 움직임이 1999년 아시아 환란 위기에 대응해 일어났다. 포스코와 신일본제철은 '적대적 인수 방어 동맹' 계획의 일환으로 서로의 지분을 매입했다. 포스코와 신일본제철은 장기간에 걸쳐 공조 관계를 맺어왔다. 주식 스왑이 두 거대 기업 간의 깊은 제휴를 예고하는 것이라면 세계 철강산업의 제도적 구조는 엄청난 변화를 겪게 된다. 모건스탠리 딘위터(Morgan Stanley Dean Witter)는 이 같은 제휴가 이루어지면 "지역적 지배(regional dominance)는 대부분의 제조업체들이 지배가 시작된 것을 알기도 전에 끝날 것"이라고 내다본다.

얼핏 보면 세계 철강산업은 여전히 집중화되지 못한 듯하다. 최근 국가 간 합병이 진행되고 있음에도 불구하고, 10대 기업은 여전히 세계 총매출의 22%만 차지할 뿐이다. 그러나 좀더 자세히 살펴보면 집중화 수준이 처음에 나타났던 것보다 높은 것을 알 수 있다. 중국이나 구소련은 철강산업의 세계적인 합병과 인수에 적극적으로 나서지 못했다. 세계 5대 기업은 중국과 구소련을 제외한 세계 철강 생산의 19.1%를 차지하고 10대 기업은 31%를 차지한다. 나아가 상이한 제품을 분석하면 심지어 총계 분석의 사례보다 집중화 수준이 높게 나타난다. 이를테면 스테인레스 철강의 경우 티센 크룹스와 유지놀은 세계 제일로서 전체 생산량의 1/4을 차지한다.

철강산업은 기술 수준이 높은 항공산업이나 R&D 비용이 많이 들어가는 특허제약 부문, 그리고 세계적인 브랜드를 만들기 위해 엄청난 투자가 필요한 음료수 산업에 비해 개발도상국이 더 빨리 '선진국 수준이 될 수 있는' 가능성이 많은 부문처럼 보인다. 그러나 심지어 이 부문에서조차 개발도상국의 기업들은 여전히 커다란 문제에 봉착해 있다. 다시 말해 다른 산업에 비해 기술적 진보가 천천히 진행되기는 하지만 여전히 중요한 영역, 특히 특수강의 경우처럼 선진국과 개발도상국 기업 간에 엄청난 기술적 차이가 있는 고부가가치 제품과 공정이 있기 마련이다. 선진국의 세계적인 기업들은 최근 고객과의 거래 방법을 상당히 발전시켰다. 합병·인수가 봇물처럼 터지던 1990년대, 산업 주도권은 여전히 선진국 철강 기업이 이끌고 있었다. '선진국 철강' 기업들은 자동차 및 음료회사 등 철을 많이 사용하는 세계적인 대기업의 요건을 확실하게 파악했다. 그래서 가장 수익이 높은 시장을 소수의 업계 리더가 장악하게 되었다. 철강산업은 두 부분으로 빠르게 분리되고 있다. 즉 저품질 저부가가치품을 생산하여 국내 시장만을 목표로 삼는 기업과 고부가가치에 고수익 제품을 생산하는 세계적인 기업으로 나눠지고 있는 것이다. 개발도상국 기업들은 철강산업의 고부가가치 시장에서 상당히 힘든 경쟁을 하고 있다.

석탄

석탄은 1996년 세계 1차 에너지 소비의 27%를 기록하는 최대의 에너지원으로 손꼽힌다. 확인된 매장량은 현재 소비 수준으로 볼 때 250년 정도 쓸 수 있을 것이다. 심지어 미국에서조차 여전히 에너지 소비의 24%를 넘는다. 중국의 경우는 석탄이 1차 에너지 소비의 76%를 차지한다. 중국에서 환경 문제가 고조되고 있음에도 불구하고, 석탄은 상대적으로 매장량이 많고 가격이 저렴하기 때문에 가까운 미래에 중국 전력산업의 대표적인 연료가 될 것이다.

석탄의 국제무역은 급성장하고 있다. 석탄의 국제 무역량은 1973년의 2,000만 톤에서 1995년 2,400만 톤으로 증가했으며, 2010년에는 5,000만 톤으로 늘어나 세계 매출량의 10%에 이를 것으로 예상된다. 화력발전소가 많아짐에 따라 수요가 늘어나기 때문이다. 아시아는 세계 무역 석탄 수요의 47%를 차지하고 있으며, 2010년에는 60%로 증가할 전망이다. "아시아의 수요 성장은 놀랄 만하다. 일본, 대한민국, 대만에서 효율성이 높고 환경 친화적이며 기술적으로 향상된 최신 화력발전소가 엄청나게 증가하면서 아시아 시장은 제조업체들이 수요를 가까스로 맞출 정도로 급성장하고 있다"(파이낸셜 타임즈). 석유와 천연 가스가 상대적으로 부족하기 때문에 동아시아에서 석탄의 경쟁력이 매우 높은 것이다.

대부분의 산업이 제도적인 변화를 겪고 있는 것과 비교해 볼 때, 석탄산업은 세계적인 합병과는 동떨어져 있는 부문처럼 보인다. 그러나 석탄산업 역시 합병의 영향이 미치고 있다. 핵심 사업에만 주력하는 다른 부문의 경향에 따라 석탄회사들 역시 비핵심 사업을 정리하고 석탄 부문에서 합병을 시도하고 있으며, 인수·합병으로 세계적 석탄 기업이 출현하게 되었다. 1990년대 말 석탄산업에도 합병이 확대되어 인수·합병 금액은 1997년에 170억 달러,

그리고 1998년에는 최고로 많은 260억 달러에 이르렀다. 사실 석탄 부문의 경우 세계 총생산량의 5%를 넘는 기업은 하나도 없다. 그러나 석탄산업에서 인수·합병이 급속히 확대됨에 따라 진정한 의미의 세계적인 석탄 기업이 모습을 보이고 있다. 리오 틴토(Rio Tinto), 앵글로 아메리칸(Anglo American, 원래는 남아프리카공화국 석탄회사이나 영국에 상장하여 거의 영국기업이 됨), 빌리티온(Billition, 앵글로 아메리칸과 동일) 등의 강력한 석탄회사들이 문자 그대로 고부가·고품질 연료탄의 국제교역을 과점하고 있다.

　세계적인 석탄산업에서 경쟁 우위는 주로 규모와 경영 기술에 달려 있다. 규모가 있어야 세계적인 석탄 기업이 될 수 있을 뿐만 아니라 전세계에 저렴한 비용의 석탄광을 건설할 수 있다. 또한 위험을 줄이고 주요한 시장을 확실하게 확보할 수 있다. 세계적인 석탄 기업들은 광산을 살 수 있고, 탐사와 자원 평가에 투자할 수 있으며, 정부와 협상할 수 있고, 복잡한 토지 권리와 환경 문제를 다룰 수 있을 뿐만 아니라 전세계 광산을 효율적으로 관리할 수 있는 풍부한 재원을 보유하고 있다. 나아가 전세계에서 장비를 대량으로 더 많이 구매할 수 있으며 마케팅 채널 및 전문지식을 충분히 활용하고 있다. 다국적 석탄회사는 국내 기업에 비해 노동력을 최소 비용으로 활용할 수 있는 강점도 누리고 있다.

2.3 '외곽 조직' : 일찍이 없었던 더욱 확대된 조정 및 기획 영역

기업을 법적 소유자가 아니라 자원을 효과적으로 분배하는 의식적 조정자로 본다면 아웃소싱과 분사 등의 글로벌 경제 혁명기를 거치면서 대기업이 핵심 기능을 상실하여 '속이 비었다'거나 '규모가 작아졌다'기보다는 오히려 엄청난 규모로 그 기능이 커졌음을 알 수 있다.

대기업들의 기능이 분리되면서 이들을 둘러싼 수급업체들로 구성된 가치사슬 조직들도 급격한 조정을 거쳤다. 광범위한 비즈니스 활동에서 가치사슬 조직은 종합적으로 계획·조정된 활동을 개발했다. 이러한 활동의 중심에 바로 핵심 시스템 통합 사업이 있다. 시스템 통합 사업은 여러 가지 핵심 속성을 결합했다는 특징을 가지고 있다. 여기에는 새로운 대형 프로젝트를 위한 자금 조달 능력, 기술 리더십을 유지하기 위한 높은 R&D 투자, 세계적인 브랜드를 개발할 수 있고 첨단 IT에 투자할 수 있으며 최고의 인적 자원

유치에 필요한 자원이 포함된다. 핵심 시스템 통합 사업은 빠르게 움직이는 소비재부터 항공 제조 부문에 이르기까지 전 사업 부문에 걸쳐 공급과 수요 가치사슬의 주요 부분에서 깊고도 친근하게 교호한다.

핵심 시스템 통합 사업과 1차 공급업체의 관계는 가격 관계 이상으로 발전하고 있다. 또한 전사업 부문에 걸쳐 선도적인 1차 공급업체는 핵심 시스템 통합 사업자와 장기간의 '파트너' 또는 '제휴' 관계를 맺게 된다. 핵심 시스템 통합 사업자는 신뢰할 파트너이자 장기간의 관계를 맺기로 합의한 공급업체를 선택하여 적극적으로 활동한다. 이러한 관계에서 신뢰는 매우 중요하다. 심지어 경우에 따라서는 관계의 가장 근본적인 양상은 서면 계약으로만 정의되지 않는다. 최근 시스템 통합 사업자는 세계적인 구매 기관들과 폭넓은 관계를 유지하고 있는데, 이러한 사실은 시스템 사업 통합자가 중앙 계획에서 상당히 중요한 역할을 하고 있음을 보여주는 것이다. 선도적인 1차 공급업체는 시스템 사업자와의 밀접한 관계 때문에 자신들의 사업은 장래성이 있다고 주장하며 이를 사업 기반을 공고히 하는 데 활용하고 있다. 시스템 통합 사업자와 공급 기업들 간의 끈끈한 관계의 핵심 양상에는 다음 사항들이 포함된다

첫째, 선도적인 1차 공급업체는 핵심 시스템 통합 사업자의 위치와 관련하여 플랜트 위치를 치밀하게 계획한다. 즉, 포장 업체가 특송업체나 신선도를 유지해야 하는 제품 제조회사 가까이에서 포장 재료를 공급하듯이 선도적인 자동차 부품업체는 자동차 제조회사 바로 옆에서 재빠르게 그들의 요구에 부응하고 있다. 제휴한 공급업체들이 핵심 제품을 직접 시스템 통합 사업자에게 공급하는 것은 다반사다. 둘째, 제휴한 공급업체가 시스템 통합 사업자를 통해 자체적으로 제품을 생산하는 경우가 증가하고 있다. 일반적으로 데이터 시스템이나 심지어 여행사 등의 선도 서비스 공급업체는 시스템

통합 사업의 범위 내에서 물리적인 작업을 한다. 특정한 기업의 1,000명이 넘는 종업원들이 시스템 통합 사업 내에서 물리적으로 전문기능을 수행하는 경우도 있다. 셋째, 선도적인 1차 공급업체는 핵심 통합 사업자의 예상 필요성을 긴밀히 의논하여 R&D를 계획한다. R&D의 증가 부분은 중소기업과 계약한다. 이는 보통 시스템 통합 사업자의 면밀한 관리하에서 진행된다. 넷째, 제품개발은 시스템 통합 사업자와 밀접하게 공조한다. 이는 거대한 항공기의 항공엔진 설계와 마찬가지로 플라스틱 병이나 캔처럼 빠르게 움직이는 소비 제품의 포장 디자인 개발에도 적용될 수 있다. 마지막으로 새로 개발된 정보시스템을 통해 정확한 제품 사양서를 즉시 선도 공급업체와 교환한다. 제품 생산에 필요한 모든 자원이 필요하고 시스템 통합 사업자의 재고가 조금밖에 없을 때, 필요한 모든 자원이 적시에 공급될 수 있도록 선도적인 1차 공급업체의 제품과 공급 스케줄은 시스템 통합 사업자와의 철저한 공조하에서 진행된다.

시스템 통합 사업자는 가치사슬을 통틀어 비용을 최소화할 목적으로 정보를 제공하기 위하여 가치사슬 어디에나 침투한다. 또한 가치사슬 전반에 걸쳐 시스템 비용을 줄이기 위하여 지식 공유를 확실히 해야 한다는 강력한 동기를 가지고 있다.

시스템 통합 사업자의 기획은 또한 수요에까지 확대된다. 항공기, 발전소부터 자동차나 건설중장비에 이르는 복합 자본재(capital goods) 제조업체는 제품의 수명이 다하는 한까지 제품 유지에서 파생될 수익 흐름에 계속 관심을 가진다. 새로운 IT는 최적의 서비스 스케줄을 구축하기 위해 시스템 통합 사업자에게 지속적인 피드백을 하는 한편 복합 상품의 성능을 확인하기 위해 계속해서 사용되고 있다. 이 같은 침투성 프로세스를 통해 시스템 통합 사업자는 자신의 제품을 사용하는 광범위한 회사에 깊게 침투한다. 그러나 기업의 수요망 침투가 복합 자본재에만 한정되는 것은 아니다. 시스템 통합 사업자는 신속하게 움직이는 소비재 부문에서 물류 비용을 최소화하기 위해 전문 물류업체와 유통 프로세스의 공조를 유지한다. 또한 판매 프로세스 조직에서 기술적 효율성을 높이기 위해 소매점 체인과 테마 파크, 영화관, 정유 회사(주유소는 비석유 제품을 판매하는 주요 장소가 되었다), 패스트푸드점 등 기타 판매점과 밀접하게 공조하고 있다. 이제 소비재 시스템 통합 사업자는 소매망 내에 자신들의 전문가를 보유하고 있는 경우가 많다.

최근 IT의 발전에 힘입어 시스템 통합 사업자가 수행하는 기획 기능이 확대됨에 따라 대기업의 경계가 상당히 모호해졌다. 광범위한 분야의 핵심 시스템 통합 사업자들은 소유권의 측면에서 볼 때 관련 법인의 영역 밖에서 광범위한 비즈니스 활동의 조정자가 되었다. 관계는 가격 관계 이상으로 확대된다. 경쟁 우위를 개발·유지하기 위해 시스템 통합 사업자는 장기간의 기획부터 매일매일의 생산과 인도 스케줄에 대한 면밀한 관리에 이르기까지 비즈니스 활동에 밀접하게 관계하면서 장기간의 기획 수요 및 공급 가치사슬에 깊숙하게 침투한다. 그러므로 시스템 통합 사업자가 경쟁 우위를 지키기 위해서는 전체 시스템을 아우르는 비용을 최소화하기 위하여 전체 가치사슬의 이익을 고려해야 한다.

수직적으로 통합된 오래된 대기업의 경우 종업원이 수십 만 명에 달하는 경우가 많다. 이를테면 1990년 종업원 수 기준으로 세계 최대의 기업인 GM에는 75만 명의 종업원이 있었다. 세계 100대 다국적기업(해외자산 기준으로) 가운데 51개 기업이 10만 명 이상의 종업원을 두었다. 구조조정의 영향과 비용 절감을 혹독하게 추구함에 따라 1980년대 이후 대기업의 평균 규모는 몰라보게 작아졌다. 하지만 작아졌다고 할 수도 없는 것이, 1998년 포춘 500대 기업(매출액 기준) 가운데 5만 5,000명의 종업원을 둔 기업이 중간 규모에 해당했으며, 50만 명이 넘는 기업이 5개였고, 27개 회사가 20~50만 명, 그리고 88개 회사가 10만~20만 명이었다. 합병 후 상당한 구조조정을 실시했으나 합병된 기업의 총 종업원 수가 증가하기도 했다. 핵심 시스템 통합 사업자의 기능은 직접 제조에서 기업이 세계적으로 발전할 수 있도록 기획하는 브레인 역할을 하는 것으로 빠르게 변했으며 국내 시장 외부에서 일하는 종업원 비율은 몰라보게 증가했다. 그러나 세계의 선도기업들은 매출액뿐만 아니라 직접 고용의 측면에서도 여전히 거대했다. 고용 상태는 여전히 거대하지만, 매출액이 급증하는 것에 비하여 조금밖에 늘어나지 않았거나 심지어 약간씩 줄어들고 있다.

예전의 자동화 라인을 바탕으로 한 '포드'식 대량생산 체제에 따라 수직으로 통합된 대기업의 경우 부서들이 저마다 상당한 자율권을 가지고 있었기 때문에 하위 단위의 업무 능력을 파악하는 것이 쉽지 않았으며 따라서 그 문제에 대해서 폭넓은 논의가 있었다. 그러나 그보다 더욱 힘든 것은 다국적기업의 경우 해외 지사의 업무 능력을 파악하는 문제이다. 일반적으로 주요 다국적기업의 해외 지사는 상당한 정도의 업무 자율권을 가지고 있다. 선두 다국적기업의 기업 구조는 상당한 독립권을 가진 영주를 둔, 봉건 제도에 비유되곤 한다. 그런데 IT에 힘입어 세계적으로 기업 능력을 면밀하게 파악할 수 있는 가능성이 훨씬 높아졌다. 업무 능력을 지속적으로 파악하기 위해 많은 기업이 채택하는 단위 사업별로 조직을 나누는 '사업부제 조직' 구조는 몇 년 전에는 도저히 불가능했다.

최근 글로벌 비즈니스 혁명으로 가치사슬을 아우르는 시스템 통합 사업자들은 비즈니스 활동을 상당히 의식적으로 계획할 수 있게 되었다. 대기업은 수십억 달러, 또는 수백억 달러에 달하는 구매를 할 수도 있다. 총구매에는 핵심기업의 종업원들보다 훨씬 많은, 시스템 통합 사업자를 위해 '일하는' 정규직에 버금가는 종업원을 고용하는 기업에서 구매하는 것도 포함될 수 있다. 이 밖에도 시스템 통합 사업자들이 공조하는 엄청난 공급 비즈니스 활동 영역이 있다. 10만~20만 명의 종업원을 둔 업계의 선두 시스템 통합 사업자는 핵심 기업을 위해 중요한 작업을 공조한다는 의미에서 시스템 통합 사업자를 '위해 일하는' 추가적인 40만~50만 명 이상의 정규직 종업원과 맞먹는 종업원을 쉽게 확보할 수 있다. 이런 의미에서 볼 때, 현대 세계적인 기업을 둘러싸고 비즈니스 활동을 통해 협조하는 공조 비즈니스 활동을 하는 기업의 '외곽 조직'이라고 할 수 있다.

기획과 공조 활동은 큰 규모의 개별 시스템 통합 사업자 이상으로 확대된다. 선도 1차 공급업체와 물류 등의 공급 프로세스와 공조 작업은 상이한 분야이지만 경제활동이 동일한 기업의 공조를 포함한다. 이를테면 선도 소비재 기업은 알루미늄이나 강철 캔 제조업체의 선두그룹과 밀접하게 작업할 수 있다. 동시에 동일한 알루미늄 제조업체가 항공 및 자동차의 세계적인 시스템 통합 사업자들과 밀접하게 공조할 수도 있다. 선도적인 고부가가치 철강업체는 다른 한편으로 고품질 강철 캔의 공급 분야에서 선도적인 소비재 기업과 밀접하게 공조하여 작업할 수도 있고, 세계적인 자동차 제조업체와 밀접하게 공조하여 작업할 수도 있다.

시스템 통합 사업에 의한 기획 및 공조 활동의 좀 더 극적인 확장은 해당 부문에서 가장 강력한 기업 그룹에 의한 광범위한 온라인 구매망의 설립이다. 이 같은 프로세스를 처음으로 발표한 사업부문이 바로 자동차산업이다. 2000년 초 GM, 포드, 르노 및 다임러-크라이슬러는 부품(코브신트 Covsint로 명명한)을 구매하기 위해 세계 최대의 전자시장을 세우겠다고 발표했다. 이들 자동차산업은 전자 시장을 통해 수백 만 달러에 달하는 부품을 직접 구매하게 된다. 이후 항공, 에너지, 심지어 철강 부문에서도 유사한 움직임이 나타났다. 이 같은 움직임은 경쟁 기업은 말할 것도 없고 업계 전반에 상당한 영향을 미치고 있다. 다시 말해 비즈니스 활동을 아우르는 기획과 공조 활동의 시대가 열리고 있음을 알려주는 것이다.

2.4 비즈니스 혁명을 선도하는 기업들의 지역분포 불균형

여기서는 세계적인 빅 비즈니스 혁명을 지배하는 기업들이 전지역에 골고루 분포하지 못하는 이유를 자세하게 살핀다. 세계 선도기업의 기반이 심각한 지역 불균형을 보인다는 사실은 국제관계에서 대단히 중요한 문제이다. 이러한 불균형과 불균형이 더욱 확대되는 상황을 제대로 인식하지 못할 경우 개발도상국과 선진국의 경제 협정에 대해 협상하고 그것을 실현하는 것은 더욱 어려워질 것이다.

선진국 기업들의 지배

세계 인구의 소수가 살고 있는 지역이 세계적인 빅 비즈니스 혁명을 실제로 주도하고 있다. 단지 세계 인구의 16%만이 선진국에 살고 있다. 그러나 1997

년 선진국은 세계 시가총액의 91%, 매출액을 기준으로 포춘 500대 기업의 95%, 시가총액을 기준으로 FT 500대 기업의 97%, 그리고 R&D 기준으로 세계 300대 기업의 99%를 차지하고 있다. 개발도상국은 대규모 국제 비즈니스의 세계적인 경쟁에서 상당히 불리한 입장에 있다. 전세계 시장을 지배하기 위한 출발점부터가 불리했다. 개발도상국의 인구는 세계 인구의 84%를 차지하지만 포춘 500대 기업 가운데 고작 26개의 기업과 FT 500대 기업 가운데 16개 기업만이 개발도상국에 본사를 두고 있으며, 15개 기업만이 '국제 경쟁력'을 갖추고 있다.

미국이 주도하는 글로벌 비즈니스 혁명

글로벌 경쟁의 장이라는 세계화 레이스의 '출발점'에서부터 엄청난 불균형이 존재할 뿐만 아니라 빅 비즈니스 혁명이 일어나는 선진국 간에도 비즈니스 역량의 분배에 상당한 불균형이 존재한다. 이는 미국의 대기업들이 비즈니스 혁명을 지배하고 있기 때문이다.

1990년대 글로벌 비즈니스 혁명의 선진국 대기업들의 경제적 이익이 급변하고 있다. 1980년대와 1990년대 초 비즈니스 경제학은 동아시아 후발 국가들의 성공에 상당한 관심을 기울였다. 나아가 확연하게 드러나는 앵글로색슨계 비즈니스 구조의 단점을 다룬 논문도 상당히 많았다. 자본주의 주식 기반 시스템은 장기간의 성장과 경쟁에서 단점으로 작용한다는 주장도 나왔다. 이와 반대로 1990년대, 미국 기업의 상대적인 사업 능력이 엄청나게 개선되면서 동시에 관련 경제 성과에서 극적인 반전이 일어났다. "미국은 세계적인 시장을 개발하기에 충분한 많은 기업을 가지고 있을 뿐만 아니라 그러한 시장을 하나로 묶는 엄청난 기술을 공급하고 있다"(파이낸셜 타임즈).

1990년대 비즈니스 혁명은 주식시장이 장기간의 발전과 완전히 양립할 수 있음을 여실하게 증명했다. 심지어 세계화, 구조조정, 대규모의 비즈니스, 특히 IT 기업의 주식 평가가 이례적으로 급등했다는 사실로 세계화 시대에 빅 비즈니스의 장기간의 성장을 지나치게 낙관적으로 전망하고 있다는 의견도 제시되었다.

미국에 기반하고 있는 빅 비즈니스는 동아시아 모델을 통해 알 수 있는 수많은 교훈, 특히 토요다 자동차의 아웃소싱 교훈을 받아들여 세계적으로 적용했다. 나아가 1990년대 일어난 IT 기술혁명을 경영 전반에 활용했고 아웃소싱으로 가능해진 린 생산방식(lean-production, 꼭 필요한 장소에서 꼭 필요한 시간에만 생성하고 유지하는 것 ; 역주) 구조를 전체 가치사슬에 적용했다. "1970년대부터 1980년대 초까지 제대로 성장하지 못한 미국 기업들은 1990년대 내내 심할 정도로 일본 경제에서 배운 구조조정을 감내해야 했다. 상당한 유연성을 보인 미국의 많은 기업들은 경쟁력을 다시 회복했고, 바로 이것이 이례적인 강세장에서 힘을 발휘하는 원동력이 되었다"(파이낸셜 타임즈).

미국 기반 선도기업들은 R&D에 엄청난 자금을 투자했다. 1998년 R&D에 투자한 300대 기업 가운데 135개 기업이 북미에 기반을 두고 있었다. 미국 기업들의 R&D 투자 성장속도는 1997년 15%에서 1998년 19%로 급등하는 등 전세계에서 가장 빠른 수준이다. IT 하드웨어 부문은 1998년 R&D 투자 부문 300대 기업 가운데 57개 기업이 포함되는 등 가장 중요한 R&D 지출 부문이다. "이와 같은 사실은 1990년대 말 미국의 최첨단 기업들이 믿을 수 없을 정도로 자신감을 가지고 있다는 것을 반영한다. 5년 전만 해도 미국의 최첨단 기업들은 돌진하는 아시아 호랑이들 앞에서 벌벌 떨었다. 그러나 이제 미국의 기술은 전자, 엔지니어링, IT, 그리고 생명공학 부문에서 유럽과 아시아에 훨씬 앞서 있다"(파이낸셜 타임즈).

표 2.2 세계 300대 기업의 R&D 투자 현황(1995, 1998)

부문	기업수(1998)	1998(10억 달러)	1995(10억 달러)	R&D 투자 증감(%)
총 기업	300	176.6	253.7	44
IT 하드웨어	57	41.8	70.0	68
소프트웨어/IT 서비스	17	3.3	7.5	127
이동통신 서비스	9	9.0	9.8	9
자동차	25	31.2	43.3	39
제약	35	22.4	33.1	48
전자	28	22.3	26.6	19
화학	31	14.5	20.7	43
항공/방위	11	5.7	6.9	21
엔지니어링/기계류	21	4.8	6.5	35
석유/가스	12	4.0	5.1	28
철강/금속	9	1.2	1.1	-7

엄청나게 늘어난 외국인 직접투자(FDI)는 소수의 국가와 소수의 기업이 지배하고 있다. 미국 기반 기업들은 1980년대 중반 이래 외국인 직접투자 가속화에 앞장섰다. 미국이 단연 외국인 직접투자를 가장 많이 하고 있으며, 미국 기업들이 빠르게 세계화됨에 따라 1990년대 초 투자액은 가파르게 상승했다. 미국의 FDI 액수는 1986~1991년 연평균 250억 달러에서 1997년 1,115억 달러로 증가했으며, 전세계 FDI에서 미국이 차지하는 비중은 1986~1991의 14%에서 1997년 27%로 증가했다. 또한 계속적인 투자에서 발생하는 수익의 결과로 FDI 액수는 더욱 증가하고 있다. 1994~1995년 2년간 미국 FDI의 60%는 재투자 수익에서 나온 것이다. 1986~1991년 5년 간 일본의 FDI는 미국보다 28%가 많았으나, 1997년 일본의 FDI는 미국의 23%로 감소했다.

1996년 해외자산 가치를 기준으로 선정한 100대 기업 가운데 28개가 미국 기업이었다. 1998년 북미 기업들이 총매출액을 기준으로 포춘 500대 기업의 37%를 차지했다. 대기업 혁명의 미국 지배는 또한 모건스탠리 딘위터가 출간한 연감《경쟁력》(Competitive Edge, p.125)에도 나타나 있다. 이러한 연구들은 세계 경제에서 그들의 '경쟁력'에 따라 기업 순위를 매겼다. 모건스탠리 연감은 '기업들이 세계적으로 의미 있는 우위를 차지하고 있는가를 확인'하기 작업이었다. 다시 말해 '국가별, 산업별 경쟁 환경에 대한 종합적인 견해'를 정리하는 것이었다. 모건스탠리는 경쟁력의 측면에서 해당 부문 기업의 순위를 매겼다. 선두 기업들을 따라잡기 위해 시장에 새로 진입한 기업들은 기업의 능력에 지대하게 영향을 미치는 세계적 시장 점유율을 늘리는 것이 무엇보다도 중요한 문제였다. "시장점유율이 높을수록 기업이 계속 시장을 지배할 가능성이 그만큼 높다." 1998년 모건스탠리는 '세계 최고' 기업으로 총 238기업을 선정했는데, 이 가운데 북미 기업이 134개인데 비해 일본 기업은 18개에 불과했다.

1998년 파이낸셜 타임즈가 시가총액을 기준으로 세계 500대 기업을 선정했는데 북미 기업이 254개로 전체의 절반 이상을 차지했다. 세계 주식 시가총액에서 미국의 지배는 합병과 인수를 통한 폭발적인 집중화 시대에 더욱 중요한 의미를 지닌다. 성장과 집중이라는 선순환(virtuous circle) 관계에서 시가총액이 높은 기업들은 시가총액이 낮은 기업들을 좀더 쉽게 인수·합병할 수 있다. 집중적인 합병에 힘입어 그 이상의 확장을 용이하게 하면서 시가총액을 증대할 수 있다는 것이다. 심지어 유럽 최대 기업들도 미국 선두 기업들의 인수·합병 능력을 따라잡지 못하는 경우가 다반사다.

폭발적인 국제적 대기업 재편 시대에 일본 기업이 주가 총액에서 심각하게 뒤쳐져 있다는 것은 21세기 세계 경제에서 일본 대기업의 장기 입지에 상당한 장애가 될 수 있을 것으로 전망된다. 세계적인 거대 기업에 비해 시가총액이 보잘것없는 개발도상국의 대다수 기업은 더욱 가열되는 세계적인 합병 물결에 참여한다는 것을 생각할 수도 없으며 따라서 대기업 비즈니스의 혁명적인 재편을 묵묵히 지켜보는 수밖에 없다.

최근 세계적으로 성공한 미국 대기업들은 굳건한 입지, 세계화, 그리고 "현재 미국이 유일하게 강점을 가지고 있는 기술 활용을 통한 이익"에 대한 투자자들의 인식을 반영하면서 전체 주식시장 평균치를 상회하고 있다. "미국 주식시장의 강세 원인과 이 강세가 지속될 것인지에 대해서 많은 논란이 있으나, 미국 주식시장 강세는 첨단기술 부문을 미국이 완전히 지배하고 있음을 어느 정도 반영하는 것이다"(파이낸셜 타임즈).

2.5 미국 이외의 지역에서 비즈니스 시스템의 혁명적인 변화

동아시아 모델의 위기

글로벌 비즈니스 혁명의 중요한 사실 중 하나로 미국과 유럽 기업들이 동아시아에서 얻은 교훈, 특히 아웃소싱 공급망의 조직을 들 수 있다. 그러나 1990년대의 글로벌 비즈니스 혁명은 이러한 개념을 훨씬 뛰어넘는다. 이 같은 혁명에 직면하여 빅 비즈니스를 따라잡으려는 동아시아의 전략은 심각한 결점을 가지고 있다. 동아시아는 이제 다시 활기를 찾은 미국과 유럽 거대기업들의 강력한 경쟁 위협과 국제무역 및 투자에 대해 보호주의 장벽의 제거 요구에 직면하고 있다. 이로 인해 비즈니스 구조를 근본적으로 재조직하면서 새로운 비즈니스 전략을 짜고 있다. 이제 '자유무역의 무임승차' 시대는 끝났다.

1970년대와 1980년대 유럽과 미국의 대기업들은 사업을 성숙시키거나 어떤 경우에는 시장을 보호하기 위한 전략으로 주로 사업 다각화를 추구했다. 빅 비즈니스 혁명에서 가장 중요한 양상은 거대하게 집중된 세계적 비즈니스를 성장시키면서 전세계를 시장화하는 것이다. 동아시아 비즈니스는 지속적으로 사업 다각화를 추진했고 이제는 미국과 유럽의 재편된 세계적인 거대 기업과 피 말리는 경쟁을 하게 되었다.

사업 다각화는 동아시아 민간 대기업의 성장 전략에서 매우 중요한 요소였다. 일반적으로 동아시아 개발도상국의 기업들은 핵심기술 또는 브랜드 부재로 관련 없는 광범위한 산업에 진출했다. 1987년 기준 개발도상국의 35개 민간 대기업 가운데 특화 기업은 오직 5개뿐이다. 나머지는 사업 다각화를 추구하는 대그룹들이다. 이런 그룹들에게 사업 다각화는 '성장을 위한 방어적 전술'이었다. 대기업들은 지속적으로 보호받기 위하여 정부와 밀접하게 연결된 상당히 높은 보호주의 장벽을 바탕으로 성장했다. 이 같은 기업들은 글로벌 경쟁의 장에서 상당한 경쟁 약점을 가지고 있다.

비즈니스 혁명은 이미 차별화된 비즈니스 구조에도 영향을 미치고 있다. '글로벌 경쟁의 장'에서 성공하려면 핵심 비즈니스와 세계적 능력에 집중해야 한다. 경쟁에서 성공하기 위해 참고해야 할 대상은 국가나 지역의 최고기업이 아닌 세계의 최고 기업들이다. 아시아 위기와 비즈니스 혁명으로 앵글로 색슨계 미국 기업들과 마찬가지로 동아시아 비즈니스는 엄청난 구조조정을 해야 했다.

대한민국

대한민국 주요 재벌은 가족 소유의 기업군으로 문어발식 경영을 한다. 정부의 강력한 지원에 힘입어 선두 재벌그룹은 자동차, 선박, 철강, 반도체, 가정용 전자제품 등의 품목에서 발군의 수출 능력을 발전시켰다. 그러나 재벌은 또한 높은 보호주의 장벽과 국책은행의 지원아래 낮은 기술과 낮은 경제 규모를 가진, 상당히 다변화된 비즈니스를 개발했다. 이러한 개발의 본보기로 삼성그룹을 들 수 있다. 1930년대 무역회사로 사업을 시작한 삼성은 1950년 대에는 설탕 정제 및 모직 제조업으로, 1960년대 방송, 오락사업, 병원 관리 및 제지업으로, 1960년대 말 전자제품 사업으로, 1970년대 초반에 석유화학 및 조선으로 확대하는 한편 계속해서 부동산 시장, 반도체, 정밀기계, 이동통신, 건설, 스포츠 엔터테인먼트, 시계제조, 의료장비 및 공급, 데이터 프로세싱, 항공으로 확대해나간다. 이렇게 문어발식 경영을 하게 된 원인은 부분적으로는 시장이 불완전하고 필요한 인풋(제품 생산을 하기 위해 투입되는 자재와 용역)을 제대로 사용하지 못한 데서, 그리고 '현대화하지 못한 산업에서 이익을 보겠다'는 태도에서 비롯된 것으로, 정부의 지나치게 높은 보호주의 정책에 힘입어 더욱 가속되었다.

1998년 아시아 위기의 와중에서 대표적인 재벌인 현대, 삼성, LG, 대우는 정부가 조율하는 구조조정에 동의한다. 대한민국 정부는 대형은행을 다시 국유화하면서 신용관리를 통해 재벌을 구조조정했다. 이들 재벌들은 계열 기업을 반으로 줄이고, 규모의 경제의 장점을 살려 이익을 실현할 수 있도록 핵심 사업에 전력하는 종합적인 자산스왑(asset swap)에 동의했다. 이와 같은 구조조정은 중요한 수출 산업 부문에서 경쟁업체를 2개로 줄이는 데 그 목적이 있었다. 자산스왑 이후 현대와 대우는 자동차 제조업체, 삼성과 LG/현대는 반도체 제조업체, 삼성과 LG는 전자제품 그룹으로 변신했다. 삼성은 다른 재벌과 석유화학 및 항공 부분을 합병했다. 현대는 라이벌 재벌과 석유화학, 전력생산, 철도차량 운용부문 주식을 합병했다. 그러나 구조조정은 원래 계획보다 미진했다. 2000년 말 대우자동차는 100억 달러의 부채와 함께 파산을 공식적으로 발표했고, 현대 재벌의 핵심인 현대건설은 파산 직전에 놓였다. 이 같은 사건들은 오랫동안 미루어왔던 강도 높은 산업구조조정의 전주곡이었다.

일본

1945년 이전, 일본의 재벌군은 다각적인 복합기업의 패턴을 따랐다. 이를테면 1937년 니산 재벌군은 석탄, 자동차, 화학, 어업, 전자, 농업 및 기타 사업을 벌였다. 전후에는 엄청나게 거대한 수출지향기업들이 정부의 지원 아래 성장했다. 그러나 세계 시장에서 이들 선두 기업들은 상호소유(Cross-Holding, 지주회사 전체 지분의 1.6%)의 계열 구조 안에서만 기능했다. 하나의 계열 안에는 상호 지원하는 다양한 기업이 있다. 이를테면 푸요 계열에는 무역, 화학, 펄프 및 제지, 석유화학, 시멘트, 모직, 철강, 건설, 전기 기계, 수송, 부동산, 식품 등의 기업이 있으며 또한 세계적으로 경쟁력 있는 핵심 사업군이 포함되어 있다. 그러나 규모가 너무 작아 세계적인 시장에서는 경쟁할 수 없는 사업도 들어 있었다. 그러한 사업은 공식적인 국제 보호주의, 국내 유통채널 통제, 그리고 계열 내에서의 신용 등으로 보호를 받았다. 계열의 핵심 기업들은 경쟁력이 약한 내부 거래 형태로 원자재를 조달했기 때문에 최저 비용의 세계적인 공급업체에 비해 불리하다.

계열 시스템은 수익 실현을 전혀 고려하지 않고 그룹 내에 자본을 배치했다. 골드만 삭스의 분석에 따르면 일본의 니케이 300에 드는 비금융 그룹(non-financial group)은 1990년 이후 자본 비용 이상의 수익을 실현하지 못했다. '마이너스 수익을 올리는 프로젝트와 플랜트에 투자함으로써 일년에 3조 엔, 그리고 지금까지 21조 엔의 가치가 떨어졌'고 분석했다. 일본 경제가 번영하는 동안 비금융 그룹은 그룹의 은행 대출을 지원 받을 수 있었지만 경제 상황이 어려워지기 시작하자 자본이 마르고, 1990년대 말 취약한 기업에 대한 선도기업의 지원은 현격하게 감소했다.

심지어 계열의 대형 핵심 기업들도 사업 다각화를 꾀하였다. 1997년 일본 재계 25위인 미쯔비시 전기는 대규모 전기장비 그룹으로 변모했다. 여기에는 오디오-비디오 장비, 정보 시스템, 반도체, 커뮤니케이션 인프라(광섬유 케이블, 위성 통신, 매스컴 시스템 무선전화 장비), 에너지 시스템 오퍼레이션, 빌딩 시스템, 가정 전자용품, 자동 전자장치, 산업 및 공장자동화, 엘리베이터, 에어콘 장비 등의 품목이 포함되었다.

일본의 선두 기업들은 전세계 국가들이 무역 및 투자 장벽을 급속히 낮추고 미국과 유럽 기업들이 공개적인 경쟁에서 다시 힘을 찾음에 따라 엄청난 어려움에 직면하고 있다. 다임러와 크라이슬러의 합병, 산도즈와 시바의 합병, 모빌과 액슨의 합병, 아모코와 BP의 합병으로 일본 기업들은 '협소한 소규모 기업'으로 전락했다. 글로벌 비즈니스 혁명으로 일본 선도기업들의 세계 시장 지배력은 급감했다. 1990년 시가총액을 기준으로 한 세계 10대 기업에 6개의 일본 기업이 포함되었으나 1998년에는 하나도 포함되지 못했다. 1998년 포춘지 선정 세계 500대 기업에 일본은 단지 46개의 기업이, 그리고 세계 100대 기업에는 단지 2개만이 포함되었을 뿐이다. 1990년 일본의 세계 주가 점유율은 41.5%였으나 1998년에는 10.5%밖에 되지 않는다. 1998년 일본은 총매출액을 기준으로 선정한 50대 기업에 여전히 18개 기업을 갖고 있지만 총수익을 기준으로 할 경우 오직 하나의 기업만이 속할 뿐이다.

일본 선두 기업들의 주식시장에서의 빈약한 실적은 그들에게 커다란 걱정거리이다. 세계적인 해외 기업들과 주식시장을 기반으로 합병을 하기에는 주식실적이 현격하게 떨어졌기 때문이다. 미국과 유럽의 선두 기업들이 국경을 초월하여 고속으로 합병을 진행하고 있는데, 일본 기업들은 대규모 인수·합병의 소용돌이에서 뒤쳐져 있다. 이를테면 1999년 초 주가 개선에도 불구하고 1999년 소니의 시가총액은 미국 경쟁업체에 크게 뒤진 380억 달러로 주식으로 북미의 기업을 매입하기는 매우 힘들었다. 업계 관계자들은 상당히 많은 자금이 2차 산업혁명 산업의 R&D와 투자에만 불균형적으로 사용되는 사실을 상당히 우려하고 있다. "일본은 조선, 철강, 제지 및 펄프 그리고 중화학을 포함하여 자본집약 산업을 선도하고 있다. 그러나 첨단기술과 생명공학 산업 부문에서는 미국에 비해 상당히 뒤쳐져 있다"(경단련 부회장, 가츠노스께 마에다).

회사를 '대가족'으로 생각하고 평생직장을 보장하던 일본 선두 기업들의 경우 구조조정이 불가능하다고 여겨졌었다. 그러나 1999년 일본의 선도기업에서 급진적인 구조조정의 기미가 보이기 시작했다. 일본 대기업들은 앞다투어 구조조정 계획을 발표했다. 히다치는 10%(약 6,500명)를 감원하고, 수익이 없는 사업은 매각한다고 발표했다. 미쯔비시 전기는 10%(약 1만 4,500명)를 감원하고, '수익을 실현할 수 없는' 사업을 매각하거나 정리한다고 발표했다. 그해 말 아사이 유리, NKK, 일본 항공, 도쿄 타이어, NEC, 미쯔비시 화학, 다이마루는 대규모의 구조조정을 감행했다.

일본 은행 시스템은 계열들보다 앞서서 혁신적인 변화를 단행했다. 1999년 일본 은행은 유럽과 미국의 혁명적인 합병을 따라가기 위해 필수적인 일련의 대규모 합병을 단행했다. 세 거대 은행이 합병하자 핵심 은행과 계열과의 관계가 변화했다. 예를 들어 푸요 계열의 핵심 은행인 후지은행은 일본 산업은행과 다이치 강교의 합병으로 탄생했다. 후지은행은 푸요 계열의 대표적인 기업으로 남는 것이 부적절하다고 발표하면서 앞으로 자본 수익률 극대화를 추구할 것이라는 점을 분명히 했다. "이제 우리의 대출 기준은 합리적인 기준에 기반한다. 우리는 수익 최대화를 모색하고 있다"고 은행관계자는 말했다. 푸요 계열 기업들은 후지은행에 등을 돌리고 채권과 주식시장에 기대고 있다.

이제 일본 기업들도 혁명적인 국제적 인수·합병에서 벗어날 수 없게 되었다. 이를테면 메릴린치(Merrill Lynch)는 야마이찌 증권 지점망, GE 캐피탈은 리스산업에서 일본의 2위 기업인 제팬 리싱(Japan Leasing)의 리스 운용을 매입했다. 트래블러(Traveler)는 니코 증권을 매입했다. 굿이어(Goodyear, 미국)는 일본의 3위 타이어회사인 스미토모 고무를 효과적으로 인수했다. 르노는 흔들리는 니산자동차를 관리하고 있다. 일본 업계 전문가는 '르노에 항복한 것은 니산과 전체 자동차산업의 치욕을 상징한다'고 했으며 국제 통상사업부의 전직원은 르노와 니산의 제휴를 '국가적인 수치'라고 여겼다.

주요 다국적기업이 일본 기업을 인수한 결과는 심각했다. 르노가 니산자동차 관리 지분을 매입한 것보다 일본 기업 문화에 더 크게 충격을 준 사건은 없었다. 르노의 니산자동차 관리 지분 매입은 매우 상징적이다. 일본 자동차산업 조직 방식의 근본적인 변화를 의미하기 때문이다. 일본 경제의 발흥에서 자동차산업보다 중요한 산업은 없었다. 미국과 유럽의 많은 산업들이 일본 자동차산업의 조직 방식을 복제했기 때문이다.

1999년 11월 르노가 선임한 니산의 CEO 카를로스 곤(Carlos Ghosn)은 적자 기업을 대대적으로 바꾸겠다고 선언했는데, 그 계획은 일본 열도를 강타했다. 수직적인 계열 시스템하에서 핵심 기업들은 공급 기업망에 광범위하게 투자했다. 이를테면 니산은 1,394개의 공급업체에 투자했다. 곤은 니산의 수직적으로 통합된 계열 시스템이 근본적인 문제라고 날카롭게 비판했다. "비용의 약 60%가 공급업체에 들어가고 있다. 혁신적인 공급업체가 필요하다. 공급자들이 많은 고객에게 제품을 제공해야 최고 기준에 대한 정보의 흐름이 생긴다. 하지만 계열 기업들에서 이런 일은 일어날 수 없다." 곤은 니산의 공급업체를 1,400개에서 600개로 줄이겠다고 선언했다.

대규모 공급업체들은 살아남을 것이라고 생각한 반면 많은 공급업체는 니산의 구조조정 의지가 상당히 높은 2,3차 부품 공급업체들이 폐쇄될까봐 두려워했다. 업계 전문가들은 소수의 공급업체만이 국제적인 경쟁력을 갖추고 있다고 본다. 니산과 공급업체들 간의 밀접한 사적 관계는 일격에 청산될 것이다. 일본에서 대기업들에게 부품을 공급하는 협력업체군들도 새로운 경쟁 환경에 따라 경쟁력이 약한 기업은 도태되는 한편 급속한 합병을 통해 덩치를 키우면서 경쟁력을 키워나가고 있다. 로베르트 보쉬(Robert Bosch, 독일), 발레오(Valeo, 프랑스), 비스티온(Visteon, 미국)을 비롯한 거대 다국적 공급업체들의 자동차 부품 시장 점유율은 가파르게 올라가고 있다. 일본 자동차 제조업체들은 이미 1999년 상반기에만 미국 공급업체들로부터 133억 달러에 상당하는 부품을 구매했다. 생존하고 경쟁하기 위해서 일본 자동차 제조업체들은 세계 최고 부품 기업으로부터 세계적 공급업체망을 마련해야 한다.

곤은 '입을 다물 수 없을 정도로 충격적인' 발표를 했다. 이제 니산은 5개의 공장을 폐쇄하며, 전세계의 니산 직원은 2만 1,000명으로 줄고, 일본 내의 직원은 14%인 1만 6,500명을 줄 것이며 판매 자회사의 20%가 '없어지고' 판매 아웃렛의 10%가 폐쇄되어 통합될 것이다. 니산은 성과에 따른 스톡옵션과 보너스를 비롯해 능력을 기준으로 한 보상제도를 채택할 예정이다.

이 결과 계열 시스템에 일대 변화가 일어났다. 하지만 계열 시스템의 해체는 아직 요원하다. 많은 분석가들은 일본이 관계에 기초한 기업 세계에서 자유로운 자본 배치에 기초한 기업 세계로 옮겨가는 등 기업 문화가 근본적으로 변하고 있는 상태에 있다고 본다. 그들은 "우리는 역사적 변혁기에 있다. 우리는 50년의 잘못된 역사의 가닥을 새롭게 편성하고 있다"고 분석한다.

유럽

미국식 비즈니스 시스템이 세계를 지배함으로써 발생한 충격은 아시아에만 한정된 것이 아니었다. 글로벌 비즈니스 혁명은 노르딕 3국에서 프랑스, 독일, 이탈리아에 이르기까지 유럽의 비즈니스 시스템을 현격하게 변화시켰다. 1990년대 말부터, 대부분의 유럽 기반 대기업들은 세계화, 주주 가치, 비용 절감 등을 통해 핵심 비즈니스에 전력을 기울이고 있다.

국가핵심기업

합병 물결은 북서 유럽에도 그대로 휘몰아쳐 세계화와 빅 비즈니스 시대에 경쟁하기 위한 '핵심기업'이 출현하게 되었다. 핵심기업은 보통 관련 기업의 황금주(golden share)를 비롯한 상당한 주식보유 이자(shareholding interest)와 정부 지원에 힘입어 출현했다. 1990년대 이탈리아, 프랑스, 독일, 스페인 및 노르딕 3국의 경우 자국 내에서만 대규모 은행 합병이 이루어졌다. 그때까지 해외 은행과의 합병은 그다지 활발하지 못한 상태였다. 심지어 일부에서는 해외 기업 간 합병이 급속하게 이루어질 수 있을지에 대한 회의적인 시각도 있었다. 이탈리아의 경우를 예로 들면 텔레콤 이탈리아는 이탈리아 정부가 상당히 중요한 역할을 하는 등 엄청난 격전을 치른 뒤에야 도이치 텔레콤(Deutsche Telecom)이 아닌 올리베티(Olivetti, 유럽 최대의 사무기기 제조판매업체. 몬테디손, 피아트와 함께 이탈리아의 대표적인 기업 ; 역주)와 합병했다. 프랑스의 경우 프랑스 정부는 거대 기업을 구축하고자 '프랑스프랑스' 경로를 밟기 위해 마트라와 아에로스파티알르의 합병을 강력하게 지원했다. 소매 부문에서 카르프(Carrefour)는 세계적 무대에서 경쟁할 수 있는 '프랑스' 대표기업을 구축하기 위해 프로모드(promodes, 프랑스 3

대 하이퍼마켓의 하나)와 합병했다. 정유 및 석유화학 부문에서 페트로피나는 세계적 규모를 갖추기 위한 '프랑스프랑스' 해결책으로서 엘프 아키테인과 합병했다. 스위스의 경우 시바 가이기와 산도스의 합병으로 노바티스를 신설한 것은 세계적 규모를 달성하기 위한 '스위스스위스' 해결책으로 높이 평가받는다. 영국의 경우 많은 관측통들은 BAe와 GEC 마르코니(Marconi)의 방위산업 부문의 합병을 이와 동일하게 높이 평가한다. 독일의 경우는 크룹스와 티센 철강이 결합하여 '핵심기업'을 만들었다.

유럽핵심기업군

그러나 세계적인 빅 비즈니스 혁명의 와중에서 규모의 문제에 대한 순수한 국가적 해결책은 글로벌 경쟁의 장에서 살아남기 위해 필요한 규모를 성취하는 근본적인 문제의 해결책으로는 상당히 시대착오적이고 부적절한 것처럼 보인다. 1990년대 말 새롭게 탄생한 핵심기업과 먼저 핵심기업에 속한 기업들을 포함하는 해외기업 간 합병이라는 강력한 경향이 작용하고 있었다. 범유럽 합병 움직임을 둘러싸고 각 국가에 기반을 둔 기업들의 중요성에 대해 유럽 내에서 열띤 논의가 있었다. 이를테면 스웨덴은 자동차 부문의 볼보와 사브(Saab), 제약의 아스트라(Astra), 가정용 전자제품 부문의 일렉트로룩스(Electrolux), 그리고 이동통신 부문의 에릭슨(Ericsson) 등 세계적으로 막강한 그룹을 거느리는, 가장 성공적인 소국가로 손꼽힌다. 1998~1999년 스웨덴의 막강한 그룹에서 혁명적인 변화가 일어났다. "스웨덴의 대기업들은 세계 경제에서 혼자 생존할 수 있을 정도로 규모가 큰 편이 못 된다. 과거에 규모의 경제를 모색했기 때문에 합병과 인수의 물결에 쉽게 편승할 수 있었다. 물론 국가를 대표하는 기업들을 소중하게 여기는 국민들에게는 공포를 불러 일으켰지만⋯⋯ 스웨덴 미디어는 국가가 자랑하는 뛰어난 기업의 대

이동을 안타깝게 여기면서 히스테리를 억지로 숨기고 있을 뿐이다"(파이낸셜 타임즈).

각 산업부문에서 '국가를 대표했던 기업들'은 '유럽을 대표하는 기업' 그룹을 형성하기 위해 국경을 초월하여 합병중이다. 진정으로 '유럽을 대표하는 기업'의 점진적인 도래를 맞이하고 있다. 1980년대 말 전력장비 부문에서 아세아(Asea)와 브라운 보베리(Brown Boueri)가 합병하여 스위스/스웨덴 엔지니어링 대기업인 ABB를, GEC(영국)와 알카텔(Alcatel, 프랑스)은 전력장비 부문을 합병하여 알스톰을 출범시켰다. 이 같은 대기업들은 그러나 세계적인 선두 기업과 경쟁하기에는 아직도 규모가 작은 편이다. 1999년 ABB와 알스톰은 전력장비 부문에서 '유럽 핵심기업'이 되기 위해 합병했다(ABB 알스톰). 강철 부문의 경우 유지놀은 코크릴 샘브렐과 합병했고, 브리티시 스틸은 후고벤스와 합병하였다. 유지놀은 2001년 아베드(Arbed, 벨기에)와 아체랄리아(Aceralia, 스페인)와 합병했다. 제약 부문에서 스웨덴의 '국가대표 제약회사' 아스트라는 ICI에서 분리된 영국의 제네카(Zeneca)와 합병했다. 독일 화학산업에서 한때 최고를 자랑했던 회히스트(Hoechst)는 화학 부문을 포기하고 생명공학 기업으로의 변모에 주력하고 있다. 프랑스의 대표적인 기업 롱프랑(Rhone Poulence)도 이와 유사한 노력을 기울이고 있다. 1988년 롱프랑은 전세계 시장에서 경쟁할 수 있는 거대한 '생명공학' 기업을 만들기 위해 합병을 발표했다. 이 후 신설된 법인 아벤티스(Aventis)는 진정 '유럽 핵심기업'으로 자리잡았다. 항공 부문에서 아에로스파티알 르-마트라 합병은 다사와의 보다 강력한 합병, 즉 세계적인 대기업인 EADS를 만들기 위한 전주곡에 불과했다.

초대륙적 대기업

집중화된 유럽의 강력한 그룹은 초대륙적 합병을 통해 계속 변모해나갔다. 1990년대 초 다임러-벤츠는 자동차에 전력을 기울이기 위해 최첨단 제국을 해체했다. 새로 태어난 거대 기업은 1998년 미국의 크라이슬러를 합병하여 최대 기업이 되었다. 독일 금융 부문의 도이체 방크(Deutsche Bank)의 변화 역시 독일 비즈니스 혁명의 상징이다. 유럽 최대 은행인 도이체 방크는 독일 전산업에 광범위하게 투자하는 등 주로 국내 업무에만 전념하다가 국제적으로 경쟁할 수 있는 은행으로 변모하기에 이른다. 1990년 도이체 방크는 독일 산업 이외의 지역에서 400개 이상의 기업에 경영감사위원회(Supervisory Board) 역할을 하고 있다. 1998년 도이체 방크는 미국에서 여덟 번째로 큰 뱅커스 트러스트(Bankers Trust)를 인수하여 세계 경쟁력에 주력하면서 은행의 성격을 근본적으로 변모시킨다. BP는 1990년대 엄청난 변화를 겪는데 그것은 미국의 정유 및 석유화학의 대기업인 아모토와 아르코를 인수 합병하는 데서 절정을 이룬다. 보다폰(Vodafone, 영국 최대의 무선통신업체)은 신속하게 합병을 감행하고 이동통신 부문을 자유화하여 급속히 세계 강력 기업으로 자리 잡았다. 미국 기반 에어터치(Air Touch)의 인수로 보다폰은 거대한 이동통신 기업으로 변모했다.

가장 극적인 합병은 항공 부문에서 일어났다. BAe 시스템과 EADS는 각각 미국 대기업과 합병 가능성을 여전히 논의하고 있다. '전략 산업 부문에서' '핵심기업' 시대의 종언을 이보다 더 강력하게 보여주는 것은 없다. 항공산업만큼 '전략적'인 산업은 없다.

이 결과 국가 산업정책의 전통적인 사고가 급변하고 있다. 나중에 유럽이나 심지어 미국 또는 일본에 기반을 두고 있는 국가와 합병을 한다면 국가가 자국의 특정 '핵심기업'을 지원하려는 이유가 있겠는가?

2.6 제3차 기술혁명

IT혁명으로 비즈니스와 일상 생활의 구조가 상당히 달라지고 있다. IT는 적어도 향후 몇 십년 동안 세계 경제의 핵심이 될 것이다. IT혁명은 기업 성격부터 전쟁의 성격에 이르기까지 모든 것을 변화시키고 있다.

지식집약산업의 폭발적인 발흥에 힘입어 개발도상국 역시 효과적으로 경쟁할 수 있는 기회가 굉장히 많아졌다는 주장이 폭넓게 제기되고 있으며 개발도상국이 IT산업에서 선진국을 '뛰어넘을' 수 있다고 생각하기도 한다. 많은 사람들은 지식집중산업이 상대적으로 새로운 산업이기 때문에 장벽이 낮고, 개발도상국에 기반한 중소형 기업들도 경쟁우위를 가질 수 있다고 생각한다. 이 같은 가능성은 IT산업에 종사하는 사람들의 수를 통해 더욱 잘 드러난다. 중국, 인도 등의 개발도상국에는 지식 중심 산업을 급속하게 발전시킬 수 있는 인력 자원인 교육받은 사람이 굉장히 많다. '지식집중산업'은 중소기업이 효과적으로 경쟁할 수 있는 가능성을 강화시키면서 상대적으

로 '오래된 기술' 산업에 비해 자본이 적게 들어간다. 이러한 견해는 개발도
상국 'IT산업'의 급속한 신장에서 더욱 힘을 받고 있다.

그러나 현실은 이와는 판이하게 다르다. 비교적 새로운 분야임에도 불구
하고, 이 분야는 지난 수년간 수많은 진입장벽을 설치하면서 폭발적인 집중
화 과정을 거쳐왔기 때문이다. IT 분야의 기업들은 산업을 더욱 발전시키는
새로운 기술을 개발하기 위해 상당한 속도가 요구되는 레이스에서 상당히
앞서 있는 선진국, 특히 미국에 기반하고 있다. IT 분야는 다른 어떤 분야보
다도 선진국에 기반한 지배 기업들이 브라질, 중국, 인도 등의 광대한 개발도
상국으로 필사적으로 시장을 넓히기 위해 노력하고 있는 분야이다. 의심할
것도 없이 새로운 기술에 접근함으로써 개발도상국이 얻는 이익은 엄청나
다. 그러나 자유 시장 운용을 통해 얻은 수익은 아마도 선진국과 개발도상국
간에 매우 불공평하게 나뉘어질 것이다. 개발도상국은 따라서 자신들만의
비즈니스가 이러한 혁명에서 고부가가치 '브레인' 활동의 일부가 될 수 있
도록 더욱 주의를 기울여야 한다.

21세기 초엽 지식집중산업의 중심 위치

'제1차 기술혁명'은 기원전 8000년에 시작되어 기원전 2500년경에 완성된
혁명을 말한다. 여기에는 기본적인 농업 기술, 직물, 오지 그릇, 금속산업, 효
소 기술, 범선, 마차, 피라미드와 같은 거대한 구조물을 건축할 수 있는 복잡
한 노동 조직이 포함된다. '제2차 기술혁명'은 중세 중국, 유럽, 그리고 그 외
지역에서 시작해 영국의 산업혁명에서 가속되고 20세기 말까지 상이한 발
전을 계속 거듭해온 혁명을 말한다. 사무엘 릴리(Samuel Lilley)는 중세 이후
는 기본적인 연속성을 유지해온 것으로 볼 수 있다고 주장하면서 "이러한 2

차 기술혁명은 중세 초기부터 우리 시대까지 거듭해오고 있다"고 했다. 이러한 혁명은 소모적인 자원을 계속 사용하는 것에 기반한다. 2차 기술혁명 최초의 엄청난 자연 자원 재해는 바로 중국과 유럽의 숲이 완전히 파괴된 것이었다. 산업혁명의 기술 진보는 중세 말의 숲이라는 근본적인 자연 자원의 소모와 밀접하게 관련되어 있다. "유럽 인구가 밀집되면서 목재 부족이 중요한 현안으로 떠올랐다. 18세기의 수많은 기술 혁신은 산업과 건설의 에너지원과 원자재로 사용되던 숲을 다른 것으로 대체하려는 개발 연구의 결과였다"(에스더 보서업 Esther Boserup).

'제3차 기술혁명'은 소모품에 사용되던 기술이 재생 가능 자원으로 이동하고 있는 것을 말하는데, 이미 20세기 말 IT와 생명공학 기술혁명에서 그 단초를 찾을 수 있다. 결국 이 혁명은 생산, 고용, 소비 및 주거 양상에 근본적인 변화를 불러올 것이다. 중국은 전통적으로 생명공학을 탐구했기 때문에 이같은 혁명에 기여할 수 있는 상당한 잠재력을 가지고 있다. IT와 '생명공학'은 3차 기술혁명의 초기 시대의 핵심을 이루고 있다. 1998년 '생명공학' 기업과 IT 기업을 합쳐서 R&D 부문 300대 기업 가운데 134개 기업이, R&D 총경비 2,540억 달러 가운데 1,400억 달러(55%)를 차지했다는 사실을 통해 이러한 혁명에서 IT와 생명공학의 중요성을 잘 알 수 있다. 21세기 세계 경제에서 정보 집중화는 IT 하드웨어, 소프트웨어, 서비스 및 컨텐츠를 생산하는 것과 관련된 기업망의 중요성에 생생하게 반영되어 있다. IT는 커뮤니케이션과 문화의 사회 경제적 '상부구조'의 중심이며, 제3차 기술혁명의 세계적 기업의 '브레인'이다.

1998년 시가총액 기준 세계 100대 기업 가운데 48개 기업이 IT 부문이거나 주력사업을 IT 부문으로 급속히 바꾸고 있다(예를 들어, 지멘스, 허치슨 왐포아(Hutchison Whampoa, 홍콩의 재벌기업), 소니, 만네스만(Mannesman, 독일의 무선 인터넷 기업) 등). 이들 기업의 폭발적인 주가 상승에는 고전적인 투기성 본능도 어느 정도 작용했다. 2000년 말 엄청나게 뛰어올랐던 IT 기업의 주가는 급락했다. 그러나 상당한 정도의 주가 상승은 진정으로 중요한 현상, 즉 이러한 기술들이 제3차 기술혁명에서 중요한 역할을 하고 있으며 향후에 그 역할이 더욱 증대할 것이라는 사실을 반영하고 있다. 2000년 4월 말 IT 10대 기업의 주식 시가총액은 1990년대 상위 그룹의 GNP를 합친 것보다 많은 2조 8,000억을 넘어섰다. '글로벌 경쟁의 장'에서 이들 기업은 전세계의 다른 기업을 더욱 쉽게 인수할 수 있으며, 21세기 초엽의 글로벌 비즈니스 혁명의 '브레인' 건설에서 선두주자로서 위치를 더욱 공고히 할 수 있다. 가치 절하에도 불구하고 2000년 말 이들 기업은 몇 년 전과는 비교가 되지 않을 정도로 엄청나게 증가한 가치를 누리고 있다.

주식시장 현상 저변의 '진정한' 성격은 이 부문에서 엄청나게 증가한 R&D 투자와 전산업 부문 R&D의 놀라운 성장을 통해 알 수 있다. 1998년 세계 R&D 투자 기준 300대 기업 가운데 IT부문 기업이 80개나 포함되었다(표 2.2 참조). IT 하드웨어는 선진국 기업의 총 R&D에서 투자가 가장 많은 부문이다. 1998년 IT 하드웨어 부문은 R&D 투자 기준 300대 기업 가운데 57개를 차지하면서 투자가 집중되고 있다. 이들 기업의 총 R&D는 7,000억 달러로 2위인 자동차산업보다 2/3가 많고, 3위인 제약산업의 2배이다(표 2.2 참조). IT는 세계 300대 기업 R&D의 28%를 차지하고 있다. 57개의 IT 하드웨어 업체의 총매출액은 브라질 GNP 7,730억 달러(1997)보다 많은 7,900억 달러에 이른다. IT 소프트웨어와 서비스가 포함된다면 전체 IT부문은 세계 300대 기업 R&D의 34%를 넘어서게 된다.

IT 기업은 '경쟁우위' 또는 '자금이 풍부한 경쟁업체에 비해 세계적 우위를 유지할 수 있는' 능력을 기준으로 한 모건스탠리 딘위터(MSDW) 순위 전

표 2.3 MSDW의 2000년 IT부문 '경쟁우위' 기업

부 문	기업(수)	미국계
미디어	14	8
컴퓨터 및 비즈니스 서비스	4	2
데이터 네트워킹 및 이동통신 서비스	7	4
기업 하드웨어 및 소프트웨어	18	13
인터넷, PC하드웨어, 소프트웨어, 소비자 가전제품	12	7
반도체, 부품	18	10
이동통신 서비스	13	6
합 계	86	50

세계 250대 기업 가운데 제일 많은 수를 차지하고 있다. MSDW 250대 '경쟁력' 기업 가운데 86개가 IT부문의 기업이다.(표 2.3)

선진국 과점 기업들에 의한 제3차 기술혁명의 포괄적 지배

선진국 기업들은 전통적인 산업보다 지식집중산업에서 더욱 지배적인 영향력을 발휘한다. 지식집중산업은 다른 산업보다 R&D와 인력에 많은 투자를 할수록 발전할 가능성이 높은 부문이다. 이 부문의 기술은 급속히 발전하고 있기 때문에 R&D에 효과적으로 많은 투자를 하는 기업만이 경쟁에서 이길 수 있다. 이 분야는 다른 산업에 비해 늦게 시작되었지만 후발 주자들이 선발주자들을 따라 잡을 수 없도록 이미 비즈니스 집중화가 상당히 심각하게 이루어졌다. 지식집중산업에서도 선진국에 기반을 둔 소수의 기업이 전 세계 시장을 지배하고 있다. 1998년 종자 시장에서 10대 기업이 230억 달러에 이르는 총매출의 32%, 2,970억 달러에 이르는 제약 시장의 35%, 170억 달러에

이르는 수의학 시장의 60%, 3,340억 달러에 이르는 컴퓨터 시장의 70%, 310억 달러에 이르는 살충제 시장의 85%, 그리고 2,620억 달러에 이르는 이동통신 시장의 86%를 차지하고 있다.

1998년 IT부문의 5대 기업, IBM, 루슨트 테크놀로지, 컴팩, 히다찌, 노텔은 총매출의 10%에 달하는 48억 달러를 R&D에 투자했다. 이들 기업의 총매출액은 2,400억 달러로 오스트리아의 GNP(1997년 2,260억 달러)보다 많다. IBM 단독으로만 칠레나 이집트의 GNP(730억 달러, 710억 달러)보다 많은 820억 달러에 달하는 매출을 올렸다. 1998년 IBM은 세계은행 연례 보고서의 주요 표에 포함되는 46개 국가의 GNP보다 많은 54억 달러를 R&D에 투자했다.

비교적 늦게 시작된 산업임에도 불구하고 2000년 기준 다른 부문에서 수십 년 걸린 것을 수년으로 앞당기면서 합병이 신속히 진행되고 있다. 개발도상국에 기반을 둔 기업들은 진입과 성장에서 이미 심각한 장벽에 부딪치고 있다. IT산업 전체, IT 하드웨어부터 소프트웨어, 서비스, 통신, 심지어 인터넷에서조차 상대적으로 엄청나게 강력한 소그룹이 강력한 경쟁 우위를 구축하고 있다. 이러한 경쟁 우위는 R&D와 세계적인 브랜드 구축에 엄청나게 투자함으로써 확보된 것이다. 이와 동일하게 많은 부문의 선도 하드웨어 및 소프트웨어 기업, 그리고 컨텐츠 공급업체는 계속해서 '시스템 통합 사업자'로서의 높은 능력을 개발하고 있다. 또한 이들 기업은 R&D, 부품 제조 및 각 국가의 프로그램 작성을 비롯한 핵심 시스템 통합 사업자를 위한 다양한 하도급 기능을 도맡는 엄청난 숫자의 소기업으로 이루어진 '외곽 조직'을 구축했다.

1990년대 말 일련의 엄청난 합병으로 IT산업은 상당한 변화를 겪었다. 전술한 바와 같이 포춘지의 시가총액 기준 2000년도 세계 100대 기업 가운데 48개 기업이 IT부문이다. IT 기업의 엄청난 주식시장 평가로 IT 기업들은 경쟁력을 한층 높이는 라이벌이나 보완 기업들을 인수·합병할 수 있게 되었다. 합병 속도는 가히 환상적이며 합병의 폭발력은 수평적·수직적으로 일어나고 있다. 다른 산업 부문에서 수십 년에 걸쳐 이루어진 합병이 이 부문에서는 믿을 수 없을 정도의 속도로 진행되고 있다. 1990년대 말 IT산업 내의 IT 하드웨어부터 미디어에 이르기까지 소수의 거대기업이 그 부문을 지배하고 있다. 또한 이미 시작한 수직 통합의 강력한 프로세스에 힘입어 영역을 더욱 넓히려는 초거대 IT 기업이 출현하게 되었다.

IT 혁명은 선진국에 기반을 둔 기업들이 완전히 지배하고 있다. 시가총액 기준으로 포춘지 선정 세계 100대 기업 가운데 48개가 IT 기업인데, 이 가운데 오직 1개만이 개발도상국에 기반을 두고 있을 뿐이다. 1998년 R&D 기준으로 세계 300대 IT 기업 가운데 개발도상국가의 기업은 하나도 없었다. MSDW의 IT부문에서 '경쟁 우위' 기업의 경우 86개 가운데 오직 7개가 개발도상국의 기업이고, 대만과 한국을 '선진국'으로 볼 경우에는 2개밖에 되지 않는다.

선진국에 기반을 둔 과점 기업들 가운데서는 미국 기업이 단연 위력을 떨치고 있다. 시가총액 기준 100대 기업 가운데 48개가 IT 기업이고, 유럽 기업이 11개, 일본이 8개, 북미가 26개를 차지한다. R&D 기준 세계 최대 기업 가운데 55개가 IT 기업이고 36개가 미국 기업이다. 무엇보다 놀라운 것은 R&D 기준으로 17개의 IT 소프트웨어 기업 가운데 16개가 미국 기업으로, 미국이 IT 혁명의 '브레인' 역할을 하며 엄청난 지배력을 행사한다는 것이다. 세계 선도기업을 나타내는 MSDW 리스트 내에서 86개 IT 기업 중 50개가 미국에 기반을 두고 있다(표 2.3).

글로벌 경쟁의 장

GATT의 우루과이 라운드 기간 동안 WTO 협상의 중요한 부분과 WTO하에서 향후 국제 경제 발전의 중요한 이슈는 지식집중산업에서 경쟁력을 규율하는 규칙이다. 이것은 중국의 WTO 가입을 둘러싼 중국과 미국 간의 뜨거운 협상에서 매우 중요한 이슈이기도 하다. 선진국에 기반을 두고 있는 선두 기업들은 R&D와 시스템 능력에 엄청난 돈을 쏟아붓고 있다. 또한 이들 기업은 개발도상국 가운데서 급성장하는 국가, 특히 가장 중요한 국가인 중국에서 경쟁이 어느 정도 공개적으로 허용되는지에 상당한 관심을 가지고 있다. 이와 관련해 두 기념비적 협정이 향후 세계 경제발전을 지배하는 규칙의 기초로서 선진국 기업들이 원하는 방향을 제시하였다. TRIPS 협정과 세계통신협정(World Telecoms Agreement)이 바로 그것이다.

TRIPS(무역 관련 지적소유권)

소수의 기업이 현재 지식집중산업의 전세계 시장을 거의 다 점유하고 있다. 또한 이들 기업은 시가총액 기준 500대 기업, R&D 기준으로 300대 기업의 상당수를 차지하고 있다. 이러한 부문의 제품에 대한 세계적인 수요는 계속 급성장하고 있다. 세계 주식시장에서 IT 기업의 지배적인 위치는 이 부문에서 실현할 수 있는 고부가가치 고이윤과 밀접하게 관련되어 있다. 매출액 대비 수익 기준에 의한 포춘 500대 기업 가운데 10위 기업 중 8개가 IT, 이동통신, 생명공학 부문에서 나왔고 50위 기업 중 26개가 이 부문에서 나왔다. 31개 부문에서 1998년 평균 매출액 대비 수익은 2.8%였는데, 선도 부문은 18.4%를 기록한 제약 부문이고, 두 번째는 10.2%를 기록한 통신 부문이다. 이들 부문의 고수익은 R&D에서의 지배적인 위치와 밀접하게 관련되어 있다. 선진국 기업들이 세계 특허제약의 97%를 차지하고 있다. 1995년 전세계 로열티 및 라이선스 이용료의 절반 이상을 일본, 영국, 프랑스, 독일, 네덜란드 등이 미국에 지불했다. 1993년 10개국의 기업들이 R&D의 84%를 차지했고, 20년간 미국 특허의 95%를 차지했으며, 국가 간 로열티 및 라이선스 이용료의 90% 이상을 차지했다.

선진국을 따라잡는 과정에서 일본과 아시아의 신흥공업국은 1980년대 중반 이전에는 지적소유권을 강력히 집행하지 않아 비용을 상당히 절감할 수 있었다. 그러나 1994년 WTO는 TRIPS 협정에 광범위한 내용을 첨가하였다. 그 결과 기술이전에 대한 국제적인 관리 수준이 현격하게 향상되었고 컴퓨터 프로그래밍, 회로 설계, 제약 및 유전자변형(transgenic) 등의 다양한 분야가 영향을 받았다. 각 국가들은 국가 차원에서 지적소유권법을 집행하지만 TRIPS 협정은 특허권, 저작권, 상표권 및 영업비밀에 대해서 최소 기준을 부과하고 있다. 기본적으로 선진국을 기준으로 했기 때문에 대부분의 개발도상국의 기존 법률보다 엄격하며 선진국의 보호 형식과 수준을 모든 WTO 회원국가에 적용한 것으로 볼 수 있다. WTO에 가입한 대부분의 개발도상국은 2000년까지 이 법을 적용해야 하고, 그보다 못한 나라는 2005년까지 법을 적용하도록 했다.

기술 이익을 개발도상국 시장으로까지 확장할 수 있다는 점에서 TRIPS 협정은 지식집중산업 부문의 세계적인 기업들에게 매우 중요하다. 또한 이 협정은 선진국에 기반을 둔 기업을 보호하는 포괄적인 법률적 형식을 제공하고, 그들의 기술로 개발도상국에 기반을 둔 기업들의 경쟁에 대해 실질적인 장벽을 형성하게 하는 한편 선진국 판매에서 이익을 실현한 것과 같이 개발도상국의 판매에서도 동일한 수익 실현을 보장하도록 해준다.

세계통신협정(World Telecoms Agreement)

1997년 2월 WTO는 세계통신협정을 통과시켰다. 3년에 걸친 '엄청난 협상'을 통과시키려는 미국 정부의 상당한 노력은 믿을 수 없는 복잡한 거래를 성사시키고 말았다. 이 역사적인 협정은 중국과 러시아가 제외된 것이 특기할 만하지만, 모두 70개국 정도가 서명했다. 이 협정에 힘입어 세계는 '자유 경쟁, 저렴한 가격, 국경을 초월한 투자 시대'를 맞이하게 된다. 개발도상국은 통신 시설 건설에 필요한 자본을 조달함으로써 이익을 얻고, 이 시설은 다시 통신시장의 발전을 촉진하는 긍정적인 결과를 가져온다.

그러나 경쟁력이 뛰어난 소수의 선진국 통신회사들의 수익은 더욱 커질 것으로 전망된다. 통신 시장 규모는 엄청나다. 전세계 매출액은 1990년에 4,400억 달러, 1996년에 8,300억 달러, 그리고 2000년에는 1조 2,000억 달러가 넘었다. 협상을 주도했던 닐 맥밀런(Neil Macmillan)은 "선진국은 통신 시장에서 최대의 몫을 차지할 것이다"라고 간략히 말했다. 미국 무역대표부 대표 찰린 바르세프스키(Charlene Barshevsky)는 "[본 협정]은 미국 방식의 승리이다.……미국 기업들은 세계에서 가장 경쟁력이 높은 통신 공급업체로서 이 협정하에서 경쟁하여 승리할 수 있는 위치를 점하게 되었다"라고 했다. 또한 파이낸셜 타임즈는 "자국이 10년 이상의 경쟁 경험에서 상당한 우위를 점하고 있으며 따라서 자유화로부터 이익을 얻을 수 있는 최고의 위치에 있다는 것을 잘 알고 있다"라는 영국과 미국의 협상 대표들의 말을 전하고 있다.

통신 협정의 최대 수혜 기업들은 AT&T, SBC 텔레커뮤니케이션즈, 도이체 텔레콤, 월드콤, 프랑스 텔레콤 등 거대 기업들이다. 이들 기업들이 사용할 엄청난 장비는 선진국의 선두 기업들, 요컨대 시스코, 루슨트, IBM, 히다찌, 노텔, 에릭슨, 노키아 등이 생산한다. 전세계 광섬유 링크는 글로벌 크로싱(Global Crossing, 세계 최대의 글로벌 광통신망 네트워크회사) 등의 기업이 갖게 된다. 주요 소프트웨어 시스템 및 IT 서비스는 선진국에 기반을 둔 선두 기업들, 마이크로소프트, 오라클, SAP가 공급하게 된다. WWW(World Wide Web)와 통신할 주요 인터넷 기업은 선진국에 기반을 둔 야후!, 라이코스, 구(Goo, NTT) 등의 기업이 될 것이다. 이동통신 서비스기업을 통해 서비스를 제공할 주요 엔터테인먼트 기업은 선진국에 기반을 둔, 월트 디즈니, AOL-타임 워너, 비방디-시그램(Vivendi-Seagram, 프랑스), 뉴스 코퍼레이션(News Corp, 호주), 비아컴(Viacom, 미국) 등이다. 개발도상국에 기반을 두고 있는 IT부문의 중소기업은 광범위한 소프트웨어, 하드웨어 및 서비스 제품의 아웃소싱 공급업체로서 세계적 IT 가치사슬의 낮은 부분에 참여할 수 있는 상당한 기회를 갖게 된다. 그러나 이처럼 급속한 합병이 진행되는 산업에서 세계적인 거대 기업과 직접 경쟁을 할 수 있는 능력을 갖춘, 개발도상국에 기반을 두고 있는 기업은 매우 적다. '글로벌 경쟁의 장'은 상당히 공평하지 못하다.

개발도상국에 기반을 둔 기업들의 경쟁 능력

대부분의 IT부문에서 개발도상국에 기반을 둔 기업들은 발전하기가 쉽지 않다. 통신 서비스 부문의 경우 세계적인 서비스 공급업체의 거대한 규모와 사업 능력 때문에 국내를 대상으로 한 기업들은 글로벌 경쟁의 장에서 경쟁하기가 굉장히 어렵다. 개발도상국에 남아 있는 강력한 통신 기업 대부분은 거의 국가 소유이거나 정부의 법률에 의해 강력하게 보호받고 있다.

하드웨어 부문의 경우 개발도상국의 기업 중 이미 견고한 자리를 지키고 있는 선진국의 대기업에 도전장을 내밀 만한 기업은 소수밖에 없다. 심지어 개발도상국 통신 부문의 '국가핵심기업'도 별 수 없이 선진국에서 장비를 구매해야 한다.

잠재적으로 경쟁력이 있는 주요 시장은 소프트웨어 부문이다. 인도는 소프트웨어산업에서 가장 성공적인 국가로 꼽힌다. 카네기 멜론 소프트웨어 연구소(Carneige Mellon Software Engineering Institute)에 따르면 인도는 세계 6위에 해당하는 소프트웨어 개발 국가이다. 인도의 소프트웨어 상품과 서비스 수출액은 급속히 증가하고 있는데, 1999년 전체매출액 50억 달러에서 39억 달러에 해당한다. 소프트웨어의 '괄목할 만한' 발전은 대기업 소유주들이 소규모 소프트웨어 자회사가 모기업보다 가치 있다는 사실을 인식함에 따라 인도 산업에 대변동을 일으키는 엄청난 영향을 미쳤다. 브리티시에어웨이(British Airways), 스위스에어(Swissair), GE 캐피털 등의 기업들은 인도에 온라인 지원 사무실, 데이터 프로세싱 및 지원 센터를 설립했다. 2개의 인도 IT 기업은 자부심과 국제적 야망의 상징인 나스닥에 상장되었다. 1990년대 중반 인도에는 860개의 소프트웨어 수출업체가 있었다. 인도의 소프트웨어 세계 시장 비율은 20%에 이르며 포춘 500대 기업 중 236개 기업이 소프트웨어에 필요한 것들을 인도 기업에 아웃소싱하고 있다. 인도의 뛰어난 엘리트 기반 과학 교육이야말로 이 부문에서 발전하고 있는 인도 기업의 경쟁 우위에서 매우 중요한 역할을 했던 것이다. 다른 개발도상국과 비교해 볼 때 인도의 엘리트들이 영어로 폭넓게 교육을 받았다는 점은 상당한 장점으로 작용한다.

그러나 인도 소프트웨어 산업은 세계적인 대기업과 비교할 때 상당한 약점을 가지고 있다. 수출에 비해 국내 수요가 매우 적은 것이다. 인도 국내의 IT 부문, 수입과 정보통신에 대한 접근 수준은 매우 낮고 국내 수요는 전체 매출의 1/5에 지나지 않는다.

인도의 소프트웨어 수출은 부가가치가 낮은 부문만을 강하게 추구하고 있는데, 주로 비용 면에서 경쟁우위를 보인다. 다국적기업을 위해 Y2K 해결 작업을 맡은 것이 상당한 힘이 되었다. 인도의 소프트웨어 산업은 미국계 다국적기업을 위해 부가가치가 낮은 아웃소싱 작업에 지나치게 의존하고 있다. 업계의 연간 총매출액은 하드웨어, 소프트웨어 및 서비스를 포함하여 60억 달러 정도에 달하는데, 이는 세계 최고의 IT 기업인 IBM의 총매출액에도 훨씬 못 미치는 액수이다. 1999년 이 부문의 25대 기업들의 평균 매출액은 1억 5,000만 달러 정도이다. 미국의 단일 IT 대기업의 총매출액은 보통 인도소프트웨어산업의 총매출액보다 몇 배나 많다.

　인도 최대의 소프트웨어 기업 위프로의 1999년 중반 매출은 세계적인 기업이 수백억 달러인데 비해 65억 달러에 불과하다. 인도의 소프트웨어 기업이 미국 기업들을 인수할 것이라는 예측도 있다. 인도 정부의 규제가 풀리면 인도기업들이 1999~2000년에 미국 기업을 30억 달러 정도에 인수할 것으로 내다보고 있다. 이러한 액수는 전체 산업을 재편하는 엄청난 액수에 비하면 미미한 편이다. 인도 IT산업의 시가총액은 2000년 2월 1,040억 달러로 최고치를 기록했는데, 세계적인 기업의 일부분밖에 되지 않는다. 나아가 그해 중반에 가치가 절반 이상 곤두박질치는 바람에 시스코 시스템스의 1/10밖에 되지 않았다. R&D 투자 수준은 세계 선두기업에 비하면 미미한 편이다.

　인도의 국내 시장은 선진국에 비하면 믿을 수 없을 정도로 낙후되어 있으며 기업들의 국제 경쟁력이 크게 약화되고 있다. 미국에 기반을 둔 기업이 성공할 수 있는 이유는 고수익, IT에 대한 높은 투자, 엄청난 R&D 투자, 집중화와 주식시장 가치에 기반하여 가치를 상승시키는 거대한 기관투자의 선순환인 것이다. 이와 대조적으로 개발도상국은 구매력이 상당히 제한적이며, 그에 따라 IT 인프라가 더디게 성장한다(표 2.4). PC, 휴대전화, 인터넷 보급률은 선진국 수준에 비하면 미약하기 그지없다. 나아가 통신 분야의 국제 언어는 영어인데, 개발도상국의 상당수가 영어 소통 능력이 없다. 이를테면 인

표 2.4 국가 수준별 정보통신 발전 지표

국가/국가 그룹	인구 1,000명당(1997)				인터넷 호스트/인구** 10,000당(1999, 1)
	TV	일반전화	이동통신	PC	
개발도상국*	59	16	1	거의없음	0.2
중간국가	272	136	24	32	2.4
선진국	664	552	188	270	470.0
인도	69	19	1	2.1	0.13
중국	270	56	10	6.0	0.14
미국	847	644	206	407	1,131.5

자료 : 세계은행, 2000 : 226-227쪽.
* 인도 및 중국을 제외한 것임.
** 인터넷 호스트는 세계 네트워크에 직접 연결된 것을 말한다. 많은 컴퓨터 사용자는 단 하나의 호스트를 통해 인터넷에 접속할 수 있다.

도의 경우 '새로운 소프트웨어 엘리트 지배층에 참여할 수 있을 정도로 영어를 구사하는 사람은 인구 20명당 한 명'에 불과하다.

인도 소프트웨어산업의 주요 문제는 소프트웨어 엔지니어 대다수가 미국으로 이민을 간다는 것이다. 미국 소프트웨어 기업은 종종 최고의 소프트웨어 엔지니어가 졸업할 때 스카우트하기 위해 직접 인도 대학을 찾아가는 등, 이미 인도에서 엄청난 숫자의 소프트웨어 엔지니어를 모집했다. 일부 성공한 새로운 벤처 대표와 미국 실리콘밸리의 총 소프트웨어 엔지니어의 38%를 인도 사람이 차지하고 있다. 미국 정부는 소프트웨어 엔지니어 비자 쿼터를 11만 5,000명에서 20만 명으로 늘렸다. 현재 쿼터의 거의 절반이 인도인이다. 인도가 '소프트웨어 이민'으로 인도에 어느 정도의 이익이 돌아갈 것인지는 미지수이다. 송금액, 아이디어와 교육을 받을 수 있는 인센티브의 측면에서 볼 때 인도는 상당히 많은 것을 얻을 것이나 인도에 소프트웨어 기업을 세우기 위해 인도로 되돌아가는 것이 마땅한 것인지에 대해서는 의문의 여지가 있다.

　IT 부문에서 세계적으로 가장 뛰어난 국가에 자유롭게 드나드는 것은 개발도상국에게는 확실이 이익이다. 이 부문에 대한 투자는 매우 긍정적인 외부효과을 가져오며 새 천년 초기 경제 발전의 열쇠를 쥐고 있다. 그러나 선진국의 선두기업들은 모든 산업 부문, 즉 소프트웨어부터 서비스에 이르기까지 개발 도상국에 기반을 두고 있는 기업들이 도저히 시장에 진입하지 못하도록 엄청난 진입장벽을 쌓은 채 선진국의 선두기업들은 난공불락으로 시장을 선점하고 있다. 물론, 개발도상국 기업들이 가치사슬의 낮은 쪽에 들어갈 수 있는 기회는 무진장하다. 그러나 선두 시스템 통합 사업자에 대항하여 겨루고, '글로벌 경쟁의 장'에서 경쟁하여 이길 수 있는 가능성은 상당히 제한되어 있다.

2.7 금융 서비스 부문의 글로벌 혁명*

규제철폐

1970년대 브레튼우드체제(Bretton Wood System)의 붕괴 이래 금융자유화는 대부분의 국가에 영향을 미쳤다. 1970년대 중반 미국의 경우처럼 많은 국가들은 이자율과 환율을 낮추기 시작했으며, 세율의 국제적 차이도 많이 감소했다. 1973~1975년과 1979~1982년의 세계 오일 위기로 자본 잉여금이 발생한 이후 1980년대 초 규제철폐가 가속되었다. 대부분의 유럽 국가들은 금융시장에 대한 규제를 철폐했다. 미국의 경우 정부가 부과한 이자율 제한정책은 1983년에 공식적으로 폐기되었다. 금융기관이 다른 분야에까지 다각화를 시도할 수 있도록 하는 첫 번째 조치는 1982년 간세인트 저메인 예금금융

---

*이 섹션은 캠브리지 대학 Judge Institute of Management Studies의 위칭 연구에 기초하고 있다.

기관법(Garn-St Germain Depository Institutions Act)과 1985년 지방 은행에 대한 고등 법원의 결정이었다. 영국의 경우 1986년에 '빅뱅'이 일어났다. 채권과 증권 거래에 대한 고정 매매 수수료율이 철폐되었고, 쟈바(jobber)와 브로커(broker)의 오랜 구분이 폐지되었으며, 증권시장도 개방화 · 국제화의 새로운 국면을 맞이하게 되었다. 이러한 변화로 금융 활동을 지휘하는 구조, 속도, 방법에서 혁명이 일어나게 되었으며 자본의 국제적 기동성이 상당히 증가하는 한편 국제 금융 시장의 움직임도 대단히 빨라졌다.

1990년대, 금융에 대한 규제철폐는 더욱 심화되었다. 유럽과 미국의 경우 국가 간, 그리고 사업부문 간 금융 거래에 대한 일부 주요 규제가 완전히 철폐되었다. 1990년대 초 1992년 유럽 연합의 유럽 단일 시장 프로그램, 1994년 미국의 리글 닐(Riegle-Neal) 법안 등에 힘입어 국가 간 M&A(인수 · 합병)가 더 쉬워졌다. 신디케이트 대부(syndicated credit), 증권 발행, M&A 권고 등을 비롯한 국가 간의 금융 활동은 1992년에서 1998년까지 급증했다. 1990년대 말에 '금융 현대화 운동'이 시작되었다. 여기에는 1998년 일본의 빅뱅과 1999년 미국의 금융개혁법(Gramm-Leach-Bliley Act)이 포함된다. 이러한 엄청난 변화로 금융산업은 더욱 자유로워졌으며 국가와 업종을 초월한 M&A의 새로운 물결이 촉발되었다.

산업에 대한 충격

IT의 폭발적인 변화와 함께 규제철폐는 금융서비스산업을 세계화, 혁신, 통합, 집중화, 미국화로 완전히 변모시키고 있다.

세계화와 국가 간 거래

1980년대 이래 경제의 세계화는 전세계에 걸친 금융 서비스와 세계적으로 팽창하려는 금융기관에게 엄청난 기회를 가져다 줄 수 있는 거대한 수요를 창출해냈다. 특히 지형학적 진입 제한에 대한 규제 철폐는 공격적인 금융기관의 세계화에 크게 기여했다.

금융기관에 의한 내부 팽창은 계속 진행되었다. 1990년대에 들어서는 인수·합병에 힘입어 서비스 기업들이 성장하게 되었다. 1989년부터 1999년까지 약 30조억 달러에 달하는 인수와 전세계적으로 3,844번의 인수·합병이 일어난 것으로 추산된다. 대형 은행끼리의 인수·합병은 괄목할 정도로 증가했다. 1998년 자산이 총 10조 870억 달러에 달하는 406개의 은행이 합병되었다. 금융기관 간 M&A의 결과로 대부분의 국가에서 은행 수가 격감했다. 1990년대 말 미국 내 M&A가 엄청나게 증가했을 뿐만 아니라 국가 간 M&A도 엄청나게 증가했다. 1990년대 중반에는 유럽 금융기관들에서 M&A가 일어났다.

M&A의 물결 속에서 시티그룹, 뱅크 오브 아메리카(Bank of America), 체이스 맨허튼(Chase Manhattan), 도이체 방크, UBS, HSBC, 메릴린치, 모건스탠리, ING, AXA 등 굴지의 금융기관들은 세계시장에서 선두의 위치를 공고히 했다. 오늘날 세계 최대 금융기관들의 1/3은 3~4개의 대륙에서 운영되고 있다. 시티그룹은 이제 100개국 이상에 지점과 자회사를 두고 있으며, 메릴린치는 거래소에서 시장 선도 위치를 지키면서 43개국에 900개의 지점을 두고 있다. AXA는 60개국에 14만 명의 종업원을 가지고 있다. HSBC는 1980년대 말과 1990년대 초 무시무시한 국가 간 인수를 통해 지역 선두 은행에서 세계 선두 은행으로 성장한 대표적인 예로 꼽힌다. 1990년대 말 HSBC는 세계에서 가장 규모가 크고 수익이 높은 은행이다.

세계화를 이끈 은행들은 세계적 경쟁에서 규모의 경제를 효율적으로 이룩하려면 국가 간의 팽창이 반드시 필요하다고 주장한다. 세계적 기반에서 운용되는 고객들에게 계속해서 세계적 서비스를 제공하는 능력과 더불어 국제적인 M&A를 통해 다른 국가의 새로운 고객을 확보하는 것이 가장 중요한 동기인 셈이다. IT의 급격한 발전에 힘입어 세계적 규모에서 은행을 운영할 수 있는 가능성이 상당히 높아졌다.

합병 : 부문 간 교환

전통적으로 대부분의 국가에서 금융 서비스산업은 상업은행, 투자 및 소매 금융(investment/merchant banking)과 보험으로 구분되었다. 여기서 예외적인 국가로는 종합은행 시스템을 운영하는 독일을 들 수 있다.

IT 발전과 금융 혁신, 특히 철저한 보안기술의 개발로 상이한 부문(상업은행, 투자은행 및 보험)의 구별이 흐려졌다. 전통 은행들은 업계의 다른 부문에서도 심각한 도전에 직면했다. 규제철폐로 진입 장벽이 낮아졌고, 업계 내의 경쟁은 상당히 가열되었다. 일부 전통 상업은행과 보험회사들은 경쟁에서 불리하다는 사실을 알아차렸다. 비용을 절감하고 효율성을 개선하기 위해서 많은 금융 기업들이 규모에서뿐만 아니라 범위에서도 이전에 운영되었던 것과는 달리 다른 부문으로 이동하면서 사업을 확대해나가고 있다. 1980년대와 1990년대 초 일부 유럽의 금융기관들은 M&A를 통해 사업을 다각화했다. 여기에는 도이체 방크의 UK 머천트 뱅크(Merchant Bank)와 모건 글렌펠(Morgan Grenfell, 영국) 인수, 크레딧 쉬스(Credit Suisse)의 영국 상업은행 워버그(Warburg) 인수, ING의 영국 상업은행 베어링(Barings) 인수가 포함된다.

미국의 경우 상업은행 간(뱅크 아메리카 BankAmerica)/내이션즈 뱅크 Nations Bank/바넷 뱅크 Barnet Bank, 체이스 맨허튼 Chase Manhattan

Bank/케미컬 뱅크 Chemical Bank, 뱅크원 Bank One/퍼스트 시카고 NBD(First Chicago NBD)) 또는 투자은행 간(모건스탠리/딘 위터 디스커버, 살몬 브라더즈 Salmon Brothers/스미스 바니 Smith Barney) 가장 중요한 인수·합병이 있었다. 이러한 인수·합병은 은행, 증권, 보험업무를 분리시켰던 1933년의 글래스 스티걸법(Glass-Steagal Act) 때문에 매우 중요한 의미를 갖는다. 그러나 1990년대 규제철폐가 확대됨에 따라 주요 합병 영역이 넓어졌다. 일부 대형 은행은 종합비즈니스(multi-business)은행으로 전환을 시도했다. 이를테면 시티뱅크는 1980년대 이후 금융 재벌을 꿈꾸었다. JP 모건은 1989년 투자은행으로 활동할 수 있도록 허락 받은 첫 미국 상업은행이 된 이후 투자은행으로 전환하려고 노력했다. 1980년대 말 이후 연방준위는 증권의 매출지분에 대한 제한을 점진적으로 완화했고, 이것은 법 개정을 더욱 자극했다.

1998년 상업은행인 시티콥(Citicorp), 보험회사인 트래블러즈(Travelers)와 증권회사인 살몬 스미스 바니(Salmon Smith Barney)의 합병은 1999년 글래스 스티걸법을 폐지하는 미국 금융개혁법을 끌어냈다. 금융개혁법으로 금융 서비스의 모든 업무를 취급하는 금융지주회사(financial holding company)라는 새로운 형태의 금융회사가 등장하게 된다. 체이스 맨허튼 은행의 회장이자 CEO인 해리슨(Harrison)은 이 점에 대해 "전통적인 기업들이 닷컴 기업들과 파트너를 이뤄 집중화를 시도함에 따라 우리는 은행과 상업의 정의를 확대하는 엄청난 일을 하게 된다"고 했다. 새로운 법 아래에서 금융지주회사는 어떤 회사든지 100% 소유할 수 있게 되어(금융서비스현대화법, 1999년 Financial Service Modernization ; ACT) 이론적으로 '치약부터 응용과학에 이르기까지' 어떤 사업이든 소유할 수 있게 되었다. 그렇다고 미국의 금융지주회사가 문어발식 재벌이 되거나 즉시 미국의 독일판 종합 은행으로 전환될 가능성은 없다. 그러나 대부분의 금융지주회사가 상당히 통합된 비즈니스(소매 및 도매 금융, 은행, 증권, 보험)를 채택할 것으로 기대되는 것은 사실이다.

금융개혁법은 세계적 금융 서비스산업에 혁명적인 영향을 미쳤다. 그것은 세계 최대 금융회사, 즉 미국의 금융회사들이 완전히 자유화되었다는 것을 의미한다. 가장 중요한 결과는 미국의 금융 서비스회사가 지배하고 있는 세계 산업이 더욱 집중화되는 것을 허용했다는 것이다.

혁신 : 금융 엔지니어링 및 e-뱅킹

규제철폐의 중요한 성과로 세계적인 금융 혁신을 들 수 있다. 차세대 뱅커인 금융 엔지니어는 광범위한 신금융 상품을 만들어내고 있다. 기술, 특히 IT의 발전에 힘입어 혁신의 속도가 빨라지고 있으며 그만큼 쉽게 진행되고 있다. 1980년대부터 파생상품과 증권화된 금융 자산의 거래는 금융 시장의 핵심 상품이었다. 기업어음(CP)이나 주식발행, 또는 장단기 증서를 통한 기업 자금 모집의 구분이 모호해지기 시작했다. 대신에 부채는 '한 통화에서 다른 통화로', 그리고 한 유형의 증서에서 다른 증서로 별다른 어려움 없이 상호 교환이 가능해졌다. 시티뱅크와 JP 모건이 성장시장(emerging market)에서 부채 문제에 직면한 1997년 이래 전세계 시장에서 증권화가 상당히 진행되었다. 이외에 저당채권 유동화 대부(securitized mortgage loan), 단위기준 (unit-based) 보험 계약, 뮤추얼 펀드의 구별이 사라졌다. 고객들이 더 다양한 금융 자산을 요구하기 시작했기 때문에 대기업, 특히 투자은행은 경쟁 우위를 유지하기 위해 막대한 자금을 R&D에 투자해야 했다. 월스트리트 투자은행들이 상당수의 수학, 물리학 박사들을 채용하는 것은 이제 자연스런 일이 되어 버렸다.

1990년대 말 IT의 고속 성장에 힘입어 전자상거래는 모든 부문에서 사업을 수행하는 새로운 방법이 되었다. 이에 따라 금융 서비스산업, 특히 대기업들은 전자상거래를 신속하게 채용하여 업무에 폭넓게 적용하고 있다. 인터넷과 인트라넷 정보 시스템으로 금융 서비스 기업들은 관리와 운영비용을 몰라보게 줄일 수 있었다. IT는 성공적인 금융 서비스 기업을 위해 경쟁 우위를 개발하고 시장 점유율을 늘리는 대단히 중요한 도구였으며 이는 세계적 운영자가 되는 가장 쉽고 효율적이며 신속한 방법이었다. 일부 기업은 '세계적 기업으로 탄생' 하기도 했다. 이를테면 E* 트레이드는 세계적 브랜드를 만든 지 단지 3년만에 33개국에서 기업을 운영하고 있는데, 이는 메릴린치가 30년 이상 걸려 이룩한 것과 비슷한 수준이다.

낮은 진입 장벽과 IT의 발달로 비금융 기업들, 특히 유통업체들이 사업을 다각화하여 금융 서비스 시장에 진입하는 것이 쉬워졌다. 또한 지난 수년 동안 수많은 선도 금융회사들(골드만삭스와 JP 모건)은 변화하는 세계에 적응하기 위해 제도적 구조를 대대적으로 바꿔왔다.

치열해진 경쟁

규제철폐, 특히 상이한 금융 부문을 구별하는 '벽'이 붕괴됨에 따라 은행이 증권과 보험산업에, 그리고 증권과 보험 기업들이 다른 금융 부문에 진입하지 못하게 막는 장해물이 제거되었다. 이것은 곧 분리되어 있던 각 부문에서 상당수의 기업들이 생겨날 수 있음을 의미한다. 따라서 전체 금융 서비스산업에서 경쟁은 더 치열해질 것으로 예상된다. 미국의 경우 금융개혁법을 제정하고 4개월이 지나자마자 대규모 및 소규모 117개의 은행은 은행지주회사(bank holding company)에서 금융지주회사로 전환할 수 있는 연준위의 허가를 받았다. 여기에는 규모가 큰 은행인 시티그룹, 체이스 맨허튼, JP 모건,

뱅크 오브 아메리카, HSBC와 작은 규모의 LA의 ABL(Acadiania BankShares of Lafayette), 뉴욕의 YNBH(Yarville National Bancorp of Hamilton) 등이 들어 있다. 금융지주회사 우산 아래 사업을 다각화하는 한편 광범위한 금융 서비스를 제공하는 금융기관이 증가하고 있다. 금융회사들은 '상업 및 저축', '보험', '증권'이라는 현재의 범주에서 포춘 500대 기업의 '다양화된 금융' 범주로 점차 이동할 것으로 예상할 수 있다.

금융 서비스산업에서뿐만 아니라 다른 산업에서도 새로운 진입자들은 생겨나고 있다. IT의 발전과 규제 철폐로 금융 서비스의 유통 채널은 몰라보게 변하고 있으며, 진입 장벽도 사라지고 있다. 업무영역을 금융 서비스로 다각화하거나 전환하고 있는 비금융 부문의 라이벌 기업들은 기존의 고객망을 통해, 또는 경쟁 우위 브랜드나 자본 또는 기술을 이용하여 금융 서비스 시장에 침투하고 있다. 가장 대표적인 사례로 GE 캐피탈을 들 수 있고, GMAC, 테스코 파이넌스(Tesco Finance) 및 버진 머니(Virgin Money)가 동일한 경로를 밟고 있다. 이외에 새로운 e-은행과 e-보험, 사이버 금융회사와 같은 금융 서비스 기업이라는 전혀 새로운 범주가 있다.

새로운 진입자들의 위협뿐만 아니라 기존 라이벌 간의 경쟁도 가열되고 있다. 시티그룹의 성공적인 사업 모델은 국가 간, 그리고 부문 간의 M&A를 더욱 자극하고 있다. 이는 거대한 금융 그룹끼리의 강렬한 경쟁을 부추겼다.

집중화와 미국화

오늘날의 세계적 금융 시장에서의 강력한 경쟁 슬로건은 '클수록 좋다'이다. 세계적인 규제철폐, 특히 글래스 스티걸법의 폐지로 시티그룹과 체이스 맨허튼 등 미국의 금융 대기업은 부문 간 업무를 확장해나갈 수 있게 되었다. 또한 상이한 형태로 전환하기 위해 오랫동안 고투해온 은행들은 목표를 달성할 수 있게 되었다. 그 결과 산업집중화도 높아졌다. 《뱅커》(Banker)가 선정한 세계 1,000대 은행 가운데 5대 은행은 저마다 지난 3년간 합병이나 인수를 시행했다. 거대한 금융 기업이 소규모 금융기관을 인수함에 따라 대부분의 최고 위치에 있는 은행들은 다른 규모가 큰 은행과 합병했다. 1980년대 말이래 은행 숫자는 현격하게 감소했으며 동기간에 10대 은행의 총자산은 14%에서 28%로 2배나 증가했다. 유럽의 경우 은행수는 1980년대 9,500개에서 1997년에는 7,000개로 감소했다. 그러나 현재까지 최대 인수·합병은 국가 간 또는 부문 간보다는 미국이나 해당 유럽 국가내 금융기관끼리 이루어지고 있다.

최근에 가속화된 규제철폐와 치열한 경쟁, 특히 금융개혁법 시행으로 전 세계에서 새로운 M&A 물결이 몰아치고 있다. 2000년 3, 4분기까지 엄청난 규모의 격랑이 있었는데 그 대부분은 세계적인 거대 금융기관이 세계 최고의 위치를 더욱 공고히 하기 위해 국가 간 및 부문 간 거래한 것이었다. 대표적으로 시티그룹이 영국의 최대 시중은행인 슈레더(Schroder)를 인수하고, 영국의 마지막 시중은행인 체이스 맨허턴의 플레밍스(Flemings)를 인수한 뒤, JP 모건과 합병한 것을 들 수 있다.

오늘날 많은 다른 부문과 마찬가지로 금융 서비스 부문의 선도기업 대부분은 미국에 본사를 두고 있다. 미국에서 선도 금융 서비스 공급업체와 세계적인 대기업 간에 괄목할만한 세계적 비즈니스 발전이 있었다. 세계 M&A 전문업체 중 5위까지가 모두 미국 기업이다. 장부상 주가가치가 가장 높은 5개 금융기관 중 4개가 미국 기업이고 해외 전환사채 발행 기업의 5개 가운데 3개가 미국 기업이다. 5개의 신디케이트 대부 기업 가운데 3개가 미국에 기반하고 있다. 시장점유율의 측면에서 볼 때 북미에서 남미까지, 유럽에서 아시아까지 주식, 채권, 신디케이트 대부, M&A의 최고 기업들은 상업은행의 경우 시티그룹, 뱅크 오브 아메리카, 체이스 맨허튼이 투자 은행의 경우 골드만삭스, 메릴린치, 모건스탠리 딘워터 등의 미국 기업들이 지배하고 있다. 심지어 일본에서조차 장부상 주가가치가 가장 높은 기업과 M&A 전문업체는 시티그룹과 메릴린치 같은 미국 기반 기업이다. MSDW는 미국에 기반을 두고 있는 전세계 기업 자산가치의 3대 기업(모건스탠리 딘워터, 골드만삭스, 메릴린치)은 1998년 전세계 자산가치의 31%를 차지했으나 1998년에는 36%로 증가했다고 평가했다. 또한 이 기업들이 1998년 27~40%로 추산된 것과 비교할 때 세계적 인수·합병의 34~42%를 차지했다고 평가했다.

2000년도 포춘 500대 기업의 50대 수익 기업(총수익) 가운데 15개 기업이 금융 서비스 부문에 속했다. 이 가운데 9개가, 그리고 5대 기업 가운데 4개가 미국에 기반을 두고 있다. 수익이 가장 높은 10대 상업은행 가운데 4개가 미국에 기반을 두고 있으며 총매출액 기준으로 5대 증권회사 가운데 4개가 미국에 기반을 두고 있다. 포춘 500대 기업의 '다각화 금융 부문'의 6대 기업이 모두 미국에 기반을 두고 있다. 금융 서비스산업 중 오직 보험 시장만 미국 기업이 지배하지 못하고 있다. 그러나 분석가들은 보험업계 역시 가까운 시일 내에 변화를 겪으리라 예상하고 있다. 집중화 경향은 미국 금융 서비스의 규제철폐로 강화된 것 같다. 일단의 미국 금융 재벌들이 금융 서비스산업을 지배할 뿐만 아니라 미래에는 전세계에 '원스톱 슈퍼마켓'을 운영하여 온갖 상품을 제공하게 될 것이라는 점을 예상할 수 있다.

세계 선도 금융 서비스기업 중에는 개발도상국 국가의 기업은 거의 없다. 포춘 500대 기업 가운데 총 128 금융 서비스 기업 중 단지 6개만이 개발도상국에 기반하고 있을 뿐이다.

2.8 선진국과 개도국의 심한 격차

개발도상국의 도전

성공한 후발주자 개발도상국은 여러 가지 산업정책을 이용하여 세계적 경쟁력을 갖춘 대기업을 구축하고 있다. 21세기 초 개발도상국은 경제 정책을 세우는 것과 관련해 세계적인 대기업들에 도전할 수 있는 자국의 대규모 기업을 구축하는 것이 실현 가능한 것인지 아니면 소망에 그쳐야 하는 것인지를 결정해야 하는 어려움에 직면해 있다. 세계적인 비즈니스 혁명으로 인해 후발 개발도상국은 정부 주도하에서 세계적으로 경쟁할 수 있는 기업을 구축하고자 하는 산업정책을 포기해야 하는 것인가?

자본주의 중심의 빅 비즈니스

선진국의 일반적인 경제 발전 경로는 과점 기업을 자본주의 시스템의 중심에 세우는 것이다. 1980년대 이후 빅 비즈니스 혁명이 일어났고 주요 기관투자가들의 영향력이 증대됨에 따라 대기업들은 현격하게 재편되었다. 대기업들은 구조조정을 단행했고, 핵심 경제 활동과 관련이 없는 대규모 자산을 매각하는 등 핵심 사업에 주력했다. 심지어 외국인 직접투자가 상대적으로 적은 개발도상국에서조차 대기업은 빠르게 세계화되고 있다. 산업별 집중화는 상당히 강화되었다. 시장의 하위 범주를 살펴보면 세계적인 집중화가 괄목할 정도로 강화되었다는 것을 확연하게 알 수 있다. 이와 같은 급속한 변화는 개별 자본주의 국가에서 수집된 데이터만으로는 자세하게 알 수 없다. 선진국에서 대규모 경제의 진정한 영향력을 파악하려면 시장의 하위 범주에 따라 전세계 시장 점유율을 자세하게 살피는 한편 시스템 통합 사업자에 의지하고 있는 수많은 기업들과 세계적인 시스템 통합 사업자와의 관계를 면밀하게 분석해야 한다. 대규모 비즈니스가 자본주의 역사에서 1990년대 말처럼 중요하게 기능하는 때는 일찍이 없었다. 자본주의 체제를 대표하던 대기업들은 사업의 핵심만 움켜쥔 채 아웃소싱한 광대한 네트웍 기업들 중심에 서서 그들을 선도해나가고 있다. 새로운 IT를 이용하는 핵심 사업은 세계적 규모의 수많은 관련 사업과 연결되어 있다.

세계화와 빅 비즈니스의 혜택

세계적인 시장 자유화와 빅 비즈니스의 성장은 상당한 이익을 창출해냈고, 빅 비즈니스로 말미암아 상당히 높은 투자와 기술적 발전이 가능하게 되었다. 과점 경쟁은 적어도 규모축소 경쟁만큼 치열할 수 있다. 빅 비즈니스 혁명에서 과점은 새로운 모습을 띠게 되었다. 부문별 세계 3~4위 기업들은 현재 사상 유례가 없을 정도로 치열하게 경쟁하고 있다. 이들 기업은 엄청난 자금을 R&D, IT, 마케팅 시스템, 투입요소 확충에 쏟아붓고 있으며 항공산업에서 석탄산업에 이르기까지 엄청난 비용 절감 전투를 벌이고 있다.

기업들은 품질을 개선하고, 전체 공급망을 비롯하여 전체 가치사슬을 아우르는 시스템 비용 삭감을 위해 치열하게 싸우고 있다. 세계적인 대기업들은 1차 공급업체와 이들에게 부품을 공급하는 무수히 많은 각 국가의 중소기업과 하위시스템 공급자에게까지 영향을 미치는 강력한 압력을 견뎌내고 있다. 이러한 과정은 기술 진보, 품질, 그리고 가치사슬을 아우르는 경영기술의 발전을 가져왔다.

개별 소비자들과 기업들은 세계적인 선두 업체와 그들의 강력한 1차 공급자의 대규모 R&D 투자에 의해 저가의 고품질 제품을 사용할 수 있게 되었다. 즉 제1차 상품(primary product)뿐만 아니라 광범위한 복합 제조 제품과 서비스 가격 역시 하락한 것이다. IT 제품과 서비스의 실제 가격은 엄청난 개발 이익을 창출하면서 급락했다. 과점이 치열해지는 것과 동시에 대기업과 관련 있는 '외곽 조직들'의 경쟁이 치열해지면서 '경쟁' 강도를 해당 시장의 기업 수와 동일시했던, 경쟁에 대한 전통적인 신고전주의의 견해는 심각한 도전을 받게 되었다. 또 그 반대로 경쟁의 본질에 대한 비정통적인, 슘페터주의(Schumpeterian) 견해가 힘을 받게 되었다.

선진국과 개발도상국 빅 비즈니스의 심한 격차

오늘날 개발도상국이 선진국의 빅 비즈니스와 경쟁할 수 있는 경제체제를 구축하는 것은 10년 전보다 훨씬 어렵다. 오래 전에 시작된 세계적 과점이라는 새로운 세계에서 '이익 분배'는 세계적인 승자로 떠오르는 핵심 빅 비즈니스와 강력한 2차 공급자의 지리적인 관점에서 상당히 불균형적이다. '글로벌 경쟁의 장'은 이미 세계적인 경쟁에서 앞서 있는 대기업들이 성공하기에 훨씬 용이하며 강자에 대한 보호주의적 성격을 띤다. '글로벌 경쟁의 장'을 지지하는 사람들은 대기업의 주요한 수혜자는 선진국 기업들이 될 것이

표 2.5 MSDW의 산업 부문별 평균 지속성*

부문	평균 지속성(연)
항공 및 방위	23
자본재(복합 공정기계류)	16
소비재	14
제지 및 포장	12
제약	11
건설 제품	10
은행 및 금융 서비스	9
전자제품	9
에너지	8
광산	8
미디어	8
화학	7
숙박업	7
소매	7
수송	7
자동차	6
보험	6
철강	6
타이어	5
기술	4
의류 및 신발	2
통신	2

* 연도는 공격적이고 자금이 풍부한 경쟁업체가 선도 업체와 동일한 수준이 되는 때를 기준으로 정의한 것이다.

라는 사실을 믿어 의심치 않는다. 이들 기업의 주주 역시 주로 선진국 사람들이다. 1990년대 세계의 선도 다국적기업의 회장은 그 기업이 속한 나라 출신이 압도적이다.

몇 가지 상이한 기준에서 볼 때 개발도상국의 대기업은 글로벌 비즈니스 혁명에서 미미한 수준에 있다고 할 수 있다. 세계 인구의 84%를 차지하는 개발도상국의 대기업은 포춘 500대 기업의 단지 5%, FT 500대 기업의 3%, R&D 기준으로 300대 기업의 단지 1%에 해당할 뿐이다. 모건스탠리 딘위터가 선정한 250대 '경쟁 우위' 기업에서 '성장 시장' 국가는 단지 19개 기업만 갖고 있다. 19개 기업 가운데 브라질과 멕시코가 각각 3개로, 6개 기업이 남미에 있다. 남부 아시아 전 지역에서 오직 1개 기업이, 그리고 일본을 제외한 아시아 국가는 12개 기업을 보유하고 있다. 동구, 구소련, 중동, 또는 아프리카에는 한 기업도 없다. 솔직하게 평가하자면 전체 개발도상국은 문자 그대로 세계의 가장 경쟁력이 있는 기업들의 명단에 한 국가도 포함되지 못한 것이다. 이들 국가에게 전세계 시장을 차지하기 위한 경쟁 레이스는 엄청나게 불공정한 위치에 있는 앞선 주자들과 함께 하는 것이다.

격차 지속

진입장벽은 산업별로 차이가 있다(표 25). 기술이 복합적이고 R&D에 가장 많이 투자하는 산업을 따라잡는 것이 가장 어렵다. 따라잡기가 특히 어려운 산업으로는 제약, 방위 및 항공, 복합 공정기계류, 전력장비, 건설 기계류, 대형 기계, 농기계, 항공기 엔진산업을 들 수 있다. 모건스탠리는 '공격적이고 자금이 풍부한 경쟁업체'가 항공 및 방위산업에서 세계 선두업체가 되기 위해서는 20년 이상, 중장비산업의 경우 14년, 제약업의 경우 11년이 걸릴 것으로 내다보았다(표 25). 그러나 소비재산업에서도 기업 간의 능력 차이가 상당하다. 진입장벽은 브랜드가 있는 소비재의 경우에 특히 높다. 초기 세계화 단계에서 시장의 선두주자로 자리를 잡은 기업들이 오랜 기간에 걸쳐 소비 습관을 길들여왔기 때문에 선두기업을 따라잡을 가능성은 극히 적은 것이다.

기술력이 많이 필요하지 않은 소비재나 첨단 제품보다는 '중간 기술'을 요하는 산업에서 따라잡을 수 있는 가능성이 비교적 높다. 철강, 화학, 자동차, 수송 장비는 그러한 가능성이 가장 높은 산업이다. 그러나 이 부분들에서도 선진 기업을 따라잡는 것은 쉽지는 않다. 따라잡기가 가장 쉬운 하위 범주는 기본 기술이 비교적 오래되었고 특허권이 없으며, 수익과 부가가치가 적은 기본 '필수품' 제품인데, 대표적인 제품으로 석탄, 낮은 품질의 타이어, 철강 건설, 염소, 에틸렌, 아스피린, 비타민 C, 나일론 등을 들 수 있다.

심지어 선도기업을 따라잡는 데 비교적 짧은 시간이 걸리는 이들 산업에서도 고부가가치나 R&D와 관련해 진입장벽이 점점 높아지고 있다. 게다가 '전통적인' 필수품 산업 부문에서도 생산가를 상당히 절감하고 수익성을 증가시키는 프로세스 기술에서 상당한 진보가 있었다. 고부가가치 제품은 이윤을 많이 실현하며, 따라서 그 이윤을 R&D에 투자하여 경쟁 우위를 더욱 강화한다. 이제는 어떤 산업도 세계적인 경쟁력을 강화하지 않으면 생존하기 어렵게 된 것이다.

중국의 시련

1부에서는 세계적으로 경쟁력을 갖춘 대기업을 구축하려고 노력하는 과정에서 중국이 겪은 특별한 어려움의 내부적인 원인을 분석했다. 그러나 중국이 당면했던 특별한 어려움들 못지 않게 중요한 것은 중국이 산업혁명까지 포함하여 세계 경제 역사상 가장 혁명적인 시대에 세계적으로 경쟁력을 갖춘 대기업을 구축하려고 했다는 사실이다. 구조적 관점에서 볼 때, 일본과 대한민국이 세계적인 대기업을 구축하기 위하여 산업정책에 힘썼던 기간은 상대적으로 덜 역동적이었다.

중국은 다른 개발도상국과 마찬가지로 상당한 외적 시련을 마주하고 있다. 그러나 중국은 여러 가지 의미에서 거대하다. 성장 잠재력이 풍부한 시장을 가지고 있을 뿐만 아니라, 고등교육을 받은 사람들이 급증하고 있는 인적 자원의 보고이다. 중국은 과거에 세계 최고였다는 민족적 자부심을 가지고 있으며 관리 능력도 대단히 뛰어나다. 또한 세계 최강 미국과는 불편한 관계이지만 러시아, 유럽, 일본 등 주변국들과 우호적 관계를 유지하고 있다. 이러한 충분한 동기와 잠재력은 중국이 선진국 기업들과 어깨를 나란히 할 수 있는 대기업을 구축하기 위한 성공적인 산업정책을 세울 수 있으며 다른 개발도상국보다 그럴 가능성 역시 대단히 높다는 것을 말해준다. 그러나 글로벌 비즈니스 혁명으로 대기업을 구축하겠다는 중국 정책결정자들의 어려움은 점점 증가하고 있는 것이 사실이다.

3부

중국의 WTO 가입 이후 : 선택과 전망

3.1 '글로벌 경쟁의 장'에서 중국의 대기업이 경쟁할 수 있을까?

1부에서는 중국의 정책결정자들과 경영진들이 여러 부문에서 세계적인 대기업에 도전할 수 있는 대기업을 어떤 식으로 구축하고 있는지 그 과정을 분석했다. 중국의 대기업은 20년간 고투하면서 경제 조직의 중요한 부문에서 점진적인 제도적 변화를 성취하는 등 상당히 변모했다. 2부에서 살펴본 바와 같이 같은 기간 동안 세계적인 선도기업들도 엄청난 변화를 겪었다. 이로 인해 '글로벌 경쟁의 장' 시대가 가까워짐에 따라 개혁 중인 중국의 대기업들은 세계적인 대기업을 목표 삼아 실질적인 자체평가를 실시해야 한다. 1999년 11월 15일, 미국과 중국은 이러한 개혁에 박차를 가하게 하는 중국의 WTO 가입에 합의했다. 3부에서는 중국대표기업들이 '글로벌 경쟁의 장'에서 경쟁할 수 있는 가능성을 자세하게 살펴볼 것이다. 1부에서와 마찬가지로 기업에 대한 사례별 연구와 참고 자료를 이용하여 IT와 금융 서비스 부문을 자세하게 알아보겠다.

산업별 대표기업

항공공업총공사

1970년대 중국의 항공산업은 세계적인 항공산업과 상당한 격차가 있었다. 중국의 '가장 전략적인 산업'인 '중국대표기업들'과 세계적인 기업들 간의 격차는 1970년대 이후 더욱 커지는데, 그것은 중국에서 생산한 몇 대의 터보-프로펠러 비행기를 제외하고는 여객기를 모두 수입했다는 사실에서 극명하게 드러난다. 앞에서 살펴본 바와 같이 대형 여객기 Y-10의 제조는 수포로 돌아갔다. 즉, 다국적기업과 제휴하여 대형 여객기를 공동 설계·제조하려던 계획은 실패하고 말았다. 중국의 다국적 대기업과의 하도급 계약은 일본이나 대한민국의 수준에 미치지 못한다. 중국에서 자체적으로 제조한 터보-프로펠러 비행기마저도 핵심 부품을 수입해서 사용했기 때문에 그나마 조금이라도 수출할 수 있었다는 사실은 중국 항공엔진과 항공 전자산업의 낙후성을 그대로 반영하는 것이다.

　세계적인 기업이 되려는 시도가 실패했다는 것은 중국 군부가 구소련으로부터 점점 더 많은 군용기를 수입하고 라이선스를 받는 데 지나치게 의존했다는 사실에서 여실히 드러났다. 중국 공군은 현재 구소련에서 구매한 Su27에 지나치게 의존하고 있다. 생산했거나 주문 중인 전투기는 100기가 족히 넘으며, 그 숫자는 증가하고 있는 실정이다. 게다가 중국은 Su27보다 더 향상된 Su30를 구매하기 위해 협상 중이다.

　1990년대 말 중국 항공공업총공사(이하 항공공사)의 핵심 항공 사업은 비카스(Vickers, 영국) 등의 중소형 항공 제조업체와 비슷한 수준으로 상당히

표 3.1 중국 최고 항공 제조업체와 세계적인 항공 제조업체의 주요 경쟁력 지표

기 업	총매출 (10억 달러)	세후 이익 (100만 달러)	종업원 수 (100만 달러)	R&D (100만 달러)
보잉(97)	45.8	(178)	239	1,830
록히드마틴(97)	28.1	1,300	190	1,060
BAe(97)	10.4	681	44	690
AVIC(97)	3.1	72	560	자료없음
항공공업 총공사	0.7	-	-	-

괄호 안의 숫자는 적자

부진한 편이었다(표 3.1 참조). 게다가 항공공사는 엔진, 항공 전자장치, 기체를 비롯한 전반적인 항공 사업으로 문어발식 확장을 해나가면서 항공 부문의 세계적인 기업과 직접 경쟁할 수 없게 되었다.

1999년에 실시한 항공공사의 '개혁'은 전혀 합리적으로 진행되지 못했다. 항공공사는 다국적기업들과 어깨를 나란히 할 수 있는 경쟁력을 갖춘 거대 단일 그룹을 결성하지 못하고 오히려 2개로 분리되어 더 경쟁력이 떨어지는 그룹으로 전락하고 만 것이다. 이 개혁을 계기로 항공 사업과 막대한 민간사업부문을 분리할 수도 있었으나 그렇게 하지 못했다. 수익성이 높은 사업을 못하게 된 산하 기업들의 반대를 불러일으킬 수 있기 때문이다. 또한 엔진 및 항공전자 사업부문과 기체 사업부문의 분리와 군용 항공기 부문과 여객기 부문의 분리도 실현하지 못했다. 개혁의 진정한 목표가 하청업체로서의 능력을 성장·발전시키는 것이라면 상하이, 시안, 청두, 선양 등 산하의 강력한 생산 단위를 다국적기업과 경쟁할 수 있는 독립적인 기업으로 만들었어야 했으나 그렇게 하지 못했다. '글로벌 경쟁의 장'에서 항공공사의 전망은 어둡기만 하다.

도중에 멈춰버린 불확실한 개혁과 함께 중국의 항공산업은 산업 역사상 가장 비관적인 시대를 맞이하게 되었다. 1990년대 말 미증유의 인수·합병 시대가 끝난 후 여객기와 군용기 부문에서 소수의 기업만이 세계 시장을 지배하게 되었다. '국가핵심기업'의 시대는 지나갔고, 이제 유럽의 '지역핵심 기업'들이 세계 시장을 놓고 미국계 거대 기업과 경쟁하고 있다. 이러한 과정은 대륙을 뛰어넘는, 엄청난 인수·합병의 혁명적인 시대가 시작되면서 이전엔 누구도 생각할 수 없었던 군용 항공 부문에까지 영향을 미치면서 더욱 국제화되고 있다. 이 같은 변화로 중국의 산업정책은 더욱 불리한 위치에 놓이게 되었다.

산지우

산지우는 산업정책과 선진국 따라잡기 관점에서 볼 때 이례적이며 흥미로운 사례이다. 인민 해방군의 지원을 받고 있기 때문이다. 이로 인해 어려움이 많은 것도 사실이나 시장에 진입하거나 제약 부문의 다른 기업을 인수할 경우 상당한 혜택을 누릴 수 있었다. 1부에서 상술한 바와 같이 산지우는 현대식 비즈니스 시스템을 발전시켰다. 추진력이 강하고 능력이 뛰어난 최고경영인과 경영진의 혜택을 톡톡히 보았던 것이다. 이들은 강력한 국내 브랜드를 개발했을 뿐만 아니라 품질과 현대식 생산 시스템의 중요성을 날카롭게

표 3.2 중국 최고 제약업체와 세계적인 제약업체의 주요 경쟁력 지표

기 업	총매출 (10억 달러)	세후 이익 (100만 달러)	종업원 수 (1,000명)	R&D (100만 달러)
머크(97)	26.03	8,069	54	2,760
노바티스(97)	22.34	6,166	87	2,620
글락소 웰컴(97)	17.38	4,626	53	1,870
산지우(97)	0.67	98*	13	자료없음

* 세전 수익

인식하고 있었고, 제약 부문의 세계적인 경향도 정확하게 파악하고 있었다. 산지우는 현대식 마케팅 시스템을 일찍이 개발한 중국 기업으로 손꼽힌다.

우선 이러한 엄청난 장점과 사업의 성과에도 불구하고 산지우는 다국적 기업과의 경쟁에서 엄청난 어려움에 직면해 있다(표 3.2). 중국의 제약업계는 상당히 분화되어 있는 상태이다. 중국에는 '글로벌 경쟁의 장'에서 상당한 어려움에 직면하게 될 수천 개의 중소규모 제약업체가 있다. 중국 최대의 제약업체로 손꼽히는 산지우조차도 국내 시장 점유율은 미미한 편이다. 사실 막강한 다국적 제약업체와 경쟁하기 위해서는 R&D가 매우 중요한데, 중국의 최대 제약업체인 산지우의 연구비 투자도 세계적인 제약업체와 비교하면 보잘것없는 수준이었다. 산지우의 최고경영인 자오신시엔은 산지우가 다국적 제약업체와 직접 경쟁하는 것을 생각할 수도 없다는 현실을 정확하게 인식하고 있다. 제약업계는 먼저 수익이 적고 특허와는 무관한 저부가 가치 제품을 생산할 것을 대안으로 제시했다. 일부 국유 제약업체는 이 부문에서 상당한 능력을 보유하고 있으며 세계적인 제약업체는 고부가가치 제품을 통해 성장과 이윤을 추구해나가기 때문에 이 부분에서는 중국 제약업계가 유리하다고 판단한 것이다.

둘째로 산지우가 택할 수 있는 대안은 한약 생산이었다. 산지우가 택한 방법은 중국기업들이 다국적 기업과의 직접적인 경쟁을 피한 상태에서 어느 정도 경쟁할 수 있는지의 문제를 제기했기 때문에 특히 흥미롭다. 산지우는 이러한 방법으로 급속하게 2대 제약회사로 떠오르면서 국내에서 급성장할 수 있었다. 그러나 산지우는 주력품인 위장약 삼구위태 외에는 국내에서 성장한다는 것이 힘들다는 사실을 인식했다. FDA 요건을 준수했음에도 불구하고 국제 시장에서 산지우가 성공하는 것 역시 쉽지 않다. 화교의 숫자가 장기간의 성장을 지원할 수 있을 정도로 많지 않고, 더구나 양의가 한약을 처방해주는 경우는 극소수에 불과하기 때문이다. 또한 특허를 받지 않았기 때문에 서양 제약 업체들이 더욱 급성장하는 시장을 찾아내 삼구위태와 같이 한약으로 제품을 생산하여 거대한 마케팅 구조를 이용하는 것을 막을 재간도 없다. 다국적기업들이 충분히 매력적인 수익이 있다고 판단하여 심지어 중국 내에서 이 같은 전략을 쓴다 하더라도 막을 방법이 없는 것이다.

따라서 산지우가 다국적기업들과 직접 경쟁할 수 있는 가능성은 전무했다. 산지우는 사실 제약보다는 음식산업의 틈새 시장에서 상당한 매출을 올렸다. 그러나 다국적 대기업과 직접적인 경쟁을 피하는 이러한 시장에서 장기적으로 성장하는 것은 일정한 한계가 있다. 이러한 사실 때문에 산지우는 제약 외에 광범위한 사업에 진출하려 하는 것이다. 산지우는 심지어 자동차 생산을 비롯하여 엄청나게 다양한 비관련 사업에 손을 뻗었다. 범위를 현격하게 축소한 후에도 산지우는 여전히 광범위한 사업을 벌이고 있다. 그러나 이러한 사업은 주로 한의학과 밀접한 관련이 있는 음식과 음료 부문이다. 산지우의 주요 자산은 현재의 뛰어난 경영진, 브랜드, 그리고 마케팅 능력이다. 이러한 자산들에 힘입어 산지우는 앞으로도 상당히 성공적인 음식·음료 대기업의 자리를 고수할 수 있을 것이다. 그러나 이러한 자산만으로 산지우가 제약업계의 다국적기업들과 경쟁할 수 있다고는 생각할 수 없다.

1990년대 세계 제약회사의 구조에 대대적인 변화가 있었다. 세계적인 기업들은 연속적인 해체와 합병으로 상당히 변모했다. 거대 합병이 연속적으로 일어난 뒤, 화학업계의 세계적 기업들은 제약 사업을 포기하기 시작했다. 1990년대 말 엄청나게 큰 규모의 소수 제약회사가 새롭게 선보였다. 이들 기업은 수십억 달러를 R&D에 투자할 뿐만 아니라 임상 실험을 통해 약을 개발하고, 새로운 판매망을 개발했으며 막대한 신제품 개발비와 약품사고 비용을 처리할 수 있는 금융 자원도 충분히 갖추고 있다. 이러한 세계적인 혁명으로 인해 새로 등장한 '중국대표기업들'은 더욱 보잘것없게 되었다.

하얼빈동력공사

1970년대 말 다른 개발도상국과 비교해볼 때 중국의 전력장비산업은 비교적 발전된 편이었다. 중국에는 총생산의 3/4을 차지하는 주요 장비 생산업체가 세 곳 있었고 개혁 초창기에는 하나의 감독 기관이 세 업체를 관리했다. 개혁이 시작되면서 이들 기업은 20년간의 전력산업 급성장에 힘입어 선진국을 따라잡을 수 있는 절호의 기회를 갖게 되었다. 1부에서 살펴본 바와 같이 선도 전력장비업체들은 상당한 발전을 이루었다. 하얼빈동력공사는 기술력을 상당히 업그레이드하면서 국가가 조율한 기술이전 프로그램을 통해 많은 혜택을 누렸다. 합병만 했더라면 이들 세 장비 생산업체는 글로벌 거대기업이 되었을 것이다. 중국은 세계에서 가장 빨리 성장하는 시장일 뿐만 아니라 대부분의 장비가 석탄 화력 위주여서 이 분야에서 생산력을 갖출 수 있기 때문이다.

그러나 중국의 산업정책은 이러한 발전 과정을 밟지 않았다. 계열 생산업체의 독립성을 정책적으로 뒷받침함으로써 개별 생산업체들은 더욱 자율적으로 운영할 수 있게 되었던 것이다. 동팡과 상하이전력공사(Electrical Corporation)는 다국적기업들과의 합작회사 설립을 허가받았다. 또한 수많은 소규모의 중국 기업과 해외기업 간에 합작회사가 세워졌다. 자사의 이익을 인접한 전력장비 제조업체와 통합하면서 북동 지역의 전력회사를 만들고자 한 하얼빈동력공사의 시도는 전력장비업체들의 개별적인 야망 때문에 실패했다. 게다가 하얼빈동력공사는 통일된 현대식 기업이 되지도 못했다. 나름대로 강력한 전통을 가진 세 대표적인 독립 법인이 하나로 합쳐진 것에 불과했던 것이다. 이러한 '단일화'는 주식발행을 허락 받기 위한 수단에 불과했다. 주식상장 이후에도 하얼빈동력공사 산하의 독립 법인은 광범위한 분야에서 자신의 독립성을 유지했다.

장비 제조 부문에서 발전 부문이 계속 독립함에 따라 1990년대 중반부터 중국 전력장비산업의 경쟁 환경은 완전히 변했다. 외국인이 투자한 발전소나 중국이 완전 소유한 발전소 모두 제조국에 상관없이 점차 강화되는 엄격한 반공해 규제를 준수할 수 있는 높은 수준의 신뢰성과 능력을 갖추고 있으며 유지비용이 낮고 최저가에 공급되는 장비를 구매하려고 모색했다. 전력장비 부문의 경우 중국은 여전히 장비 및 전력생산 부문에서 외국인 투자 제한, 수입한 발전소 플랜트 규모 제한 및 국내 부품 사용 요건을 비롯한 중요한 산업정책 조치를 취하고 있다. 그러나 이 같은 조치에도 불구하고 1990년대 중반, 수입과 합작회사에서의 국내 생산에 힘입어 다국적 기업의 시장 점유율이 매년 설치되는 발전시설의 절반 수주으로 치솟았다. 무엇보다 중요한 것은 14개 700mW 유닛으로 구성된 싼샤댐에 쓰일 장비에 대한 1차 전체 트랑슈가 다국적기업에게 넘어갔다는 것이다.

상당한 발전에도 불구하고, 1990년대 말 중국의 국내 산업은 제도적으로 분산된 상황에 처해 있었다. 심지어 하얼빈동력공사 산하의 독립 계열 기업을 비롯한 선두 기업들도 집중화되지 못했다. 중국에서는 기업 차원의 자율권이 신장되는 한편 세계 시장을 지배하는 선진국들의 핵심기업인 세 공룡기업이 참여한 '거대 기업들의 전투'가 막바지에 다다르고 있다. 그러므로 독립 법인으로 중국의 최대 기업인 하얼빈동력공사는 국내의 '글로벌 경쟁의 장'에서 세계적인 거대기업과 경쟁하는 것조차도 버거운 상황이다(표 3.3). 또한 하얼빈동력공사 이외의 중국 주요 전력장비 업체들은 다국적 거대기업의 세계적인 하청 시스템에 점진적으로 통합되고 있다. 상당한 발전에도 불구하고, 심지어 전력장비 부문에서도 중국의 선도기업들과 세계 선도

표 3.3 중국 최고 전력장비 업체와 세계적인 전력장비 업체의 주요 경쟁력 지표(1998)

기 업	총매출 (10억 달러)	세후 이익 (100만 달러)	종업원 수 (1,000명)	R&D (100만 달러)
지멘스	57.95	990	376	5,008
: 전력 공업부	6.39	자료없음	자료없음	자료없음
ABB	29.72	2,500	208	2,368
GE	100.47	9,297	293	1,930
: 전력 공업부	8.47	1,306	자료없음	자료없음
하얼빈동력공사	0.35	9	27	3

기업들 간의 제도적, 기술적 차이가 중국 경제 개혁기 동안에 더욱 벌어진 것이다.

중국석유공사와 중국석유화공공사

세계적 관점에서 전망해 볼 때 중국의 석유, 가스 및 석유화학산업은 매우 중요하다. 중국은 세계 에너지 경제에서 중요한 국가로 부상했다. 개혁기 동안에 중국 산업은 기술적 측면에서 상당히 발전했으며, 제도적으로도 엄청나게 변모했다. 현대 경영 기술을 철저하게 수용하고, 일련의 홍콩주식시장 상장을 통해 국제 시장에서 상당한 자본을 조달했으며, 수십억 달러에 달하는 일련의 합작투자에도 합의했다. 또한 기업들의 자율권이 상당히 신장되면서 국내 업체들 간 경쟁은 본격화되었다.

그러나 이러한 상당한 발전에도 불구하고, 산업 내에서 해결하기 어려울 뿐만 아니라 세계적인 경쟁에서 상당한 단점으로 여겨지는 여러 문제들이 산적해 있다. 상술했듯이 석유산업은 제도적 차원에서 경영상의 자율권이 보장되는 강력한 기업을 만들려는 시도와 세계적으로 경쟁력을 갖춘 거대 멀티 플랜트 기업을 구축하려는 시도 사이의 충돌 때문에 분열되어 있는 상태이다. 개혁기를 거치면서 기업들은 더 많은 자율권을 누리게 되었다. 그러나 산업을 관리하는 중앙 당국은 산하 기업들이 자신의 권위에 도전하는 것이 두려워 자율화에 제한을 가하고 있다. 따칭과 상하이석유공사 같은 강력한 계열 기업들은 다른 국내 기업과의 대규모 합병을 허가받지 못했다. 많은 시간이 흐른 1990년대 말 중앙정부는 대대적으로 방향을 전환한다. 중앙정부는 진정한 의미에서 통합되고 세계적으로 경쟁력을 갖춘 기업을 설립하기 위해 중앙정부의 권위를 높이고 산업별로 수요와 공급 산업부분을 통합하면서 산업을 철저하게 재편하려 했다. 이러한 시도는 생산 기업에 관련된 이해관계가 얽혀있기 때문에 엄청난 작업이었다. 실제로 석유 생산 부문의 관리를 중앙화하는 것은 상당히 어려운 작업이다.

　제도적인 문제 이외에도 여전히 기술적인 문제점이 상당 부분 존재했다. 유전의 지리적 위치는 개발에 부적절했고, 매장량도 풍부하지 못했다. 내륙에 있는 유전들은 매장량이 미미할 뿐만 아니라 상당히 깊은 곳에 있었다. 유전들은 해안에서 떨어진 중앙 아시아 지역 특히, 신장(新疆)에 주로 위치해 있으며 매장량도 정확히 파악되지 않고 대부분 매우 깊은 곳에 있어 채유나 수송 비용이 상당히 높았다. 석유산업의 수송, 정제의 측면을 살펴보면, 중국의 주요 기업들은 비용이 많이 드는 소규모 정유소를 많이 가지고 있는 반면 고부가가치, 고이윤 석유화학 제품은 비교적 적게 생산한다. 중국은 친환경 가솔린 등의 고부가가치 제품이나 현대식 물류 시스템이 부족할 뿐만 아니라 고품질의 세계적인 브랜드가 없기 때문에 세계 거대 기업에 비해 후진성을 면치 못하고 있다. 또한 투자 승인을 받기 위해 보통 수년에 걸쳐 협상을 하는 등 외국인 직접투자를 엄격하게 제한하고 있으며, 주요 원유, 가스 탐사 및 개발 프로젝트에 대한 공개 입찰을 제한하고, 정유 및 석유화학 제품에 대한 유통시스템을 복잡하게 관리함으로써 여전히 강하게 보호하고 있다.

중국의 개혁 정책이 멈칫거리고 주춤하는 사이 세계 정유 및 석유화학 산업 부문에서 혁명이 일어났다. 소수의 선진국 기업들이 업계를 독점해 버린 것이다(표 3.4). 이들 기업은 고품질의 대규모 유전을 가지고 있고 전세계에 유통하고 있을 뿐만 아니라 통합된 정유 공장과 석유화학 플랜트를 가지고 있다. 또한 높은 R&D 수준과 뛰어난 고부가가치 제품, 뛰어난 물류 시스템을 갖추고 있으며, 세계적인 브랜드도 가지고 있다. 개혁이 일부 진행된 중국 핵심기업인 페트로차이나와 중국석유화공공사가 제도적 구조조정이라는 거대한 일정을 끝내는 것은 아직도 요원하다. '글로벌 경쟁의 장'에서 중국 석유산업의 취약성은 1999년 10월 CNOOC(中國海洋石油總公司, 중국 제3위 석유회사)가 원했던, 25억 달러에 상당하는 주식공모가 실패함으로써 더욱 선명하게 드러났다. 단기 공모의 불리한 점이 없었던 것은 아니지만, 세계적인 경쟁에서 중국의 정유 및 석유화학 기업들이 제도적으로 취약하다는 투자자들의 인식이 주식공모 실패의 부분적인 이유가 되었다. 2000년 페트로차이나와 중국석유화공공사는 주식공모를 통해 총 65억 달러의 자금을 조달했으며, 2001년 초 CNOOC는 주식공모를 통해 14억 달러 상당의 자금을 조달했다. 이 세 기관의 주식공모 합계 금액은 80억 달러로 당초 기대했던

표 3.4 중국과 세계 최고 정유 및 석유화학 업체의 주요 경쟁력 지표

기 업	총매출 (10억 달러)	세후 이익 (100만 달러)	종업원 수 (1,000명)	R&D (100만 달러)
엑슨/모빌(97)*	182.36	11,730	123	720
로얄 더취/쉘(97)	128.14	7,760	105	770
BP 아모코(97)	123.30	8,540	123	390
중국석유공사(98)	32.6	107**	1,540	자료없음
중국석유화공공사(98)	34.0	194**	1,190	자료없음

*추정치, **세전 수익

액수의 절반에 머물렀다. 이 정도라도 상장이 성공할 수 있었던 것은 상장된 주식의 1/3을 세계적인 거대 기업인 엑슨 모빌, 쉘, BP 아모코가 매입했기 때문이다.

위차이

경제 개혁기에 중국의 자동차산업 정책은 매우 단편적이었다. 급성장하는 산업에 진입한 많은 신규 기업들은 초기에는 국제 경쟁으로부터 보호받고, 지방 정부로부터도 상당한 보호를 받아야 할 정도로 매우 단순했다. 정부는 급성장하는 국내 시장에서 서로 경쟁하도록 고무된 소수의 국내 생산업체들을 지원하는 데 역점을 두었고, 구계획경제하의 3대 자동차 생산업체인 상하이대중자동차, 이치(자동차 업계 1위), 얼치(업계 2위)를 선정하여 자동차산업을 개혁하려 했다. 자동차 조립 부문의 대규모 외국인 직접투자는 이들 업체와 밀접한 관계가 있다. 1980년대 말 기준 1,600개 이상의 부품 제조업체와 200개 이상의 내연기관 제조업체가 있었다. 이 부문에서도 정부는 세계적인 거대 기업과 겨룰 수 있는 소수의 강력한 기업의 성장을 지원하려 했다.

위차이는 국유 엔진 제조업체로 출범해 중형트럭 시장의 폭발적인 성장과 아울러 중고장비 수입, 우수 제품 선택 및 개발, 제품 신뢰성 및 제품 보증에 대한 깊은 이해, 뛰어난 국내 마케팅 시스템의 초기 개발, 그리고 브랜드와 광고의 중요성을 정확하게 인식하는 등 상당히 뛰어난 경영 능력에 힘입어 급신장했다. 위차이는 모든 개발 부문에서 개척기업이었고, 시장 선두주자의 이점을 톡톡히 누렸다. 위차이는 국내 부품산업 개발의 기둥이 되겠다는 야망을 가지고 있었다. 위차이 최고경영진은 위차이를 중국판 디트로이트 디젤 또는 커민스 디젤엔진으로 만들고 싶어했다(표 3.5).

이 같은 목표를 실현하기 위하여 위차이는 강력한 디젤엔진 제조업체를 인수하고, 국내 중형트럭 시장의 90%를 차지하는 트럭 제조업체인 이치와 얼치 등의 시장을 안전하게 확보하면서 엔진 사업을 발전시켜야 했다. 위차이의 최고경영인은 위차이의 경영 수완과 뛰어난 기술능력을 강조하며 디젤엔진 부문에서 '핵심기업'으로 지원해달라고 지속적으로 중앙정부에 로비했다. 그러나 상술한 바와 같이 위차이의 주요 수요업체인 이치와 얼치는 자체적으로 엔진 제조기술을 보유해야 할 뿐만 아니라 디젤엔진 사업의 수익을 내부에서 실현해야 한다고 결정했다. 이들 기업은 또한 디젤엔진에서 독립적인 능력을 갖출 수 있도록 중앙정부에 로비했다. 나아가 얼치는 기술능력을 개발하기 이해 커민스 디젤과 합작회사를 설립했다. 이러한 상황하에서 1990년대 말 탁월한 경영능력을 보여주었던 위차이는 혹독한 시장과 마주치게 되었다.

성장 및 제도적 변화에도 불구하고, 중국의 자동차산업은 1990년대 말 세계적인 거대 기업과 비교해 볼 때 심각할 정도로 불리한 상황이었다(표 3.6). 자동차 조립산업의 경우 선두 제조업체들은 세계적인 거대 기업과 비교해 여전히 소규모에 불과했다. 이를테면 1990년대 말 국내 시장 점유율 60%를 차지한 최대 자동차회사인 상하이대중자동차는 연간 고작 20만대 정도를 생산해 500만대의 GM, 400만대의 포드, 350만대의 토요타와는 상대가 되지 않았다. 상하이대중자동차가 국내에서 성공할 수 있었던 것은 전적으로 폭스바겐과 합작사업을 했기 때문이다. 상하이대중자동차는 폭스바겐의 세계적 시스템에 긴밀하게 통합될 수 있었다.

세계 자동차 조립산업은 다임러크라이슬러의 획을 긋는 합병을 비롯한 대규모 합병과 더불어 빠르게 집중화되고 있다. 자동차 부품산업 역시 1990년대 말의 폭발적인 합병, 집중화와 함께 부품 부문 대기업인 델파이(Delphi)가 1999년 GM에서 분리되고, 2000년 비스티온(Visteon)이 포드에서 분리되

표 3.5중국 최고 자동차 부품업체와 세계적인 자동차 부품업체의 주요 경쟁력 지표

기 업	총매출 (10억 달러)	세후 이익 (100만 달러)	종업원 수 (1,000명)	R&D (100만 달러)
보쉬(98)*	28.61	446	자료없음	2,020
덴소(일본)(98)	13.76	461	57	1,350
캐터필러(98)	20.98	1513	86	838
커민스 디젤엔진(98)	6.27	(21)	28	255
디트로이트 디젤(98)	2.16	30	7	98
위차이(98)	0.14	15*	9	자료없음

괄호 안의 숫자는 적자, * 세전 수익

표 3.6중국 최고 자동차 생산업체와 세계적인 자동차 생산업체의 주요 경쟁력 지표

기 업	총매출 (10억 달러)	세후 이익 (100만 달러)	종업원 수 (1000명)	R&D (100만 달러)
GM(98)*	161.3	2960	600	7800
포드(98)	171.2	23160	364	7500
다임러크라이슬러(98)	154.6	5660	300	5800
이치(98)	4.4	21*	156	자료없음
얼치(98)	2.6	(5)	134	자료없음
상하이대중자동차(98)	4.8	594*	60	자료없음

괄호 안의 숫자는 적자, * 세전 이익

는 등의 분리 과정을 동시에 밟고 있다. 선도 타이어 기업(브릿지스톤, 굿이어, 미셸린)이 인수·합병을 통해 지속적, 폭발적으로 성장하는 것과 함께 세계 최대 자동차 조립생산의 세계적 필요성을 만족시키기 위하여 특수 부품업체들도 빠르게 합병하고 있다. 커민스 디젤엔진 등의 세계 선도 자동차 부품 기업들은 세계적 시스템에 중국 기업을 합작 파트너로 통합하면서 중국 시장에 진입했다. 중국에서 가장 성공한 제1차 자동차 부품 제조업체인 위차이의 생산능력조차도 '글로벌 경쟁의 장'에서는 경쟁력이 많이 떨어진다.

정부가 위차이를 디젤엔진 부문에서 핵심기업으로 성장하도록 지원했다면 세계적인 디젤엔진 기업들에 도전했을 것이다. 그렇다면 다른 양상이 벌어졌을 것이다.

셔우강

중국의 철강산업은 경제개혁기를 거치면서 급성장했고 이 기간 동안 셔우강철강공사의 매출은 급신장했다. 1부에서 살핀 바와 같이 셔우강철강공사는 확장에 힘이 되는 광범위한 현대화, 기술 업그레이드, 사업 다각화를 모색했고, 그에 따라 철강 및 철강 플랜트 건설에서 상당한 수출 능력을 개발했을 뿐만 아니라 미국의 선두 철강제조업체의 제어 시스템을 설계 및 설치하는 중요한 입찰 계약을 따낼 정도로 컴퓨터 기술을 충분히 발전시켰다. 셔우강의 확장계획과 관리 스타일은 한국의 포스코와 매우 유사하다.

셔우강은 제도적, 기술적 능력이 상당히 발전했음에도 불구하고 '글로벌 경쟁의 장'에서 경쟁할 수 있는 능력은 턱없이 부족하다(표 3.7). 먼저, 셔우강은 매출의 급격한 증가에도 불구하고 저부가가치, 건설 철골재과 같은 저품질 제품 분야에서만 상당히 발전한 상태이다. 20년간의 급성장에도 불구하고 1990년대 말 셔우강의 고품질 철강 제품은 총매출의 15%에 불과하다. 1997년 셔우강의 총매출액은 22억 달러로, 110억 달러의 브리티시 스틸, 120억 달러의 유지놀, 그리고 250억 달러의 신일본제철과 비교할 수 없는 수준이다. 중국의 4대 철강 기업, 셔우강, 안강, 바오강, 우강의 총매출액은 90억 달러로 유럽과 동아시아 업체들에 비해 여전히 낮은 수준이며 이는 저품질, 저부가가치 제품에 매출이 집중되어 있음을 보여준다. 셔우강 역시 이러한 악순환에서 빠져오기가 어렵다는 것을 알고 있다. 사실, 저품질 철강 제품을 생산한다는 것은 국내 시장에서 중소규모의 국내 업체들과 주로 경쟁한다는 것이다. 저부가가치 제품은 이윤이 적기 때문에 R&D와 신제품 투자를 통해 현대화를 시도하려는 셔우강의 발목을 잡는 결과를 불러왔다. 1990년대 말 대형 현대 건축용 철강재와 같은 고품질 철강 기술을 이전 받기 위하여 셔우 강은 선두 유럽 업체의 투자를 찾아나섰다.

산동성 치루에 완전히 새로운 철강 플랜트를 세워 생산력을 배가시키고 자 했던 계획은 1995년 최고경영자 저우꽌우가 물러난 후, 중앙정부에 의해 좌절되고 말았다. 이러한 관료적인 결정은 셔우강의 다각적인 확장의 상당 부분을 한번에 비합리적인 것으로 만들었다. 많은 인수 작업이 치루 플랜트 건설을 지원하도록 되어 있었기 때문에 치루 플랜트가 없으면 그러한 많은 작업은 무의미할 뿐이다. 캘리포니아에서 저렴하게 구매한 현대식 카이저 스틸 플랜트(Kaiser Steel Plant)를 사용하여, 셔우강은 중국의 여느 철강업체 보다 상당히 낮은 인력으로 새로운 플랜트에서 고수익을 올릴 수 있었고, 다 국적 거대 기업들에게 도전할 수 있었을 것이다.

그러나 세계적인 업체들은 셔우강의 확장에 걸림돌이 되는 대규모의 제도 적, 기술적 변화의 시대로 돌입했다. 미국의 경우 소규모 철강업체를 중심으

표 3.7 철강 부문의 경쟁 지표

기 업	총매출 (10억 달러)	세후 이익 (100만 달러)	종업원 수 (1,000명)	R&D (100만 달러)
신일본제철(98)	21.59	90	28(95)	자료없음
포스코(98)	9.72	680	23(94)	자료없음
NKK(98)	14.15	849	18(95)	190
유지놀(98)	10.65	373	58(95)	180
셔우강(98)	2.16	25*	218(97)	자료없음
바오강(98)	3.12	265*	35(97)	자료없음

*세전이익

로 새로운 형태의 대형 철강 기업이 발전하기 시작했는데, 뉴코오(Nucor)가 단연 선두업체이다. 또한 런던에 본사를 두고 전세계에 생산거점을 가지고 있는, 진정한 의미에서 세계적인 철강 기업인 이스팟(Ispat)이 급신장하고 있다. 유럽 내에서는 일련의 국가 간 대규모 합병으로 철강 업계에 지각변동이 일어났다. 2000년에 아베드, 티센 크룹스, 유지놀, 코러스(브리티시 스틸과 후고벤스가 합병)를 필두로 소수의 '유럽 핵심기업군'이 출현했다. 이들 기업은 모두 전세계에 생산 거점을 가지고 있으며, 특수 제품을 생산할 수 있는 뛰어난 기술력과 함께 고품질, 고부가가치 철강 제품을 생산할 수 있는 세계적인 수준에 도달해 있다. 따라서 포장, 자동차, 복합 공정기계류, 고품질 건설 철강, 가전제품 등 세계적인 대기업의 수요를 충족시킬 수 있다. 선도기업들은 고품질 철강에 대한 세계적인 수요를 맞추기 위하여 다국적 고객들과 긴밀한 관계를 유지하고 있다.

1990년대 말 중국 최대의 철강업체인 바오강(상하이)은 '글로벌 경쟁의 장'에서 급변하는 철강 기업들과 어깨를 나란히 할 수 있는 기술력을 갖추게 되었다. 상하이 정부가 적극적으로 지원하는 바오강 상하이 플랜트는 종업원이 적은 데다가 국내 고품질 철강 시장의 급신장과 관련해 이익을 얻지 못했음에도 불구하고 '글로벌 경쟁의 장'에서 경쟁할 수 있는 잠재적인 경쟁력을 갖춘 기업으로 발전했다는 점에서, 저품질 제품에 지나치게 의존하는 다른 선도 기업과 대비된다. 1990년대, 수입 장벽이 낮아짐에 따라 국내 철강업체의 취약성을 반영하는, 주로 고품질 철강 제품의 수입이 급증했다. 이를테면 1996년 중국은 여전히 자동차 강판의 50%, 자동차 주석도금 강판의 70%, 그리고 자동차의 냉연 스테인레스 강판의 80%를 수입했다.

중국의 선도 철강 업체들은 저부가가치 제품에서는 상당한 경쟁력을 갖추고 있다. 그러나 철강 시장의 집중도는 계속 떨어지고 있다. 세계적으로 확대되고 있으며 대기업의 수요와 밀접하게 관련되어 있는 고부가가치 및 고수익 산업의 경우, 오직 바오강만이 새롭게 부상하는 유럽의 세계적인 거대 기업과 기존의 일본, 한국의 거대기업과 직접 경쟁할 수 있다는 자부심을 느낄 수 있는 수준이다. 셔우강은 다른 전통적인 중국의 철강 대기업과 마찬가지로 고품질 철강 부문의 '글로벌 경쟁의 장'에서는 직접 경쟁할 수 없을 것이다. 나아가 중국의 국제 시장이 개방됨에 따라 셔우강은 구소련과 같은 저부가가치 철강 제품을 생산하는 다른 국가의 기업들과도 치열하게 경쟁하게 될 것으로 전망된다.

선화

중국 정부는 무수한 석탄 생산업체 가운데서 세계적 경쟁력을 갖춘 석탄 대기업 구축을 지원해 왔다. 우선적으로 환경 피해를 최소화할 수 있는 양질의 석탄을 화력발전소에 공급하기 위해, 그리고 석탄산업 부문 특히 급신장하는 북동 아시아 시장뿐만 아니라 중국 연안의 현대식 석탄 화력발전소에 석탄을 공급할 때 세계적인 거대 기업들과 어깨를 나란히 할 수 있는 기업을 만들기 위해 강력한 산업정책을 시행했고, 현대식의 '고품질 석탄을 생산하는 대기업'의 성장을 지원했다. 정부는 오르도스 고원에 매장되어 있는 엄청난 석탄에 대한 소유권을 허가하고 특혜 대출을 통해 선화탄전 개발을 지원했다. 선화석탄공사는 세계 선도 석탄 생산업체 모델을 그대로 따르면서 선화에서 전용 항구에 이르는 총 800㎞의 전용 석탄 철로를 건설 중이다. 선화는 보잘것없는 수준에서 시작했지만 오래된 국유 석탄광과 비교할 때 종업원이 매우 적기 때문에 임금, 복지, 근무 여건이 좋고 동기부여가 가능한 분위기를 조성할 수 있어 국내 경쟁업체에 비해 상당한 이점을 가지고 있다.

그러나 이러한 긍정적인 면에도 불구하고, 선화는 세계적인 거대 기업과 전투를 하는 데 상당한 어려움을 겪고 있다. 전용 철도와 항구 시설에 대한 선화의 소유권은 아직 미해결 상태이다. 시설을 장기적으로 사용할 수 있는 배타적인 권리 문제가 아직 해결되지 않았으며 장기 사용료도 정해지지 않았다. 선화는 다국적 석탄 기업과는 전혀 다른 환경에서 운영되고 있다. 다국적 석탄 기업의 주요 국내·외 경쟁업체는 현대적인 시스템으로 운영되고 있다. 선화는 이들 국내 업체는 물론 다국적기업과 격렬한 전투를 치르고 있다. 또한 선화는 선진국과는 달리 생계임금(subsistence wage) 정도만 지급하는 소규모 지방 업체와 경쟁해야 한다. 이 소규모 업체들은 대형 업체와의 싸움에서 살아남을 수 있도록 지방 정부로부터 전폭적인 지원을 받고 있다. 선화는 또한 엄청난 보조금을 받는 국유 기업들과도 경쟁해야 한다. 선화는 국내 업체와의 엄청난 경쟁에 직면해 있으면서도 5개 국유 석탄 기업을 강제로 합병시킨 중앙정부의 사업구조 재편을 받아들였다. 이러한 사정으로 선화의 성격은 현격하게 달라졌다. 다섯 국유 탄광 가운데 세 탄광은 기업 운이 다해 엄청난 적자를 기록하였고, 7,000명의 종업원이 기존의 선화와 합쳐져 선화의 종업원은 하루아침에 8만 명으로 늘어났다.

중국 석탄산업의 발흥과 더불어 해외의 석탄산업 역시 강도 높은 재편이 진행되었다. 세계 석탄산업은 집중도가 점점 떨어지고 있으며 석탄의 대부분은 여전히 개발 도상국에서 전통적인 방법으로 채탄되고 있다. 유럽의 경우 화력발전소가 기름과 가스로 전환됨에 따라 석탄산업은 쇠퇴의 길을 걷고 있다. 그러나 현대적인, 양질의 석탄을 채광하는 강력한 그룹이 새롭게 부상하고 있다. 이들 그룹은 미국과 동아시아의 현대식 석탄 화력발전소에 석탄을 공급한다. 전력생산 산업이 사유화됨에 따라, 그리고 운영자들이 양질의 저가 석탄을 찾음에 따라 이들 그룹은 점차 개발도상국의 발전소에도 석탄을 공급하고 있다. RWE(독일), 빌리티온, BHP(호주), 리오 틴토 등의 새롭게 부상하는 세계적인 거대 기업들은 주로 노천광의 이점을 살려 양질의 석탄을 공급할 뿐만 아니라 현대식 대규모 장비를 집중적으로 구매하고, 나아가 엄격하게 통합된 수송 체제를 통해 석탄 공급의 신뢰도를 높여 경쟁 우위를 확보할 수 있었다. 선화는 국내 경쟁업체와 5개 국유 탄광을 강제로 합병함으로써 야기된 문제 때문에 이러한 기업들과의 경쟁에서 더 큰 어려움에 직면했다.

정보통신기술(IT)

중국 IT 산업의 경쟁력

대다수의 분석가는 IT부문은 '재래식 기술'과 달리 진정한 의미에서 "누구나 동일한 선에서 출발하는, 글로벌 경쟁의 장"을 제공한다고 본다(로렌스 로Laurence Lau). 인터넷은 '민주적인 균등선'이다. IT부문에서 '기업은 저마다 자신의 몫만큼만' 먹을 수 있다. 경쟁은 이제 막 시작하는 중국 기업들도 승리할 수 있을 정도로 '상당히 개방적'이다. IT부문에서 중국은 20세기를 지배했던 '2차 기술혁명을 훌쩍 뛰어넘을 수' 있을 뿐만 아니라 21세기 초반 제3차 기술혁명 시대의 리더가 될 수도 있다. 이러한 견해는 중요한 문제들을 제기하는데, 중국의 WTO 가입 협상에서 IT의 핵심 역할에 대한 시각과 관련해 특히 중요하다.

재래식 기술 대 신기술

앞에서 '재래식' 기술과 '신' 기술의 경계가 모호하다는 점을 강조했다. 항공산업부터 전기전자, 석탄생산, 탄산음료산업에 이르기까지 경제 활동의 모든 부문에서 IT 대변혁이 진행되고 있다. 이러한 사실은 2000년 10월 GE가

허니웰을 인수한다는 발표를 한 직후 잭 웰치가 신문기자들과의 인터뷰에서 한 말에 상징적으로 드러나 있다. 기자가 IT부문의 기업이 아니라 '재래식 기술'의 기업을 인수한 이유를 묻자 잭 웰치는 기자가 현대 기술 진보의 진정한 본질을 전혀 모르고 있다면서 파안대소했다. GE는 허니웰을 인수할 정도로 첨단기술의 선봉에 있었던 것이다.

IT 하드웨어

중국의 선도 IT 하드웨어 기업들은 1990년대 말 급신장하고 있다. 그러나 중국이 WTO 협정을 엄격하게 적용할 경우 성공 가도를 달리고 있는 IT 기업들의 미래는 매우 불확실해진다.

1998년 중국의 선도 컴퓨터 제조업체 렌상(聯想, Legend)은 국내 PC 시장의 11%를 차지하며 IBM(8%), 휴렛-팩커드(7%), 그리고 컴팩(5%)을 앞질렀다. 1999년 중반 렌상의 국내 PC 시장 점유율은 1/5이 넘는 것으로 밝혀졌다. 렌상은 국내 최고의 브랜드, 우수한 제조·마케팅 능력을 갖추고 있어 확실히 가장 강력한 토종 PC 제조업체로 자리를 잡았다. 그러나 렌상은 여러 가지 보호에 지나치게 의존하고 있다. 이를테면 1997년 중국 내 노트북 시장의 27%를 차지하고 있는 도시바 노트북 판매 독점권을 따냈고 다국적기업들이 접근하기 어려운 중국 국유기업의 광범위한 고객망을 가지고 있다. 게다가 수입품에는 15% 관세와 17%의 부가가치세를 부과하고 있다. 그럼에도 불구하고 중국의 다른 선도 IT 하드웨어 기업과 마찬가지로 렌상의 총매출, 수익, R&D는 보잘것없는 수준으로 세계적인 기준에서 볼 때 피라미에 불과하다(표 3.8). 세계 유수의 시스템 통합 사업자와 직접 경쟁할 경우 성공할 가능성은 거의 없다고 할 수 있다.

표 3.8 중국의 선도 IT 하드웨어 업체와 세계적인 IT 하드웨어 업체 비교표, 1998

기　　업	총매출 (10억 달러)	이익 (100만 달러)	R&D (100만 달러)
렌샹	1.0	(28)	1*
TCL	1.3	(49)	-
화웨이	0.7	(156)	120
IBM	78.4	10,200	5,100
히타치	71.8	2,000	4,400
휴렛 팩커드	45.3	4,200	3,200
루슨트	29.1	2,500	4,900

* 1998년 렌샹의 R&D는 홍콩 달러 기준으로 930만 달러에 불과했으며 1998년 렌샹에는 120명의 R&D 엔지니어가 있었다. 괄호 안의 숫자는 세전 이익이다.

WTO 협정이 체결되기도 전에 중국의 선도 통신 장비 제조업체들은 세계적인 선두업체들과 무시무시한 경쟁을 벌이게 되었다. 화웨이(華爲)는 중국의 선도 네트워킹 장비업체로서 1990년대 말 통신 혁명이 중국을 휩쓸자 급신장했으며, 고품질 제조 능력을 개발하는 한편 브랜드 명성을 쌓아갔다. 1990년대 말 화웨이는 '네트웍 스위치'(network switch) 국내 시장의 1/5을 점유했다. 그러나 화웨이의 성장은 정부의 지원, 특히 수입 네트워킹 장비에 대한 규제와 밀접하게 관련되어 있다. 1990년대 말 급성장에도 불구하고 화웨이는 매우 제한된 R&D와 보잘것없는 수익을 실현하는 등 여전히 작은 규모에서 벗어나지 못하고 있다. 시스코나 루슨트와 같은 세계적인 거대기업과 비교해 화웨이가 정부의 상당한 지원 없이 직접 경쟁에서 이길 가능성이 거의 없다.

중국 정부가 일부 기업을 선정하여 지원하고 있음에도 불구하고 다국적 기업들은 1990년대 네트워킹 장비 시장에서 급신장하고 있다. 선도 다국적 기업들은 국내 시장에 진입하는 조건으로 합작 파트너에 기술이전을 약속하면서 중국에 공장을 건립하는 등 수시로 교묘하게 수입 규제를 피하고 있다. 중국의 네트워킹 장비 부문의 선두주자인 시스코는 1990년대 말 주로 중국전신(中國電信, China Telecom)의 인터넷용 고정선 네트워크를 업그레드하기 위하여 중국전신에 2억 5,000만 달러 이상의 장비를 공급하는 한편 앞으로도 인터넷을 구축하기 위해 중국전신의 광동 자회사에 2억 달러 상당의 인터넷 장비를 공급할 예정이다. 중국연통(中國聯通, China Unicom)이 신설하는 장거리 네트워크에는 루슨트의 23개의 회선교환기(circuit switch)가 사용되며, 데이터와 인터넷 프로토콜 네트워크에는 루슨트의 90개의 ATM(asynchronous transfer mode, 비동기 전송 모드)이 사용된다. 라우터와 기타 인터넷 프로토콜 장비도 모두 시스코가 공급한다.

1990년대에 구축된 중국 통신 시스템의 근간인 중국 광섬유 전송 트렁크의 제일 큰 시장은 보다 큰 계약을 따내기 위해 격전을 치르며 세계적인 선도기업인 루슨트, 알카텔, 노텔, 에릭슨이 점유하고 있다. 1998년 루슨트는 중국에 6개의 합작회사를 세웠으며, 중국 시장의 24%를 차지하는 광섬유 시장의 선도기업이 되었다.

무선통신 장비의 경우 주로 중국 내 공장에서 생산하면서 세계적인 선도기업인 노키아, 에릭슨, 모토로라가 시장의 80%를 차지하고 있다. 수입 규제에 직면하여 세계적인 거대 기업들은 중국에 대규모의 생산 시설을 세웠다. 이를테면 모토로라는 1998년 490만 달러의 제품을 중국에서 생산했고, 1999년에는 980만 달러로 1년 안에 2배로 증가했다. 1998년 모토로라는 중국에 10억 달러를 투자했는데, 공장 시설까지 포함해 2000년까지 25억 달러로 늘릴 예정이다. 베이징에 있는 모토로라 생산 기지에는 1998년 1만 명의 종업원이 있었다. 모토로라는 중국에 미국을 제외한 최대의 회로판 공장을 설립했다. 중국은 또한 세계 3대 핸드셋 제조업체가 호시탐탐 노리는 핸드셋의 세계 1, 2위 시장이다.

이들 세계 3대 기업은 중국에 핸드셋뿐만 아니라 무선 네트워크용 기지국과 스위칭 장비를 대규모로 공급하고 있다. 1990년대 말 NEC(일본)는 SDH 극초단파 네트워크의 40%를 공급했다. NEC의 중국 내 투자는 1998년 기준 15억 달러에 달했다.

토착 이동통신 공급업체는 세계적인 선도 업체 수준의 규모의 경제나 기술력 등을 고려할 때 기술적인 면과 고부가가치의 측면에서 아직까지는 경쟁력이 전혀 없는 수준이다. 캉지아 같은 국내 선도기업들은 이 같은 강력한 기업들과 경쟁하기 위해 치열한 전투를 치르고 있다. 중국 정부는 세계적인 선도 업체의 이동통신 장비 수입에 쿼터를 부과하는 등 다양한 조치를 통해 국내 경쟁업체를 육성하려 하고 있다. 쿼터량은 그 기업이 중국에서 제품을 생산할 수 있는 능력과 중국 기업에게 기술을 이전하는 것과 밀접한 관련을 갖는다. 1999년 중국 정부는 이동통신 해외 제조업체에게 생산 쿼터제와 수입 규제를 부과한다는 계획을 발표했다. 그러나 대변인은 이 계획과 관련하여 "정부 정책은 국가의 이동통신산업을 육성하는 것"이라고 발표했다. 국내 선도 업체가 이 부문에서 경쟁하는 것은 굉장히 어려운 상태이며, WTO 가입 후에는 협정을 엄격히 준수해야 하므로 중국 정부가 이동통신 사업자들의 장비공급을 직접 지도할 수 없어 어려움이 더욱 커질 것으로 예상된다. 나아가 이 부문의 경우에는 '현지' 기업의 의미가 상당히 모호하다. 이동통신 하드웨어산업에서 '현지' 라는 용어는 다국적기업에 의한 현지 생산을 포함하는 것으로 해석되는 경우가 많다.

멀지 않은 장래에 중국은 전체 IT 혁명에서 가장 중요한 요소로 평가받는, 제3세대 이동통신을 받아들일 것이다. 기존 이동통신산업의 거대 기업들은 이 기술 부문에서 세계적인 선도업체가 되기 위하여 이미 엄청난 자금을 투자했다. 중국의 제조업체들이 이 분야의 시스템 통합 사업자로서 경쟁한다는 것은 상당히 어려울 것으로 전망된다.

　중국의 전반적인 가계 수입이 적다는 것은 PC 보급률이 서양 시장에 비해 매우 낮다는 것을 의미한다. 중국의 PC보급률은 인구 1,000명 당 400대인 미국과 비교할 때 1,000명 당 1대에 불과하다. 총 PC 대수도 700만 대로 미국의 1억 1,000만 대보다 적다. 중국은 셋톱 박스에서 IT산업의 주요 매출을 올리고 있다. 인구 1,000명 당 270대의 TV와 총 3억 3,500만 대의 TV가 있다는 것은 대부분의 가정에 TV가 있다는 것을 의미한다. 따라서 중국에서 인터넷이 급속히 성장할 수 있는 길은 TV를 통하는 것이다. 그러나 이것도 '셋온박스 (Set on Box)' 기술에 상당한 투자를 해야 가능하다. 마이크로소프트는 셋온박스가 가지는 엄청난 잠재력을 깨달았고 셋온박스(일명 비너스)를 신속하게 개발하기 위해 매년 30억 달러를 R&D에 투자하고 1999년 3월에 제품을 출시하여 시장을 선도하는 업체가 되었다.

IT 소프트웨어

개발도상국에 기반을 두고 있는 기업들이 직접 선두기업과 경쟁을 벌인다는 것은 굉장히 어려운 일이다. 하지만 이들은 하청업체로서 중요한 기능을 할 수 있는데, 최근 인도의 소프트웨어 수출 신장을 통해 이를 쉽게 알 수 있다. 상당수의 인도 소프트웨어 기업들이 급신장하고 있지만 소수의 기업만이 고부가가치 시장에서 세계적인 기업들에 도전할 수 있는 수준이다. 인도는 소프트웨어 개발 부문의 저소득 국가들 중에서는 가장 앞서 있으나 세계적인 선도 업체와 경쟁하려는 대기업을 설립하는 데 커다란 어려움을 겪고 있다. 중국은 여전히 소프트웨어 개발 부문에서 인도에 상당히 뒤쳐져 있다. 1999년 중국 소프트웨어산업의 총매출은 22억 달러로 세계 총매출의 0.42%, 인도의 1/3 수준밖에 되지 않았다.

정보통신 서비스

정보통신 서비스는 중국이 거대 기업을 구축할 수 있는 상당한 가능성을 보여주는 부문이다. 무엇보다 중요한 것은 이 부문이 기타 IT부문보다 대규모 R&D에 대한 의존도가 매우 낮다는 것이다. 1999년 R&D 기준 세계 300대 기업에 55개 IT 하드웨어 기업과 21개 소프트웨어 기업이 포함된 것에 비하면 정보통신 서비스기업은 단지 9개만 포함됐을 뿐이었다. IT 하드웨어 기업들은 R&D에 590억 달러, 소프트웨어 기업들은 80억 달러, 그리고 통신 기업들은 70억 달러를 투자하고 있다. 중국은 1990년대에 정보통신 시스템을 급속히 확장하였다.

1990년대 말 기준 중국의 정보통신은 급속히 발전하고 있다. 1999년 전화 가입자는 1억 900만 명, 이동통신 가입자는 4,300만 명, 인터넷 사용자는 380만 명에 이른다. 중국은 정보통신 서비스의 세계적 격전지가 되었고 이동통신 부문에서는 이미 세계 최대 단일 시장이 되었다. 1994년 중국 정부는 세계적으로 경쟁력을 갖춘 정보통신 기업을 설립하겠다고 발표했다. 1990년대 말 중국 정부는 우전부(Ministry of Posts and Telecommunications)의 독점을 해체시키고, 6개 주요 이동통신 사업자를 새로 지정했다(표3.9). 이 가운데서도 특히 우전부 산하의 중국이동통신(中國移動, China Mobile)과 중국전신이 제일 중요하다. 중국전신은 여전히 중국의 전화 가입자의 거의 100%를 가진 국유기업이다. 1999년 중국전신의 총매출은 190억 달러로 텔레포니카(Telefonica, 스페인 국유전화회사) 또는 MCI월드콤(MCIWorldcom, 미국)과 비슷한 수준이다.

중국이동통신은 예전에는 중국전신의 자회사였으나 1990년대 말 독립 기업이 되었다. 1997년 중국이동통신은 광동성과 저장(浙江) 성의 이동통신 자산의 25%에 해당하는 주식을 홍콩 주식시장에 상장하였다. 주식공모는 아시

표 3.9 각 부문 중국 주요 통신업체, 2000.

	회 사	시장 점유율(%)
국내 서비스	중국전신, 중국연통	중국전신 : 99
장거리 서비스 (인터넷 프로토콜 폰 포함)	중국전신, 중국연통, 중국길통, 중국망락통신(China Netcom)	중국전신 : 99
이동통신 서비스	중국이동통신, 중국연통	중국이동통신 : 88.6 중국연통 : 11.4
호출서비스	국신심호(Guoxin Paging), 중국연통 및 기타 1,600개 업체	국신심호 : 59 중국연통심호 : 5
데이터 통신 서비스	중국전신, 중국연통, 중국길통, 중국망락통신, 중국이동통신	

아가 가장 많은 450억 달러를 조달했다. 중국이동통신(홍콩)은 1999년 해외 상장으로 260억 달러를 추가 조성했다. 이렇게 조성된 자금은 푸젠(福建) 성, 장수(江蘇) 성, 허난(河南) 성, 그리고 하이난(海南) 성의 이동통신 인수에 필요한 자금을 조달했다. 1999년 말 기준 중국이동통신(홍콩)의 가입자는 총 1,560만 명이다. 중국이동통신은 서비스를 공급하는 지역에서 시장 점유율이 87%에 이른다. 1999년 12월 말 기준 중국이동통신(홍콩)의 시가총액은 920억 달러로 시가총액 기준 FT 500 중 51위를 차지했다.

중국연통은 1993년 기존의 중국전신에게 경쟁력을 불어넣기 위해 국유기업으로 설립되었는데, 이동통신 전부문을 운영할 수 있는 특허를 받았다. 중국연통은 1999년 말 기준 420만 명의 가입자, 시장 점유율 14.2%를 기록하는 등 휴대전화 사업에서 비약적인 발전을 했으며, 해외시장에서 자산의 25%를 상장하도록 허락 받았다. 상대적으로 작은 규모임에도 불구하고, 상장은 상당한 관심을 불러일으키며 49억 달러의 자금을 조달했다. 상장은 '중국의 달아오른 휴대전화산업의 중요한 역할'을 했다.

표면적으로 본다면 중국은 이동통신 부문에서 세계적인 거대 기업을 세우는 데 성공했다고 할 수 있다. 그러나 '글로벌 경쟁의 장'에서 경쟁하기에는 중국의 통신 기업은 상당한 어려움에 처해 있다.

각 주요 통신 서비스 공급업체는 상당한 관료적 지배하에 있다. 중국전신은 완전 국유기업이다. 다시 말해 세계화의 도전에 중국 관료정치가 어떻게 반응하는지에 따라 많은 것들이 정해진다. 중국연통의 모기업은 15개의 국유 기업이 주주로 있다. 중국이동통신(홍콩)의 경우 여전히 중국이동통신이 75%를 소유하고 있는데, 이 말은 곧 신식산업부(Ministry of Information Industries)가 소유하고 있다는 말이다. 그리고 신식산업부는 중국이동통신의 주요한 '경쟁업체'인 중국연통의 최대 단독 주주이다. 중국 정부는 신식산업부와 상업적 활동을 분리시켜 중국이동통신 내에서 발전시킬 자율적이고 전문적인 사업구조를 발전시키고자 하는 단계에 있다. 중국이동통신(홍콩)의 이사회 구성과 배경을 보면 이와 같은 과정이 얼마나 계속될지 상당한 의구심이 든다. '중국이동통신'이 중국이동통신(홍콩)인지, 모기업 중국이동통신인지, 중국이동통신 또는 신식산업부의 지역적 자회사인지 확실하지 않은 것이다.

중국이동통신(홍콩)과 중국연통의 성공적인 상장에도 불구하고 이들 기업의 운용 메커니즘은 SBC 또는 VAM(Vodafone AirTouch Mannesmann) 같은 세계적인 통신 사업의 거대 기업과는 너무나 동떨어져 있다. 이들 기업의 관료적 경영 방식과 서로 다른 정부 이해 그룹이 소유권을 가지고 있는 복잡한 구조는 심지어 프랑스 텔레콤, NTT 또는 도이치 텔레콤 등 부분적으로 민영화된 통신 기업과도 상당히 다르다. 이들 기업은 그보다 자신들의 이해 그룹을 위하여 다른 국내 기업은 물론 다국적 거대기업으로부터 독점적인 위치를 지키고자 한다.

다국적 통신 기업의 진입을 지연, 규제하는 데 성공한다 하더라도 중국은 국내 기업보다 규모가 훨씬 크고 급성장하는 거대 기업에게 '포위' 당할 것이다. 언젠가 중국은 이 같은 도전을 직접 부딪쳐야 한다. 기존의 통신 거대 기업인 중국전신은 통신의 성장률이 고정회선 사업보다 훨씬 높다는 의미에서 국내적으로 '포위' 당하고 있다고 할 수 있다. 이미 중국전신은 전화서비스를 제공하는 케이블 TV 기업들의 도전을 받고 있다. 그러나 국내 기업 전체가 세계 거대 기업의 협공이라는 보다 심각한 문제에 직면해 있다.

유럽, 미국, 일본의 세계적인 거대 통신 기업은 진정한 의미에서 세계적인 기업들을 구축하고 있는 반면 중국 이동통신 기업들은 국제적인 경쟁력이 부족하기 때문에 국내 시장만을 이용하여 전투를 준비해야 한다. 또한 선진국 기업들 간에는 미증유의 인수·합병이 벌어지고 있다. 심지어 현재의 거대 기업을 왜소하게 만들 정도의 초거대 기업 그룹이 급성장하고 있다. 나아가 세계적인 거대 기업들은 개발도상국의 시장으로 급속하게 진입하고 있다. 이미 남미 시장 전체를 다국적기업들이 지배하고 있으며 선진국의 이동통신 사업의 광대역이 발전함에 따라 점점 고부가가치 서비스로 옮겨가면서 그에 파생되는 엄청난 수익을 실현하고 있다.

중국시장은 급신장하고 있지만 세계적인 거대 기업들의 시장에 비할 수 없을 정도로 작은 것이 사실이다. 중국은 여전히 상당한 보호하에 통신 시장에서 엄청난 인구를 가지고 있지만 국가의 빈곤으로 시장의 규모는 제한적이다. 1998년 중국 도시민의 1인당 수입은 650달러이고, 농민의 1인당 수입은 260달러에 불과했다. 4,000만 명으로 추산되는 도시민 가운데 상위 10%의 평균 수입도 고작 1,300달러였다. 이 때문에 중국 통신 시장의 성장률이 상당히 떨어질 것으로 내다보는 분석가도 있다. 더구나 가입자당 매출은 국제 기준에 비해 낮고 감소하고 있는 상태이다. 이는 부분적으로는 성공적인 경쟁의 결과이지만 국가의 빈곤과도 밀접한 관련이 있다. 이를테면 1999년 중국연통은 호출기로 운영 수입의 63%를 실현했다. 중국연통의 호출 서비스에 대한 가입자당 매출은 20달러의 휴대전화와 비교해 월별 2달러에 불과하다. 로밍 능력을 갖추지 못한 국내 휴대전화 시장의 경우 급신장하고는 있으나 가입자당 매출 수준이 낮은 편이다. 이러한 시장 형태는 세계적 이동통신 거대기업에 도전하기 위한 기반을 약하게 할 뿐이다.

하나의 가능성이 있다. 그것은 중국의 선도기업들 스스로 국제적인 인

표 3.10 세계적인 선도 통신 기업들과의 비교

단위 : 10억 달러, 1999년 12월

기 업	시가총액	총매출	세전이익
NTT 모바일	366	30	3.4
보다폰(VAM)	291(2000.4)	26(추정)	3.0(추정)
NTT	275	94	12.6
도이치 텔레콤	210	37	5.1
AT&T	164	53	8.3
브리티시 텔레콤	151	28	7.9
SBC	150	50	10.9
MCI 월드콤	141	18	(1.6)
프랑스 텔레콤	131	25	3.7
벨 애틀랜틱(미국)	90	32	5.0
벨사우스(미국)	84	25	5.5
텔레포니카	81	18	2.5
TIM	71	6	2.3
텔레콤이탈리아	70	24	4.9
텔스트라(호주)	69	12	3.5
GTE(미국)	64	25	6.4
중국전신	-	19	-
중국이동통신(홍콩)	92	5	1.1
중국연통	34	2	0.3

수·합병 과정에 적극 동참하는 것이다. 그러나 정부가 많은 지분을 가지고 있기 때문에 주식 가치로 외국 기업과 합병하는 데에는 상당한 제한이 있다. 민간 통신 기업들이 외국 정부의 손아귀에 지배당하려고 하지 않기 때문에 도이치 텔레콤, 도코모(DoCoMo), 싱가포르 텔레콤(SingTel)의 경우도 국가가 소유권을 가졌다는 이유로 국제적인 인수에 상당한 어려움을 겪고 있다. 그러나 이들 기업은 관리에 상당한 자율권을 갖는 등 비교적 투명하게 운영되고 있다. 중국의 통신 기업들은 국제적인 국유기업 경쟁업체들에 비해 투명하지 못하고 지나치게 관료적이라는 이중의 어려움을 안고 있다. 게다가 중국의 통신 기업들은 통신이 국가 안보와 관련되는 예민한 부문이라는 점 때문에 선진국 기업들보다 넘어야 할 장애물이 많은 것이 사실이다. 선진국 정부나 심지어 남아시아 국가들조차도 중국의 국유 통신기업들이 자국의 이동통신 기업과 합병하는 것을 허용하지 않으려고 한다. 또한 인수의 관점에서도 중국의 통신 기업들은 상대적으로 매출이 적기 때문에 상당한 제한을 받고 있다. 중국이동통신(홍콩)은 현재 매년 50억 달러의 매출도 올리지 못하고 있다. 설령 중국이동통신(홍콩)이 계획된 7개 성의 통신 운영사업자로 지정된다 하더라도 가까운 장래에 100억 달러 이상의 매출을 올릴 수 있을 것이라고 생각하기 어렵다. 이는 도코모나 VAM과 직접 비교해 볼 때 한참 뒤진 수준이다.

중국에서 급성장하고 있는 인터넷 부문 역시 상대적으로 중국 시장이 작기 때문에 '고립화'라는 문제에 직면할 수 있다. 중국 시장이 성장할 것이라는 점에는 이의가 없다. 그러나 현실적으로 인터넷 접속은 상당히 제한되어 있다. 1999년 초 선진국에서 1만 명당 470명, 미국의 경우 1만 명당 1,131명이 인터넷에 접속한데 반해 중국은 인구 1만 명당 0.14명만이 인터넷에 접속했다. PC 보급률은 여전히 미미하다. 또한 PC의 1/5만이 네트워크가 가능하다.

대부분의 PC는 워드나 프리젠테이션 등 사무용으로만 쓰인다. 대부분의 중국인은 수입이 적기 때문에 광대역을 통해 제공되는 여러 가지 오퍼링을 폭넓게 사용할 수 있는 능력 또한 비교적 제한적이다. 세계 인터넷과의 연결이 제한되어 있기 때문에 인터넷 비즈니스를 구축하고 인터넷 시장에서 성장하고자 하는 국내 기업들의 비즈니스 능력은 한계가 있을 수밖에 없다. 이것은 부분적으로는 권력에 위협을 가하는 사상에 접속하는 것을 제한하려는 시도에서 기인한다. 중국은 '중국만의' 인터넷을 개발하려고 시도했으며 그 결과 다른 나라들과는 다른 엉뚱한 방향으로 나가게 되었다. 정부는 인터넷을 통해 전송되는 컨텐츠를 통제하는 한편 법륜공 등의 반정부 활동을 감시하면서 암호 처리를 엄격하게 관리하려 했다. 즉, 인터넷 하드웨어 및 소프트웨어를 의존할 수밖에 없는, 외국에서 암호 처리한 제품 사용을 금했다.

중국의 인터넷 성장에 발목을 잡는 또 다른 요소는 중국 인터넷 서비스의 국제적인 연결 상태가 상대적으로 떨어진다는 점이다. 다른 국가들과 연결되는 5개의 주요 ISP(인터넷 서비스 공급업체)에 대한 중국의 총대역폭은 단지 355MB이다. 반면 중국 인구의 1/15밖에 되지 않는 대만에는 중국의 100배인 총 37GB에 이르는 국제 데이터 통신 광대역이 설치되어 있다. 홍콩도 233MB가 설치되어 있으며, 거대한 다국적기업인 인텔만 해도 256MB를 이용하고 있다. 세 번째 문제는 인터넷 연결 비용이 고가라는 점인데, 이것은 중국의 선도 통신 기업들이 독점 위치를 활용하여 인터넷 연결에서 이용료를 독점하려는 의지를 그대로 보여주는 것이다.

따라서 중국의 인터넷 부문이 급신장한다 하더라도 국내 인터넷 기업들의 사업 구축 기반은 선진국 인터넷 기업들에 비해 상당히 취약하다. 선진국의 인터넷 기업들은 훨씬 개방적이고 규제가 적은 시장에서 '세계적인 레이스'를 출발했다. 새롭게 세계적인 시장을 구축할 때 무엇보다도 속도가 중시되는 산업인 만큼 이 같은 단점은 매우 치명적이다. 세계의 선도기업들은 이미 세계적인 브랜드와 중국을 둘러싸고 있는 세계적인 경제 시스템을 구축해놓았다.

간략하게 말해서 중국이 세계적으로 경쟁력을 갖춘 인터넷 기업이 되기를 열망한다면 이미 자리를 잡은 세계적인 거대기업들과 혹독한 경쟁을 치러야 하는 것이다. 세계 거대 기업들은 급속히 경제 형태를 변화시키는 한편 하루가 다르게 세계적으로, 그리고 강력하게 변해가고 있을 뿐만 아니라 기술 개발과 세계적인 브랜드 개발에 전력하고 있다. 중국의 국내 기업들은 이러한 세계적인 전투에서 이미 상당히 뒤져 있다. 이들 기업들은 머리를 맞대고 경쟁하기보다는 세계적인 거대 기업과 합작회사를 세워, 독점 관리를 통해 수동적인 소유권 위치를 확보하려고만 한다. 중국의 햇병아리 기업과 세계적인 거대 기업은 경쟁력이라는 기본 요소에서 상당한 격차가 존재하기 때문이다.

WTO 협정은 중국이 합류하는 순간부터 세계적인 통신 부문에 합작투자의 기본틀을 제공하고 있다. 세계적인 거대 기업은 중국 통신산업에서 활동하는 여러 기업에게 엄청난 매력을 제공하고 있다. 장기적으로 봤을 때 정부의 선명한 산업정책이 없다면 국내 통신 기업들이 세계적인 거대 기업과 경쟁하는 것은 불가능할 것이다. 그러나 시장이 개방되고 있기 때문에 합작투자를 시도하는 기업에게는 상당한 금융 인센티브는 존재한다. 이들 기업은 국제 자본과 연결하여 국내 경쟁에서 우위를 점할 수 있다. 실질적이든, 잠재적이든 다양한 통신 서비스 회사의 궁극적인 소유자인 이해 집단은 합작투자에 대한 강력한 인센티브를 쥐고 있다. 따라서 중국 시장을 급속히 장악하기 위해 다국적 통신 기업들이 개별적인 합작회사를 독점적으로 세울 필요까지는 없다. 다국적기업들은 통신 전부문에 걸쳐 합작투자를 할 수 있도록

한 WTO 협정을 신속하게 적용하는 것이 급선무이다. 다국적기업은 약간의 지분을 통해 또는 여러 국내 법인들과 50:50 합작투자를 통해, 개별적으로 중국의 합작 파트너보다 더 강력하게 중국 내 시장을 개발할 수 있다. 바로 이것이 각 부문에서 '중국을 야금야금 먹어 해치우는' 과정인 것이다.

중국전신이 광대역을 통해 다양한 서비스 및 음성 커뮤니케이션을 제공할 수 있는 다양한 초고속 비즈니스를 회피할 위험도 있다. 사실 WTO에 가입한 후에 다국적 거대 기업과 공조할 가능성이 있는 국내 기업들의 치열한 경쟁에서, 중국전신이 국가 또는 지역 차원에서 생존하기 위해서는 대기업과 '파트너십'을 회피한다는 것은 불가능하다. 중국이동통신과 중국연통만이 휴대전화 사업자로 승인을 받았다. 중국 내의 이해 집단이 더 많은 휴대전화 사업자 지정을 요구하고 있기 때문에 차이나 텔레콤이 추가될 가능성은 존재한다. 그러나 각 기업의 본부만이 합작회사를 세울 필요는 없다. 중국이동통신, 중국연통, 중국전신 내의 자회사들이 국제적으로 합작회사를 하는 것도 논리적으로 가능하다.

3세대 통신 선정에서 어떠한 일이 일어날지는 매우 불확실하다. 세계 거대기업과 함께 3세대 사업자 입찰에 참여하는 것은 중국 이외의 국가에서 3세대 네트워크를 개발하는 경험과 함께 중국의 개별 기업들에게 엄청난 이익이 된다.

현재 중국에는 정부의 허락을 받은 인터넷 백본 제공업체로 중국계기망(中國公用計算機互聯網, ChinaNet), 금교망(中國金橋信息網, Golden Bridge Network), 중국교육계산망(中國敎育和科硏計算機網, China Education and Research Network), 중국과기망(中國科技網, China Science and Technology Network), 중국연통 네트워크, 중국망락통신망(中國網絡通信互聯網, China Netcom Network), 중국이동통신 등 총 7개 업체가 있다. 중국은 최근 중국전

신, 중국연통, 중국길통, 중국망락통신, 중국이동통신을 인터넷 프로토콜(IP) 기반 전화사업자로 선정했다. 어떤 기업이든지 원칙적으로 세계적인 거대 통신 기업과 합작투자를 할 수 있다.

중국에는 1,300여 개에 이르는 케이블 TV 회사가 케이블 망을 설치해 놓았다. 도시 지역의 경우 전화 가입보다 많은 수이기 때문에 모든 가구에 케이블 TV가 연결되어 있다고 할 수 있다. 대부분의 케이블 TV 방송국은 지역의 자본을 이용해 발전한 독립 법인이다. 이미 케이블망을 통해 전화 서비스를 제공하고자 하는 지역 케이블 방송국과 광통신망을 통해 비디오와 데이터 서비스 등의 비(非)전화 서비스를 제공하고자 하는 통신 기업 간에 격렬한 전투가 벌어지고 있다. 정부의 공식적인 금지에도 불구하고, 즉 케이블 TV 방송국과 통신 기업이 자신들의 서비스 이외의 것은 제공하지 못하도록 금지했음에도 불구하고, 실제로 자신들의 네트워크를 통해 다른 영역의 서비스를 제공하지 못하도록 하는 것은 어려운 일이다. 광대역 시장에서는 중국 기업들이 다국적 기업과 연계하는 데 상당한 인센티브가 존재한다. 현재 전국적으로 단지 10% 정도 국가 케이블만이 쌍방향 커뮤니케이션을 완벽하게 제공하고 있기 때문이다. 그러므로 완벽한 쌍방향 소통이 가능하도록 네트워크를 업그레이드하기 위해서는 상당한 외국 자본과 기술이 필요한 실정이다.

어떤 법인이든지 일단 이 부문에서 세계적인 선도기업과 합작을 하게 되면 합작하지 않은 다른 업체에 비해 엄청난 자본적, 기술적 이점을 누릴 수 있게 된다. 국내 시장을 점유하기 위한 치열한 싸움에서 합작을 모색하는 데에는 상당한 이유가 있다. 세계적인 거대 기업은 3세대 휴대전화 등의 통신 사업자로 선정되기 위한 경쟁에 막대한 재원을 조달하고, 네트워크를 급속히 확장시키는 데 필요한 자원을 가지고 있으며, 세계적인 브랜드를 가지고 있을 뿐만 아니라 전세계에 선전할 수 있는 광고망과 멀티미디어, 광대역 제공에 대해 풍부한 컨텐츠를 보유하고 있다. 나아가 비용 절감과 자신만의 고객특화 기술을 이용할 수 있도록 세계적으로 엄청나게 물품을 조달하고, 전 세계 비즈니스 고객에게 세계적인 서비스를 제공하는 능력이 충분할 뿐만 아니라 다른 지역의 광대역 발전을 통해 획득한 관리 기술 또한 뛰어나다.

이러한 세계적인 거대 기업과 제휴하게 되면 수동적인 파트너로서, 특히 사업 관계에서 '배당이익'을 추구하여 엄청난 이익을 실현할 수 있는 기회를 갖게 된다. 다국적 거대 기업은 대도시의 비교적 부유한 도시 생활자와 국제적 비즈니스라는 고부가가치 시장에 주력하고 있다. 한 분석가는 "이제 관심은 고부가가치를 추구하는 다국적기업이 될 것이다. 후난(湖南) 성과 같은 촌지역의 이동통신 사업에 관심을 가질 사람은 없다"고 말하기도 했다.

2000년 말 AT&T는 중국에 통신 서비스를 제공하는 최초의 외국 기업이 되었다. 상하이의 거대한 푸둥(浦東)경제특구에 고속 데이터 서비스를 공급하기 위하여 AT&T는 중국전신의 자회사인 상하이 텔레콤과 합작투자하였다. 2001년 초 러퍼트 머독(Rupert Murdock)의 뉴스 코퍼레이션(News Corp)은 차이나넷컴에 약간의 지분을 갖고 있다고 발표했다. 차이나넷컴은 총 8,500㎞에 이르는 광케이블을 17개 도시에 설치했다. 광케이블이야말로 '중국의 첨단 통신 인프라'인 것이다. 분석가들은 "뉴스 코퍼레이션이 통신 네트워크로 비디오를 전송하여 중국 케이블TV 시장에서 외국인 참여에 대한 엄격한 법적 제약에서 빠져나오기를 희망하고 있을지도 모른다"고 생각한다.

금융 서비스*

중국의 금융 서비스 부문 역시 거센 도전을 받을 것으로 예상된다. 우선 자본, 자산 및 수익성의 관점에서 국내 금융기관은 세계적인 금융기관과 규모에서 엄청난 차이를 보인다. 1999년 말 중국의 최대 금융기관인 중국공상은 행(Industrial & Commercial Bank of China)의 자기자본과 자산은 각각 219억 달러와 428억 달러로 시티그룹의 반밖에 되지 않는다(표 3.11). 그러나 시티 그룹의 총매출은 중국공상은행의 4배 수준이다. 수익 면에서 볼 때 그 차이 는 더욱 커진다. 1999년 중국공상은행의 수익은 99억 달러의 수익을 올린 시 티그룹의 1/12에 불과한 4억 9,800만 달러였다. 뱅크 오브 아메리카의 규모도 시티그룹에 크게 뒤지지 않는다.

보험 부문은 더 큰 차이를 보인다(표 3.12). 1998년 중국 최대의 보험회사이 자 독점 회사인 중국인민보험공사(People's Insurance Company of China ; PICC)의 자기자본, 자산, 총매출 및 수익은 각각 9억 7,200달러, 54억 달러, 39

표 3.11 세계 4대 상업은행과 중국 4대 상업은행 비교(1999)

순위	은 행	총매출 (100만 달러)	수 익 (100만 달러)	자 산 (10억 달러)	자기자본 (100만 달러)	종업원수	종업원당 수익(1,000달러)
세계 1위	시티그룹* (미국)	82,005	9,867	716.9	49,700	176,900	55.8
세계 2위	도이체 방크 (독일)	58,585	2,694	841.8	23,200	93,232	28.9
세계 3위	뱅크 오브 아메리카 (미국)	51,392	7,882	632.6	44,432	155,906	50.6
세계 4위	크레딧 스위스 (스위스)	49,361	3,475	451.5	20,378	63,963	54.3
중국 1위	중국공상은행	20,130	498	427.5	21,918	549,038	0.9
중국 2위	중국은행	17,632	534	350.7	17,921	208,792	2.6
중국 3위	중국농업은행	14,127	-110	244.1	16,273	500,000	-0.2
중국 4위	중국건설은행	13,392	598	265.8	12,907	324,000	1.8

*표에 나오는 시티그룹은 다양한 금융기관을 한 그룹으로 묶어놓은 것이다.

---

*이 부분은 캠브리지 대학 Judge Institute of Management Studies의 위칭의 자료에 도움 받았다.

표 3.12 세계 3대 보험사와 중국 3대 보험사 비교표(1998)

순위	보험사	총매출 (100만 달러)	수 익 (100만 달러)	자 산 (10억 달러)	자기자본 (100만 달러)	종업원수	종업원당 수익(1,000달러)
세계 1위	AXA(프랑스)	87,645	2,155	508.6	16,395	92,008	23.4
세계 2위	일본생명보험	78,515	3,405	23.3	10,559	71,434	47.7
세계 3위	알리안츠 (독일)	74,178	2,382	383.7	28,854	113,584	21.0
중국 1위	PICC	3,858	101	5.3	972	84,657	1.2
중국 2위	Pacific	2,832	19	2.0	366	9,690	2.0
중국 3위	PingAn	2,409	42	3.4	446	110,595	0.4

주 : Pacific-중국태평양보험공사, PingAn-중국평안보험공사

억 달러, 1억 100만 달러이다. ING의 경우는 세계 최고의 보험회사도 아니지만 총매출을 제외하고 각각 341억 달러, 464억 달러, 29억 달러를 기록했다.

AXA와 알리안츠 같은 보험사(금융 그룹)의 경우 ING보다 매출과 수입의 규모가 크다. 따라서 이들 기업과 PICC의 차이는 상당하며 중국의 다른 보험사들은 PICC보다 훨씬 작기 때문에 국제적인 면에서 볼 때 피라미에 불과하다.

투자은행 부문도 차이가 상당히 크다(표 3.13). 1998년 중국의 90대 증권사들의 총자기자본과 총자산은 합계 각각 40억 달러, 45억 달러에 불과한데 반해 MSDW의 총자기자본과 총자산은 170억 달러, 3,760억 달러이다(중국의 투자은행을 모두 합친 것의 각각 4배, 8배이다). 궈타이(國泰)증권과 J&A(새로 합병된 중국의 최대 증권사)의 자기자본과 자산은 MSDW의 각각 2%, 0.8%에 불과해 매출과 수익에서 상당한 차이를 보인다.

중국 금융 서비스의 규모는 비교적 작은 편이며 점포당 비용, R&D투자, IT 시스템과 브랜드 구축, 리스크 관리, 제품개발 및 다변화, 최고 직원 고용과 전세계 고객에 대한 서비스 제공이라는 면에서 볼 때 세계적인 거대 기업

표 3.13 세계 4대 투자은행과 중국 4대 투자은행 비교(1998)

순위	은 행	총매출 (100만달러)	수익 (100만달러)	자산 (10억 달러)	자기자본 (100만 달러)	종업원수	종업원당 수익 (1,000달러)
세계 1위	메릴린치(미국)	33,962	1,259	299.8	10,132	63,800	19.7
세계 2위	MSDW	31,126	3,281	376.0	17,014	45,712	71.8
세계 3위	골드만삭스	22,478	2,428	217.4	6,310	13,033	186.3
세계 4위	J.P 모건*	18,110	2,055	260.9	11,439	15,512	132.5
중국 1위	국태증권	325	75	1.5	192	2,800	26.7
중국 2위	중국남방증권	288	10	1.9	171	2,500	4.0
중국 3위	신은만국	258	44	2.1	265	3,000	14.7
중국 4위	화하증권	230	12	1.9	138	3,100	3.9

*J.P 모건은 보통 상업은행으로 간주하나 실질적으로 투자은행으로 활동하기 때문에 이 그룹에 넣었다. 데이터는 1999년 기준이다.

에 비해 경쟁력이 상당히 약하다.

협소한 사업 영역은 중국의 금융 서비스산업에서 더욱 중대한 결점으로 작용한다. 1998년 새로 제정한 중국 증권법(Chinese Securities Law)은 증권, 은행, 보험, 신탁업(trust business)을 엄격하게 구별하고 있는, 미국의 글래스 스티걸법의 접근방식을 채택했다. 2000년에 이들을 분리하는 작업을 진행했는데, 이를테면 4대 상업은행과 PICC는 자사의 증권회사를 은행 소유 투자신탁회사에서 재정부로 옮겨 하나의 국유증권사를 설립했다. 4대 은행과 그 지점이 소유한 투자신탁회사는 모두 독립되었다.

이러한 움직임은 세계적 경향과 대척관계에 있다. 대부분의 EU 국가들은 전통적으로 부문별 제한을 두지 않았지만 최근에는 독일의 유니버셜 뱅킹 (universal banking, 종합금융형 은행 ; 역주) 모델을 적용하는 추세에 있다. 분리 정책을 제일 먼저 시행한 미국과 그 뒤를 이은 일본은 상이한 부문으로 업무를 분리시키는 법안을 폐기시켰다. 이러한 움직임으로 미국은 시티그룹, 체이스 맨허튼과 같은 금융 거대 기업을 만들 수 있었다. 1999년 기준 비이자 이익(전통적인 상업은행처럼 대부를 통해 이자수익을 얻는 것이 아니라 투자를 통해 이익을 얻는 것)이 미국 최대 은행 매출의 가장 큰 수익원이다. 일부 투자은행(메릴린치)은 다각화된 금융 서비스망을 구축했고, 미국과 유럽의 대형 보험회사들은 다부문(multi-sector) 서비스 공급자가 되었다.

금융 거대 기업들이 규모의 경제와 범위의 경제를 통해 더 큰 이익을 누리고 있는 사이 취약한 중국 금융 기업들은 세계 경쟁의 관점에서 볼 때, 특화와 구조조정을 겪으면서 더욱 취약해지고 있다. IT로 인해 급변하는 세계에서 금융산업은 지속적으로 혁신되고 있을 뿐만 아니라 고객의 요구 역시 많아지고 다양해지고 있다. 금융 서비스 부문에 '원스톱(one-stop) 쇼핑'을 제공할 수 있는, 세계적인 금융그룹들은 중국의 협소하고 집중도가 낮은 은행, 증권회사, 보험회사에 견줄 수 없는 큰 경쟁 우위를 점하고 있는 것이다.

중국 금융기관들의 자산과 자본은 세계적인 선도 금융기관에 비해 낮은 수준인데, 중요한 것은 수익은 더욱 낮다는 사실이다. 중국 금융기관 종사자당 수입과 수익은 세계적인 거대 금융기관에 비하면 보잘것없다. 2000년에 국유 4대 은행은 총매출 기준으로 포춘 500대 기업에 처음으로 선정되었다. 중국 4대 은행은 포춘 500대 기업 중 10대 상업은행에 하나도 들지 못했지만 종사자 수로 보았을 때 중국 4대 은행은 세계 4대 은행에 포함되었다. 즉, 이들 은행은 종업원당 생산성이 매우 낮다. 이를테면 중국 최대 금융기관인 공상은행과 농업은행은 각각 50만 명의 종업원을 두고 있다. 1999년 공상은행의 종업원당 수익은 900달러이고, 농업은행의 수익은 200달러 손실이었다. 이와 뚜렷한 대비를 보이는 시티그룹과 뱅크 오브 아메리카의 경우 종업원은 각각 17만 7000명, 15만 6000명이고, 종업원당 수익은 각각 5만 5,800달러, 5만 600달러였다.

중국 금융기관과 세계 선도 금융기관 간의 자기자본순이익률(ROE)과 총자산순이익률(ROA)의 차이도 상당히 크다. 낮은 생산성에 고비용, 엄청난 퇴직자, 그리고 사회적·상업적 보험 시스템을 제대로 갖추지 못한 채 종업원만 지나칠 정도로 많기 때문에 중국 금융기관은 세계 선도 금융기관과 비교할 때 더욱 불리하다. 증권 부문의 생산성 차이는 은행과 보험 부문에 비해 심각하지 않다(표 3.11~13). 그러나 중국 선도 증권사의 규모는 너무 작기 때문에 세계적인 선도 증권사와 직접 경쟁할 수 없다. 나아가 대부분의 대형 증권사들은 엄청난 자금이 필요한 반면 수익은 엄청나게 감소하는 '금융 삼각채(triangular debt)'라는 문제를 안고 있다.

중국 은행들의 자산 내용은 오랫동안 커다란 문제였다. 국내은행, 특히 4대 은행이 운영 독립성을 확보하기 위해 대단히 노력했음에도 불구하고 중앙, 지방정부는 계속해서 운영에 개입했다. 일상적인 업무는 파산 직전의 수많은 국유 기업에게 대출하는 것과 넘쳐나는 정부 공무원, 퇴직 군인들을 모집하는 활동 등 '정치적' 또는 '사회적' 활동으로 변모하기도 했다. '질'의 문제는 자산 관리와 경영뿐만 아니라 지배구조 및 소유권과도 연관되어 있다.

진퇴양난에서 탈출하라

중국은 1970년대 말 마오저뚱 사후에 경제를 자유화하기 시작했다. 산업 부문에서 계약 시스템의 초기 모델은 1979년에 도입되었는데, 셔우강의 계약 시스템이 가장 중요하고 가장 상징적이다. 따라서 중국의 산업정책은 20년간 운영되어왔다고 말할 수 있다. 지속적인 목표는 '글로벌 경쟁의 장'에서 어깨를 나란히 할 수 있는 세계적으로 강력한 기업을 구축하는 것이었다.

같은 기간, 즉 1950년대부터 1970년대까지, 일본 경제 발전 시기에 일본의 산업정책 기획자들은 세계적으로 강력한 기업들의 성장을 지원했다. 20년

간 산업정책을 편 결과, 일본은 세계적으로 경쟁력을 갖춘 기업들을 다수 보유하게 되었다. 1980년대 말 기준 일본은 토요타, 히타치, 마쓰시다, 니산, 도시바, 혼다, 소니, NEC, 후지쓰, 미쯔비시 전기, 미쯔비시 자동차, 신일본제철, 미쯔비시 중장비, 마쯔다, 니폰 오일, 이데미쯔 코산, 캐논, NHK, 브릿지스톤, 스미토모 금속을 비롯한 포춘 500대 기업 중 100위 안에 20개 기업을 가지고 있다. 이들 기업은 관세 및 비관세 장벽, 외국인 직접투자 제한, 국유 기업체의 우대구매 정책(preferential purchase policy), 정부의 방위장비 조달계약, 정부 보조 R&D, 상이한 산업에 대한 합리화 조치, 과점 경쟁 성장을 지원하는 '유연한' 경쟁 정책을 비롯해 정부의 광범위한 지원에 힘입어 성장했다.

1980년대부터 1990년대 말까지 중국의 GDP(국내총생산)는 매년 10% 이상 성장했다. 1998년 기준 중국은 공식적인 환율 가치에 의한 국내총생산 기준으로 세계 7대 경제 대국이며, '구매력 동등 달러'를 기준으로 평가할 경우 세계 2위의 국가이다. 일본이 사용했던 것과 비슷한 수많은 조치를 취하는 한편 일본과 비슷한 명백한 정책 목표를 가지고 20년간 산업정책을 편 결과, 중국의 국유 대기업에서 커다란 변화가 일어났다. 선도기업들은 매출이 급신장했고 상당한 현대 기술을 받아들이면서 시장에서 경쟁하는 방법을 터득했을 뿐만 아니라 지속적으로 종업원의 기술적 수준을 업그레이드하고, 광범위하게 새로운 경영 기술을 터득하는 한편 국제 금융 시장을 속속들이 파악하여 다국적기업과 파트너 관계를 모색했다.

그러나 상당한 발전에도 불구하고 중국의 선도기업들 중 세계적 시장, 브랜드, 구매 시스템을 갖춘 세계적으로 경쟁력이 있는 거대 기업으로 발전한 기업은 하나도 없다. 중국 기업은 포춘 500대 기업에 단지 5개만 포함되었을 뿐이다. R&D 기준 세계 300대 기업에는 한 기업도 들지 못했고 FT 500대 기업, MSDW 선정 세계 250대 '경쟁 우위' 기업에도 포함되지 못했다.

20년 동안의 개혁 후에도 중국 대기업들의 경쟁력은 세계적인 거대기업과 비교해 여전히 안타까울 정도로 취약하며 특히 항공, 발전소와 같은 중장비, 제약 등 '첨단기술' 부문과 통합이 이루어진 정유 및 석유화학, 자동차 부품 등 '중간기술' 부문에서 더욱 취약하다. 심지어 기술적으로 덜 발달된 것처럼 보이는 철강과 석탄 부문의 경우 시장의 고부가가치 부문의 세계적인 선도기업들에 비해 상당히 불리한 위치에 있다. IT 하드웨어, 소프트웨어, 금융 서비스 부문에서의 차이도 엄청나며 통신 서비스 부문의 경우 중국의 대기업들은 경쟁에서 상당한 약점을 가지고 있다. 이러한 의미에서 20년 동안의 중국 산업정책은 잘못된 것으로 판명되었다. 실패의 원인은 국내·외에서 찾아볼 수 있다. 1부에서는 실패의 국내 원인을 분석했고, 2부에서는 국외적 원인, 즉 글로벌 비즈니스 혁명에 대해 분석했다.

이러한 혹독한 현실로 인해 1990년대 말 중국의 정책결정자들은 깊은 딜레마에 빠졌다. 중국이 1970년대 이후 무역 및 외국인 투자를 통해 국제 경제에 대해 개방하지 않았다면, 중국의 경제 발전은 더욱 더디었을 것이다. 중국은 세계적으로 엄청난 자본과 기술을 사용할 수 있기 때문에 후발주자로서 상당한 강점을 가지고 있다. 그러나 중국의 대기업들은 이전의 후발주자들이 겪었던 것보다 훨씬 큰 시련에 직면해 있다. 세계적인 빅 비즈니스의 변화 속도는 중국 대기업의 변화 속도를 크게 앞지르고 있다. 지금까지 대기업 간 경쟁에서 이렇게 어려운 외부 환경에 직면한 후발주자들은 없었다. 처음으로 각 산업 부문에서 소수의 세계적인 기업들이 세계 총매출의 상당 몫을 차지하고 있다. 중국은 비즈니스 능력의 불균형이 가장 큰 시점에서 '글로벌 경쟁의 장'에 참여하게 된 것이다.

1990년대 말 중국과 그 외 국가들 간 산업구조와 기술력의 변화율이 달랐기 때문에 중국의 산업 정책결정자들은 더 많은 어려움을 느껴야 했다. 20년

전과 똑같은 잣대를 사용하여 향후 10년을 측정할 경우 중국의 대기업이 세계 선도기업들을 따라잡을 수 있다고 확신할 수 있겠는가? 10년 후 중국의 대기업은 지금보다 훨씬 뒤처져 있지 않을까? 이러한 살벌한 경쟁에 직면한 중국이 세계적으로 경쟁력을 갖춘 기업 집단을 확립할 수 있도록 하는 산업정책이 존재한단 말인가? 중국 정책결정자들에게 이러한 가능성에 직면하는 것은 정말 괴로운 일이다. 그러나 더 이상 산업정책만으로 개발도상국에 강력한 거대 대기업을 세울 수 없는 것이 솔직한 현실이다. 바로 이런 경우 새로운 현실에 적응하기 위해 상당히 섬세한 국제 교류가 필요하다. 특히 중국을 비롯한 많은 개발도상국의 야망을 근본적으로 재조정해야 한다. 선진국의 총생산, 구조적 변화, 임금과 고용, 생활수준 등과 기업 차원에서 따라잡아야 할 목적을 분리시키는 것이 필요하다.

심지어 선진 유럽 국가들의 경우에도, 이전의 '핵심기업군'의 기업이 개별 기업으로서 '글로벌 경쟁의 장'에서 경쟁하는 것이 불가능하다는 사실을 쉽게 받아들이지 못한다. 유럽의 개별 국가들은 핵심기업의 종말을 받아들이고 있지만 전체로서의 유럽 대륙은 지역 핵심기업과 유럽 핵심기업을 육성하고 있다. 유구한 경제사와 정치사를 가진 위대한 문명국인 중국의 경우 정책적으로 핵심기업을 육성하였기 때문에 영국, 미국, 일본, 한국 등의 나라와 경쟁하는 것이 힘들다는 사실을 받아들이기 어려울 것이다. 따라서 대안을 얻기 위해서는 일관되고 현실적인 전략이 필요하다. 대기업의 본질과 비즈니스 능력에서의 세계적으로 믿을 수 없는 변화속도에 직면하면서도 중국의 정책결정자들은 이러한 전략의 가능성을 분명히 확신하지 못하고 있다. 하지만 환상을 가지고 사느니 '사실에서 진실을 찾는 것'이 더욱 좋다.

'전투에서 싸우려고 하는 것은 무의미하다'라고 주장할 수도 있다. "적보다 10배 많다면 적을 에워싸라. 적보다 5배 많다면 공격하라. 적보다 2배 많다면 적을 분산시켜라. 적과 같은 수라면 전술을 사용하여 전투에서 요령껏 싸워라. 적이 많으면, 삼십육계 줄행랑을 쳐라"(손자병법). 국가가 지원하는 산업정책을 통해 국가핵심기업을 구축하는 영웅적인 시대는 끝났다고 볼 수 있다. 만약 실제로 그렇다면, 그것은 완벽하게 경쟁력을 갖춘 중소기업들에 의해 패배한 것이 아니라 세계적인 과점 자본주의가 완전히 만개한 때문일 것이다.

1990년대를 마감하면서 중국은 산업정책에서 극도로 어려운 양자택일을 해야 했고 진퇴양난의 상황에 빠져 있다. 이 문제를 둘러싸고 열띤 논쟁이 있었다. 중국은 세계적 거대 기업 구축이라는 산업정책을 강화해야 하는가? 중국은 실패한 산업정책을 재건할 수 있는 정치적 실천과 관료주의 능력을 가지고 있는가? 설령 그러한 능력이 있다 하더라도 세계적인 기업의 변화 속도가 중국 기업의 속도를 훨씬 앞서가고 있는 경우 '국가핵심기업'을 더 이상 지원할 수 있겠는가?

3.2 중국의 산업정책 강화

중국의 선도기업들과 세계적인 거대 기업의 비즈니스 능력의 차이가 심해지면서 중국은 1990년대 말 획기적인 전환점을 맞이하게 된다. 15년간의 산업정책 실패를 반성하면서 중국의 정책결정자들은 과거의 실패를 경험 삼아 산업정책 강화와 개선에 주력하는데, 이는 시장경제로의 점진적인 이행과 세계 경제로의 점진적이고 조심스런 통합, 그리고 개혁 프로그램을 실험하려는 중국의 접근방식과 궤를 같이 했다. 다수의 정책결정자들과 산업주의자들이 이와 같은 방식을 지지했다.

　1990년대 말 국유 대기업의 재편과 관련해 중국의 전략적 선택의 폭은 좁아졌다. 전략적 행동에 대한 여지가 상당히 줄어들기는 했지만 기획자들이 세계적으로 경쟁할 수 있는 중국의 대기업 그룹을 새롭게 출범시킬 수 있는 여지는 여전히 존재했다. 세계적인 기업을 구축하고자 하는 중국의 열망은 선진국을 따라잡기 위해 힘쓰던 일본과 네 마리의 작은 호랑이가 마주쳤던 국제 경제 환경과 비교해 더 어려운 것이 사실이다. 그러나 중국은 거대하고 유구한 단일문화를 가졌다는 잠재적인 장점이 있다. 중국에는 세계 인구의 1/5이 거주하고 있으며, 이러한 국가의 의지를 지원하기 위해 동원할 수 있는 엄청난 정치력이 있다. 이 밖에도 중국에는 이미 세계에서 손꼽히는 거대하고 역동적이며 잠재적으로 세계 최대인 국내 시장이 조성되어 있다. 중국의 정책결정자들이 이 같은 요소들을 기꺼이 활용하여 산업정책을 추구한다면 엄청난 '수단'이 될 수 있을 것이다.

국가가 조율한 합병

중국이 선택할 수 있는 대안 중 하나는 산업별로 국내 대기업들을 한 두개의 거대 기업으로 합병하는 것이다. 일본은 1930년대 정부 주도하에 이 같은 경로를 밟아 몇 개의 선도 철강 기업을 합병하였고 1939년 이전 국내 철강 시장을 문자 그대로 독점한 신일본제철을 만들었다. 일본은 또한 1930년대 말 자동차 총생산의 85%를 차지한 두 거대한 자동차 생산업체인 토요타와 니산의 성장을 적극적으로 견인했다. 대한민국 정부는 포스코가 장기간에 걸쳐 일체의 경쟁 없이 엄청난 보호 아래 자국 시장에서 성장할 수 있도록 힘을 실어주었다. 2000년 초 브라질 정부는 국내의 선도 맥주업체 브라마(Brahma)와 안타르티카(Antartica)를 합병하여 국내 최대의 맥주업체 암베브(Ambev)가 탄생하는 데 적극 기여했다. "새로 탄생할 그룹이 맥주 시장의 65%를 차지할 것이라는 사실에도 불구하고, 브라질에 다국적 맥주업체를 만들겠다는 포부로 합병을 쉽게 승인 받을 수 있었다. 국제적으로 알려진 핵심기업을 소수밖에 갖지 못한 국가에서 핵심기업에 대한 논쟁은 국내 시장에서의 잠재적 경쟁 위협을 없애버렸다"(파이낸셜 타임즈).

1990년대, 유럽의 많은 선도 민간기업 또는 준민간 기업들이 동일한 구조에서 새롭게 등장했다. 1960년대 영국은 수많은 철강, 항공, 자동차회사를 각각 브리티시 스틸, BAe, 브리티시 레이랜드(British Leyland : BL)로 합병했다. 철강과 항공의 경우 이렇게 해서 대단히 성공적인 민간 기업의 토대가 구축되었다. 영국 정부가 먼저 합병을 강제하지 않았다면 합병은 성공하지 못했을 것이다. 서구의 다른 국가도 이와 동일한 산업정책을 따랐다(예, 프랑스의 유지놀 철강도 영국 기업과 같은 식으로 합병했다).

이러한 전략을 따르게 되면 합병한 기업이 국내 시장을 독점할 가능성이 있기 때문에 효율성이 떨어지지 못하도록 하는 뛰어난 규제 조치가 있어야한다. 국내 시장은 상대적으로 작기 때문에 선도 시스템 통합 사업자의 거대한 시장 규모로 볼 때 국내 기업끼리의 합병은 세계 기준에 비해 상당히 미미한 수준이며 빈약한 기업 지배 문제나 기술 후진성을 직접 해결하지 못한다. 그러나 이전의 집중도가 떨어지는 산업구조보다는 세계적인 거대 기업과 경쟁할 수 있는 실질적인 토대를 제공하는 것이 사실이다.

기업의 자율성 문제

1980년대부터 1990년대에 이르기까지, 국유기업이었던 '핵심기업군'의 기업들은 독립성을 갖춘 초국가적인 기업으로 계속 변모했다. 대표적인 기업으로는 정유 및 석유화학공업부문에서 ENI, 렙솔, BP-아모코, 엘프 아키테인, 철강부문에서 유지놀과 브리티시 스틸, 자동차부문에서 폭스바겐과 르노, 항공부문에서 아에로스파티알르, 롤스로이스, BAe를 들 수 있다. 국가는 으레 엄격한 사업 능력 기준을 준수하는 시장 지향적 최고경영자를 이들 기업에 앉힌다. CEO는 경영 관례를 급진적으로 변화시키고, 점진적으로 기업을 사유화할 뿐만 아니라 특히 합병과 인수를 통하여 국제 경쟁력을 강화할 수 있는 권한을 부여받는다.

앞에서 살펴본 바와 같이 1990년대 중국에서는 상당수의 강력한 기업이 출현했다. 이들 기업은 기업 정체성과 야망을 심도 있게 개발했을 뿐만 아니라 야심차고, 효율적인 최고경영진에 의해 운영되었다. 대표적인 기업으로 저우꽌우가 경영한 셔우강, 주위리가 지도한 항공공사, 우이신이 경영한 상하이석유공사, 왕지엔밍이 경영한 위차이, 띵꿰이밍이 경영한 따칭, 예칭이 경영한 선화, 자오신시엔이 경영한 산지우를 들 수 있다. 이들 최고경영인은 저마다 세계적인 경쟁의 본질을 정확하게 꿰뚫고 있었으며 진정한 의미에서 세계적인 경쟁력을 갖춘 기업으로 변모시키려는 야망을 가지고 있었다. 그러나 기업을 관리하는 관련 당국은 이들 기업이 독립적으로 성장하면 자신들의 힘을 잃을까봐 전전긍긍했다. 따라서 이들 기업에 대한 국가의 지분 축소를 엄격하게 관리했다. 즉, 어떤 기업도 주식시장에서 자금을 조달하지 못하게 했으며 국가의 지분이 50% 이하로 떨어지지 못하도록 규제했다. 이들 기업은 모두 국내에서의 팽창과 국제적 성장에 방해가 되는 관료적 장벽을 가지고 있었으며 국내의 대규모 인수·합병과 관련해서도 심각한 관료적 제약을 극복해야 했다.

중앙 정부가 새로 부상하는 자율적인 기업들을 기꺼이 지원했다면, 기업들은 국내·외 주식시장에서 더 많은 자금을 조달할 수 있었을 것이다. 중국의 선도기업들은 해외상장이 기대에 미치지 못했을지라도 국제적인 성장에 도움이 되는 강력한 주식시장을 활용할 수 있었다. 또한 기대에 찬 대기업들에게 개선된 기업 지배의 장점을 보여줄 수 있었다. 아르헨티나의 정유 및 석유화학 기업인 YPF와 브라질 항공회사인 엠브레어는 해외 자본을 조성하여 해외시장에서 성장할 수 있는, 개발도상국에 기반을 둔 선택된 기업들의 존재 가능성을 보여준 대표적인 기업들이다.

정부 구매계약

정부의 구매계약은, 현재까지 선진국의 경우에도, 산업정책에서 상당히 중요하며 따라서 이를 둘러싸고 많은 논란이 제기되고 있다. 정부 구매계약은 항공, 통신 장비, 전력생산장비 부문에서 새롭게 부상하는 핵심기업을 지원하기 위한 정부의 중요한 메커니즘이었다. 중국은 비교적 정부 구매계약을 활용하지 않는 편이며, 시장의 힘이 개혁 전반에 걸쳐 강력하게 영향을 미침에 따라 더욱 약해졌다. 항공 부문의 경우 중앙 정부는 국내 항공사들에게 맥도넬 더글라스/보잉 또는 AE-100 벤처회사로부터 단거리 제트 여객기를 구매하도록 명령함으로써 국내 항공산업의 성장을 거의 지원하지 않았다. 발전장비 부문의 경우는, 개혁기 동안, 발전소의 전략 생산 구매에 영향력을 미칠 수 있는 정부의 능력이나 욕망이 현격하게 떨어졌다. 1990년대 말 늘어난 정부구매에 대해서도 중국의 지도자들은 사상적인 선택으로 생각하고 있다.

세계적인 경쟁 이용하기

중국은 세계적인 대기업의 투자에 상당히 중요한 시장이며, 투자는 대부분 합작투자 형태로 이루어졌다. 그런데 거대 기업들끼리의 경쟁이 치열해지면서 중국의 산업 기획자들은 상이한 전략을 추구할 가능성이 그만큼 커졌다. 1990년대 각 산업부문에서 세계적인 과점 경쟁이 치열해지면서 우수한 기술과 현대식 경영 시스템을 갖춘 선진경제에 기반한 기업이 등장했으나 세계적인 과점 경쟁에서는 뒤처지는 대기업들이 출현하게 되었다. 이들 기업은 경쟁에 필요한 세계적인 규모를 갖추지 못했다. 대표적인 예로 발전장비 부문의 웨스팅하우스, 미쯔비시 전기, 항공 부문의 포커(네덜란드), 타이어 부문의 파이렐리(Pirelli, 이탈리아), 컨티넨탈(Continental), 승용차 부문의 볼보, 니산, 미쯔비시, 대우, 심지어 피아트, 트럭 부문의 스캐니아, 볼보, MAN, 디젤엔진 부문의 디트로이트 디젤, 철강 부문의 베들레헴 스틸(Bethlehem Steel, 미국), YKK(일본), 코크릴 샘브렐, 제약 부문의 아스트라, 롱프랑, 회히스트, 정유 및 석유화학 부문의 렙솔(스페인 국유 석유회사), ENI, IT 하드웨어 부문의 알카텔(프랑스), 마르코니(영국)를 들 수 있다. 이 밖에도 개발도상국에 기반을 둔, 세계적인 거대 기업으로 성장하는 데 필요한 규모를 갖추지 못한 새로운 기업들이 밀려났다. 항공 부문의 엠브레어, 이동통신 부문의 홍콩 텔레콤과 싱가포르 텔레콤, 정유 및 석유화학 부문의 YPF(아르헨티나), 릴라이언스(Reliance, 인도), 페트로브라스(Petrobras, 브라질)이 대표적인 경우이다.

중국 정부가 일본이나 대한민국 정부가 그랬던 것처럼 산업 계획에 대해 분명한 목적 의식만 가지고 있다면 정부가 선정한 중국의 대기업과 그에 맞는 세계적인 파트너 간의 완벽한 통합 협상은 논리적으로 가능하다. 그러나 이러한 합병이 없다면 외국의 대기업은 도산하거나 다른 거대 기업과의 합병에 의해 소멸되어 버린다. 중국 기업과의 합병 조건은 급성장하는 거대 중국 시장에 진입하여 외국 주주들에게 좀더 많은 수익을 제공하는 방식으로 이루어질 수 있었다. 합병이 성사되면 외국 주주들에게 장기간의 안전한 수익을 보장할 수 있다.

취약한 다국적기업은 신설 법인으로부터 소수의 지분을 제공받겠지만 전체적인 경영권은 갖지 못할 것이다. 중국측 파트너의 지분은 은행융자와 다양한 형태의 지분 참여의 결합으로 이루어지는데, 주로 상장을 통한 주식 공모, 부동산과 같은 자산참여, 그리고 특정 기간 동안 중국시장에서 특혜를 가질 수 있는 무형의 영업권 등으로 구성된다. 신설법인은 중국 시장에 진입하는 특권과 다양한 지원 정책을 받게 된다. 이를테면 항공의 경우 중국 민항기 일부를 중국 기업과 다국적기업이 세운 신설 기업에 할당하고, 그 뒤 보호를 점진적으로 감소시켜 주저앉게 하거나 완전경쟁 상태로 헤쳐 나가게 한다. 외국인은 중국과 외국인 주주의 수익을 실현하기 위하여 경영에 대해서는 전권을 중국에 위임한다.

따라서 항공 부문에서 시페이(西岸飛機工業公司)는 포커와, 청페이(成都飛機工業公司)는 엠브레어와, 자동차 부문에서 이치는 대우와 얼치는 미쯔비시와 파트너 관계를 맺었으며, 자동차부품 부문에서 위차이는 디트로이트 디젤과, 제약 부문의 경우 산지우는 아스트라와, 화베이(華北)는 롱프랑과, 철강 부문에서 셔우강은 코크릴 샘브렐과 안강은 YKK와, 정유 및 석유화학 부문에서 따칭은 ENI, 상하이석유화공공사는 YPF와 옌산은 ARCO(Atlantic Richfield Company)와 합작을 결정했다. 또한, 이동통신 부문에서 광동전신은 홍콩 텔레콤과, IT 하드웨어 부문의 경우 화웨이는 알카텔 또는 마르코니와 파트너 관계를 맺었고, 이 밖에 1990년대 말에 많은 기업에서 합작을 준비하고 있다. 이러한 국제적인 합병의 주요 목적은 "세계적인 거대 기업의 경영 기술을 활용하여 관료 지배하에서 국유 대기업을 해방시키는 데 있다"(왕샤오창).

비국유 핵심기업 지원

1990년대 말 비교적 강력한 비국유 기업들이 등장하기 시작했다. 대표적인 기업으로는 가전제품 부문의 하이얼(海爾)과 메이디(美的), PC부문의 롄상, IT 하드웨어 부문의 화웨이, 제약 부문의 바이윈산(白雲山), 탄산음료 부문의 젠리바오(健力寶)를 들 수 있다. 이들 기업은 롄상의 리우촨츠(柳傳志), 하이얼의 장루이밍(張瑞明) 같은 카리스마를 가진 CEO들이 경영을 맡고 있다. 또한 상대적으로 낮은 기술 부문에서 시작하여 국내에서 어느 정도 브랜드 인지도를 쌓고 어떤 경우에는 국제 시장의 저부가가치 부문에 침투하기도 한다. 이들 기업은 현대식 경영을 할 뿐만 아니라 주식시장에서 자금을 조달하는 한편 스톡옵션으로 종업원의 사기를 진작시키기도 한다. 또한 정부로부터 세세한 간섭을 받지 않고 문자 그대로 독립적으로 경영할 뿐만 아니라 다국적기업과 격렬하게 경쟁을 벌인다.

이들 기업은 자주 국제 언론으로부터 상당히 호의적인 평가를 받았고 국제 경영대학원에서 이들을 다룬 논문도 나오고 있다. 이를테면 하버드 경영대학원은 하이얼에 대한 사례 연구집을 출간했다. 또한 중국의 대중주의 신고전파 경제학자들은 이들이 국가의 개입 없이 글로벌 경쟁의 장에서 경쟁할 수 있다고 높이 평가했으며 이들 기업은 국유 기업의 낡은 세계가 무너지고 난 뒤 꽃필 수 있는 새로운 활력소로서 주가를 올리고 있다.

그러나 자세히 살펴보면 이들 기업도 대부분 국내 시장에서의 보호, 저리의 장기 융자(soft loan)를 통한 정부 지원, 정부 구매, 안정적인 마케팅 채널의 수혜를 톡톡히 보고 있음을 알 수 있다. 이러한 엄청난 성과에도 불구하고 이들 기업의 총매출, R&D 투자, 전세계 시장 점유율은 세계적인 기업보다 한참 뒤져 있다. 중국이 WTO에 가입하는 순간부터 이들 기업은 경쟁자들의 도전에 시달릴 수밖에 없을 것이다. 정부의 지속적인 지원이 없다면, 이들 기업 대부분은 상당한 기업 성과를 얻을 수 없을 것이며, 해당 부문에서 세계적인 거대 기업의 심각한 도전을 극복할 수 없을 것이다. 산업정책 조치에 의해 이미 확인한 '꿈나무'의 육성이야말로 추구해야 할 확실한 경로이다. 지속적인 보호, 저리의 장기 융자, R&D 투자에 대한 정부 지원, 합병과 인수를 통한 사업 확장 노력에 대한 정부의 지원 등이 필요하다.

　기업을 둘러싼 신화는 정부의 지원 없이 '시장 경쟁에서 성공했다'는 점에서 생겨난다. 그러나 대부분의 경우, 성공은 기업의 뛰어난 능려과 정부의 지원을 통해 가능했다. 비국유 선도기업의 전략 전문가들은 중국이 WTO 협정을 철저하게 지킬 경우 당면하게 될 시련에 대해 상당한 관심을 가지고 있다. 이들 기업의 리더들은 시스코, 노텔, 코카콜라, 펩시콜라, 월풀, 일렉트로룩스, IBM, 델 등의 기업과 문자 그대로 무한 경쟁을 해야 한다는 어려움을 잘 인식하고 있다.

기술 업그레이드에 대한 정부 지원

개발도상국에서 성공적인 신속한 기술 업그레이드는 정부의 강력한 직간접 지원에 힘입은 바 크다. 대만은 개발도상국에서 볼 수 있는 이러한 파트너십의 대표적인 경우로 손꼽힌다. 미국의 경우는 기술 발전의 2/5가 미국 납세자들이 조달한 세금을 정부가 R&D에 직접 지원하여 이루어졌다. 1994년 정부가 직접 R&D에 지원한 총액수는 360억 달러로, 말레이시아 총생산액과 맞먹는 수준이다. 중국 역시 정부가 R&D에 엄청나게 지원함으로써 놀랄 만한 속도의 기술 발전이 가능했다.

　개혁 초기에 중국의 중앙 기획자들은 전력장비산업의 대규모 프로그램을 비롯하여 기술이전에 대한 매우 성공적인 프로그램을 채택했다. 그 당시 중앙 기획자들은 일본의 통산산업성처럼 하려고 했던 것 같다. 사실 중국의 항공, 전력장비, 자동차, 제약, 고품질 철강, 정유 및 석유화학, 통신장비 시장의 규모가 커짐에 따라 정부가 개입해 중국 시장에 진입하는 조건으로 기술이전을 확실하게 못박아두는 일은 적어졌다. 다국적 기업의 기술이전 요건은 구매, 시장 진입, 소유권을 합리적이고 투명하게 연결하면서 공조의 집중화를 꾀하기보다는 분산적이고 비공조적인 형태를 띠었다. 국가의 조정에 따라 기술이전을 부활시키고 강화해 대규모 '시장과 기술의 교환'이 일어나서 안 될 타당한 이유는 없다.

국제 경쟁력이 최선의 길

이러한 경로를 따르는 핵심 관점은 변화를 자극하는 국제 경쟁에 대해 스스로 신뢰할 만한 위협을 만들 필요가 있기 때문이다. 그러나 이는 세계적인 거대 기업과 경쟁하려는 실질적인 기회를 방해하기 위한 것은 아니다. WTO 가입은 개발도상국으로서 중국의 곤궁한 현실을 고려한 가능성 가운데 하나인 것이다. WTO 규칙의 완전한 수용을 위한 장기간의 이행기는 이러한 프로그램 중 하나다. 산업정책이 상당히 재편되었기 때문에 중국 기업들의 보호를 점진적으로 줄이는 확실한 위협의 길로 향하는 것이 가장 합리적인 경로였을 것이다. 이러한 산업정책에는 시장 경쟁의 중요성을 받아들이지 않는 것은 빠지고, 그 이상의 실험과 이전의 정책 실수에서 배우는 것들이 포함되었다. 이것은 중국이 현재 엄청난 일을 하고 있다는 사실을 그대로 보여 준다.

3.3 WTO에 가입한 중국 : 산업정책을 포기할 것인가?

1999년 11월 중국과 미국은 중국의 WTO 가입이라는 역사적인 합의문에 서명했다. 미국 협상팀은 1997년 세계통신협정의 지긋지긋했던 과정을 이끌었던 찰린 바르세프스키(Charlene Barshevsky)가 주도했다. 중국이 WTO 가입에 합의한 것은 미국 외교정책에 상당히 중요한 문제이며 격렬한 국가적 논의를 촉발시켰다. 클린턴 대통령은 협정에 따라 미국이 얻게 되는 이익을 설명함으로써 미국인들을 설득하는 일에 적극 개입했다.

미국과 중국 간 합의는 중국이 공식적으로 WTO에 가입하는 기반을 닦았다. 이 합의는 중국에 상당히 중요한 결정이었을 뿐만 아니라 전세계, 그리고 세계적 자본주의의 발전이라는 측면에서도 상당히 중요한 결정이었다. 많은 사람들은 이 결정을 중국의 선도기업들과 선진국 기업들 간의 차이가 현실적으로 따라잡을 수 없을 정도로 벌어졌다는 것을 인식하는 것으로 해석했다. 이 결정으로 중국은 세계적 과점 자본주의의 엄청난 힘에 굴복했다. 협정 조건에 따라 중국은 200년간 국가 산업정책의 근간이 되었던 대기업 성장 지원 메커니즘을 통째로 없애버리는 데 동의했다. 중국은 세계 시장에 대한 태도에 엄청난 변화가 있어야 한다는 사실을 받아들였다. 그래서 WTO 회원국이 된 중국은 외국 기업의 국내 시장 진입을 막지 못하게 될 것이다.

미국과 중국 간 협정 내용은 이제까지 WTO에 가입한 국가들의 협정 가운데 가장 상세했다. 미국과 중국 간의 WTO 협정은 그 자체만으로도 경제 시스템 개혁이라는 거대한 프로그램이라 할 수 있다. 중국이 WTO에 가입하려면 900개에 달하는 법률이 개정·수정되어야 한다. 미국은 "중국 정부가 WTO 의무를 성실히 수행할 수 있고 또한 그에 필요한 법제정을 돕기 위해 광범위한 법적·기술적 조력"을 제공하고 있다(파이낸셜 타임즈). 중국은 WTO 규정을 완전히 준수하기 전, 단지 5년간 조정 기간을 받아냈다. 중국이 WTO에 가입하는 그 날부터 중요한 변화들이 효력을 발휘할 것이고 중요한 부분들은 대부분 WTO 가입 후 3년 내에 바뀔 것이다. 나아가 다국적기업들은 법이 허용하는 이상으로 중국 경제에 참여하려고 할 것이다. 향후 그 같은 준불법적인 행위조차도 소급적용해줄 자유로운 정권이 나오리라 예상하기 때문이다. 이러한 현상은 '중국-중국-외국' 공식에 따라 중국 통신산업에 외국 자본이 불법으로 대규모 진입하고 있는 상황에서 널리 관찰되고 있다.

20여 년에 걸쳐 중국 정부는 내부에서 지도하는 개혁 프로그램을 실험적으로 계획했다. 하지만 중국은 WTO 가입과 동시에 상세하고 국제적인 조건에 따라 경제개혁이라는 복잡한 경로를 계획하는 자율성을 스스로 포기하게 될 것이다.

일반 조치

중국은 수입 상품의 관세를 낮추기 위해 광범위하고 상세한 실천 방안을 약속하면서 산업 관세 평균 수준을 24.6%에서 2005년까지 평균 9.4%로 낮추는 데 동의했다. 중국은 가입과 동시에 관세를 상당히 낮추고 이후 관세를 더 낮추기로 했는데 3년 내에 2/3, 5년 내에 관세를 완전히 낮출 것으로 기대된다.

 WTO 규정은 쿼터 및 기타 수량제한을 금하고 있다. 중국 정부는 그동안 외국 투자나 수입 승인에 필요한 다양한 조건을 수시로 요구해왔다. 그러나 중국은 WTO에 가입하면서 TRIPS 협정에 대한 WTO 규정을 준수하는 데 동의했다. 또한 정부(중앙, 성(省), 지방)는 쿼터, 수입품 승인의 기타 수단, 중국 기업이 특정한 제품을 공급해야 한다는 요구, 또는 어떤 종류의 수행 기준 등을 조건으로 내걸지 않기로 했다. 나아가 이 같은 요건을 부과하는 기존 계약을 시행하지 않는 데도 동의했다. 현재 광범위한 제품에 쿼터가 적용되고 있다. 그러나 대부분의 쿼터는 중국의 WTO 가입과 동시에 없어지고 나머지는 2003년, 그리고 2005년에는 완전히 없어지게 된다.

 중국은 WTO 가입과 동시에 외국인 투자 및 수입품에 대해 국내 부품을 사용해야 한다는 요건뿐만 아니라 기술이전 요건 및 외국인 투자나 수입에 대한 반대급부 조건(중국에서 R&D를 하라는)을 폐기하는 데 동의했다. 계약조건은 일체의 정부 개입 없이 관계 기업 사이에서 결정된다. 중국은 이전되는 지적소유권을 더 많이 보호하고, 합작투자에서 중국업체가 어느 정도 기간이 지나면 기술 비밀을 취득하도록 규정한 요건을 폐기하는 데 동의했다. 나아가 WTO 가입과 동시에 외국인 투자에 대한 조건으로서 수출과 무역 수지의 균형을 유지해야 한다는 요건을 폐기하는 데 동의했다.

 뿐만 아니라 중국은 WTO의 TRIPS 협정을 준수하는 한편 3년 내로 수입한 제품이나 중국 내에서 생산된 제품에 대해서 독립적으로 유통망을 운영할 수 있도록 외국 기업에 대한 현재의 엄격한 제한을 철폐하기로 했다. 중국 유통은 상당히 포괄적이다. 대리점 서비스, 도매, 소매, 프랜차이즈, 영업 판매, 재고 관리, 수리 및 유지 서비스와 같은 관련 활동이 모두 유통에 포함된다. 이러한 유통에 대한 제한들로 중국에서 영업하는 외국 기업의 경쟁력은 상당히 위축되어 왔다. "무역할 수 있는 권리와 마찬가지로 제품을 유통시킬 수 있는 권리는 중국에 성공적으로 수출하는 데 매우 중요하다"(바르셰프스키).

중국은 WTO 규정을 국유 기업은 물론 국가 투자 기업, 즉 국가가 지분을 가지고 있는 기업들에 확대 적용하는 데 동의했다. 이 같은 약속에 따라 중국의 국유 및 국가 투자 기업은 품질이나 가격과 같은 경제적인 고려 사항에 기초하여 제품을 구매하고 판매해야 한다. 중국은 외국 기업이 국유 및 국가 투자 기업에 제품을 팔 수 있도록 허용할 뿐만 아니라, 국유 기업의 상업적인 판매를 위한 물품 구매와 판매는 정부조달 규정에 따르지 않고 WTO 규정에 따르기로 했다. 또한 미국이 해당 산업에 투입된 자본이나 저리융자 등 정부 특혜가 시장 기준을 준수하여 제공되었는지를 판단한다는 데 동의했다.

이러한 WTO 협정의 일반적 특징이 전력장비산업과 석탄산업처럼 다양한 산업에 미치는 영향력은 대단하다. 전술했듯이 다국적기업은 이미 중국의 전력장비 시장에서 강력한 입지를 구축했다. WTO 협정 조건에 따라 이제 전력장비산업에서 산업정책의 중요한 제도들은 협정위반이다. 이를테면 하얼빈동력공사의 기술 현대화를 지원하기 위한 저리 융자는 협정위반이 된다. 다국적기업에서 싼샤댐 건설 관련 터빈을 구매한다는 것을 빌미로 국내 기업의 부품을 도급하게 하는 것과 국내 기업에 기술이전을 요구하는 것은 협정위반이다. 다국적기업과 '불공정' 경쟁으로 국내 기업에게 정부의 구매계약이 이루어지는 것도 협정위반이며 상하이전력공사처럼 기술이전을 조건으로 합작회사를 설립하는 것 역시 협정위반이다.

　WTO 협정 조건은 중국의 석탄산업에도 대단한 영향을 미칠 것이다. 세계적인 선도 석탄 기업이 이미 동아시아에 대규모 시장을 구축하고 있으며 중국의 거대한 잠재 시장에 진입하기 위해 신경을 곤두세우고 있다. 급성장하는 석탄산업에서 세계적인 선도 석탄 기업은 이제 합법적으로 중국의 현대식 화력발전소에 발주하는 고품질의 석탄 공급 입찰에 참여할 수 있게 되었다. 이때 계약에서 경제적 기준 이외의 것을 기준으로 하는 것은 불법이 된다. 선도 석탄 기업들은 중국의 선도 석탄 기업들과 합작회사를 세우기 위해 오랫동안 협상해왔지만 아직까지 성사된 것은 없다. 중국이 WTO에 가입하기로 한 조건에 따라 다국적 석탄 기업들은 원할 경우 합작투자를 하지 않아도 된다. 선화처럼 세계 최고의 선도기업이 되려는 열망을 가진 기업들은 저리 융자의 형태로 대규모 정부 지원을 받아왔을 뿐만 아니라 국제 수송가보다 훨씬 저렴한 철도 수송 및 항구 내부 시설 사용과 같은 기타 조력을 받아왔다. 그런데 이 모든 것들은 WTO 규정에 의하면 불법이다. 많은 기업들이, 특히 건설은행과 같은 국유 은행으로부터 저리 융자를 받아 생존해 왔다. 국유 기업에 대한 이 같은 보조금은 중국이 WTO에 가입하는 조건에 따르면 기술적으로 불법이다.

특정 분야별 협정 조건

자동차

중국은 현재 차종에 따라 자동차에 80~100%의 관세를 부과하고 있다. 중국은 2003년까지 현행 관세를 38~43%로, 2006년까지는 25%로 낮추는 데 동의했다. 자동차 부품에 대한 관세는 현행 평균 23%에서 10%로 낮출 것이다. 처음에 60억 달러(1999년의 실제 수입보다 상회하는)로 시작한 쿼터는 매년 15% 감소하여 2005년까지 완전히 폐기될 것이다. 중국은 국내의 자동차 및 부품 유통에 대한 엄격한 규제를 WTO 가입 3년 후에 폐기하기로 했다. 외국 기업들은 중국이 WTO에 가입한 후 3년 내에 자동차와 관련된 모든 서비스를 제공할 수 있다. 시장 진입과 동시에 비은행권 금융기관도 시장 진입이나 국가적인 차별 제한 없이 자동차 구매에 금융 지원을 할 수 있게 된다. 중국은 시장 논리에 따른 기준 외에 다른 기준을 사용하여 자동차 부문에 자금투입이나 저리융자를 하지 않는다는 데 동의했다. 또한 WTO 가입과 동시에 현지부품 사용요건을 모두 폐기하고, 기존 협정을 시행하지 않기로 했다. 나아가 자동차 부문의 기술이전이나 중국에 R&D를 투자하도록 수입이나 투자에 승인 조건을 달지 않기로 했다.

WTO 협정 조건은 조립업체와 부품 공급업체에 상당한 영향을 미칠 것이다. 다국적기업들은 더 이상 조립 및 부품산업에서 원하지 않는 합작투자를 하지 않아도 될 뿐만 아니라 합작회사를 세우기 위해 기술을 이전하지 않아도 된다. 중국의 높은 관세는 철폐될 것이다. 중국에 대규모 생산 기지를 갖지 못한 선도 다국적기업들은 중국에서 직접 생산하는 방법을 확대하기보다는 태국, 대한민국, 일본 등의 아시아 기지에서 중국에 수출하는 방법을 택할 수도 있다. 중국 정부 부서와 국유 기업은 더 이상 이치와 얼치 등의 국내 기업에서 '불공정하게' 승용차와 트럭을 구매할 수 없게 된다. 다국적기업들은 판매 소유권이나 가맹점 운영을 통해, 그리고 자동차 구매에 대해 융자를 해줌으로써 합법적으로 시장을 점유할 수 있다.

정유 및 석유화학

화학 수입품에 대한 관세는 현행 15%에서 2005년까지 7%로 떨어진다. 쿼터제는 중국이 WTO에 가입하자마자 폐기된다. 가입 후 3년 내에 어떤 기업이든 중국의 모든 지역에서 화학제품(화학비료는 제외)을 수입할 수 있다. 외국기업들은 일체 제재를 받지 않고, 모든 종류의 물류 및 유통 서비스를 제공할 수 있게 된다. 화학 제품의 수입이나 화학 부문 외국인 투자를 승인할 때 수출능력, 국내 부품 사용요건 또는 이와 비슷한 요건을 조건으로 달 수 없게 된다. 중국은 가입 후 3년 내에 외국인이 가공한 석유 제품의 소매를, 그리고 5년 내에 원유 및 석유 제품을 도매하는 데 동의했다. 원유 소매도 제외 대상에 포함되지 않았기 때문에 다른 제품과 마찬가지로 소매할 수 있게 된다.

WTO 협정 조건에 따라 다국적기업들은 경쟁 우위에 있는 한편 중국 기업들은 취약할 대로 취약해질 것이다. 다국적기업은 이제 중국에서 사업 활동을 하기 위한 조건으로 합작투자를 요구받지 않을 것이다. 또한 더 이상 기술이전을 조건으로 중국 파트너와 합작투자하지 않아도 된다. 다국적기업은 원하는 곳에 제한 없이 장비를 조달할 뿐만 아니라 자신들에게 경제적인 곳에서 원자재를 조달할 수 있다. 중국 정부는 국내 기업을 더 빨리 현대화시키기 위한 저리 융자를 더 이상 하지 못하게 된다. 이제 다국적기업은 아무런 제한 없이 가장 경제적인 곳에서 석유, 가스, 석유 제품 및 석유화학 제품을 수입할 수 있다.

여객기

현재 정부의 승인을 받은 소수의 기업들만이 여객기를 수입할 수 있는 권리를 가지고 있다. 중국은 3년 내로 어떤 기업이든지 중국 모든 지역에서 여객기를 수입할 수 있고 또한 외국 기업들이 모든 지역에서 여객기 유통 서비스를 아무런 제한 없이 제공하는 데 동의했다. 나아가 항공산업에 대한 자본투입 또는 저리 융자를 근절할 뿐만 아니라 여객기 수입이나 항공산업의 투자 승인에 대한 조건으로 현지부품 사용요건, 국내 R&D 투자요건, 기술이전 요건을 폐기하기로 했다. 여객기 수입이나 항공 부문의 투자시 협약을 상쇄시키는 조건을 달지 않아도 된다.

WTO 협정은 중국이 대량의 여객기 수입을 조건으로 다국적기업에 자국의 항공 및 부품산업에 기술이전이나 합작회사 설립 또는 자국의 취약한 항공 기업들에 하청 작업을 요구하지 못하게 된다는 것을 뜻한다. 요컨대 중국은 항공 부품산업에서 2차 또는 3차 공급자로서 세계적으로 경쟁력을 갖추겠다는 꿈을 가지고 있는 주요 항공산업에 경제력 구축에 힘이 되는 저리융자를 할 수 없게 된다. 또한 엠브레어나 봄바르디어와 공조하여 70~80석 규모의 여객기를 개발하기 위해 WTO의 제재 위험을 무릅쓰고 정부의 저리융자 또는 국내 항공사가 구매하는 식으로 지원할 수 없게 되었다.

브라질 항공 제조업체인 엠브레어가 겪었던 것을 통해 중국 항공산업의 미래를 몇 가지 점칠 수 있다. 2000년 4월 WTO는 브라질 정부가 브라질 항공산업의 대표 기업인 엠브레어에 대해 불법 지원을 했다고 판결했다. 캐나다는 브라질이 인도하기로 이미 계약한 900대의 여객기 수출에 대해 수출장려 프로그램(PROEX) 형태로 37억 달러에 달하는 자금을 엠브레어에게 보조했다고 주장하면서 고소장을 제출했다. 브라질의 행위는 엠브레어의 경쟁사인 캐나다의 봄바르디어에게는 상당히 불리한 것이었다. 이에 대해 엠브레어는 보조금은 단지 수출 금융에 대해 국내와 국제 환율을 동등하게 하기 위한 것뿐이라고 주장했다. 그러나 WTO 분과위원회는 '합법적인' 목적을 훨씬 넘어선 행위라고 판결했고 이러한 결정은 "1994년 민영화된 이래 브라질의 가장 성공적인 기업으로 1999년 엄청난 수익을 올렸던 엠브레어에게 일격"(파이낸셜 타임즈)을 가한 것이었다. 분과위원회의 판결이 채택됨에 따라 캐나다는 브라질과 보상을 협상할 수 있거나 WTO에 브라질의 '불법

행위'에 의한 손실액과 동등한 무역에 대해 보복 무역관세를 부과할 수 있는
권리를 요구할 수 있는 자격을 얻었다.

제약

중국은 WTO에 가입하면서 현행 10%의 관세를 낮추기 시작해 2003년까지
4%로 낮추는 데 동의했다. 가입과 동시에 지적소유권에 대한 TRIPS 협정을
실천하겠다는 중국의 약속은 수익과 지적소유권의 집행능력이 매우 밀접
한 관계를 가지고 있는 제약산업에서 대단히 중요하다. 특히 인도를 비롯한
기타 개발도상국들은 WTO 가입에 따라 약속했던 TRIPS 협정의 실행 여부
에 상당한 주의를 기울여왔다. 제약을 수입하고 유통시킬 수 있는 권리는 중
국의 유치 제약 기업들을 보호하기 위한 강력한 수단으로 현재 정부 승인하
에 엄격하게 관리되고 있다. 중국은 3년에 걸쳐 이 같은 요건을 철폐하는 데
동의했다. 3년이 지나면 외국 제약 기업들은 수입한 제약을 아무런 제한 없
이 도소매를 포함하여 중국 각처에 유통시킬 수 있다.

　중국의 WTO 가입 조건에 따라 중국 정부는 '비시장' 메커니즘을 통해
산지우 등 일단의 '핵심기업'을 육성할 수 없다. 중국은 제약 부문에서 세계
거대 기업이 되기 위해 서양의 특허 받은 제약을 복제하여 성장하겠다는 희
망을 가질 수 없게 되었다. 협정 가입은 곧 국내 유통 시스템에 진입하지 못
하게 규제함으로써 국내 업체를 보호하는 보호조치가 사라진다는 것일 뿐
만 아니라 세계적인 제약 기업들이 중국에서 아무런 제한 없이 광고할 수 있
고, 또한 자체적으로 유통 시스템을 만들 수 있다는 것을 의미한다. 나아가
제약 기술을 이전하기 위해 합작회사를 세우라고 요구하거나 일정한 기간
이 지나 특허 이전을 요구하는 것은 불법이라는 것을 의미한다. 세계적인 거
대 기업들은 중국 기업들의 생산 인센티브를 격감시키면서 아무런 제한 없

이 자사의 제품을 수입할 수 있게 되었다.

철강

중국은 현행 10.3%의 철강 및 철강제품에 대한 관세를 2002년 말까지 6.1%로 낮추는 데 동의했다. 철강 수입에 대한 권리는 여전히 정부가 승인한 소수의 기업만이 가지고 있다. 중국이 WTO에 가입한 날로부터 3년이 경과하면, 철강 수입에 대한 이러한 제한 조치는 사라지게 된다. 철강은 이른바 '덤핑'과 관련해 상당히 중요하다. 중국이 WTO에 가입한 뒤 12년에 걸쳐, 미국은 철강에 대해 '수입초과' 금지 법안을 유보할 수 있다는 데 동의했다. 나아가 미국의 수입규제 조항인 201조(section 201)를 중국의 철강 및 기타 제품 수입 과잉을 관리할 목적으로 발효해야 한다는 것에도 동의했으며 이에 따라 중국 정부는 철강산업에 자금을 투입하거나 저리 융자를 하지 않기로 했다.

중국의 WTO 가입으로 합의된 조건은 철강산업에 지대한 영향을 미칠 것이다. 철강 수입품에 대한 대폭적인 관세 인하에도 불구하고, 중국은 철강산업을 광범위한 비관세 장벽으로 보호하고 있다. 이제 이런 장벽들은 불법으로 간주된다. 바오강(寶鋼)을 제외한 중국 대형 철강업체는 고부가가치 철강 부문에서 기술적으로 상당히 취약한 상태이다. 중국 정부는 최근에 몇 가지 핵심 기업의 기술능력을 업그레이드하기 위해 저리융자를 통한 주요 보조 계획을 발표했다. WTO 가입조건에 따라 이제 이러한 계획도 불법 행위로 간주된다. 몇몇 철강 기업은 합작투자할 때 규정한 기술이전을 통해 기술을 업그레이드하기 위해 다국적 선도기업과 대규모의 합작회사를 설립했거나 설립하려고 도모 중이다. 그런데 이 같은 규정 요건 역시 불법 행위로 간주된다. 다국적 선도기업들은 중국 시장에 진입하기 위해 합작회사에 따른 협상을 질질 끌거나 마땅치 않게 생각했다. 이제 이들 기업은 원하기만 하면 합법적으로 생산 시설을 설립할 수 있는 권리를 가질 수 있다. 또한 동구 유럽 생산시설의 대부분을 광범위하게 인수한 것처럼 중국의 철강 기업도 합법적으로 인수할 수 있게 되었다. 중국 철강 생산업체는 더 이상 다국적 철강 기업들이 자사만의 유통 시스템을 세워 고객과 직접 접촉하는 것을 합법적으로 제지할 수 없게 되었다.

IT

WTO에 가입하기로 한 중국의 결정은 중국 IT산업에 지대한 영향을 미칠 것이다. 미국과 EU는 IT 기업이 중국 시장에 진입할 수 있도록 상당한 양보를 얻어내기 위해 중국에 엄청난 압력을 가하는 데 매진했다. IT산업은 선도기업들이 엄청난 수익을 실현할 수 있을 뿐만 아니라 일반적으로 선진국, 그리고 특수하게는 미국이 IT 분야를 독점하고 있기 때문이다. IT 기업들의 폭발적인 주가 상승은 선도기업들이 세계 시장을 독점할 것이라는 투자자들의 믿음에서 비롯된 것이다.

상술한 바와 같이 이 분야에서는 미국계 기업들이 가장 강력하다. WTO 협상에서 미국 협상단은 IT 시장을 개방하라는 강력한 압력을 행사했으며, 그 결과 놀라울 정도의 개방 약속을 받아냈다. 2000년 4월 미국 중국 간의 WTO 협정에 대한 자세한 내용을 공개한 백악관 웹사이트의 헤드라인에는 "미국과 중국의 WTO 가입 협상에 대하여 : 미국 첨단기술의 승리, 중국의 엄청난 개방과 미국의 이익"(백악관)이라고 적혀 있었다.

백악관은 엄청난 잠재력을 가진 중국 IT 시장에 진입하는 것은 "미국이 IT 부문에서 세계 최고의 자리를 유지하는 데 대단히 중요하다"고 논평했다. 중국은 소득 수준이 낮음에도 불구하고, 엄청난 인구와 급속한 경제 성장으로 세계적으로 지배적인 미국 IT 기업들에게는 상당히 중요한 시장이다. 중국은 세계에서 가장 급신장하고 있는 통신 시장으로 매년 퍼시픽 벨(Pacific Bell, 미국의 3대 정보통신업체)이 가지고 있는 정도의 전화선을 신설하고 있다. 1999년 말 기준 중국의 휴대전화 가입자는 4,000만 명에 달한다. 미국 정부는 중국이 2000년 말까지 세계에서 두 번째의 PC 시장, 그리고 세 번째의 반도체 시장이 될 것으로 전망했다. 나아가 2000년 말까지 인터넷 사용자는 2,000만 명이 넘을 것으로 내다보았다.

미국 기반 IT 기업들은 이미 중국의 급속하게 신장하는 IT 제품과 서비스 수요에서 상당한 이익을 실현했다. 1990년부터 1998년에 이르기까지 중국에 수출한 미국의 첨단기술은 5배 신장했으며, 통신장비는 9배 신장했다. 이러한 엄청난 신장은 중국 시장 진입에 대한 상당한 제한조건을 이겨낸 결과이다. 중국이 WTO 가입 조건에 동의함으로써 미국이 과거에 중국 IT 시장에서 이룩했던 이익은 급격히 증가할 가능성이 높아졌다. 1999년 IT 기술에 대한 중국의 관세는 평균 13%였다. 즉, 중국 제조업체를 강력하게 보호하기 위해 1,500달러의 컴퓨터에 대해서 200달러 정도의 관세를 부과한 것이다. 중국이 WTO에 가입하면 2003년까지 관세의 2/3를 낮추고 그 나머지도 2005년에 완전히 사라지게 된다. WTO 가입과 동시에 IT 제품에 대한 중국의 쿼터제 역시 폐지된다.

2000년까지 수출 및 수입에 대한 권리, 도매, 소매, 수리, 창고업, 서비스를 포함한 유통 서비스 권리는 정부의 승인을 받은 소수의 기업만이 가질 수 있었다. 그러나 WTO 가입 이후에는 외국 기업도 첨단기술 제품을 중국 전지역에 수입할 수 있을 뿐만 아니라 가입 후 3년 내로 유통 서비스를 설립, 소유 및 운용할 수 있다. 미국 정부는 "이번 협정으로 우리 기업은 중국 파트너를 통해 제품을 팔기 위해 중국에 어쩔 수 없이 공장을 세우지 않고 미국에서 직접 중국으로 제품을 수출할 수 있게 되었을 뿐만 아니라 중국에 유통망도 가지게 되었다"(백악관)라고 논평했다. WTO 가입 이후 외국 IT 기업들은 특정 시장에 맞게 제품을 주문 제작하여 고객에게 직접 제품을 유통할 수 있을 뿐만 아니라 직접 애프터 서비스를 해주는 등 고객 지원까지 하게 된다.

2000년까지 정보통신 부문의 외국인 투자는 엄격하게 금지되어 왔다. 그러나 중국의 WTO 가입으로 정보통신 서비스 전부문에서 외국인 투자가 가능해졌다. 부가 서비스(예를 들어 전자메일, 음성메일, 인터넷, 온라인 정보 및 데이터베이스 검색, 그리고 더욱 향상된 부가가치 팩시밀리 서비스를 포함)의 경우 중국은 가입과 동시에 외국인 참여를 30%까지 허용하고, 1년 뒤에는 49%, 2년 뒤에는 50%까지 허용하기로 했다. 외국 서비스 공급자들은 가입과 동시에 베이징, 광저우, 상하이의 주요 시장에 서비스를 제공할 수 있으며, 1년 뒤에는 14개의 대도시, 그리고 2년 후에는 전역에 서비스를 제공할 수 있다. 중국과 미국의 협정에 따라 휴대전화 음성 서비스와 데이터 서비스(아날로그/디지털 휴대전화 및 개인 통신 서비스 포함)의 경우 중국은 가입 1년 후에 외국인 자기 자본을 25%, 그리고 5년 뒤에는 49%까지 허용하기로 했다. 또한 가입과 동시에 외국 공급자들은 3년 후에 주요 도시로 확장하고, 5년 후에는 전역에 서비스를 제공하는 등 베이징, 광저우, 상하이의 주요 도시에서 서비스를 제공하게 된다. 2000년 5월 중국은 EU와의 협정으로 많은 것을 양보했다. 중국은 다국적 이동통신 기업들이 합작투자에서 가입과 동시에 25%의 지분을, 1년 뒤에는 35%, 그리고 2년 뒤에는 49%의 지분을 갖는 데 동의했다. 이것은 미국과 중국의 협정보다 좋은 조건으로 휴대전화 부문의 '유럽 핵심기업'에게는 상당히 중요하다. 국내 및 국제 서비스 부문(예를 들어 음성, 팩시밀리, 기업 간 전자메일, 음성 및 데이터 서비스)의 경우 외국 서비스 공급자들은 가입하고 3년 후에 25%의 자기 지분을, 5년 후에는 35%, 그리고 6년 후에는 49%의 지분을 보유할 수 있게 되었다. 외국 서비스 공급업체는 3

년 후에 베이징, 광저우, 상하이에, 5년 후에 주요 도시에, 그리고 6년 후에는 중국 전역에 서비스를 제공할 수 있게 되었다.

WTO 가입과 동시에 중국은 통신 규제에 대한 WTO 규칙을 채택하게 된다. 중국은 'WTO 정보통신 협정(Basic Telecommunications Agreement)에 구체적으로 나와 있는 경쟁촉진 규제 원칙, 즉 무차별 조건, 비용지향적 가격, 독립적인 규제 당국하에서 현재 공급자들이 공공 통신망에 진입하는 권리(상호접속 권리)'를 실행하는 데 동의했다(백악관). 이것은 곧 외국 통신 기업들이 "중국 통신 공급업체들의 기존 인프라에 대해 서비스제공을 모색하는 경우 차별 받지 않을 수 있다"는 것이다. 중국은 또한 어떤 기본 서비스든 모든 기술 수단(예를 들어 케이블, 무선, 위성)을 통해서 제공할 수 있다는, 기술 중립 계획을 실행하기로 했다.

또한 중국은 '미국의 고용과 기술에 피해가 되는 관례를 철폐하는 데' 동의했다. 중국에 수출하거나 투자하는 외국 IT 기업들은 이제 더 이상 중국에 기술을 이전할 필요가 없다. "그 결과 미국의 경쟁력과 연구·개발 결과를 더욱 효과적으로 보호할 수 있다"(백악관). 상쇄, 기술요건 또는 경쟁관계에 있는 국내 생산업체가 있어야 한다는 조건을 포함해 모든 종류의 능력 기준은 더 이상 중국의 IT 수입의 조건이 되지 않을 것이다. "이제 미국 기업들은 제품을 팔기 위해 중국에 공장을 설립하지 않고 더 쉬운 방법으로 미국에서 중국으로 수출할 수 있게 된다."

중국의 국유 전자 회사들은 '상업적인 조건에 따라서만' 구매하거나 판매해야 하며 "미국 기업들에게 무차별 조건에 따라 경쟁할 수 있는 기회를 제공한다"(백악관).

요약하면, 중국은 WTO 협상에서 동의한 조건 때문에 IT부문에서 당초의 산업정책을 제대로 펴나갈 수 없게 되었다. 가입과 동시에 중국이 서명한 조건들이 실행된다면 국내 IT산업을 지원하는 중국 정부의 범위는 몰라보게 위축될 것이다. 협정은 수년 내로 IT산업 부문에서 국내 기업들을 보호하고 지원하는 능력이 현격하게 떨어진다는 것을 의미한다. 나아가 '불법' 경제활동을 했다 하더라도 중국-중국-외국 협약하에 대규모로 행했던 것처럼 향후에 소급적용되어 허가될 것이라는 기대감으로 다국적 거대 기업들이 규제를 벗어나는 경제활동을 할 가능성이 높다.

금융 서비스

1999년 11월 중국의 WTO 가입에 관한 중국과 미국의 협정에 따라 중국은 금융기관 운영 환경을 대대적으로 개방하는 데 동의했다. 그 결과 글로벌 경쟁의 장이 금융 서비스산업의 코앞에 닥쳤다.

현재 외국 은행들은 중국에서 위안화 여수신 업무를 하지 못하도록 되어 있으며 오직 소수의 은행만이 외국인 고객을 상대로 위안화 여수신 업무를 할 수 있다. 중국은 또한 외국 은행 설립에 지리적 제한을 엄격하게 적용해 왔다. 중국은 외국 은행들이 5년 내에 어디에서든 영업할 수 있도록 하는 데 동의했으며 외국 은행들이 WTO 가입 2년 내에 중국 기업 대상 업무를, 그리고 5년 내에 중국인 대상 업무를 하도록 하는 데 동의했다. 그리고 모든 지리적, 고객 제한도 5년 내에 철폐하기로 했다.

2000년 현재 오직 4개의 외국 보험사만이 중국에서 영업을 할 수 있다. 이들 기업은 정부가 승인한 파트너와 합작회사를 세울 것을 요구받았으며, 영업에서도 많은 제한을 받았다. 중국과 미국의 WTO 협정에 따라 경제적인 수요 테스트나 발행되는 면허증 숫자에 제한없이 중국이 '재량권'을 가지고 면허를 허가하기로 했다. 또한 3년 내에 점진적으로 지리적 제한을 철폐하는 한편 이 같은 제한 철폐에 따라 지점을 허용하는 데 동의했다. 뿐만 아니라 보험사들이 그룹 보험, 건강보험, 연금보험을 비롯한 다양한 보험 사업을 5년 안에 확대하는 것에도 동의했다. 외국 보험사는 가입과 동시에 비생명보험의 경우 외국기업의 지점과 국내 합작투자의 51%의 지분을 보유할 수있으며, 가입하고 2년 내에 100% 자기 지분의 자회사를 보유할 수 있게 되었다. 생명보험의 경우 합작투자는 가입과 동시에 50%의 지분을 파트너의 선택에 따라 보유할 수 있게 되었다.

기타 부문

농업
중국은 앞으로 4년 내에 미국 농산물에 대한 현행 31%의 관세를 14%로 낮추기로 했다. 미국 농산물에는 소고기(45%에서 12%로), 감귤류(40%에서 12%로), 사과(30%에서 10%로), 치즈(50%에서 12%로), 와인(65%에서 20%), 맥주(70%에서 0%로)가 포함된다. 곡물의 경우 중국은 옥수수, 밀, 쌀에 대한 수입쿼터를 260만 톤에서 2004년까지 2,200만 톤으로 늘리기로 하는 한편 수출 장려금은 전혀 보조하지 않기로 했다.

방송영상 소프트웨어
현행 규제조치에 따라 도서, 잡지, 영화, 음반 및 비디오 유통은 상당한 규제를 받고 있다. 일례로 외국 기업은 음반사업에는 일체 참여할 수 없다. 그러나 미국과의 협정에 따라 중국은 외국인이 비디오나 음반 유통에서 49%의 지분을 갖는 데 동의했다. 중국은 또한 3년 내에 극장 건립, 소유, 운영에 대해 소유권의 상당 부분을 허용하기로 했으며 가입과 동시에 수익 분배에 따라 매년 20편의 영화를 수입하기로 했다.

관광 및 여행

현재 이 부분에서 외국 기업의 활동은 상당히 규제 받고 있다. 그러나 중국은 외국 호텔 경영에 대해서는 중국 시장에 무제한으로 진출하는 것을 허용하기로 했다. 따라서 가입과 동시에 상당한 지분을 소유할 수 있으며, 3년 내에 100%로 확대할 수 있다.

소매 서비스

미국과 중국 간 협정에 따라 소매 부문은 외국인에게 대폭 개방된다. 가입 3년 후, 다국적기업의 지분 소유에 대한 제한이 사라지며, 어느 지역에서나 사업을 할 수 있게 된다. 그러나 협정에 따라 다국적기업이 20,000㎡ 이상의 거대한 매장이나 30개 이상의 매장을 경영하는 경우에는 최대 지분을 갖지 못하도록 제한을 두고 있다. EU와 중국 간의 협의에 따라 중국은 "세계에서 가장 인구가 많은 국가의 백화점과 체인 스토어 부문에서 유례 없는 기회를 맞이했음을 보여주는"(파이낸셜 타임즈), 중국 전역에 100% 자기 지분 소매체인 설립 허용과 부지면적 제한과 다국적 소매체인에 대한 지분 제한의 철폐에 동의했다.

협정 실행

중국은 WTO의 모든 규칙을 철저하게 준수하게 될 것이다. "WTO 가입과 동시에 중국은 모든 부문에서 시장을 개방하게 된다. 3년 내에 엄청난 개방이 이루어지며 나머지는 5년 내에 완전히 개방된다"(바르셰프스키). 협정을 강력하게 지지하는 미국의 경제학자인 하버드 대학의 리처드 쿠퍼(Richard Cooper) 교수조차도 협정의 실행 속도가 너무 빨라 자신도 '상당히 불편할 정도'라고 경고했다.

선진국과 선진국에 기반을 둔 기업들은 중국이 서명한 협정을 매우 강력하게 시행할 것이다. 2000년 5월 미국은 WTO 규정을 위반한 5개국에 대해서 WTO에 일련의 강제조치를 취하도록 요구했다. 규정 위반내용은 브라질의 섬유와 특허권 위반, 루마니아의 의류, 가금, 증류주류, 인도의 자동차산업에 대한 요건, 필리핀의 오토바이, 자동차, 상용 자동차에 대한 현지부품 사용 의무, 아르헨티나의 특허권 위반 등이다.

미국은 중국의 WTO 가입 합의에 대해서 대통령이 '중국이 협정을 제대로 이행하는지 확인하고 시행하도록' 하기 위해 국가 예산에 특별한 재원을 요구할 정도로 심각하고 신중하게 대처했다(바르세프스키). 2000년 4월 행정부가 국회에 2,200만 달러를 상무부, 농무부, 재무부, 그리고 미국 무역대표부에 지원해줄 것을 요청했다는 보도가 있었다. 이 금액은 중국이 무역을 준수하는 데 적합한 자원의 세 배에 달하는 것으로 미국이 WTO 협정 시행을 주도하겠다는 강력한 의지를 확실하게 보여준 셈이다.

중국이 WTO에 가입한다는 사실은 중국이 서명한 협정을 준수하는 문제에 대해 각 개별 국가들이 중국과 논쟁하지 않고도 상당한 국제적 압력이 행사할 수 있다는 것을 의미한다. 'WTO 회원국으로서 [미국]은 134개 회원국과 공조할 것이다. 많은 회원국은 미국이 제기한 동일한 문제에 관심을 가질 것이며, 모든 국가들은 중국이 협정을 이행하도록 강요할 수 있는 법적 권리를 가지고 있다"(바르세프스키). 협정이 "모든 부문에 대해 특정한 실천 방안, 스케줄, 확고한 종료기일 등"을 매우 상세하게 규정하고 있다는 사실은 협정의 강요 가능성이 매우 높다는 것을 말해준다. 따라서 미국은 "중국의 준수여부에 대한 증거를 면밀하게 확인할 수 있다."(바르세프스키)

협정에 담겨져 있는 경제 외의 목표

중국측

정부 주도로 산업정책을 진행하다보면 비경제적인 자원 할당에서 비롯되는 경제 지대로 인해 부패의 가능성이 높아진다. 18세기 말 아담 스미스는 《국부론》에서 영국 정부가 수입관리와 수출보조에 지나치게 개입함으로써 부패가 발생했다는 사실을 날카롭게 비판했다. 현대에도 이러한 정부 개입과 관련된 지대추구(rent-seeking)에 대해 많은 저작물들이 있다.

중국에 퍼져있는 '꽌시(關係)' 시스템은 경제에 대한 정부의 개입이라는 거대한 거미줄과 밀접하게 관련되어 있다. 이러한 시스템은 인도에서 인허가 지배(licence Raj)가 천천히 완화된 것처럼 정부가 산업정책을 지원하기 위해 광범위하게 개입하는 많은 개발도상국에서 발견되는 현상들과 상당히 비슷하다. 정부가 경제에 직접 개입하는 중국의 시스템하에서 부패의 정도는 측정이 불가능할 정도로 심각한 상태이다. 정부의 경제 개입에 대한 광범위한 채널과 1당 지배는 부패가 번성할 수 있는 환경을 조성한다. 많은 논평자들은 1990년대 부패가 늘어났다고 이구동성으로 말한다. 점진적으로 개혁이 진행되고 있는 경제 상황에서 공무원들이 부정한 방법으로 이익을 취할 수 있는 채널은 헤아릴 수 없을 만큼 많다.

국유기업은 대량으로 물품을 구매하기 때문에 계약을 특정방향으로 조정하기 위해 뇌물을 행사할 가능성이 지천으로 깔려 있다. 국유 은행 및 국제신탁투자공사(International Trust Investment Company) 등의 기타 금융기관을 통해 금융 자원을 대규모로 할당하기 때문에 그에 따른 부패 가능성도 상당히 높다. 1998년에서 1999년까지 하나의 국제신탁투자공사가 파산하고, 홍콩 증시에 상장된 주요 '우량주(Red Chip)' 기업이 준파산 상태에 이르자

국제적인 감사가 면밀히 진행되었는데, 결국 대규모의 공금 횡령이 밝혀졌다. 주주들이 경영 상태를 제대로 파악하지 못하는 국유기업의 경우, 실제로 확인할 수 없는 연속적인 투자를 통해 '아들', '손자', '증손자' 회사로 꼬리에 꼬리를 물면서 거대한 복합 투자회사로 발전했다. 지방의 보호주의도 공무원의 부패를 부추기는 데 한몫 했다. 중국 기업들은 특정 지역에 투자를 할 경우 엄청나게 많은 공식, 비공식 허가를 받아야 한다. 지방마다 '비관세 장벽'이 포진해 있었고, 이로 인해 공무원의 뇌물수수 가능성이 매우 높았다.

외환 관리 역시 문제의 소지가 되었다. 정부가 가격 조절을 비롯한 유통 시스템에 지속적으로 개입함으로써 배분권에 접근할 수 있는 특권을 가진 공무원들이 이익을 취할 수 있는 가능성이 상당히 많았고 국제무역에 대한 정부의 지나친 개입으로 밀수의 가능성 역시 높았다. 자동차나 담배와 같이 보호의 강도가 높은 밀수품들은 엄청난 수익을 창출했는데 힘있는 기관의 수많은 공무원들, 특히 군부가 밀수에 상당히 개입된 것으로 밝혀졌다. 국가가 승인한 소수의 기업만 무역을 할 수 있도록 허용한 것이 이 같은 권리를 악용하여 개인적으로 수익을 실현하려는 욕망을 부추겼던 것이다.

1990년대 외국 기업을 담당하는 공무원이 이용할 수 있는 부패 채널로는 상품 수입에 따른 비용, 기업 설립이나 합작투자에 따른 비용, 외국 기업이 공식적으로 배제된 유통 채널에 진입하는 비용, 행정 처리를 신속하게 처리하는 데 필요한 비용을 들 수 있다. 거래가 크면 클수록 연루되는 공무원의 직급도 그만큼 높았다.

다른 개발도상국과 마찬가지로 중국의 심각한 문제는 감독 및 법적 시스템의 기술력과 윤리 수준이 상대적으로 더디게 발전한다는 것이다. 경찰의 부패는 일반 대중이 분노하는 주요한 진원지이다. 정식으로 부패척결 권한을 위임받은 경찰들이 오히려 부패를 저지르는 경우도 종종 있었다. 1998년 전국에 걸친 대대적인 부패척결운동으로 756명의 검찰청 관계자들이 부정부패 행위로 처벌을 받았다.

사회 '지도층'과 관련된 엄청난 부패에 대한 일반 대중의 분노는 상당했으며 점점 거세졌다. 현재 중국에서 자행되고 있는 부패 상황에 대해 한 분석가는 "오늘날 중국의 부패는 대단히 위험스런 수준에 도달했으며, 여기에는 공무원, 법률 전문가, 사업가, 심지어 정부기관과 은행 같은 국가 기관도 연루되어 있다. 이 같은 구조적인 부패는 국가 조직의 보전과 신뢰성을 훼손해 왔으며, 제재하지 않을 경우 심각하고 파괴적인 정치적 반발을 불러일으킬 수 있다"고 했다.

중국의 지도자들은 중국 사회에 내재된 대규모 부패 조직의 점진적인 위험성에 대해서 계속해서 경고했다. 1999년에서 2000년까지 벌어진 대대적인 부패척결운동은 공공 처벌로 이어졌다. 2000년 3월 장시(江西) 성의 부서장이 부패죄로 처형되었다. 몇 달 후에 전국인민대표대회 상임부위원장 19명 가운데 한 사람인 청커지에(成克杰)가 부패와 관련해 사형 언도를 받았다. 그는 수백만 달러의 리베이트를 받고 개발계획을 승인해준 혐의로 기소되었다. 한 분석가는 최근의 사형 언도에 대해 "문제는 사람들을 처벌해서 해결되지 않는다. 시스템이 부패를 낳기 때문이다"라고 말했다. 많은 중국인은 부패를 척결하려면 경제 시스템을 근본적으로 개혁해야 한다고 입을 모아 말한다. 그들은 WTO 규정을 적용하게 되면 공무원들이 이익을 얻을 수 있는 국내·외적인 정부 개입이 감소해 부패가 상당히 줄어들 것이라고 보고 있다.

미국측

미국 협상단은 경제적 목표 외에도 분명한 목표를 가지고 있었다. 미국이 협상에서 사용한 언어와 협상의 목표는 1980년대 말과 1990년대 초 구소련에 대한 미국 정부의 정책 목표 논의를 떠올리게 한다. 여기서 가장 중요한 것은 중국 내에서의 논쟁을 흑백논리로 구분한다는 사실이다. 미국 대표부는 중국에는 '좋은' 개혁주의자와 '나쁜' '강경파', 두 그룹밖에 없다고 알고 있다. 그래서 미국 정책은 '좋은' 사람을 지원하고 '나쁜' 사람을 전복시키는 방법을 찾는 것을 목표로 삼고 있다. "이 같은 협정은 중국의 정치 개혁자들에게는 대단한 승리가 아닐 수 없다. …… 이번 일로 중국 국민들은 더 쉽게 정보에 접속할 수 있게 된 반면, 중국 국민들을 외부의 영향과 사고로부터 고립시키려던 강경파의 능력은 약화될 것이다"(바르세프스키). 중국에는 세계 경제와의 통합을 매우 의심스럽게 생각하는, 극단적인 '강경파'인 '신좌파'가 있다. 또한 그들과 완전히 대척되는 자리에 빠르게 진행되는 자유화와 세계 경제 시스템에 더욱 '밀접하게' 통합되는 것을 반기는 극단적인 자유 시장주의자들이 중요한 그룹을 형성하고 있다. 그리고 이들 양극단주의자들 사이에 다양한 견해들이 존재한다. 여기에는 시장경제와 세계 경제 시스템에 더욱 밀접하게 통합되는 것을 지지하면서도 조심스럽게 발전되어야 한다고 믿는 많은 사람들이 포함된다. 그들은 세계적인 과점의 엄청난 힘으로 중국의 '핵심기업'을 취약하게 할 수 있는, 지나치게 빠르게 세계 경제에 통합됨으로써 발생할 잠재적인 불안정 결과를 대단히 걱정하고 있다.

미국 정책결정자들은 WTO 협정과 중국의 정치 시스템의 변화를 연계시키고자 상당히 노력했다. 미국 정부는 동의한 조건을 고려할 때 중국의 WTO 가입이 '경제와 무역 이상의 잠재성'을 가지고 있다고 본다(바르세프스키). WTO 가입은 '중국의 법률을 향상시키는 수단'인 동시에 '국제적인 기준을 스스로 받아들인 선례'라는 것이다. "그것이 바로 수많은 홍콩인과 중국인 활동가들이 민주주의와 인권을 위해 싸운 이유이다. 홍콩 민주당 당

수 마틴 리와 12년 동안 함께 수형 생활을 했던 반체제 인사는 WTO 가입을 지난 20년 간 개혁을 향한 노력 중 가장 중요한 발걸음으로 보고 있다"(바르세프스키). WTO에 대한 미국 정부의 지원은 "인권과 자유, 새로운 기회, 그리고 미국인을 위한 장기간의 공명정대를 위한 노력에 달려 있다"(바르세프스키).

미국 정부는 노골적으로 중국 국유 대기업의 몰락을 중국의 정치 시스템 변화와 연결시킨다. "시장개방은 중국의 어려운 국유 산업, 즉 정치적 보수주의와 사회주의 경제의 보루에 엄청난 경쟁 압력을 가하고 있다. 한편 WTO 협정은 중국의 기업 영역을 해체해 확대된 경제적, 정치적 자유를 지원하게 된다"(백악관).

IT산업을 급속하게 자유화시키기 위한 미국(그리고 EU) 협상단의 결정은 경제적인 면뿐만 아니라 공산당을 전복시켜 중국에서도 레이건하의 미국 정책이 구소련에서 이룩한 것과 동일한 정치적 결과를 성취하려는, 정치적인 면까지도 고려해서 나온 것이다. WTO 가입 이후에 중국의 IT산업 운영 조건의 영향을 평가하는 매우 중요한 요소는 미국과 유럽 정부의 이념적 목표와 결과이다. 중국과 미국 간 WTO 협정에는 경제적 이익 외에 명백한 이념적 목표가 있다. 주요 목표는 중국 공산당 지배를 무너뜨리면서 정치적 변화를 가속시키는 것이다. "중국의 IT 시장을 개방하면······ 중국인들 사이에, 그리고 중국과 외부 세계와의 정보 흐름이 검열이나 모니터링 방법으로는 완전히 통제할 수 없을 정도로 엄청나게 증가할 것이다. 이렇게 되면 중국에서 바람직한 변화가 촉진될 수밖에 없다"(백악관).

3.4 전망(i) : '낙관적' 견해

구조변화

중국 지도층은 구조조정하려는 중국 대기업을 긍정적으로 평가해왔고, 이에 따라 WTO 가맹국 내의 세계적인 선도기업들과 경쟁할 수 있을 것으로 생각해왔다. 1999년 5월 주룽지 중국 총리는 "중국이 WTO에 가입하여 세계라는 공동체에 통합되고자 한다면 공정한 경기 규칙에 따라서 플레이해야 한다. 중국은 양보하지 않고 그렇게 할 수 없다.……지난 20년 간의 개혁, 개방 성과에 힘입어 중국 기업들은 어떤 충격도 이겨낼 수 있다"라고 했다. 중국의 대기업은 신속하게 세계적인 경쟁력을 갖출 수 있을 것이라고 강조하는 외국 전문가들도 있다. 이를테면 2000년 베이징에서 열린 국제기업인·정책결정자회의에서 미국의 기업대표는 국제 경쟁하에서 "중국의 대기업은 미국이 1980년대와 1990년대 초 일본의 강력한 경쟁력에도 불구하고 급속하

게 경쟁력을 개선했듯이 국제 경쟁력을 급속히 개선할 수 있다'라는 의견을
제시했다.

그러나 중국 외부의 견해는 중국이 동의한 WTO 가입 조건이 중국 대기업
에 상당히 어려운 문제를 야기할 것이라는 점에서 일치하고 있다. 싱가포르
의 전 수상 리콴유는 중국의 WTO 가입으로 '낡은 산업 플랜트들이 창조적으
로 파괴될' 것이라고 생각하고 있다. 중국 이외의 전문가들과 중국의 전문가
도 이 같은 의견에 동조하고 있다. 그들은 WTO에 가입함으로써 중국의 '가
치를 파괴하는' 대기업이 붕괴되어 자본이 결국 중소기업으로 투입될 것이
라고 본다. 이 과정에 따라 "중국은 21세기에 상품, 서비스, 자본, 능력, 아이디
어를 세계적으로 교환하는 데 중요한 국가로 손꼽히게 될 것이다"(리콴유).

중국 이외의 많은 전문가와 미국 대통령을 비롯한 정책결정자들, 그리고
중국의 많은 전문가들은 중국이 WTO에 가입하여 생길 정치적 혼란의 가능
성을 노골적으로 반기고 있다. 그들은 그 결과로 초래된 정치적 소요를 이용
해 '제대로 방향이 잡힌 정치 변화'를 촉진시키면서 중국 공산당이 전복되
기를 희망한다. 또한 시스템 붕괴를 통해서만이 대규모 사유화를 비롯한 완
벽한 시스템 개혁을 위한 '백지'가 마련될 수 있다고 생각한다. 이 같은 접근
방식은 1980년대 말과 1990년대 초 구소련의 개혁 관련 논의와 상당히 일치
한다. 이와 같은 어조는 제안된 시스템 변화를 통해 많은 국민에게 큰 이익을
약속하는 점에서 대중주의와 비슷하다.

1980년대 말과 1990년대 초에 전문가들은 구소련과 동구의 '이행의 고통'
을 앞당기는 것이 바람직하다고 입을 모아 말했다. 야노스 코르나이(Janos
Kornai, 사회주의 체제전환 연구 권위자)는 "유일한 치료방법이 다리를 잘라
야 하는 것이라면 장시간의 수술과 매주 또는 매월 살을 조금씩 잘라내도록
스케줄을 잡는 것보다는 마취를 시켜놓고 단 한번에 수술하는 것이 훨씬 인

간적이다"라고 주장했다. 또한 "낡고 효율성이 떨어지는 산업을 없애버리기 위해 폴란드 정부는 확실히 수술이 필요하다"(Stanlislav Gomulka)고 말하는 연구자도 있다. 국제적 경쟁으로 인한 파괴 효과를 인정하는 똑같은 주장들이 2000년에 벌어진 중국에 관한 논쟁을 지배하고 있는 것이다. "오랜 기간에 걸쳐 고통을 질질 끌게 하기보다는 단기간에 이겨내는 것이 좋다"(로렌스 로, 스탠포드대).

중국의 WTO 가입의 영향을 둘러싼 격렬한 논의는 새롭게 등장한 IT가 경제에 미치는 영향을 중심으로 진행되었다. 2000년 WTO 가입의 영향을 평가하기 위해 중국에서 고위급 미팅이 벌어졌는데, 중국 이외 참가자들은 새로 등장한 IT가 중국에 급속하게 침투함으로써 긍정적인 영향을 줄 것이라는 상당히 낙관적인 견해를 보였다. 다수의 참가자들은 IT 혁명으로 경제 생활이 민주화되고 중소기업도 세계적으로 많은 기회를 얻는 결과를 낳는다고 주장했다. 확실한 것은 중국인들이 중국의 WTO 가입 후 급속하게 확장될 인터넷을 통해 윤택한 생활을 할 수 있다는 것이다. 미국은 IT 기술에서 수익을 실현하고, 수많은 중국인들도 이익을 보게 되는 더할 나위 없는 결과가 되는 것이다.

세계경제포럼(World Economic Forum) 클라우스 슈왑(Klaus Schwab) 회장은 "우리는 정보 혁명의 민주화[효과]를 목도하고 있다"고 했다. '과거에는 강력한 대기업만이 가지고 있던 능력'을 이제는 '지위고하를 막론하고 개인과 중소기업도 갖출' 수 있게 되었다는 것이다. 이 같은 기술과 서비스는 "세계 각처의 사람들에게 보상을 톡톡히 받을 수 있는 새로운 고용 기회를 창출할 수 있다." 그리고 전세계는 "시간이 지나면서 새로운 정보와 커뮤니케이션 기술이 고용의 전체 수준과 질을 향상시키고 있음을 보여주고 있다"고 슈왑은 주장했다. 로렌스 로는 IT 혁명으로 "기존의 제품과 서비스에 대한 수요는 새로운 진입자들이 공급하는 방향으로 바뀔 것이다"라고 주장했다. 그는 IT 혁명은 '신설 기업들이 기존 기업들로부터 비즈니스를 뺏어가는' 식으로 광범위한 '창조적인 파괴'를 야기할 것이라고 생각한다. 중국과 같은 개발도상국의 경우는 '파괴 없이 창조'만 있다는 것이다. "개발도상국은 비약적으로 발전할 수 있는 능력이 있다. 보호해야 할 기존의 이익이 없다. 잡혀 먹을 기존의 비즈니스도 없다. 그러므로 파괴 없이 창조가 일어날 수 있다"(로렌스로).

이러한 시각에서 본다면, 중국에는 다른 개발도상국에 비해 문맹률이 상당히 낮은 거대한 노동력이 있기 때문에 '세계의 하청업자'가 될 수 있다. 중국의 중소기업은 거의 모든 부문에서 세계적인 선도 시스템 통합 사업자의 하청업체가 될 수 있는 무한한 기회를 가지고 있다. 현재까지 중국은 의류, 플라스틱, 여행가방, 스포츠 상품, 전자 조립 제품, 가구 등의 '구경제'에서 급신장했다. 그러나 중국의 중소기업은 부품, 항공기 서브 시스템, 중전기(Heavy Electrical Equipment), IT 하드웨어, 자동차 부품 기업, 세계적인 제약회사의 생명공학 연구 및 제약 실험실, 소프트웨어 기업의 소프트웨어 서비스, 현지 음악(local music), TV 프로그램, 세계적인 미디어 기업의 광고 및 영화를 포함한 광범위한 '신기술 산업'에서 세계적인 시스템 통합 사업자의 하청업체가 될 수 있는 기회를 얻게 된 것이다.

이러한 과정이 전개됨에 따라 중국의 엄청나게 많은 중소기업들은 꾸준히 확장되는 세계적 대기업의 '외곽 조직'으로 성장할 수 있다. 시간이 흐르면 많은 중국인들이 세계적인 시스템 통합 기업에서 관리자, 과학자, 엔지니어, 고위관리로 근무할 수 있다. 중국의 금융기관들은 중국인들의 수입과 연금기금이 많아짐에 따라 '서구' 기업들에 대한 소유권을 점진적으로 늘려갈 수 있다. 장기적으로 보았을 때, 중국의 엄청난 인구, 뛰어날 뿐만 아니라 계속

발전하고 있는 인력 자원, 중국에서 생산되는 세계적인 제품의 증가는 점진적으로 세계 경제 시스템의 '중국화'를 야기할 수도 있다. 중국이 점진적으로 세계 경제의 핵심에 자리잡게 됨에 따라 중국 기업과 종사자는 '내부', 즉 세계적인 기업 내에서, 그리고 세계적인 기업이 공조하는 '외곽 조직' 내에서 전세계 자본주의를 변화시킬 수도 있다. 머지않아 중국은 1천년 동안이나 차지했던 세계 비즈니스 시스템의 핵심으로 복귀할 수 있을 것이다.

그러나 합의된 조건에 따라 WTO 규정을 적용하는 데 수반되는 어려움은 인기에 영합하는 대중주의자가 시장을 기조로 전망하는 '낙관적' 견해보다 훨씬 심할 가능성이 높다. 나아가 잠재적으로 부정적인 영향을 끼치면서 사회정치적 동요를 일으킬 수도 있다.

무역 및 외국인 투자

대부분의 분석가는 중국의 WTO 가입 영향으로 무역의 증진을 강조해왔다. WTO 협정 이전에도 중국은 미국과 EU 시장에 비교적 자유롭게 진입할 수 있었다. WTO 가입과 조건 합의가 미국과 EU 시장에 진입하는 유일한 방법인지는 분명하지 않다. 시장 접근에 관한 기존 조건에 따르더라도 중국은 실제로 다른 개발도상국보다 급속하게 수출을 증가시킬 수 있다. 중국의 수출액은 1980년 240억 달러에서 1997년 2,070억 달러로 증가했으며, 세계 수출 점유율도 1980년 1.03%에서 1997년 3.01%로 증가했다. 중국의 평균 수출 성장률은 1980년부터 1990년까지 매년 11.5%씩 성장해 저소득국가(인도와 중국을 제외한)의 2.7%와 비교되며, 1990년부터 1998년까지의 수출 성장률은 14.9%로 저소득국가(인도와 중국을 제외한)의 7.0%와 비교된다. 기존 무역 규정에 따라 중국은 세계 총수출 가운데 여행가방과 핸드백 부문에서는 세계의 1/3

을, 장난감은 1/4, 그리고 의류는 1/8을 차지하고 있다. 이처럼 이윤이 적은 소비재 부문에서는 중국이 '난공불락'의 위치를 점하고 있다.

수출의 급신장에도 불구하고 중국 수출 성장의 출발점은 보잘것없었다. 따라서 1997년 중국의 수출액은 네덜란드보다도 적고, 세계 8대 부유한 국가들에 비해 한참 뒤진 수준이다. 1997년 중국의 수출은 미국의 1/5에 불과하다. 선진국에 대한 중국의 수출을 대대적으로 규제할 가능성은 상당히 낮다.

요약하면 WTO 가입으로 인해 중국은 대규모의 경상수지 흑자를 얻기보다는, 특히 미국과의 경상수지 흑자가 감소하면서 수입이 대폭 많아지게 될 것이다. WTO 협정에서 미국은 중국에 시장개방을 전혀 양보하지 않았고 중국에 대한 시장 접근만 더욱 증가시켰을 뿐이다. 미국은 협정을 통해 중국 시장 개방과 관련해 상당한 수혜를 누리게 된다. 중국은 미국의 다섯 번째 무역 파트너로서 교역량이 급속히 증가하고 있다. 세계은행은 향후 10년간 중국은 발전부문, 수송장비, 항공기, 환경관리, 통신 네트워크를 비롯한 인프라 구축에 7,500억 달러가 필요할 것이라고 전망했다. 그러면 미국은 중국에 상기한 제품과 서비스를 대량으로 팔아 중국 시장개방의 최고 수혜국의 위치를 점하게 된다. 미국은 산업 제품 외에 농산물에 대해서도 중국 시장개방으로 최대 수혜국이 될 것이다.

미농업국(The American Farm Bureau)은 중국을 '21세기에 미국 농업의 가장 중요한 성장 시장'으로 보아왔다. 중국은 미국의 여섯 번째로 큰 농산물 수출 시장이며 미국의 밀, 곡물, 소고기, 닭고기, 돼지고기, 양털, 콩의 주요한 수입국가이다. 2030년까지 중국의 연간 밀 수입량은 요즈음의 세계 곡물 수출량의 절반인 9,000만 톤에 이를 것으로 전망된다. 미농무부(USDA)는 21세기에 아시아가 미국 농산물 수출 성장의 75%를, 그 중에서도 중국이 50%를 차지할 것으로 내다보고 있다

(미중 무역위원회 US-China Trade Council).

WTO 협정 협상에서 미국은 수출의 빠른 신장을 통해 중국과의 무역적자 폭을 줄이는 데 주안점을 두었다.

WTO 가입은 미국 기업들에게 기회를 제공하는 한편 유리한 방식으로 적자를 없앨 수 있는 중국시장에 유례없는 개발을 가져왔다. 쌍무간 교역에서 어떤 일이 벌어지건 중국의 WTO 시장개방은 미국의 전반적인 무역 수지에 도움이 될 수 있다. 미국은 중국 시장에 파격적인 접근권을 요구했다. 우리는 어떤 것도 양보하지 않았다. 미국 시장은 이미 개방되어 있기 때문이다. 중국의 장벽을 없앤 것만으로도 첨단기술, 자본재, 서비스, 농산물 등 선도적인 미국 수출품의 시장을 열게 될 것이다.

미의회 리서치서비스(Congressional Research Service)는 WTO 협정으로 2005년까지 미국의 중국에 대한 수출액이 매년 130억 달러에서 140억 달러 정도 될 것으로 내다보고 있다.

중국의 WTO 가입에 따라 다국적기업들의 투자가 가능한 안전한 국제법 기본 구조를 확실하게 함으로써 외국인 직접투자는 더욱 증가할 것이다. 유통에 대한 엄격한 통제가 완화되면서 중국에서 기업활동에 대한 촉진 효과도 가져올 것이다. 남아시아 국가들은 자기 국가에 하던 투자를 중국으로 전환하여 중국의 외국인 직접투자가 급증할 것인지에 대해 촉각을 세우고 있다. 그러나 장기적인 결과는 복잡하기만 하다.

중국의 WTO 가입은 다국적기업들이 직면하고 있는 인센티브 구조에 상당한 영향을 미칠 수도 있다. 전술한 바와 같이 중국의 WTO 가입으로 다른 생산 기지에서 제품을 수입할 수 있게 됨에 따라 중국에 직접 생산 기지를 설립해야 한다는 다국적기업의 조건은 없어지게 된다. 협정으로 여러 부문에서 중국에 대한 투자가 심지어 감소할 수도 있다. 다시 말해 중국의 생산시설이 아니라 태국이나 대한민국처럼 가까운 나라의 생산 시설에서 중국으로 자동차를 수출하는 것과 같은 새로운 방법을 이용할 수도 있는 것이다. 다국적 기업들이 중국 내에서 생산하는 것보다는 가까이에 있는 생산 시설에서 수출하게 되는 인센티브는 중국의 정치적 안정 여부에 따라 증가될 것이다.

마케팅 채널의 자유화와 투자 요건 자유화로 합작회사 설립에 관련된 인센티브도 줄어들게 된다. 인도의 자유화 과정은 중국보다 더디게 진행되고 있다. 그러나 인도의 상당히 더딘 자유화조차도 다국적기업이 겪고 있는 인센티브 구조에 상당한 영향을 미쳤다. 최근 한 전문가는 "나는 앞으로 벌어질 일을 예견할 수 있다. 합작투자는 사라졌다. 합작투자는 이제 역사가 되었다"라고 말했다. 혼다가 인도 업체의 합작회사와 직접 경쟁하기 위해 스쿠터와 오토바이를 생산할 자회사를 설립한 것은 인도를 뒤흔든 획기적인 사건이었다. 유통 과정이 더 투명해지고 정부 개입이 감소하면서 현지 파트너를 갖는 가치가 떨어졌기 때문이다. 외국 기업들은 지역 기업의 인지도에 편승하기보다는 산업소유권과 브랜드 육성에 더욱 신경을 쓰고 있다. "10년간의 개혁 끝에 다국적기업은 마침내 인도에 세계화 목적에 부합하는 고부가가치 활동으로 더 많은 투자를 준비할 수 있게 되었다. 그러나 현지 투자자들은 많은 이익을 보지 못할 수도 있다"(파이낸셜 타임즈).

3.5 전망(ii) : 패배의 충격

대대적인 구조적 변화가 필요하다

중국이 WTO에 가입하는 동시에 선진국들은 합의한 규정을 지키라고 중국에 강력한 압력을 행사할 것이다. 미국은 이미 일본, 브라질, 인도, 멕시코를 비롯한 다른 국가들이 WTO 규정을 충실히 지키도록 힘쓰고 있으며, 강제로라도 중국이 규정을 충실히 지키도록 하겠다는 의지를 분명하게 보여주었다. 중국의 지도자들과 협상 대표는 동의한 규칙을 충실히 준수하겠다는 의지를 거듭 강조했다. 중국이 서명한 그대로 규정을 충실히 지킨다면 대규모 산업의 상당 부분이 강력한 경쟁에서 살아남기 어려울 것이다. 미국의 정책 결정자들은 이러한 사실을 알고 있으며, 또한 반긴다.

단기적으로 보았을 때 WTO 가입은 단기간의 고통스런 조정을 의미한다. 국제적으로 경쟁하려면 노쇠한 국유 기업을 대대적으로 혁신해야 한다. 이들 기업은 비용을 절감하고, 현대식 생산 방식을 채용하는 한편 과잉 인력을 정리하여 구조조정하지 않을 수 없다. 구조조정에 실패하거나 도산하는 기업도 나올 것이다. 이 같은 조정은 국유 기업과 보수주의자들이 WTO 협정을 반대하는 이유를 설명해준다. 경제개혁의 미래는 WTO에 편승하는 것일 수 있다.(미중 무역위원회)

선진국의 경우에는 생산성이 떨어지는 국유 기업의 생산성을 괄목할 정도로 향상시켜 '엄청난 주주 가치를 실현' 시켰다. 그러나 민영화를 한다고 해서 세계적인 선도기업들과 직접 경쟁할 수 있을 정도로 중국의 '핵심기업군'에 속한 기업의 경쟁력을 향상시키지는 못할 것이다. 중국이 열망하는 '핵심기업'은 유럽의 선도적인 국유기업들이 민영화할 때와는 다른 상황을 맞이하고 있기 때문이다. 심지어 국유기업이었음에도 폭스바겐, 렙솔, 텔레포니카, 르노, 프랑스 텔레콤, 엘프 아키테인, 아에로스파티알르, ENI, BP, 롤스로이스, 브리티시 에어로스페이스, 브리티시 스틸 등은 뛰어난 기술력과 다양한 제품군, 그리고 경영관리 능력을 보유하고 있어서 오늘날 경제 지도부와는 양상이 달랐다. 경영 방식을 급진적으로 변화시켜 급속하게 세계적인 선도기업으로 변모하는 이들 기업의 능력은 중국의 '핵심기업' 보다 훨씬 뛰어나다. 나아가 이들 기업이 세계적 기업으로 변모하는 초기에 마주쳐야 했던 어려움은 세계적인 비즈니스 혁명을 하고 있는 중국 기업들이 현재 마주치고 있는 어려움보다는 작았다. 중국의 국유 대기업들은 세계적인 선두 주자에 비해 민영화와 세계화 레이스에서 훨씬 뒤처진다. 예전의 유럽 국유기업들과 강력한 민간 기업들은 이미 산업별로 강력한 위치를 점하고 있다. 중국의 잠재적인, 세계적인 거대 기업은 기존의 세계적인 기업들이 이미 선점하고 있는 최고 자리를 놓고 이제 세계화 레이스에 진입하고 있다.

세계적인 기업의 근본적인 혁명은 중국 기업들의 기회의 본질뿐만 아니라 그들이 마주치고 있는 어려움을 몰라보게 변화시키고 있다. 항공에서부터 복합 엔지니어링, 제약, 정유 및 석유화학, 자동차, IT 하드웨어 및 소프트웨어, 통신 서비스, 가장 단순한 소비 상품에 이르기까지 모든 산업의 '글로벌 경쟁의 장'에서 선진국 기반의 세계적인 선도 '시스템 통합 사업자'와 직접 경쟁을 하는 것은 거의 불가능해졌다. 나아가 항공엔진, 항공 전자장치 시스템, 자동차 브레이크, 내연기관, 금속포장 용기, 플라스틱 병, 투자은행, 보험, 호텔, 광고회사 등 다양한 제품 및 서비스를 포함하고 있는 선도적인 제1차 공급업자와 부딪쳐 경쟁하는 것은 더욱 어렵다. '글로벌 경쟁의 장'에서 중국의 '지도급 인사들'이 관리하는 국유 대기업뿐만 아니라 제품 및 서비스 부분의 1차 공급자들도 경쟁하기는 어렵다.

중국의 국유 대기업이 대대적인 '구조조정'을 해야 한다는 데에는 의문이 있을 수 없다. 그러나 중국의 '지도급 인사들'이 관리하는 기업들이 스스로 미국 정부의 면밀한 감시하에 신속하게 진입해야 하는 '글로벌 경쟁의 장'에서 세계 선도기업으로 성장할 수 있을 것 같지는 않다. 그들에게 유일한 희망이라면 혁신적이고 더욱 효율적인 산업정책을 펴는 것뿐이다.

중국의 대다수 '핵심기업군' 기업들은 1980년대와 1990년대 대부분의 민영화된 유럽의 기업들처럼 세계적인 선도기업이 되기보다는 기껏 다국적 기업에 인수된 후 즉시 강력한 구조조정을 통해 세계적인 기업의 생산 시스템에 흡수되기를 바랄 것이다. 그러면 인수된 많은 기업들이 파산에 직면할 것이다. 중국의 국유 기업에는 9,000만 명이 일하고 있다. 중국의 국유기업이 즉시 '글로벌 경쟁의 장'에서 경쟁해야 한다면 얼마나 많은 사람이 일자리를 잃을 것인지는 미지수다. 하지만 일자리를 잃는 사람이 적을 것 같지는 않다. 전술한 바와 같이 정부 부문을 벗어난 고용 성장이 얼마나 이루어질 것인

가. 그리고 새로운 고용 업체와 성격에 관한 문제도 상당히 불투명하다. 나아가 대규모의 구조 조정은 확실히 중소기업 부문과 농업부문의 구조조정을 불러올 것이다. 동시에 이 같이 엄청난 구조조정 문제를 처리하는 것도 상당히 어려울 것이다. 1990년대 말 국유기업이 구조조정을 하기 시작하자 상당수의 시위와 폭력이 일어났다고 보도된 적이 있었다.

발전 상태가 좋지 않은 중국의 인프라를 고려해 볼 때, 경공업 부문은 구조조정의 엄청난 충격에서 벗어날 수 있을지도 모른다. 그러나 통신장비, 항공, 자동차, 부품, 정유 및 석유화학, 발전설비 등 대부분의 자본재 산업은 낙후된 인프라로 인해 강력한 경쟁에서 이겨내지 못하게 될 것이다. 나아가 철강과 같은 '기본' 자본재, 식료품과 같이 빠르게 회전하는 소비재, 매스미디어, 소매, 금융 서비스, 호텔과 같은 서비스 부문과 마찬가지로 고부가가치 산업에서도 무서운 경쟁이 있을 것이다. 이와 같은 경쟁은 대다수의 중국 고소득자들이 거주하고 있는 발전이 상당히 진행된 해안 지역에서 더욱 심해질 것이다. 오지의 저부가가치 '일용품' 산업은 세계적인 거대 기업과는 관련이 거의 없다. 이들 산업은 중국의 기업들이 고수익을 실현하여 세계적인 거대 기업과 맞설 수 있는 기초도 제공하지 못하기 때문이다.

해직된 노동자들의 취업 문제

반드시 필요한 구조조정을 위한 노력 중에서 가장 중요한 것은 중국이 서명한 대로 협정 조건을 완벽하게 준수할 경우 일자리를 잃게 되는 노동자들의 숫자만큼 일자리가 생길 수 있는지의 문제이다. 여기에 영향을 미치는 상호 연관된 많은 문제들이 있다.

첫째, 국유 대기업 부문의 대대적인 구조조정으로 인해 일자리를 잃는 사람들을 흡수하기 위하여 중소기업 부문의 고용 기회가 얼마나 빠르게 성장할 수 있는지 속도의 문제가 발생한다. 상술한 바와 같이 심지어 협정 이전에도 중국의 수출은 급신장했고, 특히 미국에 대한 수출은 초고속으로 신장했다. 대다수의 수출품은 중소기업 제품으로, 중소기업은 수출로 인해 엄청난 일자리를 창출했다. 협정으로 중소기업 부문의 수출 급신장을 얼마나 가속화할 수 있는지를 예측하기는 쉽지 않다. 또 중소기업 부문은 중국 시장개방, 지방정부 보조금의 감소, 정보기술의 선진화 등 경쟁력 압력에 더욱 시달리고 있다. 다시 말해 이 부문의 매출액이 지속적으로 급신장한다 하더라도 이 부문의 고용 창출이 이미 1억 2,000만 명 선을 넘었는데 그 이상을 넘어설 것이라고 낙관적으로 보기는 어렵다. 사실 이 부문에서 총매출이 신장하면서 오히려 고용이 떨어질 수 있다.

둘째, 구조조정을 겪은 대기업 노동자들의 일자리 기회는 비농업 부문의 노동 시장에 새롭게 진입하는 사람들의 잠재적인 증가와 관련하여 고려되어야 한다. 중국의 인구와 노동력은 1970년대와 비교해 볼 때 상당한 속도로 증가하고 있다. 1980년에서 1998년까지 총 노동연령인구는 매년 평균 2.9%씩 증가해 2억 8,600만 명이 증가했다. 1990년대 이후 성장률은 한 자녀 갖기 정책에 힘입어 현격하게 떨어졌다. 그러나 1990년부터 1998년까지 매년 평균 1.2%씩 증가하면서 7,000만 명이 증가했고 2020년까지 1억 4,000만 명이 더 늘어날 것으로 전망된다.

셋째, 중국의 농업 부문 종사자는 3억 3000만 명에 이른다. 농촌의 '과잉' 노동력에 대해서는 실제로 측정이 불가능하고 일치된 숫자를 얻기는 어렵지만 상당하다는 게 중론이다. 최근 중국 통계청은 농업인구가 1984년 9,500만 명에서 1990년 1억 7,000만 명으로 증가했고, 1994년에는 2억이 늘어났다고 밝혔다. 많은 사람이 중국의 WTO 가입과 관계없이 절대 숫자는 몇 년에 걸쳐 꾸준히 증가할 것으로 내다보고 있다. 농업 부문은 일인당 생산량을 증가시키는 농업 기술의 변화와 토지소유 집중에서 상당한 압력을 느끼고 있다. 이미 1억에서 1억 2,000만 명의 반영구적 이주자들이 농업 부문 외에서 일하고 있는 것으로 추산되는데, 이는 상당한 사회경제적 문제를 야기하고 있다. 이 문제 처리에 정치 지도자들은 골머리를 앓고 있다. WTO 협정은 농업 부문 노동수요에 상당한 영향을 미치게 된다. 다시 말해 미국 및 기타 선진국에서 꾸준히 증가하고 있는 엄청난 양의 농산물 수입은 중국 농업 부문 노동수요에 상당한 영향을 미칠 것이다. 비농업 부문의 일자리를 찾기 위해 상당히 많은 노동력이 도시로 흘러들 것이며, 따라서 국유 기업에서 해고된 노동자들과 일자리 경쟁이 매우 치열할 것으로 전망된다.

마지막으로 고용 기회의 지역적 안배의 문제가 있다. 국유 기업체의 엄청난 구조조정은 주로 북부 및 북동 지방에서 진행될 것이며 비농업 부문의 일자리 상당수는 상하이를 비롯하여 남부 지방에서 발생할 것이다. 이는 가족의 생활을 책임져야 한다는 개인적인 스트레스는 차치하고라도 대중교통, 기간산업, 복지, 주택문제 등에 대한 엄청난 스트레스를 유발하면서 지역 간의 이주가 활발히 진행중이다.

장기간에 걸쳐 협정 사항을 이행하도록 합의한다면 이러한 스트레스가 대대적인 구조 변화에 버금가는 것이기는 하지만 상당부분 적절하게 처리될 수도 있다. 그러나 미국과 중국 간의 협정에 따라 계획된 지나치게 빠른 통합 속도 때문에 그 문제를 처리하는 것은 매우 어려워 보인다. 중국의 복지 시스템은 여전히 유아기를 벗어나지 못하고 있다. 따라서 중국이 국가의 도움을 필요로 하는 수많은 사람들에게 적절하게 복지 혜택을 제공하기는 어려울 것 같다. 이로 인해 중국 정부가 직면할지도 모르는 엄청난 일들에서 비롯될 한 가지 분명한 결과는 국가 포트폴리오에서 가장 가치 있는 자산들을 민영화하라는 압력이다. 여기에 확실하게 포함되는 것은 중국의 통신 자산과 도시 토지와 공공 주택이다. 이들 부문은 '구조조정의 고통을 충분히 처리할 수 있어 보이는' 중국 정부에 각각 3,000억에서 4,000억 달러, 2,000억 달러에서 2,500억 달러의 자금을 조성할 수 있다(앤디 시(Andy Xie), 모건스탠리 딘위터 증권). 그러나 이러한 액수는 매우 투기성이 높아 매우 신중하게 다루어야 한다.

IT 및 조정 과정

가까운 장래에 정보산업 혁명이 중국에 미치게 될 영향을 둘러싼 상당히 낙관적인 견해와 관련해 몇 가지 조심해야 할 점을 지적하고자 한다. 첫째, IT 혁명은 중국에서 이미 일어나고 있다. 따라서 IT 혁명을 중국이 WTO에 가입하기로 한 조건과 직접 연결시키는 것은 잘못된 것이다. 이를테면 중국은 WTO 가입 여부나 가입 조건에 관계없이 엄청난 관련 인프라와 더불어 휴대전화의 세계 최대 시장이 되었다. 그러나 합의 조건에 따라 WTO에 가입할 경우 오히려 중국 IT 혁명의 속도가 떨어질 수도 있다. 중국의 WTO 가입으로 IT 제품을 수입하게 되면 중국에서 제조할 때와는 달리 다국적기업의 인센티브가 감소되기 때문이다. 둘째, 중국 IT 혁명의 주요한 결과는 잠재석으로 광대한 새로운 시장을 선진국에 대부분 기반을 두고 있는 세계의 선도 IT 하드웨어, 소프트웨어 및 서비스 기업에게 제공하게 된다는 것이다. 미국과 EU 기업들은 중국 IT 혁명을 통해 주식가치, 부, 그리고 연금 등에서 잠재적 혜택을 누릴 수 있다.

셋째, IT 혁명은 전세계 미디어산업의 혁명과 무관하지 않다. WTO 협정이 중국의 통신과 미디어산업에 상당한 영향을 미치리라는 점에 대해서는 이론의 여지가 없다. 미국 기반 기업들이 주도하는 세계적인 미디어 혁명은 미국의 가치와 언어가 지배하는 세계적 문화 생산 방법으로 상당한 영향을 미칠 것이다. 중국이 WTO 협정 조건을 철저하게 준수한다면 IT 혁명과 빅 비즈니스 혁명이 결합해 중국 사회와 정치에 심각한 영향을 미칠 것이다. 넷째, 중국의 인프라 구축이 대단히 미약하기 때문에 중소기업들은 세계적 가치사슬에 쉽게 통합될 수 없다. 지난 2000년에는 오지에서 마늘 농사를 짓는 노인에 대한 재미있는 이야기가 돌았다. 그 노인은 인터넷 카페에서 정보 탐색을 하는데, 카페 주인의 도움을 받아 인터넷으로 미국에 있는 자신의 마늘 구매자를 찾았다. 이 이야기는 심지어 중국의 농부들조차도 인터넷으로 부자가 될 수 있으며, 인터넷 시대에는 커다랗게 하나로 연결된 윈윈(win-win) 세계만이 있다는 것을 말해주고자 한다. 그러나 이 이야기에는 농부가 마늘을 자신의 마을에서 미국의 수퍼마켓으로 어떻게 공급할 수 있었는가는 나오지 않았다.

다섯째, 상술한 바와 같이 중국의 중소기업 수출품은 개혁기 중국 경제에서 가장 급신장한 부문이다. 중국의 WTO 가입과 B2B 비즈니스가 증가한다고 해서 이미 엄청난 성장률을 기록한 중국 중소기업의 총매출 성장률을 몰라보게 끌어올릴 수 있을지는 의문이다. 따라서 새로운 IT로 대기업의 세계적 가치사슬에 연결된 중국 기반의 중소기업의 수출품이 증가함에 따라 중소기업 부문에서 새로운 일자리가 계속해서 창출될지는 확실하게 알 수 없다. 여섯째, IT 혁명의 상쇄효과는 신기술로 인해 사람이 해야 하는 행정(관리)업무가 상당히 줄어든다는 것이다. 중국 경제는 국유기업에서 통상적인 관리 업무를 맡는 상당수의 종업원을 대규모로 교체할 수 있을 정도로 무르익었다. 고용 면에서 IT의 급속한 발전에 영향을 특히 심하게 받는 부문은 유통시스템이다. 1990년대 말 중국의 도매, 소매 및 유통 시스템에는 5,000만 명이 일하고 있다. 중국에서 세계적인 기업활동과 '외곽 조직'이 발전함에 따라 이들은 점진적으로 엄청난 노동집약 구조를 첨단 IT 기술이 이끄는 더욱 신뢰할 수 있고 현대적인 물류 시스템으로 교체하게 된다. 이는 유통 부문의 고용 수준에 매우 중요한 함의를 갖는다.

마지막으로, 전술한 바와 같이 비즈니스 혁명에서 세계적 기업의 본질의 상당한 변화는 세계적 시스템 통합 사업자로부터 1차, 2차, 3차 공급자로 '연속적'인 영향을 미치고 있다. 따라서 전체 공급 체인에 합병, 비용절감, 기술 진보에 대한 압력이 미치게 된다. 무수한 중소기업에 비해 상대적으로 크고 자본집약적인 중국의 기업들이 IT 혁명에 힘입어 현지 생산을 할 수 있게 할런지는 불투명하다. 고용과 관련된 영향은 따라서 매우 불투명하며, 긍정적으로 생각할 수만은 없다.

WTO 충격의 사회 정치적 영향

WTO 협정 조건과 그에 따른 구조조정 문제를 엄격하게 준수한다면 중국은 대규모 심리적, 정치적 조정의 어려움을 겪게 된다. 거의 모든 경우에, 성공한 후발 산업국가들은 '글로벌 경쟁의 장'에서 경쟁할 수 있는 대기업 그룹을 가지고 있다. 스웨덴, 네덜란드, 스위스, 그리고 더욱 후발국인 대만, 대한민국, 홍콩의 경우에도 대기업 그룹이 있었다. 향후 지속적으로 급신장을 유지하려면 중국은 성공적인 후발 산업화 국가들 가운데에서도 독특한 형태의 자본주의, 즉 국제적으로 경쟁력 있는 대기업은 거의 없고, 경제의 주요 영역이 국제적인 기업들에 의해 조정되는 자본주의를 발전시켜야 한다.

심지어 선진 유럽국가의 경우에도 '핵심기업군'의 기업이 개별 기업으로서 글로벌 경쟁의 장에서 경쟁할 수 없을지도 모른다는 생각을 받아들이기가 어려웠다. 그러나 개별 유럽 국가들이 핵심기업의 종언을 받아들임으로써 전체로서의 유럽대륙은 지역의 핵심기업과 초대서양 핵심기업군을 육성하고 있다. 중국의 경우 '유럽의 핵심기업군'과 비교될 만한 '핵심기업'의 부재로 개별 유럽 국가들이 '낡은 스타일'의 '핵심기업'의 패배로 야기되던 정치적·심리적 어려움보다 훨씬 심각한 어려움에 직면할 것이다.

이러한 결과는 중국인의 민족 정신에 상당한 어려움을 야기한다. 중국은 유구하고 자랑스러운 경제사를 가진 국가로서 특히 1840년대 이래로 국제적인 굴욕을 잘 인식하고 있다. 그들은 외국 기업들이 국유기업을 대대적으로 분열시킨다고 생각하기 때문에 선진국 따라잡기 과정을 외국 기업들이 주도한다는 사실을 받아들이기 힘겨워한다. 많은 중국인은 미국 주주들의 이익을 위해 중국인이 희생되고 있다고 주장한다. 나아가 거의 모든 사람이 WTO 가입으로 얻는 이익은 중국에서 매우 불공평하게 분배될 것이라고 생각하고 있다. 교육 수준이 높은 많은 중국인들은 세계적인 기업에서 또는 간접적으로 세계적인 기업을 위하여 일하는 '외곽 조직'에서 일하게 된다. 그러나 이러한 곳에서 일하지 못하는 사람이 훨씬 많다. 중국은 세계적인 기업에서, 그리고 세계적인 기업을 둘러싸고 있는 '외곽 조직'에서 감원의 압박이 가장 거센 시기에 WTO에 가입하고 있다. 이와 같은 압박은 대규모로 감원을 불러일으킬 수 있는 IT의 잠재력으로 인해 더욱 강해지고 있다.

중국의 '핵심기업'의 파괴로 인한 쇼크는 중국에만 한정되지 않고, 국제 관계에 상당한 충격을 미칠 수 있다. 가장 유력한 잠재적인 국제 갈등은 미국과의 관계이다. 전술한 바와 같이 미국이 글로벌 비즈니스 혁명을 지배하고 있다. 이 같은 지배는 가장 중요한 산업 부문, 즉 21세기 세계 경제의 초석이 되는 IT에서 더욱 두드러지게 나타나고 있다. 이미 중국의 반미 감정은 상당하다. 시장경제로의 이행을 전적으로 지지하는 많은 사람들은 중국이 WTO

에 가입한 이후에 중국 내에서 미국 다국적기업의 잠재적 지배에 겁을 집어먹고 있다. 이들은 미국의 지배를 지난 100년 동안의 수치보다도 더욱 수치스럽게 생각하고 있기 때문이다.

최근, 선진국에서 이루어지는 국제적인 인수·합병이라는 혁명적인 과정의 결과로 이전의 '국가핵심기업'은 국제 기업으로 변모했다. 그러나 그 기업들은 여전히 본사를 선진국에 두고 있다. 그 기업들의 엄청난 주주들은 선진국의 기관이나 일반 시민들이다. 따라서 중국에서 다국적기업의 투자 가속화는 선진 문화, 그 가운데서도 미국이 유구한 중국 문화보다 뛰어나다는, 매우 불평등한 지배 관계로 인식될 가능성이 상당히 높다. 많은 중국 사람이 미국의 지배를 '제2차 아편 전쟁'이라고 목청을 높일 것이 분명하다.

중국 매스미디어가 맞이할 변화는 WTO 회원국으로서 중국이 기다리고 있는 구조조정 과정의 중요한 요소가 될 것이다. 중국이 통신 및 매스미디어 시스템에서 상당히 중요한 역할을 한 세계적인 매스미디어의 중국 진입을 통제할 수 있는지는 미지수다. 아마도 세계적인 매스미디어를 받아들이라는 엄청난 압력이 있을 것이다. 또한 중국의 소비자, 중국의 주주, 매스미디어산업 부문의 중국 기업, 통신 및 미디어 서비스 기업, 그리고 정부가 지속적으로 압력을 행사할 것이다.

이 같은 압력은 적어도 두 가지 상반된 영향을 미칠 것이다. 첫째, 세계적인 매스미디어에 대한 접근이 쉬워지면서 '인터넷 중독증'이 급속하게 퍼질 것이다. 세계적인 매스미디어의 개인 이용자들은 스스로를 자유롭게 하고 다른 사람과 상호작용하는 것과는 거리가 멀 뿐만 아니라 매스미디어를 학습 수단으로 생각하지 않고 포르노그라피, 스포츠, 만화를 보는 수단으로 생각하고 있다. 이와 같은 현상은 정치적 안정성을 약화시키지 않고 오히려 강화시킬 것이다. 그러나 세계적인 매스미디어가 중국에 급속하게 침투하면 중국 정부는 반체제 인사를 관리하기 더욱 어려워진다. 나아가 전세계 매스미디어의 상당한 내용들이 노골적으로 정치적이지는 않으면서도 중국의 가치체계, 특히 젊은이들이 가치체계를 혼란시켜 사회적으로 불안한 영향을 미칠 수도 있다.

둘째, 중국이 WTO 협정을 완벽하게 실천하는 가운데 비롯될 수 있는 정치적, 사회적 불안으로 인해 중앙의 정치적 통제가 약해지기보다는 강해질 수 있다. 중국은 오직 이러한 방법을 통해서만 향후 정치적으로 살아날 수 있을 뿐 아니라 소련의 경우처럼 국가가 붕괴되는 악몽을 피할 수 있다. 현재 무시무시한 부패척결운동은 사회 정치적 질서를 유지하기 위한 중앙 리더십의 강력한 의지 표명인 셈이다. 부패척결운동의 급속한 확산은 현재 중국의 제도적 혁명 상태가 허약하다는 것을 그대로 보여주는 것이다. 2001년 1월 부총리 리란칭(李嵐青)은 현재의 심각한 부패를 제대로 잡지 못하면 '당과 국가는 파괴' 당할 것이라고 경고했다. 이 같은 여건에서 급하게 WTO에 가입하는 것은 엄청난 위험을 동반하는 것이다.

3.6 전망(iii) : 대안적 결과?

중국이 WTO 규정을 엄격하게 준수한다면 중국 지도자들은 동시에 여러 가지 쇼크, 즉 중국이 WTO에 가입하는 조건에 수반되는 경쟁으로 인한 '정상적인' 구조조정 쇼크, 상당히 집중화된 세계적 비즈니스 시스템과 '글로벌 경쟁의 장'에서 경쟁해야 하는 쇼크, IT 혁명이 고용에 미치는 엄청난 쇼크, 중국 문화에 미치는 세계적인 미디어 혁명 쇼크, 강력한 기업 그룹을 만들지 못했다는 국민으로서의 자존심 상하는 쇼크, 미국계 기업의 지배를 이겨내야 하는 쇼크 등을 처리해야 할 것이다. 이 같은 쇼크가 곧바로 닥친다는 생각이 중국의 산업정책을 소생시켜야 한다는 강력한 압력으로 발전될 가능성이 높은데, 그러한 발전을 촉진시킬 수 있는 상당한 요인들이 있다.

침체된 중국의 야망

이 책은 세계의 선도기업들과 어깨를 나란히 할 수 있는 세계적으로 경쟁력이 있는 대규모의 기업을 설립하겠다는 중국과 중국 사회의 강렬한 야망을 다루고 있다. 이 같은 국가적 야망은 평범한 시민에서부터 선도적인 기업을 운영하는 사업가, 그리고 정치가들에 이르기까지 중국인의 일상적인 논의에서 그대로 드러난다. 이 같은 강력한 국가적 감정은 베스트셀러《중국은 노라고 말할 수 있다》(China Can Say No, 1996)와 일반인들이 볼 수 있는《외국이 중국을 쥐고 있다》(The Foreign Grabs China, 1999),《중국 약탈》(Robbing China, 1998) 등의 책에 잘 나와 있다. 이 같은 감정은 한더창(韓德强)의 《세계화의 덫과 중국의 선택》(The Globalization Trap and China's Present Choice)에서 WTO에 가입하는 중국의 결정에 열정적이고도 자세하게 공격을 가하는 데 잘 드러나 있다.

> 비록 지금은 중국의 은행, 보험, 자동차, 통신, 화학, 직물, 농업의 경쟁력이 매우 취약하고 이러한 부문들이 중국 경제에 근본적으로 중요함에도 불구하고, 나아가 외국 기업들이 완전히 지배할 수 있음에도 불구하고 여전히 얼간이들은 자신을 자유시장경제의 열렬한 사제라고 부르면서 자유시장경쟁을 원하고 있다.

미국과 EU가 각각 합의했던 조건에 따라 WTO에 가입하겠다는 중국의 결정은 중국의 발전 경로에 대해 국내의 상당한 격론을 불러왔다. 당연히 고위 정책결정자들 간의 노골적인 공개 논의는 제한되고 있다. 그러나 내부적으로는 심도 있고 열정적인 논의가 진행되고 있다. 정치적 리더십의 중압감을 느끼지 않는, 보다 넓은 범위에서 공개적인 논의가 이루어지고 있다. 이 세력은 중국의 국익을 보호하고 있다는 사실을 보여달라고 지도자들을 강하게 몰아붙인다. 정책 토론의 강도는 중국의 WTO 가입과 관련된 최종적인 세부사항을 둘러싼 협상이 2001년 3월까지는 완료되지 않는다는 사실에 반영되어 있다. 대외경제무역부 장관 스광성(石廣生)은 중국이 미국과 최초의 협상을 한 지 3년이 지난, 2001년 말 이전에는 WTO에 가입하리라고는 생각하지 않았다.

알차고 야심찬 기업인

이 책에서 우리는 야심찬 중국 대기업의 최고경영인들을 많이 다루었다. 이같은 기업가들은 이제 글로벌 경쟁의 장에서 자신들을 기다리고 있는 경쟁의 본질을 날카롭게 인식하고 있다. 또한 부패가 심각함에도 불구하고 중국의 관료들도 '국가를 대표하는' 강력한 대기업을 구축하려는 야망에 부풀어 있다. 이 책의 기초인 중국의 빅 비즈니스 프로그램은 정확한 프로그램 (The China Big Business Programme)을 통해 중국이 세계적으로 경쟁력을 갖춘 대기업을 얼마나 구축할 수 있는지를 보다 쉽게 알고 싶어하는 관료들과 경제계 인사들이 결합하여 시작되었다. 적절한 환경만 조성해 준다면 중국에는 대기업의 성장, 발전을 이끌어나갈 수 있는 많은 기업가들이 있다. 엄청난 어려움에 직면하고 있음에도 불구하고 중국 대기업은 진정한 의미에서 세계적인 기업이 되고자 하는 열망은 넘치고 있다.

아시아 위기에 대응하여 강화된 동아시아 공조 체제

동아시아 국민들은 동아시아 위기를 주로 통치력 빈곤과 투명하지 못한 경제 기관들이 빚어낸 '내부'의 문제로 인식하고 대단히 분개했다. 나아가 IMF

에 대한 적절하지 못한 대응과 더불어 국제적인 금융기관이 위기재발을 막지 못하는 연속적인 실책에 대해서도 상당히 분개했다. 중국인민정치협상회의(Chinese People's Political Consultative Conference)는 2000년 6월 베이징에서 세계적인 다국적기업의 최고경영진과 리콴유를 비롯한 전직 국가 지도자, 그리고 소수의 학자들을 초청하여 세계화에 대한 고위급 회의를 개최했다. 이 회의에서 태국 전 부수상 라망쿠라는 아시아 위기의 충격에 대해서 이렇게 말했다.

1990년대, 저수지의 수문을 열기 무섭게 물이 쏟아지듯 신흥 경제국가에 자본이 몰려들었다. 어느 정도 시간이 지나자 저수지 물은 완전히 홍수로 변했다. 농장과 건물과 짐승들까지 물에서 허우적거리게 되었다. 모든 것이 물에 잠겨 망쳐졌을 때 물은 급하게 빠져나갔고, 거짓말처럼 말라버렸다. 그리고 우리는 밀실에서 사업을 경영했고, 경솔했으며, 무능력했고, 지나치게 투자자에게 의지했으며, 허약한 금융기관을 가지고 있고, 감독 체계가 허술할 뿐만 아니라, 환율을 잘못 관리했고, 감사가 허술했다고 스스로를 질책했다. IMF 구제 금융을 받아들이고 우리는 돈을 빌려준 자들이 가급적 빠르게 돈을 회수할 수 있도록 우리 경제를 강제로 몰라보게 긴축시키는, 이미 만들어진 공식적인 처방을 받아들일 수밖에 없었다. 세계 경제 질서를 다시 검토해야 한다는 신흥 국가들의 요구가 있다. 자본 흐름의 세계화는 파괴적이고 세계 경제를 불안하게 할 수 있다. 결국 투기꾼, 금융 브로커, 인베스트먼트 뱅커, 그리고 펀드 매니저 외에는 이익을 볼 수 없다. 이 같은 사람들의 단기간 이익은 전세계가 보다 높은 복지로 나가는 데 커다란 장애물만 될 뿐이다. 그 이익은 오직 세계 금융의 중심 그룹에게만 집중될 뿐이다. 적어도 동아시아 국민들은 IMF를 신뢰하지 않는다. IMF는 귀담아 들어야 하나 결코 귀담아 듣지 않았다.

라망쿠라 부수상이 21세기 포럼 마지막 날, 이와 같은 연설을 하자 대부분의 다국적기업대표와 국제 기관의 수많은 대표들은 더 중요한 일이 있다며 회의장을 나가버렸다.

동아시아 국가가 공통으로 느끼는 분노와 굴욕감은 2000년에 더욱 가열되기 시작했다. 2000년 1월 10개국이 참여한 아세안(동남아시아국가연합 ; ASEAN) 회원국들의 연례 회의는 '더욱 더 강력한 공조를 표방하기 위해' (파이낸셜 타임즈) 중국, 일본, 대한민국의 외무장관과 아세안 회원국의 외상들이 만나는 첫 번째 공식 미팅으로 주목받았고, 비상한 관심을 끌었다. "이런 미팅이 결국 아시아 국가들과 세계의 관계를 변화시킬 뿐만 아니라 새로운 지역 블록을 형성함으로써 전세계 경제정책 입안의 균형을 변경시킬 수 있다고 믿고 있기 때문이다"(파이낸셜 타임즈). 새로운 그룹은 '아세안 플러스 쓰리'라는 이름으로 불렸는데 아시아 위기 동안에 정기적으로 미팅을 가졌기 때문이다. 이러한 아시아의 새로운 공조체계는 관계국 외의 국가는 '무기력하게 만들 정도로' 강력했다. '1990년대 중반 말레이시아 수상 마하티르 모하마드가 제안한 동아시아경제회의(East Asian Economics Caucus)로의 복귀'처럼 보였기 때문이다. 미국은 이 미팅에서 명백히 배제되었기 때문에 당황해했다.

아시아 경제위기로 이들 그룹은 경제적 공조를 더욱 강화하는데, 통화투기(currency speculation)에 대해 상호 협력을 위해 쌍무간의 통화스왑(currency swap, 거래당사자 간 보유외화자산이나 부채를 서로 필요한 통화로 매매하고 만기에 계약당시 약정한 환율로 원금을 당초 거래의 역으로 매매하는 것 ; 역주) 네트워크를 설립하고자 2000년 5월에 협약을 맺은 것도 이러한 공조의 일환이었다. 중요한 것은 중국이 기꺼이 동참했다는 것이다. 새로운 포럼은 중국과 '일본의 좋지 않은 관계' 개선의 상징으로서도 중요하다(파이낸셜 타임즈). 아세안은 자신들의 자유무역 지역에서 마무리 작업을 진행중이다. 이를테면 일본과 대한민국, 일본과 싱가포르 간의 협상처럼 쌍무 자유무역 협상이 증가하기 시작했다. 이러한 움직임이 이 지역에서의 중요한 국가 간의 인수·합병을 비롯한 산업 및 정책 문제에 대한 보다 확대된 공조 신호라면 세계적 경제의 힘의 균형에 상당한 변화가 일어날 것이라고 미리 알 수 있다. 일본과 중국을 포함한 동아시아 지역에 기반을 두고 있으며 국가 간의 경계를 무너뜨리며 확대해 나가고 있는 대기업과 통합된 동아시아는 EU와 미국 대기업에 상당한 어려움을 안겨줄 것이다.

2000년 8월 동아시아 비즈니스 부문에서 괄목할 만한 성과가 발표되었다. 즉 '일본과 대한민국 기업이 수십 년에 걸친 가장 의미 있는 제휴'를 위해 대한민국의 포스코와 일본의 신일본제철이 파트너십을 심화하자는 협의였다(파이낸셜 타임즈). 두 기업은 세계 2대 철강기업으로 두 기업의 매출을 합치면 5,000만 톤 정도로 시장 점유율은 7%에 이르며, 고부가가치 철강 제품의 경우 점유율은 더욱 높다. 포스코와 신일본제철은 생산비 절감을 위해 전략적 제휴를 넓히고, 적대적 인수에 대한 방어를 강화하며, 또한 서로 3% 정도 상호소유를 확대할 뿐만 아니라 나아가 R&D, IT에서 자원 풀(pool)을 사용하고 해외 합작투자에서 공조하는 데 합의했다. 또한 구매 및 유통 풀의 가능성에 대해서 의견을 나누고 있다.

미국 경제의 불확실성

미국 경제와 대기업이 난공불락인 것처럼 보이지만 실제로는 상당히 불확실한 상황에 놓여있다. 가장 확실한 것은 미국 주식시장의 장기 호황이 어떻게 될지 불확실하다는 것이다. 1999년 '구경제' 주식이 폭락했고 2000년에는 첨단기술 주가가 폭락했다. 미국 경제가 1990년대 장기간의 주식 호황에서 '연착륙'할 수 있을지는 두고 볼 일이다. 미국 경제와 주식시장 호황은 세계적인 경제 자유화가 제공한 무제한적인 기회에 상당히 빚지고 있다. 그러나 WTO의 미래는 불확실하다. 수적으로는 개발도상국 회원들이 WTO를 지배하고 있기 때문이다. 개발도상국 회원들은 투자 규정, 노동 규제 및 환경 조건에 대해 세계적 기준을 부과하려는 미국의 희망을 무산시키기 위해 강력하게 압박을 가하고 있다. 중국과 주요 개발도상국 회원들이 협력하여 선진국의 목적보다는 자신들의 목적을 따르도록 WTO를 강하게 밀어붙인다면 미국 경제에 상당한 영향을 미치면서 예기치 못한 결과를 가져올 수 있다. 심지어 WTO가 계속해서 존속할지, 그것도 확실하지 않다.

미국 첨단기술 분야에서 아시아인들의 역할

미국 비즈니스 구조 발전에서 더욱 심대하게 영향을 미치는 불확실성은 미국 경제 '브레인'의 성장과 하이테크 산업 분야의 선도적 연구에서 중국과 인도 과학자 · 엔지니어들이 수행하고 있는 역할이다. 전술한 바와 같이 이러한 분야의 기술적 도전을 이겨낼 수 있는 능력 있는 미국인은 상당히 부족한 실정이다. 이에 따라 급속히 발전하는 첨단기술의 상당 부분을 아시아인들이 담당하고 있다. 이러한 상황이 앞으로 어떤 영향을 미칠지는 불확실하다. 실제로 또는 비즈니스 개발이라는 관점에서 이 사람들 중 얼마가 고국으로 돌아갈 것인지는 중요한 문제이다. IT 혁명에서 가장 부족한 것이 바로 뛰어난 기술을 지닌 인력 자원이다. 이런 의미에서 아시아 국가들은 이미 21세기 초엽의 세계 경제의 선두로 나아가고 있다.

강력한 경쟁은 기회와 도전을 동시에 창출한다

치열한 국제 간 경쟁은 중국 기업이 선진국을 따라잡을 수 있는 상당한 기회를 제공한다. 선진국에는 선도기업들과 경쟁하지는 못하지만 우수한 기업들이 있다. 이들 기업은 강력한 기술, 세계적인 시장, 세계적 브랜드를 가지고 있어 기회가 주어진다면 선진국에 기반을 둔 대기업과 합병하기보다는 주주들의 장기적인 이익을 위해 주요한 중국 기업과 합병하려 할 것이다. 동아시아의 경우 특히 그러하고 일반적인 개발도상국도 비슷한 양상을 보인다. 자동차, 정유 및 석유화학, 철강, 항공, 통신 서비스, IT 하드웨어, 미디어, 소비재 부문 등에서 합병이 어떤 식으로 진행될지 알 수 있는 사례는 많다.

동아시아 경제의 자부심 회복

심각한 동아시아 위기, 그리고 동아시아 재벌들의 제도적 구조에서 드러났던 심각한 문제에도 불구하고 동아시아는 급속히 자신감을 회복하기 시작했다. 일본 기업은 포춘 500대 기업(매출 기준)에 1997년 126개에서 1999년 100개로 상당히 격감했으나 2000년에 107개로 다시 늘어나기 시작했다. FT 500(시가총액 기준)에는 1996년 110개에서 1998년에 46개로 줄었으나 1999년 다시 77개로 늘어났다. FT 500에 네 마리 작은 호랑이는 1996년 21개에서 1997년 11개로 줄었으나 1999년 20개로 늘어났다. 아시아 대기업의 급진적인 구조조정에도 불구하고 토착 빅 비즈니스의 성장을 지원하기 위해 정부 산업 정책을 이용하는 아시아 모델은 결코 폐기되지 않았다. 정부는 이 지역의 구조조정 과정에서 상당한 역할을 했다.

세계적 과점의 역할 모델

글로벌 비즈니스 혁명은 중국 정책결정자들에게 자본주의에 대한 신고전주의 해석이 자본주의 시스템의 진정한 본질을 상당히 오해하고 있다는 사실을 확실하게 보여주었다. 이를테면 중국의 신문들은 적어도 서양언론이 세계적 인수·합병 붐에 관심을 기울였던 만큼의 관심을 보였다. 1999년 WTO 가입과 관련된 중국과 미국의 협정은 미화 기준 미국 1조 9,000억 달러, 유럽 1조 5,000억 등 3조 달러가 넘는 세계적인 인수 합병과 동시에 이루어졌다. 이와 대조적으로 일본을 제외한 아시아 지역의 인수·합병은 1,500억 달러였고, 홍콩 등을 포함한 중국의 경우 고작 410억 달러에 불과했다. 1999년 중국 내의 인수·합병 총액은 150억 달러에 불과했다.

　중국 기업의 세계시장 진입 장벽은 더욱 더 높아져 가는 것이 확실하다. 이러한 사실은 한편 중국정부가 중국 기업들이 선진국을 따라 잡도록 할 수 있는 산업정책을 펴기가 힘들어지고 있다는 사실로 절망의 원인이 되기도 한다. 또 다른 한편으로는 중국 기업들이 세계적인 선도기업들을 따라 잡으려고 할 경우 강력한 대기업의 기초 위에서만 가능하다는 점이 확실해졌다. 이것은 곧 시장 메커니즘을 통하건 정부가 주도하건 국내 기업끼리의 대규모 인수·합병이 중요하다는 것이다. 또한 중국 기업들을 벤치마킹하기 위한 그리고 현대 경영인들이 자율권을 가지고 경쟁적인 형태로 비즈니스를 운영해야 할 필요성을 그 전보다 신중하게 생각해야 한다는 것이다. 나아가 중국 기업들이 제품과 비즈니스에서 세계적인 시장으로 확대해야 하는 것을 더 실질적으로 고려해야 한다. 세계적으로 경쟁력이 있는 기업들은 더 이상 순수 '국내 시장'에만 의존할 수 없다. 비록 그 시장이 중국은 물론 미국 또는 EU라 하더라도 말이다.

다시 생기를 찾은 산업정책?

이 같은 요소들이 합쳐져 많은 역동적인 가능성을 창출한다. 중국 정책결정 자들은 이러한 요소들을 잘 결합해 미국과 EU와 합의한 WTO 규정을 그대 로 단순히 관리하는 것 이상의 다른 결과를 가져올 수 있다. 21세기에 들어서 중국의 산업정책은 모순된 징후를 보인다.

우선, 거대한 항공공사가 2개로 분리되었다. 분리된 두 기업은 분리되기 전보다 세계적으로 성공할 가능성이 훨씬 적어졌다. 금융 부문에서 중국의 정책결정자들은 국내 금융기관들끼리의 '경쟁을 한층 더 강화하고' 금융 시스템 불안을 예방하기 위해 기업의 상이한 부문들을 엄격하게 분리시키 는, 미국이 최근에 거부했던 바로 그 정책을 시행하고 있다. 전술한 바와 같 이 각 부문에서 지역 보호주의로 인해 지방끼리의 합병은 완전히 실패하고 말았다.

반면에 세계적 대기업들이 단기간에 치열하게 경쟁할 것이라는 징후를 중국 정책결정자들은 주목하고 있다. 즉, 중국의 대기업이 상당히 취약하다 는 인식이 급속히 확산됨에 따라 세계적인 거대 기업을 실제로 벤치마킹해 야 할 필요성을 갖게 되었다. 제대로 정의되지 않은 미래의 경쟁자들과 있을 법한 경쟁을 더 이상 모호하게 생각해서는 안되게 되었다. 그래서 각 부문의 세계적인 선도기업을 갑자기 평가 기준 삼아 벤치마킹하게 된 것이다. 경쟁 력을 갖춘 대기업으로 새롭게 재편하기 위한 작업의 긴박성에 대해 중앙 정 책결정자들이 지금까지의 생각을 변화시키는 몇 가지 징후도 보인다. 이렇 게 극도의 도전에 처했기 때문에 합병과 인수를 방해하고 기업의 능력을 관 리·개선하기 위한 권위있고 뛰어난 경영인의 임명을 방해했던 관료적 힘이 극복될 수 있었으며 그것을 실증적으로 보여주는 일련의 변화가 있었다.

1998년에서 2000년 사이에 중앙정부는 앞장서서 페트로차이나와 중국석유화공공사를 대규모로 구조조정하고 해외에 상장했다. 이 과정은 '시장을 통한 구조조정'에 반대되는 것으로 '관주도 구조조정의 대표적인 예'라는 비난을 받았다. 그러나 이 같은 비난에도 불구하고, 정부 주도하의 페트로차이나와 중국석유화공공사의 구조조정과 해외상장은 기본적으로 성공적이었다. 이와 같은 성공은 세계화라는 도전에 직면한 중국 산업정책에 매우 상이한 개선 양상을 보여주었다. 21세기로 접어든 중국에게 매우 의미있는 사건이었다. 이들 기업은 항공공사(AVIC)를 두 개의 '경쟁력 있는 기업'으로 분리한 것과는 매우 다른 모습을 보여주었다.

1998년 중국이동통신(홍콩)은 29억 달러에 상당하는 장수이동통신과 합병했으며 1999년 다시 69억 달러에 상당한 푸젠과 허난 이동통신과 합병했다. 그 결과 가입자는 900만 명에서 1,600만 명으로 늘었다. 2000년 4월 시가총액이 990억 달러로 증가하여 중국이동통신(홍콩)은 국제 시장에서 엄청난 영향력을 행사하고 있을 뿐만 아니라 이름을 바꾼 차이나모바일(홍콩)은 브리티시 텔레콤과 월드콤 MCI의 시가총액과 비슷하며 텔레포니카(스페인)보다는 훨씬 많다. 이러한 합병은 중국 밖으로 확대해나가는 기초가 될 수 있다. 2000년 6월 국가가 지원하는 중국의 2위 통신 기업인 중국연통의 주식공모로 중국의 잠재적인 세계 거대기업의 몇 가지 자금 조달 가능성을 확인할 수 있었다. 중국연통은 상장으로 50억 달러에 상당하는 액수를 조달했다.

2000년 6월 산업정책에 상당한 변화가 있음을 암시하는 중요한 두 발표가 있었다. 첫째는 중국의 항공사들이 중국남방항공공사(China Southern Airlines), 중국동방항공공사(China Eastern Airlines), 그리고 중국국제항공공사(China Air)를 중심으로 세 개의 거대 그룹으로 재편된다는 것이다. 또 며칠 후 후아넝(華能)국제동력공사와 산동(山東)후아넝동력개발공사가 합병한다고 발표하였다. 두기업의 합병은 해외에 상장된 중국기업 중 최대 합병 규모였다. 합병 기업은 11,000mW의 생산능력을 갖추게 되었다. 새로운 법인은 중국 최대의 독립 전력업체가 될 것이다. 한 열정적인 애널리스트는 "이는 못에서 가장 크고 영양가 있는 물고기로 중국 전력의 맥도날드가 될 것이다"라고 말했다.

이 같은 전략 변화가 이루어졌는지는 아직까지 확실하지 않다. 그러나 실제로 전략적 변화가 있다면 자본 시장은 급속하게 재편되는 중국의 대기업에 필요한 자금을 제공하는 것으로 응답할 공산이 높다. 1980년대 이래 급성장에도 불구하고 중국의 국내 주식시장은 여전히 미성숙 상태이며 투기성이 대단히 높다. 1998년 현재 중국에는 800개 정도의 상장 기업이 있다. 시가총액은 중국 국민총생산의 1/4에 해당하는 2,310억 달러이다. 이러한 비율은 저개발국가의 평균보다 그다지 높은 것은 아니고, 성숙한 주식기반경제 국가보다는 상당히 낮다(표 3.14). 1999년 중국의 해외상장은 국내 상장에 훨씬 못 미치는 600억 달러였다. 그리고 중국 기업 총자산의 약 70%는 국가지분이다.

그러나 중국인들은 비교적 많은 액수를 저축했다. 1988년 현재 중국의 예금액은 6,400억 달러이다. 따라서 심지어 중국에서조차 잠재적인 중국의 세계적인 거대 기업은 주식시장과 상업은행을 통해 자금을 조달할 가능성이 상당히 높다. 하지만 세계적 금융시장의 잠재성에 비하면 이러한 가능성도 작아보인다. 중국이 세계적으로 강력한 상업 지향 대기업을 구축하기 위하여 신뢰할 수 있는 산업정책을 세운다면 주식 및 채권시장, 그리고 은행 융자를 통해 국제 시장에서 자금을 조성할 기회는 무수하다. 그러나 세계적인 거대 기업의 도전에 직면한 중국 대기업의 수동적인 민영화는 이러한 결과와는 거리가 멀다. '글로벌 경쟁의 장'에서는 중국의 몇몇 대기업만이 세계적인 거대기업과 직접 경쟁하여 살아남을 수 있을 것이기 때문이다. 중국의 대

표 3.14 중국과 다른 국가 및 지역의 주식시장 현황(1998)

국가 및 지역	시가총액 (10억 달러)	국민총생산	
		(10억 달러)	%
중국	231	929	24.9
홍콩	413	158	261.4
미국	11,309	7,921	142.8
저개발국	387	1,844	21.0
개발도상국	1,405	4,420	31.8
선진국	21,749	22,599	96.2

기업을 위해 지속적으로 대규모 자금을 조달하려면 중국 정부는 새로운 산업구조조정의 시대에 돌입했다는 사실을 보여주어야 한다. 시장이나 정부 당국을 통해 국내의 강한 기업이 다른 기업과 합병할 수 있음을, 그리고 강력한 기업들이 실제로 독립적이고 강력한 관리 체계를 가지고 있음을, 그리고 국제적인 인수·합병을 추구할 수 있으며, 일관된 정부 정책으로 지원하고 있음을 보여주어야 한다.

결어

중국이 WTO에 가입하면서 산업정책을 새로운 방향으로 급속히 재편할 것이라고 짐작할 수는 있다. 글로벌 비즈니스 혁명이 가져온 엄청난 어려움에도 불구하고, 경쟁력 있는 중국 대기업 성장을 이끌 수 있는 전략을 생각해 볼 수 있다. 이 경우에 중국의 대기업은 세계의 거대 기업들 가운데서 중요한 위치를 차지할 수 있으며, 스스로 '세계적인 시스템 통합 사업자'의 기능을 직접 수행할 수 있다. 그러나 산업정책에서 이 같은 엄청난 변화는 중국의 국제 관계, 특히 미국과의 관계에서, WTO에 가입하는 조건의 재협상을 포함하고 있기 때문에 긴장과 복잡한 문제를 포함하게 될 것이다.

　미국 정부는 국민들에게 중국과의 협정이 이익이었다는 사실을 확신시키기 위해 애쓰고 있다. 미국 정부는 인권단체와 노동단체의 엄청난 반대를 극복해야 했고, 지난 20년간보다 중국의 수입이 급증한다고 해서 일자리를 잃지 않을 것이라고 국민들을 확신시켰다. 미국 국민들, 특히 관련 로비 단체들은 WTO에 가입하는 중국의 '공정성'과 윤리적 태도에 대해서 연속적으로 따지고 들었다. 미국 정부는 중국이 믿을 만하고, 서명한 협정 규칙을 준수할 것이라고 국민들을 안심시켰다. 상술한 바와 같이 미국은 다른 WTO 회원국보다 중국에 대하여 더욱 종합적인 모니터링 계획을 준비했다. 바르세프스키 대사는 사관학교에서 협정의 영향력에 대해 중요한 연설을 했다. 그는 '무역과 미국의 국가적 안전 : 중국의 WTO 가입 사례'라는 요지의 연설에서 협정 문제와 미국의 국가 안전 이해를 노골적으로 관련시켰다. "봄 정기국회에서 중국의 WTO 가입과 중국과의 영구적인 정상 무역관계를 고려할 때, 우리는 과거 50년처럼 무역정책과 국가 안보가 명백하게 연결되었다는 사실을 보여주는 결정을 내려야 한다"라고 말했다.

　중국에는 협정에 경악하는 강력한 세력이 있다. 이 세력은 수단 방법을 가리지 않고 협정 이행을 더디게 할 것이다. 중국 지도부 구성이 어떻게 변할지에 대해서는 알려진 것이 없다. 중국을 이끄는 지도자인 장쩌민, 주룽지, 리펑은 2년 내로 공직에서 물러날 가능성이 있다. 이 지도층이 협정의 발목을 잡도록 상당한 변화를 가져올 수 있는 다양한 변수가 있다. 이러한 변수 가운데 가장 확실한 것은 중국 대기업에 대한 충격이 지도층이 생각했던 것보다 클 경우이다. 협정 조건을 무시해 버린다면 국제 관계, 특히 미국과 중국과의 관계가 악화된다. 미국 기업과 여론은 오랫동안 협상했던 협정을 제대로 지키지 않는다는 것에 분개해 하나가 될 것이다. 그 결과 많은 사람들이 이 같은 행위의 '불공정성'과 '비윤리성'에 화를 낼 것이다. 그리고 이러한 감정은 미국 경제가 심각한 경제 침체기에 접어들 경우 더욱 심해질 것이다. 이 같은 사정 때문에 지금은 미리 예상할 수 없는 갈등이 증폭될 수도 있을 것이다.

역사는 죽지 않았다. 불확실성은 크기만 하다. 그리고 예상은 매우 역동적이다.

찾아보기

중국과 세계경제

초판 발행 2002년 8월 24일

지은이 | 피터 놀란
감수 | 이남주
옮긴이 | 임정재

펴낸이 | 김영호
펴낸곳 | 함께읽는책
주소 | 서울시 관악구 신림1동 1631-19 평희빌딩 2층
기획 | 구길원 정유진 탁윤희
디자인 | 하주연
관리 | 유승호
전화 | 02-852-7845
팩스 | 02-839-7846

값 15,000원
ISBN 89-952604-9-1 03320

* 잘못된 책은 바꿔드립니다.
cobook@cobook.co.kr